历史的慰藉

The Consolations of History

历史语境下的自由、权力与生存 — 贰

杜君立作品

中国出版集团公司
华文出版社

一个人可以是无神论者
可以不必了解上帝是否存在
和为什么要存在

不过却要知道
人不是生活在自然界
而是生存于历史之中

　　　——帕斯捷尔纳克

目 录

推荐序：失败者的历史 / 001

论 史

最后的农民 / 003

商女不知亡国恨 / 032

太监进化史 / 057

历史的语境 / 087

忘恩负义为权谋 / 121

明帝国的溃败 / 131

读 史

权力经济学 / 171

宋代的现代化与城市化 / 198

当新闻成为历史 / 223

老中国之死 / 238

一场游戏一场梦 / 256

卡廷森林的纪念 / 260

黑暗中的舞者 / 268

永远的乡贤 / 273

佚 史

大众的反叛 / 285

同治痛史 / 297

沦陷的身体 / 320

麻雀战争 / 336

山河表里潼关路 / 366

曾经的大学 / 386

代后记：历史的谱系 / 415

部分参考书目 /430

推荐序

失败者的历史

陶林

这是一部历史随笔文集,但并非没有主题,作者在书中提出了一个观点——历史是对失败者的慰藉。失败者因其失败,而不能拥有现在及未来。尚有一笔的历史存在,或许是对失败者一种冥冥中的告慰,一种无声处的安慰,仅此而已。

一

当年,梁启超痛感传统史学基本等同于为帝王将相作家谱,"因专供特殊阶级诵读,故目的偏重政治,而政治又偏重中枢,遂致吾侪所认为极重要之史迹有时反阙而不载",所以他主张要写"新史学"。

作为一部随笔集,《历史的慰藉》收录了作者有关于各种边缘史和亚文化的整理、随记、随感与随想。散文的笔法,史家的态度,文笔清晰,十分好读——除了这些纯粹文体性的表面优点之外,更值得读者阅读这部书的,还在于作者在行文中所构建的看待历史的态度。

在本书二十篇文章中,作者分别记录了一些貌似"故事"很少、或者不算"热点"的地方史和边缘史:农民史、娼妓史、太监史、腐败史、祸乱史,以及近现代发生的一些鲜为人知的民间史等等。与一些流行的鸡汤史学作品相比,这部《历史的慰藉》虽然行走于"冷"与"野",但是却非常"正"与"实",是一部非常耐看且有深意的史学随笔。从去年《历史的慰藉》颇受热捧来说,完全证明了这部书内容的价值。

大器晚成,宝货难售。作为一位生活在底层、人到中年才尝试写作的"农民工",杜君立有一种强烈的问题意识,一心想弄清楚一些现实现状的来龙去脉。这个刨根究底的态度,使得每一位阅读者都会不自觉地被带入到作者的兴致之中。在《最后的农民》中,他想理清某些传统文化消亡的偶然性和必然性,解答历史选择的问题;在《明帝国的溃败》中,作者条分缕析地解读了大明帝国走向崩溃的每一步,与前一篇《太监进化史》和后一篇的《权力经济学》正好构成一个系列化的帝国浮世绘。实际上,书中的每篇文章如同历史的一个立面或片段,貌似独立,其实互相都有脉络上的联结,不同文章放在一起,如同历史拼图一般,共同构成一个惊心动魄或耐人寻味的历史画卷。

历史并不是一种存在,而是一种解释。真正的历史带给人的是思想和启发。哪怕将《历史的慰藉》读上几页,都会有一种强烈的"带入感",让读者既能阅史而发兴亡之叹,更能阅世而感慨今夕何夕,对自身的处境有不由自主的体味与思考。

历史是建立在文字和阅读之上的,历史不同于小说,我们无法亲历历史,但我们身处当下并创造历史。在这部书中,作者不仅引导我们阅读那些被人遗忘和尘封的历史,也让我们从历史中寻找现实的答案。

二

在我们曾经古典的中国,一直有所谓的"春秋"传统,用历史来论证道德"经典",所谓的经与史的互证。经指明生存的意义和品质要求,史提供论证的途径和正反的经验,经史如骨骼,支持中国这个复杂的共同体向前爬行而不一朝覆亡。难说杜君立不是受这样传统的影响,并且在新的历史状况下,意欲延续这一传统。

《历史的慰藉》完全不同于那种象牙塔里的"高头讲章"。按照传统历史学的谱系,本书应属于典型的"小史"——

小史者，非徒巨著之节略，姓名、学派之清单也。譬犹画图，小景之中，形神自足。非全史在胸，曷克臻此。唯其如是，读其书者，乃觉择焉虽精而语焉犹详也。历稽载籍，良史必有三长：才、学、识。学者，史料精熟也；识者，选材精当也；才者，文笔精妙也。著小史者，意在通俗，不易展其学，而其识其才，较之学术巨著尤为需要。（冯友兰《中国哲学简史》自序）

虽是"小史"，在当下泥沙俱下的历史写作中，《历史的慰藉》应该算是一部相当认真的野史杂著。作者虽说"业余"，其所持之态度与经院史学家不遑多让，严谨、周全，以来源可靠的史实史料说话，态度一点不打折扣。写作边缘史需要的集纳与综合功夫，往往要比写"正史"完备。许多历史写作者都会感叹千古兴亡多少事、分久必合、合久必分这样的史学大话套话，然而要弄清楚一个普通人在历史沉浮中怎样捱过来，却是既困难又难得的事情。

应当承认，杜君立有一种浓厚的乡土情结和草根情结，他对关中和底层充满一种挥之不去的深深情怀。

杜君立从不否认自己的草根身份，但他已经走过了那个混迹网络的"愤青"阶段。对于杜君立的思想转变，我很赞同郑永年先生的一个观点，他说："这个群体中，很多人在继续愤怒，但也有少数一些人在经历了一段时期的愤怒之后开始产生理性。而这些人正是中国未来的希望。"

对于中国历史，作者多次坦陈，他并不太关心具体的人和事，也对帝王将相不是特别感兴趣，特别是官廷权谋更不以为然。他关心的是历史中的"现状"，人们怎样生活、怎样生存和怎样死去，人的尊严又是靠什么力量去艰难地维持……当把这些细致而微的存在故事讲得清晰、透彻，我们面对浩瀚历史的态度都会发生截然的变化。我们从何而来、为何而去，怎样就置身于这个希望与绝望交织、现实与魔幻交织、文明与野蛮交织的东方古老文明中。

三

正如杜君立所言，历史本身对现实或许毫无意义，或许仅仅只是一种淡淡的慰藉。已有之事，曾经不断循环，难保说不有，失败之人事，或许注定失败了，也不值留恋。然而，就中国的"春秋"传统而言，我坚信其实也是无效，甚至是失败的。

古人有说法，"孔子成《春秋》而乱臣贼子惧"——我真怀疑这是著史者给自己壮胆的。既然历史中不断有人大胆向未来放言"天子宁有种，兵强马壮者为之"，证明"无所谓"的态度远比王莽式的满腔投入来得更爽快。人们可以假借历史的名义做一点评判，但打不了人，也吃不了人。对于中国历史而言，冤冤相报无止尽，暴力渐渐战胜了"天道"，成为了历史主角。在一个强权为王的世界里，暴力横行的世界里，只有写史，才能在荒江野屋之中，悄声地问一声"正义何在"。对于中国历史而言，或许经历耻辱太多、灾难太多、悲剧太多——多了便不足为奇，也无以作为是非曲折的标准，或许，其本身就是历史一种演进的成本。"历史"一词能否作为一个全知全能全德的人格化主体，给一个民族以稳妥的善恶良邪指示呢？我们喜欢把内心的对立面"钉在历史的耻辱柱上"，倘若历史并没有这么一根"耻辱柱"，甚至人们只在乎眼前的胜败得失，并不真正在乎"耻辱"二字，我们又将如何相待？心安理得承认失败的事实么？在无法想象出更高、更终极性的存在的国度里，即便历史有那么点对人的约束力，那也是一种弱的行为规范，而不是一种强的精神自律。

霍弗一生写过不少书，但他的职业身份却是一个码头工人。相对于一个大名鼎鼎的作家，沦为码头工人无疑是一种失败，但这却是任何一个社会中绝大多数人的命运。这种不幸的历史，用中国的话说就是"一将功成万骨枯"，用霍弗的话说，"历史通常是由最好的人和最坏的人在处于中间状态的绝大多数人头顶上玩的游戏"。

文章如面，史才最难。就书写的意义而言，《历史的慰藉》志在为中国无数历史的失败者或失落者做一点点记录：失败的帝国、失败的权力、失败的经济、失败的文化，抑或失落的身体、失落的农民、失落的娼妓、失落的太监、失落的大学精神……两卷本的《历史的慰藉》，收罗了整个中国历史中的一个又一个的失败史。通读之下，我们一定会得出一个明确的结论：应该出现的失误都出现了，所有的问题被提出，答案却永远只能在风中飘荡……

金粉东南十五州
万重恩怨属名流
牢盆狎客操全算
团扇才人踞上游
避席畏闻文字狱
著书都为稻粱谋
田横五百人安在
难道归来尽列侯

论史

最后的农民

人类从新石器时代就开始进入农耕，人类文明也由农业而兴起。据说商代是一个商品经济繁荣的时期，相比之下，周文化则体现了典型的农业文明，三代以来的中国3000多年历史文化，基本上是一脉相承的农业文化。

正像斯宾格勒所说，一切高级的经济生活都是以农民为基础，并在农民身上发展起来的。农业这种古老的"自然经济"与"商品经济"不同，它是自足而封闭的，老子和陶渊明将此视为理想的生活，"日出而作，日入而息，凿井而饮，耕田而食，帝力于我何有哉。"[①]事实上，希腊－罗马社会中典型的劳动者同样是农民，而不是奴隶，因此有历史学家将希腊－罗马世界视为"农民社会"——拥有个性和理性的古典小农是积极的自由公民，并构成公民的绝大多数。

欧洲中世纪同样是一个农民世界，除去少数教士和骑士，绝大多数人都是农民。在很多历史学家看来，这些"劳动者的一生都相当舒适而平静，他们过着一种正直而平和的生活，虔诚而笃实。他们的物质生活状况要比他们的后人好得多"[②]。美国其实就是一群自耕农建立起来的；华盛顿卸任总统后，也是回到自己的农庄。即使在欧洲资产阶级革命时期的经济学家

[①] 先秦《击壤歌》。

[②] （美）哈耶克著，秋风译《资本主义与历史学家》，吉林人民出版社，2011。

西斯蒙第①看来，那种传统乡村的田园生活也是幸福的——

> 那种幸福、那种安全、那种信赖将来，那种同时保障幸福及美德的独立性，到处都可同样遇到。靠自己儿女帮助，在一块祖传土地上做完全部农活的农民，既不付租金给任何地位比他高的人，也不付工钱给任何地位比他低的人，他使自己的生产适合于自己的消费，吃自己的面包，喝自己的酒，穿家里做的毛衣和自种的亚麻织成的衣服。②

在古代中国，可以说农业是唯一支柱产业，农民是古代中国的中坚核心职业。其他如政治、战争、科技、商业、文艺等等，从相当程度上，也可以说是农业文化的延伸和衍生。黄仁宇甚至将传统中国称之为"农业帝国"，而中国皇帝则是"第一农民"。

中国自古讲究利出一孔，以农为本。按照中国传统，每年农历二月初二为"龙抬头"。在这一天，皇帝要亲率文武百官，去先农坛举行春耕大礼，以身作则地表演一次"农民秀"——右手扶犁、左手执鞭，亲自耕种。明代时，皇帝往返犁地4趟；清时改为3趟，名曰"三推三返"。故宫收藏的《雍正耤田图》就展现了这一场景。"躬耕帝耤"也向来是民间年画的重要主题：春光明媚，皇帝手扶犁把正在耕田，前边是一个老农牵牛，后边一位大臣撒种，远处是挑篮送饭的皇后和宫女。画上一般还印有民谣：

> 二月二，龙抬头，
> 天子耕地臣赶牛。

---

① 西斯蒙第（1773-1842），法国政治经济学家，著有《政治经济学研究》等。他从小生产者的立场出发，强调消费先于生产、生产服从消费，最早论述了资本主义生产过剩危机的必然性。他认为资本主义掠夺和自由竞争造成社会阶级分化，富者愈富，贫者愈贫，乃至出现无产阶级。

② 秦晖、金雁《田园诗与狂想曲：关中模式与前近代社会的再认识》，语文出版社，2010。

《雍正耕田图》展现了传统春耕典礼场景

正宫娘娘来送饭,
当朝大臣把种丢。
春耕夏耘率天下,
五谷丰登太平秋。

  3000多年下来,农民成为中国最古老、最成熟、最丰富、最稳定、最庞大的社会群体。农民的社会地位也很高——"士、农、工、商"中,农民忝居第二,在手艺人(工)和生意人(商)之上,仅次于读书人(士)。农民+土地产生了一切,包括物质文化和精神文化。不是说土地是万物之母,只有当土地遇见农民,土地才是万物之母。所以说土地与农民的关系是古代中国第一生产关系。

  私有制是人类财富文明历史的起源,也是人类不平等的起源。卢梭在《人类不平等的起源》中说:"文明社会的真正奠基人是这样一个人,他第

一个圈起一块地,并想到说:'这是我的!'"① 费孝通当年写《乡土中国》时,一个农民对他这样说:

> 地就在那里摆着,你可以天天见到它。强盗不能把它抢走。窃贼不能把它偷走。人死了地还在。②

土地的价值被发现的那一天,也是私有制诞生的那一天。在农民与土地的关系中,土地作为生产资料的角色一直是很清晰的。土地作为资产(财产)一直在农民之间买卖、转让、租赁、继承。契约这种在西方超发达的东西,在古代中国的土地与人的关系中,绝无仅有地体现得那么成熟。无论是民间还是官方,对(土地)契约都视为神圣不可侵犯的东西,所谓"白纸黑字"、"口说无凭,立字为据"。中国农民与欧洲中世纪封建制度下的农奴不同——

> 中世纪的农奴是束缚在土地上的,他自己既不能离开也不能出卖土地,而中国农民则无论在法律上和事实上,都可以自由出卖或购进土地——如果他有钱的话。③

现代经济学认为,只有在生产资料和生活资料产权清晰的情况下,生产力才能得到最大的发展。农业作为古代中国的经济命脉,支持中华文明发展壮大,生生不息。农业生产作为古代中国的核心生产力,实际上完全得到了最大释放。因为土地的产权在古代中国是清晰的。

> 王者能臣天下之人,不能擅天下之士。人者,以时生者也。生当王者之世,而生之厚、用之利、德之正,待王者之治而生乃遂;则率其力以事王者,而王者受之以不疑。若夫土,则天地之固有矣。

---

① (法)卢梭著,高修娟译《论人类不平等的起源》,上海三联书店,2009。
② 费孝通《乡土中国》,江苏文艺出版社,2011。
③ (美)费正清著《美国和中国》,第32页。

王者代兴代废，而山川原显不改其旧；其生百谷卉木金石以养人，王者亦待养焉，无所待于王者也，而王者固不得而擅之。故井田之法，私家八而公一，君与卿大夫士共食之，而君不敢私。唯役民以助耕，而民所治之地，君弗得而侵焉。民之力，上所得而用，民之田，非上所得而有也。①

大意是说，君主能役使天下民众，但不能独占天下土地。人生活在一个时代。若君主贤明，民养君，君受之。土地本是自然固有，君主更替，自然不变。土地养人，也养君主，但土地并不依赖君主而存在。井田制中，私田占八，公田占一，公田由君主和大夫共有。君主可以役使民众在公田劳动，但不能侵占私田。

虽然有"普天之下，莫非王土；率土之滨，莫非王臣"这句话，但那更多的只是一种象征意义，连"理论上"都显得不那么真实。就像通过暴力和阴谋获得皇帝这种职业的人自称"天之子"一样，人们都心知肚明。皇帝拥有的，其实不是对土地的占用权，而是对农民的统治权。就如同牧人不拥有青草的占用权，而拥有对羊群的任意宰割权。草永远是羊的，牧人没必要关心哪只羊吃哪棵草。具体土地的拥有者是具体的农民，大多数土地被大多数农民拥有。皇帝出于"维护稳定"的统治需要，甚至要保护农民对土地的世俗权利。

在这里说明一点，农民并不是单指耕地的农夫，而是指从事农业生产的一切劳动者。这个"农民"有点类似现代中国的"农村户口"——许多"农村户口"就从来没种过地，比如大量存在的农村工匠和手工业者。即使在传统时代，也并不是说所有的农民都靠土地维生，"在农村16岁到60岁的男人中，参加全日劳动的只有35%，58%参加非全日劳动。部分多余劳动力从事副业，通常是家庭手工业，这可以为农户提供14%的收入。"②

---

① 王夫之《读通鉴论》。
② （美）费正清著，杨品泉等译《剑桥中华民国史》（上卷），中国社会科学出版社，1998。

农民的身份

如果对农民细分下去，会出现三种社会差别：

首先是地主。地主即土地的主人，就是拥有土地的农民。根据其名下土地面积的大小分为大地主和小地主。地主有的自己种地，有的雇用"雇农"种地或出租土地，而自己从事土地管理。地主收入主要是自耕土地产出和出租土地的"租子"（租金）。需要说明的是，所谓"剥削"一词，属于政治学术语而非经济学术语。

其次是雇农。雇农一般没有土地，出卖劳动力（打工），从事农业劳动。长期"打工"者叫长工，农忙季节短期"打工"者叫短工。雇农收入就是"工钱"（工资）。

还有佃农。他们没有土地，租赁地主土地，从事农业劳动。除过付给地主的"租子"，余下的土地产出为佃农的收入。

传统中国无疑是一个等级社会，进入新中国以后，这种等级社会并没有立即瓦解，而是代之以政治性的"阶级成分"制度。所谓"阶级成分"，基本依农民拥有财产多寡命名，与农民本身的社会分工无关。比如"地主"财产最多，"富农"即富裕农民财产较多，"中农"、"贫农"、"下中农"和"雇农"财产依次递减。在一些贫困地区，因为按照官方要求的比例来确定农民的"阶级成分"，结果出现了不少"富农"其实也很赤贫，只不过其他人更赤贫罢了。

经济社会是一个微妙完善的生态系统，它具有极强的自我调节能力，以此保持着整个社会的经济活力，使社会财富保值增值。地主、雇农、佃农这三种角色如同老虎－棒子－鸡，互生互克，在经济生活中，自然地发生着有趣的互动和转换。在古代中国，一个身无片瓦的人，只要他勤劳，他可以到地主那里出卖他的力气——成为雇农。不管长工短工，地主一般管吃（饱）管住（好）。逢二月二（春种）、端午（夏收）、秋收（中秋）、年关（春节）等，地主按习惯必须特别犒劳雇农，否则会受到社会谴责。这样的传统地主要比如今一些拖欠农民工工资的"宝马"老板们宅心仁厚多了，传统的地主起码知道"涸泽而渔"的道理。

一般说来，雇农的工钱是不会被拖欠的。如果节俭一点，几年下来，雇农也可以积攒一份家底，娶妻生子的问题就可以解决，房子也可以向地主借（免费）。许多雇农终身都给一个地主打工，几乎没有什么主仆之别，事实上与地主情如一家。试想，一起吃饭、一起干活、一个家里生活，这其实已经成了"事实家庭"。所以民间有"善使长工恶使牛"的俗话。

因为中国农民对土地的依附性是如此之强，人与人的依附关系自然也极为强烈。雇农对地主的依附，类似于官吏对皇帝的依附。这种依附增强了雇农的安全感，提高了地主的成就感。雇农传递给地主淳朴的美德，地主熏陶了雇农的人格品德。当然这是理想的关系。

就像《穷爸爸富爸爸》中的"富爸爸"一样，雇农若是比较精明、有野心，可以省吃俭用，进行原始积累。等到土地价格较低时，雇农用自己的积蓄（或者借贷）来置买土地。这样一来，雇农因为拥有了土地，就变成了地主。同样，一个没有土地的农民，如果不喜欢每天"给老板上班"，他也可以"SOHO"一下，向地主租一块土地，自己种。这种佃农一般有家有室，比雇农境况要好一些，佃农也更自由一些。

小说《大地》讲述的就是一个传统的中国农民王龙，依靠勤俭劳动和慢慢置地，从一无所有的佃农而成为一个地主的故事。赛珍珠因此而获得诺贝尔文学奖。正如这篇小说的名字，"土地"构成一个典型的中国场景，对一个农民来说，衣食住行以及宗教信仰，无一不来自土地。"房子是用从自家的地里挖出来的一大块一大块的泥土烧成的土砖砌成的，屋顶是用地里长出的麦秆和地里的泥土盖成的，厨房是土砖砌成的。灶台也是祖父年轻时用自家田里的泥土垒成的。年复一年，一日三餐做饭，灶台都烤焦烧黑了。"水缸是土烧成的，王龙焚香顶礼膜拜的土地爷、土地婆也是田里的泥土塑成的。在小说的最后，王龙安然逝去，与他的父亲、妻子一起，埋在他一辈子辛勤耕耘的田地里，这就是中国传统中的"落叶归根"。

清华大学社会学教授郭于华在陕北骥村从事多年口述历史研究。她发现，大多数农民把自己称为"受苦人"；这种"苦"，或来自于恶劣的环境，或因为家境不好，"先人没挣下"，后人只能在地里"受苦"。农民常常将苦难归因于"命苦"，"祖坟没冒烟"，而将财主的富有归结于他们祖上有德，勤俭、"精明"、能干，"人家有本事挣下的"①。

一般而言，雇农约占农村劳动力的 10% 左右；也就是说，大多数农民都是自耕农或佃农。对地主来说，管理雇工是一件费心费力的事情，不能打骂强制，只能以待遇争取，因此总体算来，反倒不如出租土地更合算。这使得经营性地主越来越少，而租佃制逐渐成为主流。

佃农的"租子"，其具体额度一般经过双方谈判确定。古代没有"法律公证"，但有中间见证人。原则上税收（皇粮国税）由地主承担，租子（租金）在庄稼收获后才兑现，而且一般由地主提供种籽等费用。地主的租子习惯上只收一季。如果佃农夏收缴清租子，那么秋种的每一料庄稼完全由自己支配，不需再缴租。也同样，佃农也可以通过置地完成向地主的转化。

老话说：大富由天，中富由勤，小富由俭。可以说，大多数地主和富农都不是天生的，也不是靠抢劫致富的，而是依靠勤俭慢慢积累起来的。正像定县秧歌戏的戏词所唱："咱全凭着口里欠肚里饿积下了富户，人口少土地多咱积下了余粮。"②因为与雇农、佃农同乡同土，甚至是同宗同族，所以地主们一般比较体恤恻隐，多有承担宽让。一般赈灾、救难、施粥、修桥、补路或办学之类的公益支出，也都由地主自愿承担。"以北京良乡县吴店村为例，当年该村的公共事务由村中精英组成的公会负责，这些精英通常是比较富裕又受过一些教育的人，社会声望比较高。当时的捐税很轻，首事们往往自己缴纳而不向村民征收，因为他们更在乎声望和地位，不太在乎那点小钱。"③

"在过去 1000 年，士绅越来越多地主宰了中国人的生活，以致一些社会学家称中国为士绅之国。"④地主和乡绅的榜样存在，使古代中国一直保持着健康而充满活力的乡村自治能力，"传统社会中的自治，并不是农民

---

① 郭于华《受苦人的讲述：骥村历史与一种文明的逻辑》，香港中文大学出版社，2013。

② 董晓萍、欧达伟《乡村戏曲表演与中国现代民众》，北京师范大学出版社，2000。

③ 魏德胜《农民史：一读一把心酸泪》，《随笔》杂志，2002 年第 1 期。

④ （美）费正清《美国和中国》，第 32 页。

群众的民主自治,而是乡绅自治而已"①。城市官治,乡村自治,古代中国的官方历来对这种自治是赞赏和保护的。所谓"国权不下县,县下惟宗族,宗族皆自治,自治靠伦理,伦理造乡绅"②。在不少时期,官吏是绝对禁止擅自出城下乡"视察"的,否则以"扰民"治罪。在没有现代"法治"的古代中国,这是一种被社会各界严肃尊重的伦理和秩序。

关于士绅在中国历史中的作用,魏斐德有一段评论说:"在一个只是由为数不多的官员来治理的地域广袤的农业帝国中,士绅是中央政权不可不倚重的力量。如果没有这些人的合作,州县官根本不用指望在当地收取租税、维持治安。社会福利、公共事业、防卫、教育等等,所有这些,都在此时或彼时交给士绅去做。……一个地方有士绅势力的存在,就保证了官方价值的稳定,因为他们体现并传播各种社会信仰,这些信仰如此长久、如此成功地合成了一种文明。"③

当然世界之大,"南霸天"、"黄世仁"这样的土豪劣绅抑或也是有的,但这种先天怪胎,一般在乡土熟人世界是无法长久生存的,"唾沫就能把他淹死"。何况一旦治安恶化,为富不仁、众叛亲离的财主,下场会很惨的。地主都是人精,谁也不会自毁长城的。自古地主亦有"善人"的誉称。忆苦思甜时代,产生了许多"半夜鸡叫"的"周扒皮";但作为原型的周春富,其实是个闯关东的普通农民,他常年穿着粗布旧衣,腰间捆着破布条,"从不闲着",他一辈子最大的努力就是勤俭,勤俭,然后买地,最后在"土改"中成为"地主"。曾在周家打过短工的孔宪德说,"农忙的时候,就去帮忙,好吃好喝不说,你还得给我工钱,不给工钱谁给他干?一天的工钱还能买十斤米呢。你不好好待我,我就不给你干。"而孔宪德的哥哥孔宪丞在周家做过多年的长工,"一年挣八石粮食,养活全家。"老长工王义顺则说:"都说老头狠,那是对儿女狠,对伙计还行。"④

---

① 于建嵘《岳村政治:转型期中国乡村政治结构的变迁》,商务印书馆,2001。
② 秦晖《传统十讲》,东方出版社,2014,第8页。
③ (美)魏斐德著,王小荷译《大门口的陌生人:1839-1861年间华南的社会动乱》,新星出版社,2014。
④ 杜兴《"周扒皮"的1947》,《先锋国家历史》,2008年10月下。

事实上，在传统的重农时代，农民的身份权利也得到国家层面保护。乾隆五十一年（1786年）颁布的《大清律例》规定，主人雇请农民耕种，应平日共坐共食，彼此平等相称，而非主仆名分。传统农业仅限于温饱，一般农家甚至地主都很少吃肉，但雇工却可以吃上肉食，"以雇工而言，口惠无实即离心生……做工之人要三好：银色好、吃口好、相与好；做家之人要三早，起身早、煮饭早、洗脚早，三好以结其心，三早以出其力，无有不济"，因而他们自家"非祭祀不割牲，非客至不设肉"，以蔬食为主，却设法给雇工食肉，以免"灶边荒了田地"[1]。相比"出租地主"，"经营地主"要辛苦得多，因为他要认真组织和管理好雇工，这并不比今天经营一家公司省事。明末一个姓沈的地主这样记述：

> 长年（长工）一名，工银三两，吃米五石五斗，平价六两五钱，盘费一两，农具三钱，柴酒一两二钱，通十二两。管地四亩。包价值四两，种田八亩。除租额外，上好盈米八石，平价算银十两。此外又有田壅短工之费，以春花稻草抵之，俗所谓条对条，毫无赢息，落得许多早起晏眠，费心劳力，特以非此碌碌不成人家耳。西乡地尽出租，宴然享安逸之利，岂不甚美。但本处地无租例，有地不得不种田，种田不得不唤长年，终岁勤劳，亦万不得已而然，第使子孙习知稼穑艰难，亦人家久长之计。[2]

实际上，皇帝就是最大的地主，而一般地主也是皇帝的民间版。皇帝将统治权遗传给皇子皇孙，地主将土地遗传给儿子孙子。如果生子如孙仲谋，蛋变成鸡，鸡变鹅，鹅变羊，羊变牛，几代下来，小地主就"和平崛起"变成大地主。如果生子如阿斗，牛也可能变成蛋，甚至连蛋也打了，那样的话，"败家子"地主就会堕落成为雇农或佃农。由俭入奢易，由奢入俭难。破产的地主往往因为养尊处优、好逸恶劳，境况之失败，常常连雇农佃农都不如，最终甚至沦为流氓无赖，乃至蜕化为巧取豪夺

---

[1] 张履祥《杨园先生全集》，《农书》。
[2] 《沈氏农书》

的暴民。

农民与土地

古代中国的金融体系比较落后，粮食实际一直扮演着稳定货币的角色。土地的价格就与粮食产生紧密的关系，就连官员的薪俸也往往都折算为粮食。传统时代普遍贫困，粮食维系着人类的生命与发展，土地的重要性是绝对无可替代的。所以，从一定意义上，古代中国的社会矛盾跟土地矛盾往往是一回事。

当土地过于集中，略类似基尼系数过大，即超级大地主增多，小地主迅速减少，失地的雇农和佃农难以与地主进行正常"商品交易"。这时，就出现农民失地又失业，土地闲置，粮食生产降低，社会财富缩水，粮食危机（经济危机）引发社会危机，失地农民被迫成为暴民，爆发"土地革命"。社会在剧烈动荡中人口迅速减少，大地主如同侏罗纪末期的恐龙一般，遭到灭顶之灾，由此出现了大量的无主土地。

经过战争这种"人类社会的左手"的自然调节，或者说"洗牌"，人与土地重新建立较为松弛的关系，土地矛盾消除，社会矛盾也随之消除，中国重新进入"五谷丰登国泰民安"的所谓"盛世"。这大概就是如同谶语一般的古代中国周期律。

即使中国历代都鼓励垦荒，开垦处女地，但短期时间内，可耕土地总面积大体仍是一个恒数。这个地主的土地多了，那个地主的土地必然就少，或者地主的数量减少。地主数量少到成为稀有物种时，它就失去安全屏障，该灭绝了。这与自然界的生物圈类似。所以地主的数量一般维持在一个微妙的合理范围内。清人就说，"三吴之地，百亩之家，百人而不可得其一也。"[①]《霍山县志·风土》记载，乾隆时"中人以下咸自食其力，薄田数十亩，往往子孙守之，佃田而耕者仅二三"。在大多数时间，地主与雇农佃农数量比例保持着微妙的平衡。这种平衡因土地的贫瘠肥沃，和生产力水平差异，而呈现不同的社会格局。简单的说，大地主稀，小地主（自耕农、富

[①] 冯尔康、常建华《清人社会生活》，沈阳出版社，2002。

裕地主）多，雇农和佃农也不少。和现在相比，古代生产力水平低下，无力饲养那么多不劳而获的寄生虫。

事实上，在传统社会中，大多数农民其实都多少拥有一些土地。"二十亩地一头牛，老婆孩子热炕头"，这是中国农民保守而又现实的生活写照。如果查阅下资料，"二十亩"恰恰是古代中国人均可耕地面积。中国传统家庭一般在5-6口人左右，以户为单位，20~100亩完全满足自耕能力，如果税赋较轻，也可满足小康所需——

> 五亩之宅，树之以桑，五十者可以衣帛矣；鸡豚狗彘之畜，无失其时，七十者可以食肉矣；百亩之田，勿夺其时，数口之家，可以无饥矣。（《孟子·梁惠王上》）

> 今农夫五口之家，其服役者，不下二人；其能耕者，不过百亩；百亩之收，不过百石。春耕，夏耘，秋获，冬藏，伐薪樵，治官府，给徭役，春不得避风尘，夏不得避暑热，秋不得避阴雨，冬不得避寒冻，四时之间，亡日休息。又私自送往迎来，吊死问疾，养孤长幼在其中。勤苦如此，尚复被水旱之灾，急政暴赋，赋敛不时，朝令而暮当具。有者，半贾而卖；亡者，取倍称之息；于是有卖田宅，鬻子孙，以偿债者矣！（《汉书·食货志》）

对传统农民来说，土地不仅是一种资产，更是中国农民的生活保障和天然银行。平常年景，农民靠土地的收成过活，就好比依靠土地的利息一样。在一些非常时期，农民会不得已出卖一部分土地，或者经过很多年甚至几代积累，再在某个时期置买一些土地。这就如同我们今天投资股票，或去银行存款取款一样正常。

黄仁宇的《放宽历史的视界》的附录中，收入了一份"根据1929年实地在中国22个省168个地区，16686个农场38258个农户的调查"，其中写道："有些私有的土地被地主占有，分给佃农耕种，成为中国重要的问题之一，可是其幅度常有被过度估计的情事。实际上不到四分之三的土地为耕种人所领有；超过四分之一的土地用于佃赁。在产小麦的地区，耕种人自有的情形多,占全部土地之八分之七,与之相较,产稻谷的地区,自有之土地为五分之三。"河北定县1930年的情形也是如此,"92%以上的家庭多少有些耕地,96%以上的家庭多少耕种着若干土地"。①

在传统时代,自耕自种的小农经济是中国的主流。民国二十年(1931年)对关中地区农户进行的一次官方调查显示,22县中,自耕农占农户总数的77%,半自耕农占13%。民国三十六年(1947年)修撰的《咸阳县志》存稿显示,在四种农户类型中,自耕农占90%,半自耕农占8%,佃农和帮农各占1%。②一次偶然机会,我意外发现了祖上留下来的10来份发黄破旧的地契和房契,时间跨度从清道光到民国时期,长达一个世纪,相当于五代人。这些"故纸"每张内容各异,清楚地展示了土地(房产)对传统农民家庭的命脉意义。比如婚、丧、病、起屋等,都需要不菲的支出,就必须出卖或典当三分或半亩土地,筹得相当的钱粮,以度过难关。勤俭持家,省吃俭用,待到年景好转,如果同村某人手头紧,就可以再从某人处,置办七分或半亩的田地。因为不会异地置地,都是同村甚至邻居之间进行土地交易,通过中人(说合人和代书人)见证,双方签字画押,互相都公平公正、诚信可靠,而且也没有什么官府契税。

我通过比对所有地契后还发现,我家百余年持有的土地,虽然在不同时期大小不等,从七八亩到几十亩,但从来都拥有自己的田地。后来土改时,我家被定为"贫下中农"中的"下中农"(经济状况中下等的农民)。合阳农民侯永禄家有30多亩地,被定为"中农"③。如果这不是孤例,那么可见,绝大多数农民都是拥有自己的土地的,大多数也是自给(耕)自足的。民国二十一年(1932年),陕西实业考察团对陕西农村的调研报告显示,即使后来作为"革命根据地"的陕北,同样不存在土地不均的问题——

> 陕北地广人稀,故农家每户之田场面积大,通常每户耕四五十亩,

---

① (美)黄仁宇《放宽历史的视界》,三联书店,2005。
② 刘俊凤《民国关中社会生活研究》,人民出版社,2011。
③ 侯永禄《农民笔记》,中国青年出版社,2012。

最小者三四亩,最大者数百。又因地价低,农家购地较易,故佃农少,仅占百分之十左右;半自耕农者亦少,占百分之十五上下;自耕农多,占百分之七八十,可谓耕者大半已自有其田。又租息轻,视地亩之生产力优劣,每亩年付地主租谷二三升至一二斗,山地等并可随意酌付租谷若干,不事计较;如遇无收,可免付租;歉收时得减付租,农佃纠纷极少发生。①

秦晖和金雁合著的《田园诗与狂想曲》,是对近代中国农村经济状况进行田野调查的一份珍贵文献;作者在书中提出"关中模式"这一概念,即关中自古都是自耕农的世界。以武功县为例,"纯自耕农户占全县农户总数的 72.76%,户均有地即户均营地为 18.80 亩。与之相比,纯地主及纯佃户的比重可以说微不足道。前者仅占总户数 1‰,户均占地亦仅 29 亩,比自耕农户占地水平大不了多少"②。秦晖先生通过对关中民国时期的土地状况统计发现,即使将"不在地主"的土地计算在内,关中的土地基尼系数也在 0.2~0.3 之间,大多数农民拥有大多数土地,70% 以上的农民都拥有自己的土地,而且是完全产权。根据秦晖先生的计算,当时全国平均土地分配基尼系数大概是 0.53,这在全世界各国中算是最低的。0.53 的土地分配基尼系数能够推出来的收入分配的基尼系数只有 0.26 上下,相当于已经达到了欧洲福利国家那种贫富差异水平。

这种看法也出现在《中国土地制度史》③中。通过大量的数据统计,该书作者赵冈得出这样的结论:"从绝对的观点来看,大地主拥有的土地数量一般都在下降中,而没有土地的农户也越来越少。到了 20 世纪,严格说来,中国已经没有几家大地主,农田是分散在中小业主手中,70% 以上的农田是由业主自耕的。"这跟当下的中国城市类似,大富豪毕竟是少数,个体私营小业主比较普遍,打工者也不少。

---

① 顾执中《西行记》,甘肃人民出版社,2003。
② 秦晖、金雁《田园诗与狂想曲:关中模式与前近代社会的再认识》,语文出版社,2010。
③ 赵冈、陈钟毅《中国土地制度史》,新星出版社,2006。

根据民国时期土地委员会在 16 省，163 个县，175 万多户农户中举行的调查结果，35.6% 的农户拥有 5 亩以下耕地，24% 农户拥有 5 至 10 亩，13% 农户拥有 10 至 15 亩，1000 亩以上的大地主只有万分之一二。土改前，广西环江县在 88 个小乡（全县 125 个小乡）做过一次统计，解放前占农村总户数 3.7% 的地主，占有耕地 14.89%；占农村总户数 2.9% 的富农，占有耕地 9.41%；而占农村总户数 54.9% 的贫雇农，则占有耕地 31.1%。可见大多数农民是有土地的。

传统的终结

中国是一个农耕历史悠久的国家，土地权利在历史中扮演着极其重要的政治经济角色。在岐山董家村出土的西周时期的卫鼎铭文，详细地记载了裘卫与邦君方交易土地、勘定田界和交付手续的过程。由此可见中国土地制度之古老。

历史学家赵冈在《中国传统农村的地权分配》[1]中指出，北宋以降，中国土地基本都是私有制，完全自由交易，地权并不是想象中的兼并集中，而是不断分散。

在漫长的传统农业时代，中国几乎没有什么真正意义上的城市，"许多地区级的城市、县城，只不过是一些带有围墙和衙门当局的大乡村"[2]。从清朝进入民国，相对迅速崛起的城市，中国乡土农村的变化也并不是很大。

与北方农村不同的，是人多地少的南方稻耕地区，土地被分为田底和田面，就是所有权与使用权。"不在地主"占有大量田底，富裕农民占有大量田面，土地分配不太均衡。大量的富余劳动力甚至没有土地。但南方发达的纺织工业导致了城市的兴起，失去土地的农民最后改变了自己的身份，成为城市市民。

传统地契分为白契和红契。前者为民间当事人之间的契约，后者则经

---

[1] 赵冈、李弘祺《中国传统农村的地权分配》，新星出版社，2006。

[2] （美）明恩溥著，陈午晴、唐军译《中国乡村生活》，中华书局，2006。

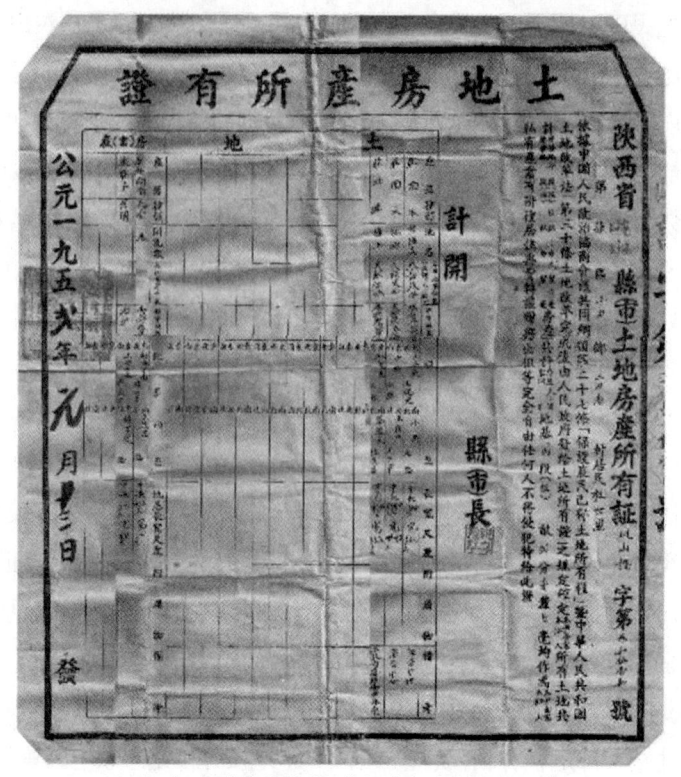

1952 年由政府颁发的《土地房产所有权证》

过官方核准和公证,盖有官方红印。相对而言,"见官"的红契要缴纳契税,但白契与红契同样有效。民国时期,中国初步建立了现代政府模式,各地政府给农民颁发了大量的土地证,农民的土地权利普遍得到了官方的确认和保护。

总体而言,在中国漫长的农业时代,农民与土地,地主与雇农、佃农,基本"不知秦汉",经济生活和社会生活依然故我。特别是农耕文化比较发达的关中、关外、黄淮海平原、徽州等农业经济发达地区,男耕女织,民风淳朴,丰衣足食,古风犹存。沿海区域得近代西风之先,现代资本主义迅速萌芽,完全迥异于中国传统农业文化的现代城市诞生了。商品经济与农业经济,一新一旧,一洋一土,同时在近代中国有趣地并存。

与资本主义同时进来的,还有马克思的共产主义思想。在苏联革命成功之后数十年,"新中国"在古老的农民中国诞生,苏联被奉为"老大哥"。

在中国农村，以新出台的"政治协商会议共同纲领"和"土地改革法"为依托，一场轰轰烈烈的土地改革运动拉开序幕。

土地与农民的关系在这次运动中，并没有像历史上一样维持原始自治，或者被重新自然安排，而是按人口、以户（家庭）为单位，每个自然村对土地房产进行无条件平均分配。在这次政治土改之后，所有的中国农民无一例外都成了土地的主人，但实际上对大多数自耕农来说，每户所拥有的土地变化并不大，即使在土地比较集中的太湖，对80%的贫下中农来说，他们的土地也仅仅增加了10%左右。① 虽然新成立的人民政府为每户农民都发放了由县长签字（章）的《土地房产所有权证》，但并不是说这些土地就是政府赐予的，而是他们以前本来就拥有的。与民国时期一样，《土地房产所有权证》以法律和国家的名义对农民与土地的关系加以厘清和明确，具体内容与中国传统的土地经济惯例基本保持一致。即重申——农民个人（家庭）对名下土地和房产（窑洞）等"私有产业有耕种、居住、典卖、转让、赠与、出租等完全自由，任何人不得侵犯"。

1950年6月28日，中央人民政府委员会第八次会议通过的《中华人民共和国土地改革法》宣布："没收地主的土地、耕畜、农具、多余的粮食及其在农村中多余的房屋。但地主的其他财产不予没收。"平均化的土改沉重打击了传统的地主阶层。留学美国的农业专家董时进对强制土改提出异议。他认为中国农村土地是自由买卖的，租佃关系是一种自由契约，这不是封建性质的土地制度，大多数地主是勤劳致富的，至于封建剥削，华北或许有，江南则很少见。他甚至主张地主土地私有权是"神圣不可侵犯的"②。

对大多数自耕农来说，土改最大的改变就是推翻了原先的乡绅权威。这是前所未有的。传统士绅乡土文化和乡村自治精神被彻底摧毁。周有光先生指出："消灭了地主，就消灭了农村绅士文化。"

中国古代就有"编户齐民"的户籍制度，明朝的户籍制度对于人民的

---

① 秦晖《农民中国：历史反思与现实选择》，河南人民出版社，2003。
② 董时进（1900-1984），农业专家，四川人，曾留学美国，并获农业经济学博士学位，1950年去美，任美国国务院农业顾问。

迁徙自由有一定限制，佃农基本上是在当地流动。清朝推行摊丁入亩后，农民普遍地享有迁徙的自由，并因此形成了历史上大规模的移民浪潮，如走西口、闯关东、下南洋等。① 1954年宪法尚承认公民有迁徙自由，但1955年政务院发布《关于建立经常户口登记制度的指示》，从操作上禁止了迁徙自由。1975年修改宪法，直接将迁徙自由取消。从此农民就跟他们的庄稼一样，被固定在田地里。

中国传统的户籍制度，其本意并非限制人的迁徙自由，而是为了收税。唯一的例外是在蒙古帝国时代，元朝的户籍制度严格禁止汉人流动。"中国古代社会，当某地发生自然灾害，当地政府又无力救助，政府会允许民众逃荒，到其他未受害的地方'就食'。在这种情况下，政府也会为这些逃荒的民众出具证明。这种证明与行动自由无关，它的本质含义更像是受灾群众的免税文件和救济证，受灾群众由此可以免除当年的税赋，到其他地方享受一定的救济。当然，这种情况是在当地政府救济能力不足的状况下才会出现。因此，中国古代社会的户籍制度，更主要的是一种财产制度和税赋制度。"②

"中国1949年前后的土地改革是全面推行小农私有制，不仅分掉了大私有土地，而且分掉了族庙公产等传统村社土地。"③ 土改的影响远比土改本身大得多。余英时先生指出：将地主的土地，房屋，生产工具及私人物品统统没收，分给贫农和无业游民，是对中国传统道德的颠覆。在没有宗教信仰，缺乏法制基础的中国，传统道德规范是社会整合之基础。杀富济贫的"土改"，为后来的政治运动奠定基础。土改之后两三年，农业合作化在全国陆续大面积铺开。中国的集体化比苏联的集体化进展得更加迅速。传统的以户为单位生产的小农模式被消灭。先是强制农民入社，紧接着从小社（小合作社）到大社（数十户），合作的规模越来越大，最后出现了"人民公社"。"人民公社"将各户农民的土地、房屋和生产资料集中管理使用，并强制支配农民进行生产劳动，"实行组织军事化，行动战斗化，生活集

---

① 王威海《中国户籍制度：历史与政治的分析》，上海文化出版社，2006。
② 刘仰《超越利益集团：对宋朝史无前例的狠毒解剖》，中国书店，2011。
③ 秦晖《传统十讲》，第294页。

体化,……规定社员外出要报告,回家要请假,上下工要集合排队。实行伙食供给制,建立公共食堂"①。

人民公社进入大跃进阶段后,农民的生活资料也被并入人民公社的集体财产,农民无条件服从于人民公社的统一指挥和安排。至此,刚刚到手的土地还没种上两年庄稼,即被"集体化",农民手中的《土地房产所有权证》旋即成为一张崭新的废纸。"自古以来,农民相信传给儿子的最好的东西就是地,地是活的家产,钱是会用光的,可是地却取之不尽。农民占有土地的动机也与这种安全感有直接关系,在特定的年代,却可以像变戏法一样变没了。"②

勤劳而不富有

美国历史学家巴林顿·摩尔颇为正确地指出:"农民早晚会成为现代化的牺牲品,这是一个简单而残酷的事实。"③对中国农民来说,1949年后最大的不同就是彻底割断了农民与土地之间的关系,他们不再拥有祖祖辈辈耕耘过的土地,甚至他们连自己的家(宅基地)都失去所有权,这就如同蜜蜂不仅不拥有花朵,甚至连蜂巢都不属于它。当然,你可以(暂时)使用它,但它不属于你。"合作化之后的农民,毕竟已经变成了'国家农民',而且是剩余和自由几乎都没有的'国家农民'。"④

人民公社是最狂热的"大跃进"时期以共产主义的名义消解了传统的家庭,使农民失去了家庭的权利和义务,也失去了家庭可能带来的温馨和稳定感。公社也因此而破坏了自己可能存在的社会基础,

---

① 罗平汉《农村人民公社史》,福建人民出版社,2003。
② 熊培云《一个村庄的中国》,新星出版社,2011。
③ (美)巴林顿·摩尔著,王茁、顾洁译《专制与民主的社会起源:现代世界形成过程中的地主和农民》,上海译文出版社,2012。
④ 张鸣《农业合作化运动的发生学》,《随笔》杂志,2007年第3期。

导致了普遍的、严重的灾难。①

唐朝诗人张绅有一首著名的《悯农》诗："春种一粒粟，秋收万颗子。四海无闲田，农夫犹饿死。"不可否认的一个事实是，人民公社制度造成中国农村土地高度集中，所有农民都被禁锢在土地上，生产力严重倒退。1958年8月29日，中共中央决定在全国农村建立人民公社，"吃食堂"是人民公社的重要内容，首先要把各家各户的粮食全部收走："粮食一律由公共食堂统一管理，个人家里什么也不准存，说说我们家吧，从吃开食堂，家中里里外外，连颗耗子吃的粮食都找不见"。②"一大二公"的结果是"规模而不经济"，播下"共同富裕"的龙种，收获却是"均贫"。打麻雀、炼钢铁、大跃进、放卫星、浮夸风、反瞒产等一系列全民疯狂之后，中国农业生产力遭到严重破坏，报应就是全国范围内的"三年大饥荒"（也称"三年自然灾害"、"三年困难时期"）。

当时农民的"口粮标准"，是北方大约360斤（小麦、小米、玉米、高粱等），南方400斤（以稻谷为主）。这都是"原粮"，折成"成品粮"则每天不到八两；远远低于轻体力劳动的城市工人（商品粮户口）。当时没有农业机械，繁重而长时间的重体力劳动，再加上无油、无菜、没有副食，几乎人人都吃不饱；人们被饥饿折磨得不得不偷盗地里的庄稼。在一些地方，夜间不许社员私自外出，否则按偷盗论，有些还派民兵在街口持枪站岗搜查；有的规定偷一个玉米，罚10个工分；③有的地方丢了庄稼，就挨家挨户地搜查，甚至私设公堂，游街打骂。④

因为粮食极度匮乏，营养不足再加上强制劳役，从1959年下半年起，全国农村普遍出现了农民外逃、浮肿病和所谓的"非正常死亡"。"河南省信阳地区是全国最早实现人民公社化的地方之一，也是三年困难时期情况

---

① 应星《农户、集体和国家：国家与农民关系的六十年变迁》，中国社会科学出版社，2104，第11页。
② 雷颐在《原生态农民生活史》，《经济观察报》，2012年9月14日。
③ 人民公社时期，生产队按工分进行管理，将一个标准劳动力的日工作定额计10个工分。
④ 高王凌《人民公社时期中国农民"反行为"调查》，中央党史出版社，2006。

最为严重的地方之一。到1960年春,整个信阳地区的公共食堂普遍断炊了,最严重的村子竟达80天没有一粒粮食,浮肿病大幅度蔓延,大量农民外逃或者饿死。"陕西合阳县农民侯永禄在1961年元月24日的日记中写道:

> ……社员的口粮标准每月平均只有15斤,3岁以下的孩子每月只有3斤;全大队半年来共死亡50人,其中因营养极为缺乏而死亡的就有侯金海、侯江云、侯武举、侯堂弟、侯妙才、侯狮子、侯喜钱、高新斗、高三捷、侯文伯等10人。①

大跃进之后,中国又掀起"农业学大寨"运动。沿着农业学大寨、普及大寨县之路,这场从农村展开的"革命运动",其至蔓延渗透到城市,形成"农村包围城市"之势,乃至出现了后来知识青年上山下乡的"接受贫下中农再教育"②。

早就在井田制时代,古人就发现集体主义导致懒惰和效率低下,"今以众地者,公作则迟,有所匿其力也。分地则速,无所匿其迟也。"③大锅饭的人民公社最终陷入濒临崩溃破产的境地。当时,安徽"小岗村"的一些农民冒着生命危险,蘸着自己的鲜血,秘密签订了一份民间契约——他们私自"租赁"了"集体土地"。这件可笑而酸楚的"秘密起义",随后引发了多米诺骨牌式的人民公社解体,以及后来席卷全国的家庭联产承包责任制。

所谓"联产承包",就是农民以户为单位,承包(租赁)"集体土地",给国家缴清"农业税"和各级政府"提留"后,余下的归自己。换句话说,就是将农民从以前"雇农"变成了"佃农"。土话说,"砸了大锅饭,磨不推自转"。实行"大包干"以后,曾被树为"农业红旗"的大寨第一次粮食产量突破百万斤,人均收入比上年翻了一番。因焦裕禄而闻名的兰考县,承包仅一年多的时间,数十万兰考人就扔掉了曾经用来活命的讨饭棍。

---

① 侯永禄《农民日记:一个农民的生存实录》,中国青年出版社,2006。
② 孙启泰、熊志勇《大寨红旗的升起与坠落》,河南人民出版社,1990。
③ 《吕氏春秋·审分》。

没有人不惊叹，中国农民的忍耐力常常是最令人扼腕的。对农民来说，勤劳并没有换来什么富有，或许勤劳本身才是他们真实的生活状态。勤劳从来不是他们的骄傲与光荣，而是他们永远的悲哀与宿命。

"三农"成为问题

在联产承包制实行初期，城乡差距逐渐缩小，农村甚至出现了让城市人羡慕的"万元户"；但从80年代后期开始，农民所需要承担的税负越来越多，城乡差距迅速拉大。根据李昌平先生计算，1987年，农民负担相当于每亩地100斤粮食；到了1998年，增加到400斤。"农业税最高时，张有才一家要向当地镇政府上缴1200元，超过全家一年纯收入的1/3。"这已经远远超过农民可以承受的限度。

"三农之成为问题，并不始于今日，亦不限于中国。在一定程度上讲，它是世界各国进入现代化时面临的普遍问题。"①秦晖先生指出，越改越重的现象在中国历史上曾多次重演，每次税改在短暂降低农民负担后不久又回潮，即所谓的"黄宗羲定律"。2006年，农业税条例被宣布废止。随着农村和农民越来越卷入工业化和城市化的进程，传统的自给自足的农业模式已经彻底终结；无论生产还是生活，货币化的现代经济提供给政府更为方便快捷的取税途径，相比之下，农业税便沦为费力不讨好的鸡肋了。换句话说，农业和农民已经完成其历史使命。

在长达数十年的计划经济体制下，中国长期以农业积累来实现中国的工业化原始积累。为最大限度地提取农业产出和"剩余"，还建立了严厉的城乡隔离制度。"户口制度是一个系统工程，它很快在城乡之间建立起一种基于政治、经济、文化、社会、教育等基础上的全方位不平等，农业人口因此沦为'二等公民'。"②经过30年苦心积累，中国原始工业体系在20世纪80年代基本建成，当时恰逢被现代世界接纳，国际资本和技术大量涌入中国这个经济低谷，这使中国以"后发优势"取得腾飞式的发展。

---

① 秦晖《传统十讲》，第263页。
② 熊培云《一个村庄的中国》，新星出版社，2011。

即使社会已经天翻地覆,城乡隔离制度仍没有松动的迹象。2009年全国总人口133474万,农村户籍人口88617万,占总人口的66.4%,占国内生产总值的比重仅为10.6%。城乡之间的差距不是在缩小,而是继续扩大。2011年12月15日,在"《财经》年会2012:预测与战略"上,时任重庆市市长的黄奇帆承认:"中国的农民最大的问题是没有财产权,去年中国农民人均5000多块收入,97%是劳动收入加政府转移支付补助的收入,财产性收入只占3%,因此农民在社会上没有融资的能力。"

进入现代以后,资本成为一种所向无敌的财富经营模式。中国的改革开放某种程度上,就是对资本的确认,因此市场经济开始落地生根,大行其道,社会财富剧烈地增值膨胀。从某种意义上,人的解放即是社会的解放。人类社会财富并不体现在印钞机的功率上,最终只体现在土地的价值上。土地是人类(其实也包括世间万物)所有财富的本源。土地是永远的、唯一的硬通货。只有土地才值得人类为之奋斗。

令人没有想到的是,当土地成为最大资本时,在土地上耕耘了数千年的中国农民竟然被与土地分离。当中国实行公私合营的改造和"《农村六十条》组成人民公社时,土地的所有权并非国有和完全公有制。集体的土地并非是一种国有的土地公有制,农村集体有权对土地和其他生产资料作出所有权处置的决定。国家也不应实行土地的国有化。但1982年宪法的修改让所有的土地变成了公有制,连集体的土地也在各种法律与制度的约束下,变成了农民集体说了不算的一种变相的国家公有制。1979年的三资企业法让土地可以租赁和有偿使用了,1991年的55号令让土地可以有偿的出让了,1995年的《房地产管理法》让开发商只能在出让的土地上进行建设和盈利,2002年的"土地招拍挂制度"让土地成为了政府垄断供给的商品,土地的收入甚至成了地方财政的重要支柱。

作为农民出身的马上皇帝,朱元璋对农民的处境极为同情。洪武二十五年(1392年),朱元璋特意颁发《醒贪简要录》,让食禄的官吏们懂得关心农民、体恤农民。他说:

> 四民之中,士最为贵,农最为劳。士之最贵者何?读圣贤之书,

明圣贤之道,出为君用,坐亨天禄。农之最劳者何?当春之时,鸡鸣而起,驱牛秉耒而耕,及苗既壮,又须耘耨,炎天赤日,形体憔悴。及至秋成,输官之外,所余能几?或遇水旱虫蝗,则举家遑遑无所望。今居官者不念吾民之艰,至有刻剥而虐害三事,无仁心之甚。①

意思是:士、农、工、商这"四民"之中,农民最为劳苦。春天鸡一叫就起床,赶牛下田耕种,插下秧子,得除草,得施肥,日头下晒得汗直流,劳碌得不成人样。好容易等到收割了,完租纳税之外,剩不了多少。万一碰上水旱虫蝗灾荒,全家着急,毫无办法。可是国家的赋税全是农民出的,当差做工也是农民的事,要使国家富强,必得农民安居乐业才办得到。他还特意对河南农民提出表扬——"中原之民,惟知应役赋税,无负官府。"

2012年,一位贫困的农民段中智无限感恩地说:"我常想,过去俺农民种粮交税还能为国家做点贡献,现在啥税也不交了,国家还给这补贴那补贴,俺现在一点贡献也没有……说实话,俺心里很惭愧。"②事实上,这位农民不仅交了税,而且纳税数额还非常高;只不过以前是公开的农业税,现在变成了隐性的流转税。③按照现代文明国家的通例,低收入群体本不应当成为征税目标,但在中国半个多世纪的社会发展中,最为贫困的农民阶层却承担了巨大的税费。

农民遇到现代

陶渊明在《归田园居》中写道:"暧暧远人村,依依墟里烟。狗吠深巷中,鸡鸣桑树颠。"如果说传统知识分子有故乡可回的话,那么现代知识分子的乡土之根则被彻底斩断。

---

① 《明太祖实录》。
② 《河南农民称啥税不交很惭愧,省委书记赞其境界高》,《河南日报》,2012年6月8日。
③ 根据相关资料,中国商品中所含的税是美国的4.17倍,是日本的3.76倍,是欧盟15国的2.33倍;相对于其收入,农民在生产生活消费中所承担的税金比例几乎是最高的。

大约十年前,"每个人的故乡都沦陷"的话题在网上引起人们的共鸣,冉云飞、狄马、熊培云、十年砍柴、孟波、韩浩月、羽戈、潘采夫、王开岭、肉唐僧、王怡等许多作家都参与其中,书写自己对"找不回的故乡"的感伤和惆怅。

"没有故乡的人是不幸的,有故乡而又不幸遭遇人为的失去,这是一种双重的不幸。"①对于现代历史极其短促的中国来说,几乎绝大多数人都是农民的儿子或孙子。当年,罗中立的油画《父亲》一经问世,就感动了中国和世界;2009年,一部名叫《父亲》的纪录短片在网络上不胫而走,一个农民父亲与一个大学生儿子,让每个人都感受到这个时代的疼痛。韩培印——这个淳朴的关中农民,为了供儿子读书,卖掉了粮食,卖掉了耕牛,仅仅凑出儿子头一年学费的一半。"我会想尽一切办法把钱凑够的。"这位父亲借遍了所有的亲戚朋友,当把儿子送进大学之后,他也留在城市,当起了农民工。

人类学家斯科特考察马来西亚的农民时发现,随着工业化和城市化的变迁,农业逐渐变成食品工业的一部分,乡村彻底走向商品化,贫富悬殊,炫富泛滥,农民不仅经济上被边缘化了,他们发现自己在仪式方面也被日渐边缘化。"现在,他们依然很穷——尽管已经从极度的营养不良和饥饿中挣脱出来——并且肯定是次等阶级。但是,我们越来越没有理由把他们称为村民了。"②

中山大学华南农村研究中心吴重庆教授命名的"无主体熟人社会"这一概念,多少揭示了当下中国广大"空心化"乡村的社会特征。据说中国每天消失200多个村落。③三十年时间,中国城市化超过了50%;与此同时,乡村数量减少了一半。

---

① 冉云飞《每个人的故乡都在沦陷》,鹭江出版社,2015。
② (美)詹姆斯·斯科特,郑广怀等译《弱者的武器》,译林出版社,2011,第221页。
③ 中国广播网在2013年8月9日的一篇为《城镇化阵痛与担忧》的报道中援引中国官方统计数据显示:自2000年到2010年,中国有90万个村子消失,平均每天有将近250个自然村落消失。还有数据估计,截止2014年,中国有超过450个癌症村。据《学周刊》报道,30年来,农村的离婚率提高了四倍;农村的自杀率是城市的三倍。

19世纪的英国工业时期，针对当时的资本主义弊端，历史学家理查德·托尼在《论平等》一书中写道："所有这些思想家强调和向往的平等，并非是能力和成就上的平等，而是境况平等、机构平等和生活方式平等。他们痛恨的不平等并非个人天资的不平等，而是社会和经济环境的不平等，……他们的看法是，人之所以为人，就应该尽其所能、长远规划社会机构（财产权、工业组织、公共卫生和教育体系），以强调和加强能够维系人类的共有天性，而非强化那些导致人类分化的阶级差别。"在此之前，欧文对现代工业体系的影响也深感忧虑——

> 工业体系的影响业已遍及大英帝国全境，导致人民群众的性格发生了根本改变。这种改变仍在快速进行中，不久以后，农民那种相对快乐淳朴的性格将会荡然无存。……如果没有公正的立法措施对此趋势加以遏制，如果不改善这个阶级的处境，那么这个国家将迟早陷入一种难以应付、不可挽回的危险境地。

现代文明本质上是西方式的。"西方的工业文明富有侵略性和掠夺性，推行的商品经济也带有殖民性，它们在中国的出现自然非中国农民之福。中国农村的凋蔽、破产成了近代的一支凄凉的主旋律。"[①]在城市越来越繁华的同时，乡村正无可挽回地沦陷，十室九空、妻离子散、背井离乡，已经成为一种普遍现象。从来没有一个和平时代，有过像现在这样数量巨大的"孤儿"群体——虽然他们被叫做"留守儿童"，虽然他们的父母都还健在；他们的人生之所以从一个悲惨孤独的童年开始，只是因为他们是农民的孩子。作为一个农民的女儿，作家梁鸿这样设问：从什么时候起，乡村成了民族的累赘，成了改革、发展与现代化追求的负担？从什么时候起，乡村成为底层、边缘、病症的代名词？又是从什么时候起，一想起那日渐荒凉、寂寞的乡村，想起那在城市黑暗边缘忙碌、在火车站奋力挤拼的无数的农

---

① 张鸣《乡土心路八十年：中国近代化过程中农民意识的变迁》，陕西人民出版社，2008。

民工,就有一种悲怆欲哭的感觉?①

秦晖先生指出,所谓农民收入问题,本质上还是农民的公民权利问题。有很长时间里,"减轻农民负担"成为中国最强烈的良知呼吁;如今,农民依然没有摆脱被挤压和被边缘化的卑微处境。一种说法,怎么样对待农民,这体现着一个国家的良心,民国时期,黄炎培告诫子女:"在中国历史上,农民从来没有对不起政府,但政府却对不起农民。""文革"中被关到牛棚的黄万里还在告诫子女:"现在城里人都不工作,都是靠农民养着城里人。"

穷人渴望平等,富人崇尚自由。就人类历史来说,平等永远是一种理想,不平等才是一种常态——

> 对土地可以进行再分配,但是人们之间天然的不平等,很快就会产生新的占有和特权的不平等,形成新的少数人权力,他们的本能从本质上说,和过去的少数一样。唯一真正的革命,是对心灵的启蒙和对个性的提升;唯一真正的解放,是个人的解放;唯一真正的革命者,是哲学家和圣人。②

农民的没落

中国近现代史几乎是一部乱世史。乱世最容易淘汰文化精英和思想精英,只留下农民、土匪、流氓。在某种程度上,他们最主流的诉求仍是生存——如何苟活下来。这种先天困境不是一两代人就可以填平的。文化和思想是一种复杂而脆弱的奢侈品,在乱世中毫无意义。乱世的法则是暴力,最先消灭的是文化、道理和常识,其次是尊严,最后是良心。乱世之后,农民往往沦为底层生产者,乱世的成功者很容易将暴力这种反文化奉为社会法则。

---

① 梁鸿《中国在梁庄》,江苏人民出版社,2011。

② (美)威尔·杜兰特,倪玉平等译,《历史的教训》,四川人民出版社,2015。

在现代晚期之前，总人口有九成以上都是农民，日出而作，胼手胝足。他们生产出来的多余食粮养活了一小撮的精英分子：国王、官员、战士、牧师、艺术家和思想家，但历史写的几乎全是这些人的故事。于是，历史只告诉了我们极少数的人在做些什么，而其他绝大多数人的生活就是不停挑水耕田。①

正如郭于华教授所说，在传统的历史中，底层是一种缺失的叙述，不在官方话语的讲述之列；在任何一种叙事中，都没有底层阶级独立政治行动的地位。中国农民作为"受苦人"的弱者或底层，历来是"沉默的大多数"，他们既是历史中的无名者、无声者、无面目者，他们也是历史的真正创造者和推动者。

"人类从一开始就处于不平等的境地，社会一开始就为自由设置了障碍，偏见和愚昧从一个农民出生的那一天就已经包围了他。最早是被饥饿驱赶，然后是被知识摈弃，这就是一个农民的历史。"②中国本是一个农民的中国，但中国历史却常常与农民无关。这种集体失语与集体失忆，其实是中国历史的常态；直到今天，中国也没有一部真正的农民的历史。多少可以令人欣慰的是，互联网时代为民间记忆提供了可能，各种口述史正逐渐拼凑出一个历史的轮廓。

作为一部划时代的作品，《白鹿原》的独特与伟大之处，在于首次为中国传统地主反正，小说塑造了一个仁义厚道、谨守传统的乡绅白嘉轩，一举颠覆了土改以来人们印象中周扒皮黄世仁式的乡里恶霸形象，这是前所未有的。③2016年陈忠实先生的去世，不仅象征着一个文学时代的结束，也代表乡土时代的终结。未来中国，不仅没有了农民作家，也没有了农民。

---

① （以）尤瓦尔·赫拉利，林俊宏译《人类简史：从动物到上帝》，中信出版社，2014，第100页。

② 叶照青《来自中国社会底层的报告》，长江文艺出版社，2004。

③ 同样作为出身农民并以农村为写作主题的同代陕西作家，路遥和贾平凹始终没有写出中国传统乡村文化的厚重感，这或许与关中的地理文化质地有关。陕北和陕南自古多流民，关中则多世家大族，乡绅传统在关中保留较好，而陕北高原和陕南山地因流匪滋生，乡绅文化传承过早式微。

中国农民已经老去,农民的儿子已经与农民无关。在经历了20世纪下半期社会剧变的中国农民的讲述中,"苦难"的历史构成讲述的重要内容。从侯永禄的《农民日记》、司徒朔的《农民何谓》、沈博爱的《蹉跎坡旧事》、梁书香的《难忘岁月》、江子的《田园将芜》、姜淑梅的《乱时候穷时候》、阎海军的《崖边报告》到老愚的《暮色四合》等等,一部朴实而鲜活、悲凉而温暖的农民史正出自这些农民自己手中。

穿的粗布衣,吃的家常饭。腰里掖着旱烟袋儿,头戴草帽圈。手拿农作具,日在田野间。受些劳苦风寒,功德高大如天。农事完毕,积极纳粮捐。将粮儿交纳完,自在且得安然。士工商农轻视咱,轻视咱,没有农夫,谁能活天地间?①

从《农夫歌》、《创业史》到《陈奂生》、《刘老根》,经过大半个世纪,中国农民正从悲剧变成喜剧。古希腊哲人认为,悲剧和喜剧都是对人的摹仿,喜剧摹仿的是比一般人较差的人物。"较差"并不是通常所说的"恶",而是一种"丑"的形式。在后工业时代,古老的中国农民从载舟之水,似乎正沦为被漠视和被忽视的边缘角色。

---

① 晏阳初《农夫歌》。

商女不知亡国恨

在中国传统历史中，有大量的灰色地带，这些灰色历史虽不见于官方正史，但却是民间野史主要话题。在这些野史笔记中，妓院与衙门从来都是藏污纳垢的罪恶之地。官场与风月场常常焦不离孟，孟不离焦。在宫廷体制下，体现男权色彩的性文化也弥漫着官场潜规则。古代官吏在风月场以男权来凌驾于娼妓之上，皇帝在官场以皇权来凌驾于百官之上。自称"十全皇帝"的乾隆曾经骂股肱之臣纪晓岚"实不过以倡优蓄之"，一语道破天机。娼妓强颜欢笑，曲意逢迎，官吏同样如此，甚至有过之而无不及，比如吃屎、喝尿、捧屁、献妻，这些丑闻竟然成为中国古代官场的"传统"。《二十年目睹之怪现状》中写道，某候补道台，虽用尽办法，三年仍得不了实缺，后通过上司之近侍，得知上司有此好；于是，求得内人相助，奉献内人于上司，果然一炮打响，道台便欢天喜地上任去了。

从女闾到教坊

《澄衷字课》[①] 一书对"妓"的解释是："女子借色艺以悦人者曰妓。古无妓名，汉武帝置营妓，以待军士之无妻室者，即后世娼妓之始也。"其实中国最早的娼妓是管仲创办的"女闾"，只是没有"娼妓"之名罢了；也就是说，"女闾"开中国娼妓之先河。

---

① 刘树屏《澄衷蒙学堂字课蓝图说》，新星出版社，2014。

《战国策》卷二周文君云:"齐桓公宫中女市女闾七百。按周礼五家为比,五比为闾。则一闾为二十五家。管仲设女闾七百,为一万七千五百家。"清朝的褚学稼说:"管子治齐,置女闾七百,征其夜合之资,以充国用,此即花粉钱之始也。"

管仲是中国重商主义的鼻祖,为了帮助齐桓公实现"富国强兵"的国家战略,他不仅首开食盐专卖,还实行妓女官营。管仲曰:"蓄积有腐弃之财,则人饥饿;宫中有怨女,则民无妻。"齐桓公首先响应这个"国策",将自己的宫中的700名美女献了出来;其他娼妓也全部来自官家。这说明一件事,并不是什么女人都可以做得了娼妓的,蓬头垢面、粗手大脚的农妇自然没有这种资格,只能依靠那些养尊处优的官宦家庭。

管仲的娼妓兴国计划实行以后,取得了令世人瞩目的政治经济效果。齐国历来重视商品贸易,齐国商人"负任担荷,服牛轺马,以周四方"①。为了发展娼妓产业,齐国还弛关市之征,建立招待商人的客舍,免费提供食宿和"三陪",设"女闾"来招商引资;一时间,天下商贾归之若流水,齐国都城临淄成为天下第一大都会。商人获得巨利,齐国则成为东方大国,号称"冠带衣履天下"。

黄现璠在《唐代社会概略》中记载:管仲设女闾,等于后世之有花捐也。自管仲的"女闾"以后,无代无之。汉代营妓即军妓,乃官妓的一种。营妓始于汉,历六朝唐宋不衰。唐承六朝金粉,娼妓之多,空前未有,大体上分家妓和公妓两种;公妓包括官妓和宫妓,官妓服务于官吏,宫妓则是天子的禁脔。《开元遗事》记载:"明皇与贵妃每至酒酣,使妃子统宫妓百余人,帝统小中贵百余人,排两阵于掖庭中,名为风流阵,互相攻斗,以为笑乐。"②开元天宝年间,仅宫妓就有4万,可见唐玄宗之荒淫无度;天宝二年(743年),唐玄宗下诏:"五品以上正员官,诸道节度使及太守等,并听家畜丝竹,以展欢娱。"转眼间便"渔阳鼙鼓动地来,惊破霓裳羽衣曲"。"安史之乱"不仅是大唐帝国的转折点,也是中国历史的转折点——

---

① 《国语·齐语》。
② 转引自韩康《淫书界说》,中国广播电视出版社,1992。

《韩熙载夜宴图》中的贵族与家妓

"寥落古行宫，宫花寂寞红。白头宫女在，闲坐说玄宗。"①

唐代都城长安有所谓"北里"、"平康里"和"教坊"，其实都是当时的风流去处。稍晚一些时间，五代时期的画家顾闳中在著名的《韩熙载夜宴图》中，就传神地展现了当时大官僚蓄养家妓的情景。"家妓"的出现得很早，秦始皇的生母赵姬便是吕不韦的家妓。《史记·吕不韦传》中记载："吕不韦取邯郸诸姬绝好善舞者与居，知有身。子楚从不韦饮，见而说之，因起为寿，请之。吕不韦怒，念业已破家为子楚，欲以钓奇，乃遂献其姬。姬自匿有身，至大期时，生子政。子楚遂立姬为夫人。"②

宋朝虽以理学弥漫，但色情文化丝毫不逊盛唐。孟元老《东京梦华录》写道："凡京师酒店，门首皆缚彩楼欢门，由店入其门，一直至主廊约百余步。南北天井两廊皆小阁子，向晚灯烛荧煌，上下相照，浓妆妓女数百，聚于主廊檐面上，以待酒客呼唤，望之宛若神仙。"《马可·波罗游记》记载杭州，"青楼盛多，皆靓妆艳饰，兰麝薰人，贮以华屋，侍女如云，尤善诸艺，娴习应对，见者倾倒，甚至醉生梦死，沉溺其中。故凡游京师者，

---

① 唐代元稹《行宫》。

② 大意是说：吕不韦娶了一姿色非常漂亮而又善于跳舞的邯郸女子一起同居，后来她怀了孕。子楚（后来的秦庄襄王）有一次和吕不韦饮酒，看到此女后非常喜欢，就站起身来向吕不韦祝酒，请求把此女赐给他。吕不韦很生气，但想到已经为子楚破费了大量家产，为的借以钓取奇货，于是就献出了这个女子。后来此女生下儿子名政（即后来的秦始皇嬴政）。子楚就立此姬为夫人。

谓之登天堂，归后尤梦京师。"据马可·波罗记载，蒙元时代，汗八里（今北京）操皮肉生意的官妓达25000人，并实行军事化管理。

明朝在唐、宋官妓制度基础上，设立专门管理妓院的"教坊司"，隶属掌管教育、外交诸事务的礼部。妓院在京师叫"教坊"，在郡县叫"乐户"，性产业的税收谓之"脂粉钱"。《新都梅史》称，明代北京的妓女"艳惊天下"，"皇城外娼肆林立，笙歌杂沓"。明末的南京，秦淮河两岸，妓院酒楼林立，流动的画舫在水中穿梭，成了当时全国最著名的红灯区，甚至有"秦淮八艳"的说法。扬州最为出名的是养"瘦马"："市贩各处童女，加意装束，教以书算琴棋之属，以邀厚值，谓之瘦马。"① 崇祯皇帝非常宠幸的田贵妃，据说就是扬州"瘦马"出身。明代小说《金瓶梅》和《三言二拍》，其实就是以当时社会的色情业为主要题材的，甚至还出现了一部颇为典雅严肃的《嫖经》。"明代的青楼遍布全国各地，极盛的娼妓业背后隐藏着一个繁华而混乱的帝国，隐藏着一个法制、道德、伦理与情欲错综交织的社会秩序。"②

清代一度禁止官吏狎妓，咸丰之后禁令渐弛，官场几乎是"无妓不欢，无妓不饮"。各个妓馆青楼，高张艳帜，门庭若市，娼妓活跃于官场，不少官吏甚至纳娼为妾。庆亲王奕劻之子载振，官居尚书兼御前大臣，与妓女谢珊珊大闹酒宴；珊珊大醉，以脂粉涂抹了右侍郎陈璧一脸，引来满堂哄笑；陈璧竟不以为忤。道员段芝贵花巨资为天津名妓杨翠喜赎身，将其献给载振，段因此而平步青云，能够以布政使衔署理黑龙江巡抚。③

直至晚清和民国时期，北京（北平）的娼妓业依然保持着不可思议的繁荣。1918年，蔡元培在北大成立进德会，对知识分子提出"八不"：不嫖、不赌、不纳妾、不做官、不做议员、不吸烟、不饮酒、不吃肉。当时担任文科学长的陈独秀，依旧是八大胡同的常客，这让蔡元培极其尴尬。迫于压力，蔡元培于1919年3月26日夜开会，决定取消学长制，同时还给陈放了一年长假，这等于将陈独秀暂时革职放逐。胡适后来说："……《新青年》

---

① 刘钧翰《青楼：繁华背后的苍凉》，百家出版社，2003。
② 邓庆平《夜深千帐灯：明代两性关系史》，陕西人民出版社，2008，第155页。
③ 张耀南等《官场文化》，中国经济出版社，1995。

的分化，北大自由主义者的变弱，皆起于此夜之会。"

颇有意思的是，唐朝时，红灯区雅称"平康里"；到了民国初期，规划北京南城"香厂模范新市区"，也把妓院区命名为"平康里"。对那些达官贵人和大商巨贾来说，"钱来得容易，也就花得痛快，南城一带产生了畸形的繁荣，许多商界、娼界的人士直至四十年代，还津津有味地谈起'八百罗汉'闹京城时的盛况。……古有饱暖思淫欲之说，'八百罗汉'酒足饭饱之后，当然不乏有些寻花问柳的青楼之游。位于前门、宣武门之间的八大胡同是北京的红灯区，许多妓院竟然挂出了'客满'的牌子。"

晚清时期，太平天国取缔妓业，许多妓女逃入上海租界，租界内的妓院多达668家之多。"沪上地隘人稠，租界屋宇，鳞次栉比。光绪初，大小妓院遂皆集于是，……惟无论长三、么二、野鸡，其门口必有一牌，标题姓名或别号于上，牌以木制之，髹以漆，精者为铜为玻璃，且有书姓名于灯者，寻花问柳之人益易辨认矣。"[1]虽然这些妓院按照租界法律照章交税，但当时有报纸对此深为不满，要求租界工部局加以制裁，以儆效尤；工部局回答说，我们不是评断人们的道德的机构，只制裁其有没有犯法。[2]当时上海娼妓之多，性产业之盛，堪称世界之最，每8个成年女性中，就有一个是妓女，甚至有不少欧洲来的妓女，故有"东方花都"之称。著名的长篇小说《海上花列传》就是一部描写上海妓女生活的作品。

> 沪滨风月，天下艳称，青楼妙姬，韶颜稚齿，烟视而媚行者，不计其数。其间一颦一笑，足以颠倒花间之客，而耳畔丁宁之语，枕边婉恋之词，尽态极妍，海誓山盟，尤足以腐肠伐性，荡气蚀魂。海上自逊清同光而后，女闾之盛，殆甲江南。大道青楼，珠帘锁院，清歌一曲，缠头十千，养成一时佚荡之风，酿成今日奢侈之习。[3]

光复南京后，曾国藩"效管仲之设女闾"，发布弛娼令，"招四方游女，

---

[1] 《清稗类钞·娼妓类》。
[2] 《东方早报》，2013年8月1日，波士顿大学教授叶凯蒂语。
[3] 屠诗聘《上海市大观》，中国图书编译馆，1948。

居以水榭,泛以楼船,灯火箫鼓,震炫一时,遂复承平之盛"。曾国藩号称"立德立功立言三不朽,为师为将为相一完人",两个红尘女子(大姑和春燕)去世,曾国藩亲自撰联纪念:

> 大抵浮生若梦,未免有情,对酒绿灯红,一别竟伤春去了;
> 姑从此处销魂,似曾相识,怅梁空泥落,何时重见燕归来。

妓院官营体制下,来自娼妓业的花税便成为古代官府的一项主要税种,而管仲也顺理成章地成为娼妓行业的祖师爷,享受到万世香火。

花魁与探花

从"物色"这个古老的汉语词组,就可以见微知著。在2000多年帝国历史中,几乎所有的皇帝都以酒池肉林的淫乐为最大爱好。"离散天下之子女,以奉我一人之淫乐。"上有所好,下必甚焉,妓院不过就是后宫的民间版。皇帝不容许平民拥有三宫六院,就设立公共的"三宫六院"。从这一点来说,就是皇帝放火,百姓点灯。

虽然中国以礼教治天下,但娼妓在中国2000多年的历史中,始终只是和戏子、儒生、胥吏(公务员)相似的一种平常职业,只有在极少的时代才被妖魔化。甚至在一定程度上,娼妓始终是一种非常时髦和风雅高尚的职业。需要指出的是,娼妓原为"倡伎",指表演歌舞的女艺人。"娼"源自"唱","妓"源自"技","娼"和"妓"本来都是意指具有歌舞技艺的妇人。[①]其实古代娼妓是以卖艺为主的,很多名妓都才华过人,如薛涛、关盼盼、苏小小。

古代的"青楼"并不是现代的所谓"红灯区",古代妓女也不能等同于现代的"性工作者"。在古代官方认可的合法妓院中,往往根据姑娘们的才能高低来分不同等级:主要靠色相招客的通常是最下一等;能歌善舞和具有文学素养才能成为上等妓女。宋人笔记《醉翁谈录》中,东京的妓

---

① (日)斋藤茂,沈荷丽译《妓女与文人》,商务印书馆,2011。

女分为三等：上等歌妓"居处皆堂宇宽静，各有三四厅事，前后多植花卉，或有怪石盆池，左经右史，小室垂帘，茵榻帷幌之类"；诸妓"多能文词，善谈吐，亦平衡人物，应对有度"；来访的新进士及膏粱子弟"仆马繁盛，宴游崇侈"。次等歌妓也是色艺双全，"丝竹管弦，艳歌妙舞，咸精其能"，常应邀到富贵人家的宴席上，或京城的高级勾栏中表演节目，"求欢之者，皆五陵年少及豪贵子弟，就中有妖艳入眼者，侯散，访其家而宴集焉"。下等歌妓则多散居在城北"循墙一曲"，色艺略差。

在娼妓官方化的背景下，妓女与官吏有着密不可分的历史渊源。按林语堂先生的说法：古代妓女甚至能在某种程度上掌握政治实权，官吏的任命，有时往往取决于她们的妆闺之中。官妓的来源大多为犯罪官员的家属，如上官仪及子庭芝被诛，庭芝妻郑氏及女婉儿配入掖庭；吴元济妻沈氏、李师道妻魏氏，在吴、李败诛后，皆没入官妓。《苏三起解》中的苏三也是官二代，她父亲被政府以贪污罪抄家，她就沦为官妓，后来又嫁给一个新科进士，重新成为官夫人。这样的案例不胜枚举。晚至100年前，中国首位"总统夫人"也是一位青楼女子。①

官吏飞黄腾达日，可以"独占花魁"，可以妻妾成群；官吏东窗事发时，结发与千金俱进入国营妓院，继续享受官人待遇，而无风吹日晒之苦。官妓享受之余，饱读诗书，精通琴棋书画，能歌善舞，一朝邂逅官场新秀，随即重金转会，摇身又成为宝马香车的官太太。如此往复循环，这就是中国历史极为诡异的一幕。据说为吕蒙正所作的《破窑赋》中说：

> 深院官娥，运退反为妓女；
> 风流妓女，时来配作夫人。

即使在礼教禁锢的宋明清时代，中国的娼妓与官吏之间依然保持着良

---

① 袁世凯年轻时在上海结识苏州名妓沈玉英，两人一见钟情，沈氏被袁远大志向打动，拿出血泪钱资助他。袁非常感动，挥笔送给她一副对子："商妇飘零，一曲琵琶知己少；英雄落魄，百年岁月感怀多"。临别时承诺："有朝一日，出人头地，决不相负于你。"袁世凯发迹后，将妓女出身的沈氏列为首席夫人。自此后袁沈两人再没有分开过。沈无儿女，袁让儿女们称她为"亲妈"。

好的互动关系。达官贵人无不以狎妓为荣,甚至有皇帝抛下后宫的三千佳丽,跑去拜访名妓,留下"艳史"无数。"官与妓,一个是社会上层,一个是社会底层,表面看相隔万里,实际上暗通款曲,像森林中的树与藤,紧密纠缠在一起,难舍难分。唐宋时期有种专门侍候官员的官妓,她们的拿手好戏就是官场应酬,官场中各种错综复杂的交际场面。对她们来说驾轻就熟。在官场,人与人的关系险恶叵测。官妓的存在成了最好的润滑剂,她们增进情谊,调和是非,缓解矛盾,一部官僚机构的大机器要正常运转,某种程度上还得依仗难登大雅之堂的官妓:那些风情万种的美人成了黏合剂,将官与妓牢牢地黏合在一起。"①

唐代官吏狎娼,上自宰相节度使,下至庶僚牧守,无人不乐于此道,如"对舞青楼妓,双鬟白玉童";"玳瑁宴中怀里醉,芙蓉帐里奈君何";"十年一觉扬州梦,赢得青楼薄幸名"。当时官方甚至将科举的第三名称为"探花",与妓女选美皇后称为"花魁"相对。一些寺庙道观也成为风月无边的去处,涌现出不少女尼女道士身份的娼妓,以传授"房中术"闻名;唐代的诗人甚至将妓女比喻为超凡脱俗的"仙女",将妓院比喻为远离尘世的"仙境"。从明到清,南京夫子庙前的秦淮河是最浪漫的去处,"地点选在孔子庙宇附近也是非常合适、非常符合逻辑的,因为这里是科举考试的地点"。②进士及第,必携妓游宴,这几乎成了一种习俗,"洞房花烛夜,金榜题名时"。

诗人白居易一生几乎与妓女声色相始终。他不仅多蓄家妓,而且四处游宦,结识了无数青楼女子。③《追欢偶作》一诗曰:"十载春啼变莺舌,三嫌老丑换蛾眉"。意思是说,家里养的家妓,才三年多就嫌她们又老又丑,所以换一批年轻的进来,十年间换了三次了。由此可见,官吏们虽然常常遭到君权的奴役,但同时又每以男权欺凌娼妓。这样也就不难理解身为官吏的白居易何以与琵琶女同病相怜,"同是天涯沦落人,相逢何必曾相识"。

---

① 张永久《粉色官场》,东方出版社,2009。
② 林语堂《中国人》,第165页。
③ 宋朝龚明之在《中吴纪闻》说:"乐天(白居易)为郡时,尝携容满、张志等十妓,夜游西湖虎丘寺,尝赋纪游诗。为见当时郡政多暇,而吏议甚宽,使在今日(宋朝),必以罪闻矣!"

根据荷兰史学家高罗佩研究，唐代的艺妓制度已经成为上流社会的主要组成部分。艺妓被认为是一种正当职业，在社会中得到认可，并没有什么不光彩。与下等娼妓相反，她们不受任何社会资格问题的限制。每个城市都以它的艺妓为荣。她们经常出现在一切公开的庆祝活动中。高罗佩指出，"艺妓制度是由于社会原因所造成，正是这些原因使这种制度在以后的几个世纪中经久不衰"——

官吏、文人、艺术家和商人的社会活动，主要是在家外的酒楼、寺庙、妓院或风景区进行。这类聚会不仅是在同伙中消愁解闷的主要手段，也是官方和商业事务不可缺少的一部分。每个热衷于为了保住或晋升职位的官员，总要频繁不断地宴请他的同事、上司和下属；每个阔绰的商人也要在宴会上洽谈和议定重要的买卖。……一个官员只要能给他的上司或某个有势力的政客引见精心物色的艺妓，便可确保升迁；一个商人也可用同样的手段，获得急需的贷款和重要的订货。①

从"商女不知亡国恨，隔江犹唱后庭花"到"暖风熏得游人醉，直把杭州作汴州"，娼妓业之繁荣几乎不受任何政权更迭的影响。《东京梦华录》说，东京城中"别有幽坊小巷，燕馆歌楼，举之万数"。宋徽宗和周邦彦同狎名妓李师师，如今日之三角恋，在当时竟是美谈。一日徽宗幸李师师家，邦彦匿于床下，遂制《少年游》以记其事；徽宗知道后免去了他的监税官，邦彦又作《兰陵王》一词，师师就唱给徽宗听；徽宗大受感动，又召他回来，赐大晟乐正。想想道君以帝王之尊，与邦彦争风，竟也敌不过，堪为风月美谈。南宋理宗宠爱歌妓唐安安，常常把安安招进内宫。清人史梦兰写《宋艳》诗曰：

宋史高标道学名，
风流天子却多情。
安安唐与师师李，

---

① （荷）高罗佩《中国古代房内考：中国古代的性与社会》。

尽得承恩入禁城。

宋代对妓女比较宽容，政府机构开业也要请妓女来捧场，"临安府点检所，管城内外诸酒库，每岁清明前开煮，中前卖新迎年，诸库呈覆本所，择日开沽呈样，各库预颁告示，官私妓女，新丽妆着，差雇社队鼓乐，以荣迎引。"甚至结婚等喜事也要请妓女迎客助兴，"及顾借官私妓女乘马，及和倩乐官鼓吹，引迎花檐子或粽檐子藤轿，前往女家，迎取新人。迎至男家门首，时辰将正，乐官妓女及茶酒等人互念诗词，拦门求利市钱红。方请新人下车，一妓女倒朝车行捧镜，又以数妓女执莲炬花烛，导前迎引。"①

林语堂先生说，"妓女在中国的爱情、文学、音乐、政治等方面的重要性是怎么强调都不会过分的。"②

"杨柳岸，晓风残月"，词曲本来就是文人学士为歌妓舞女写的歌词。从某种意义上，唐诗宋词之所以达到前所未有的高峰，与色情业的发达有着密切的关系。"多情却似总无情，唯觉樽前笑不成；蜡烛有心还惜别，替人垂泪到天明。"这首赠别诗就是杜牧写给一位妓女的。苏东坡在杭州倚翠偎红，喜新厌旧，艳史尤多，直追200年前杜牧白居易。东坡诗云："休惊岁岁年年邈，且对朝朝暮暮人。""风花竞入长春院，灯烛交辉不夜城。"清人赵翼曾感叹白居易之艳福——

风流太守爱魂销，
到处春翘有旧游。
想见当时疏禁网，
尚无官吏宿娼条。③

宋以后，士大夫蓄养家妓之风不衰，直至明代依然盛行，官妓和妓院

---

① 宋·吴自牧《梦粱录》。
② 林语堂《中国人》，第165页。
③ 赵翼《题〈白香山集〉后》。

大行其道。"骑马依斜桥,满楼红袖招。"作为最著名的红灯区,十里秦淮河诞生了苏小小、董小宛、李香君、陈圆圆、柳如是、马香兰、顾眉生、卞玉京、寇白门等数不尽的名妓,她们甚至颠覆了杜牧"商女不知亡国恨"的著名论断。作为历史惊艳的一幕,"名妓便是晚明文化的象征:她们的审美意趣、她们的才华、他们的美貌、她们的坚忍、她们的自裁——这些都迎合了王朝自身悲剧性的命运。"[1]李香君头撞墙壁而血溅扇面,成为《桃花扇》中献出政治贞操的著名隐喻;柳如是因史学家陈寅恪立传而身价倍增;董小宛则因金庸的武侠小说而名噪一时。冯梦龙在《情史》中评价名妓梁红玉:她若不为娼,便不可能有才;不为娼,则不可能遇上蕲王韩世忠;不遇韩世忠,则不能成大器。

> 妓女们教会了中国人浪漫的爱情,正如中国妻子们教会了他们更世俗,更真实的爱情。……她们比那些家庭妇女更有教养,更独立,更容易处理男人的社会;事实上,她们是中国古代解放了的女性。[2]

传统时代,妇女地位低下,为娼虽苦,但相对于被困羁于深闺,则有更多机会进入社会,发挥自己的才干,这是中国古代礼法社会中,普通女子不多的出路之一。当年后蜀被灭,花蕊夫人成为赵匡胤的战利品,曾留下一首诗:"君王城头竖降旗,妾在深宫那得知?十四万人齐解甲,宁无一个是男儿!"明朝末年,因为名妓陈圆圆,吴三桂"冲冠一怒为红颜",使偌大中国沦丧于异族之手。庚子年间,天朝对全世界宣战,八国联军攻入北京,慈禧挟持皇帝一路狂奔,高官大吏俱作鸟兽散,"四十万人齐俯首,北京无一是男儿!"偌大一个北京,竟然是八大胡同一个娼妓——赛金花挺身而出,游说八国联军总司令瓦希德,得以保全民众与城池。此事被传为千古佳话。十余年后,小凤仙又"美人救英雄",成就了蔡锷一世英名。

纵观中国历史,妓女一直受到政府的宽容和保护,但对买良为娼、逼

---

[1] (美)曼素恩,定宜庄、颜宜葳译《缀珍录:十八世纪及其前后的中国妇女》,江苏人民出版社,2005,第156页。

[2] 林语堂《中国人》,第167页。

良为娼和强奸犯罪则严加打击。甚至"在中国历史上从未发现过有歧视和迫害同性恋的现象发生,对性爱方式也没有什么严酷的不合情理的限制"。① 宋以后,官妓被取消,家妓依然盛行。从名义上来说,禁止官吏嫖娼,"官吏宿娼,罪亚杀人一等";一旦出现嫖妓丑闻,就等于仕途结束,比如那位"奉旨填词"的柳永。但民间依然温柔荡漾,宋明清三代的春宫画和色情文学,达到空前绝后的繁荣。明太祖朱元璋虽设立"富乐院",以增加政府收入,但却颁发圣旨:"禁文武官吏及舍人,不许入院。只容商贾出入院内。"清沿明制,律凡文武官吏,宿娼者杖八十。官吏狎娼有禁,而缙绅家居为例外。这一禁令声色俱厉,结果导致男风大起。

> 明代虽有教坊,而禁士大夫涉足,亦不得狎妓,然独未云禁招优。达官名士以规避禁令,每呼伶人侑酒,使歌舞谈笑;有文名者,又揄扬赞叹,往往如狂酲,其流行于是日盛。清初,伶人之焰始稍衰,后复炽,渐乃愈益猥劣,称为"像姑"(男妓)流品比乎娼女矣。②

中国从汉初迄于光绪末叶,男色风靡数千年,经久不衰,比起西方同性恋之风来,有过之而无不及。③ 虽然男风自古就有,但只有到了天朝时代,男娼才与妓女比翼齐飞。"康熙年间,男子设立娼寮即以风行,至乾隆以后,男娼方面的规制更为完备。总管男娼优伶的地方叫'大下处',诸伶人聚处,被称为'公中人',生旦如另立'下处',则自称'堂名中人'。"④

男妓本质上仍是充当娼妓业的女性角度,甚至训练方法也完全相同。士大夫的审美讲究含蓄委婉,似像似不像,因以同性为雅,异性为俗;真的不美,假的才美;直接是女的不美,男的像女的才美。就像戏曲中的男旦,

---

① 刘达临《孔子与性文化》,第73页。。
② 鲁迅《中国小说史略》,人民文学出版社,1973。
③ 张在舟先生总结的中国古代同性恋景况为:远古萌生,先秦初露,秦汉承延,两晋浮荡,隋唐宋元和缓,明代淫靡(1429年禁娼令的颁布,被认为促进了男子跟男子间的性行为,专供男子卖淫的象姑馆兴盛起来),清代尽显(女人不再被允许登台演戏,旦角由男子来演,优伶同性恋兴盛不已)。
④ 史楠《中国男娼秘史》,中国华侨出版社,1994。第374页。

在男人眼中是女的，在女人眼中是男的，亦男亦女，亦真亦幻，这才是最美的。事实上，中国戏曲的兴起就与男风优倡有很大的关系。士大夫所狎男色，半为优伶。及至清中叶，官宦之家大半有断袖之癖，无不以娈童为荣。乾隆时代的重臣毕沅与京师昆曲旦角李桂官昵好无比，整日寻欢斗乐。当时官场风尚，达官显贵都喜欢蓄优童，"随侍左右的都是些十五六岁的雏儿，打扮得花枝招展。乍一望，定要错认做成群的莺燕。高兴起来，简直不分主仆，打情骂俏地搅做一团。"①

道光以前，京师最重像姑，绝少妓寮。金鱼池等处舆隶群集之地耳。咸丰时妓风大炽，胭脂、石头虎头，家悬纱灯，间揭红贴。每过年，香车络绎，游客如云，呼酒送客之声，彻夜震耳。士大夫相习成风，恬不为怪，身败名裂，且有因此褫官者。②

颇为讽刺的是，男伶们往往被达官显贵玩弄，然后自己又去妓院狎妓，这成为清代欢场一大风尚。

世俗时代

据说在有史之前，就已经存在卖淫现象。动物学家发现，雌性大猩猩也会用性来从雄性大猩猩那里交换食物。③

事实上，欧洲的色情业也有类似的历史。罗素就说："古代娼妓，绝不如今日之为人鄙视，其原始固极高贵。最初娼妓乃一男神或女神之'女巫'，承迎过客为拜神之表示。"④

公元前4世纪——大约与管仲同一时代，古雅典的改革家梭伦设立了

---

① 张耀南等《官场文化》，中国经济出版社，1995。
② 《清稗类钞》。
③ （美）德瓦尔，赵芊里译《黑猩猩的政治：猿类社会中的权力与性》，上海译文出版社，2014。
④ 张志东《大淖风荷》，《书屋》杂志，2006年第7期。

国营妓院，他因此受到民众称颂："梭伦啊伟大的梭伦，你设立了国营妓院，使良家妇女在街头避免了轻薄少年的追逐，保护了他们的安全。"古罗马时代的圣奥古斯丁虽然认为"妓院是肮脏、荒淫、可耻的场所"，但他又忠告世人，"若将妓女从人间百态中清除，你将以色欲污染所有的事物；若将妓女混同于诚实可爱的妇女之间，你将以耻辱和卑鄙贬损所有的事物。"中世纪的圣阿奎那持类似的看法，他将妓院比喻为"皇宫里的排水沟"，"如果废掉排水沟，将使皇宫里塞满污物"，"将妓院从世界中清除掉，会使世界充满兽奸"。

基督教奉行严厉的一夫一妻制度。在《圣经》中，当愤怒的人们要求严惩妓女时，耶稣对他们说："如果你们中间谁认为自己从来没有做过错事，谁就可以用石头砸死她。"人们惭愧地走了。耶稣对妓女说："你走吧，我定不了你的罪，没有人可以定你的罪。因为没有人从未犯过错误。"这一情景后来被托尔斯泰写成小说《复活》；小说试图说明，每个人都应当从妓女身上看到自己的罪恶，宽恕妓女也就意味着我们自己灵魂的复活。

在希腊和罗马时代，妓院随处可见，大量的妓女甚至渗透到了旅馆、浴室、面包房和理发店，罗马城的注册妓女就达到32000人，她们已经成为一个不容忽视的有产阶层，而她们的文化素养还要高出一般自由民。狄奥多拉（500-548年）本来是一个娼妓，她凭借自己的容貌和姿色，征服了拜占廷帝国历史上赫赫有名的查士丁尼皇帝。她的智慧多次拯救了帝国，因此人们称颂她"比任何男人都出众"，甚至有学者尊她为圣人。狄奥多拉并没有只满足于自己的成功，她为争取妇女权益做了很多努力，被誉为"妇女解放者"。在狄奥多拉时代，妇女不仅可以堕胎和通奸，还获得了和男性一样的法定权利，实现了最早的男女平等。此外，狄奥多拉还建立妓女之家，通过法律禁止强迫卖淫，承认妇女在离婚问题上有更多的权利，允许妇女拥有和继承财产，判处强奸者死刑等等，所有的这些都使拜占庭帝国的妇女地位远远高于蛮族统治下的欧洲妇女。[1]

即使在欧洲中世纪的"黑暗时代"，妓女也一直存在，并且得到骑士

---

[1] 陈春锋《西方后宫的那些事》，中国画报出版社，2010。

阶层保护和尊重。中世纪一般被认为是性禁忌最为严厉的时代，而侍奉上帝的修士和修女是不可结婚的，修女被称为"上帝的新娘"。事实上，当时的修道院并不比妓院高尚多少。教会觉得从妓女身上有利可图，就开设了不少"教会妓院"。这些身为教徒的妓女，一面庄严地祈祷，一面谄笑着接客。"许多受过教育、性成熟的青年女人披上了修女的长袍：只要有满足她们性饥渴的机会出现，她们就打算立刻脱下这长袍。"①中世纪的教皇英诺森八世迫害异端和"女巫"不遗余力，但他却是一个"连做梦也只想着女人、酒和金钱的无知而粗野的好色之徒"。正是在他的领导下，罗马这个教廷所在地几乎变成为一个举世无双的"红灯区"。1490年的一次可信的调查，列出了6800名妓女，而当时罗马的人口尚不足10万。

中世纪的教会，一方面大开妓院招徕生意，另一方面却要求妓女为自己的堕落忏悔。他们甚至树立了一个典范，即抹大拉的玛利亚，她在追随耶稣之前曾是妓女。

法国艺术家热罗姆油画作品《法庭上的佛丽蕊》

---

① （美）埃里克·伯科威茨，王一多、朱洪涛译《性审判史：一部人类文明史》，南京大学出版社，2015，第124页。

在雨果的《巴黎圣母院》中，富洛楼神甫垂涎艾斯梅拉达的美貌，"她舞跳得这么动人，难道是我的错？她那么美，难道是我的错？她使人发狂，难道是我的错？"但他的职业身份又不容许他亲近女色，他让丑陋的敲钟人噶西莫多将艾斯梅拉达绑架到修道院，结果导致了民众对修道院的围攻。这部欧洲启蒙运动时期的经典作品中，富洛楼神甫最终在道德、权力与人性的纠结中毁灭。对性的抗拒无疑是反人性的，而对性的劫持往往来自权力的阴暗，这种道貌岸然的背后其实是真实的虚伪。

15世纪，欧洲盛行兼营色情的公共浴池。但随后一段时期，新教改革与梅毒曾一度使妓女遭遇灭顶之灾，她们被当作魔鬼附身的"女巫"遭到残害。18世纪科学取得胜利，工业革命带来的城市化繁荣，使欧洲成为一个登徒子和享乐主义者的时代，这也是妓女的黄金时代。18世纪伦敦的妓女超过5万，而巴黎不少于3万。她们以交际花的身份，引领着现代城市的时尚潮流，她们本身就是一个显眼的风向标。在这一时期，伦敦有大量妓院、酒吧以及其他色情场所，里面住满了妓女。在维多利亚时代，走在伦敦街头的女人中，每12个当中就有一个是妓女——"但她可能不称自己是妓女，因为她同时可能是一个车衣工、裁缝、女招待或洗衣工，只是在时世艰难的时候偶尔为之"。一个妓女说："我并不厌倦我的职业，我很喜欢这一行。我拥有我想要的一切，我的朋友非常非常地喜欢我。"①

18世纪妓院与皇帝时代的中国一样，是重要的社交场所，甚至可以举办私人聚会；这里设施完备，服务周全，老鸨（妓院老板）往往极富管理经验。妓院之间的商业竞争也非常激烈，像莫利金的妓院、道格拉斯母亲的妓院、古尔德夫人的妓院、戈德比夫人的妓院等等，都是当时伦敦最为知名的妓院。作家古格特这样描述巴黎：

> 1850年巴黎妓院中，进入妓女们的"闺房"，只见墙上贴着石榴色的壁纸，室内摆设着一套红色的棉或天鹅绒的无靠背沙发，一面粗陋的穿衣镜，一个挂钟，宛如牙科医生的候诊室。不同的是穿着花

---

① （英）史蒂芬·贝利，于世燕译《两性生活史》，中国友谊出版公司，2007，第82页。

衣裳或蓝、红、黄、白色衣服的十个女人摆出谄媚的姿态，脚上穿着红色拖鞋，一面焦躁不安地微微摇摆身体，一面呈大字形不雅地躺卧在沙发上。这里已经没有奏歌的泉水和仙境般的气氛，更没有艺术情调和穿着薄纱、穿梭如云的美女。①

并不是所有的妓女都来自社会底层，也不是每一个寻欢作乐的年轻人都很"下流"，很多人喜欢有教养、来自上流社会的女人。在18世纪拥有情妇几乎是一件平常的事情。"哪个男人没有情妇？"当时一位哲学家曾这样很幼稚地惊呼②。女家庭教师成为有钱男子的情妇，在当时也是很普遍的（小说《简爱》），甚至还有上流社会的少女当妓女的记载。直到20世纪20年代，还有这样一件事：一个近卫队军官被引到伦敦上流住宅区一家妓院的厢房，却发现自己可爱的妹妹坐在床边准备接客。让小仲马名动欧洲的《茶花女》跟中国的"杜十娘"极为相似——

> 某生悦一妓，欲娶为妻，其父恐辱门第，不之许，因自往妓所，晓以大义，使自绝生。妓诺，遂向生伪言不复相爱。生怒，与妓绝。妓抑郁死。③

独立战争期间，整个美国大陆处于无政府状态，被清教徒压抑已久的新都市文化迅速蔓延，每座城市里都"挤满了酒馆"。一些酒馆甚至和教堂开在一起。人们在这里放纵自己的欲望，寻欢作乐，在酒精、舞会和性交中沉迷。不仅婚外恋和同性恋大行其道，而且白人和黑人之间的性关系也屡见不鲜，离婚和卖淫也被视为正常的事情。在传统精英的眼中，美国人正变得腐败、堕落和邪恶，约翰·亚当斯甚至认为这样的美国人，根本不配享有自由，而应当遭到毁灭，"一个劣质族群""令人类中的那些智者感到悲痛和羞耻"。

---

① 范心玥、亦水《妓女回忆录》，《先锋国家历史》，2010年第3期。
② （德）维尔纳·桑巴特，王燕平、侯小河译《奢侈与资本主义》，上海人民出版社。
③ 刘半农《因〈茶花女〉之公演而说几句》。

在1866年的一次统计中，仅纽约一地就有8000家酒馆，700家妓院，4000名妓女。在这个礼崩乐坏的时代，无处不在的酒馆和妓院反倒成为民族大融合的理想场所。虽然当时各州的法律禁止黑人进入酒馆，但事实上，黑人是很多酒馆的常客。如果说，酒馆最早拉开了黑人与白人平等的先例，那么与此同时，娼妓进一步加强了这种平等。对一个妓女来说，不存在白人还是黑人的区别，他只是一个愿意付钱的男人。

在工业革命的经济浪潮中，与大多数家庭妇女不同，妓女成为最早走向独立和自由的女性，"在当时的美国女性中，娼妓的工资最高"。她们中的一些人不仅创业成功，成为有名的老鸨和女富豪，还有一些嫁入上流社会。值得一提的是，比妓女更离经叛道的，是从海盗群体中蔓延开的同性恋风气。一个有趣的现象是，性权利常常与政治权利相伴而生，甚至性本身就是政治文明的一种体现。在罪恶的政治眼中，所有的性都是罪恶的。对性的祛魅也是对政治的祛魅，性民主必然激发政治民主。

18世纪妓女们经常因为绯闻、醉酒或者斗殴而引起大众关注。于是，有关妓女与社会名流之间的风流韵事、通奸、离婚等八卦消息，都在历史上第一次登上了报纸，堂而皇之地成为大众茶余饭后的热门话题。小酒馆里充斥着女士和她们恋人的八卦；传单和小册子记录她们的一举一动；歌曲、诗歌和漫画都在表现她们。这让人想起前苏联有一个著名芭蕾舞剧，叫《红色罂粟花》，讲的是从一艘苏联货船下来的年青水手上岸嫖妓，一夜情迷之后，苏联水手将革命思想传授给该国妓女，这个妓女利用工作之便，又将革命思想传给了许多工人，就这样星火燎原，革命思想传遍了这个国家和全世界。

现代妓女的兴起，与妇女独立风潮息息相关，避孕和堕胎技术进一步解放了妇女，妇女的独立地位越来越清晰。对中国来说，不再缠脚的妇女第一次获得和男人对等的经济文化权利。虽然不可否认，许多沦为妓女的女子通常是为了金钱，但其中一种很重要的动力就是想要追求独立；对她们来说，如果除了身体以外没有别的本钱，那只有通过出卖身体，才能获得优裕而独立的生活。另外还有一种，就是年轻的寡妇或被遗弃的未婚母亲，她们赚钱不多，为了养育孩子，只有进入"人肉市场"。

罪与罚

恩格斯在《家庭、私有制和国家的起源》中说："群婚制是与蒙昧时代相适应的，对偶婚制是与野蛮时代相适应的，以通奸和卖淫为补充的一夫一妻制是与文明时代相适应的。"

人类自古以来，政治与性就脱不了干系。性和政治都充分体现了人作为动物的原始本能，也都是成人最为热衷和迷恋的游戏。在某种意义上，性与政治如同一个硬币的两面，性的背后是政治，政治的背后就是性。还有一种说法认为，权力是男人最好的春药。民国时期，有个富家子弟梁鸿志，其祖父是清代巨儒梁章钜。梁鸿志一生流连风月场，后来被当作汉奸枪毙。他曾说："全世界有两件东西最脏，但男人都喜欢搞，一件是政治，一件是女人。"

思想家福柯认为，性观念允许避开让权力成为权力的东西，允许只把权力看成是法律和禁忌。性就是统治我们的权威，是隐藏在我们背后的隐秘。正是由于性值得追求，它使得我们每个人接受认识它、揭示它的法律和权力的命令。

娼妓的世俗化，从一开始就是政治世俗化的产物。在韩非子和马基雅维利之前，政治属于宗教的一部分，因此它是崇高的。娼妓同样也是神巫时代的产物，来自人类的生殖崇拜。进入世俗时代以后，娼妓沦落风尘，仅仅是一种经济职业。从生殖崇拜到追求性快感，娼妓是两性关系世俗化的产物；同样，从智慧的先知到皇权的代理人，官吏也是政治世俗化的结果。正如娼妓被称为"公妻"，官吏也被称为"公仆"。

从历史命运来说，官吏与娼妓走过了同样的轨迹，都源自人性中欲望的本能。当暴力在官吏手中衍变成权力时，欲望也在娼妓那里衍变为诱惑。如果说后者属于羞耻与道德范畴，那么前者就属于罪恶和法律问题；事实上，权力总是将自身装扮得更加神圣，同时将诱惑贬斥得极其下流。前者为"府"，后者为"肉"，当权力经不住诱惑时，"腐败"便滋生了。腐败这种恶疾是如此可怕，以至于中国古代皇帝想出了"腐刑"这种绝招。乔治·巴塔耶在《色情史》中写道:"从腐败中孕育的权力或许是一种天真的观念,它同时表达了腐败在我们身上引起的无法克服的恐惧和诱惑。但是腐败肯定是人类从自然中得到的观念的基础:仿佛腐败最终概括了我们出生的这个世界。"

正如黄仁宇所说,中国传统文化常常以道德代替法律,这使得"富洛楼神甫的焦虑"成为一种普遍现象。在中国传统政治中,每个权力之王——皇帝都在剪除无数男人阳具的同时,拥有无数极度性饥渴的青年女子,这其实是一种极致状态的"富洛楼神甫的焦虑"。非洲有一个国家叫斯威士兰,曾经颁布了一部《禁欲法》,法令要求全国人民禁欲5年,少女必须戴起贞操带。在全国禁欲期间,神圣的国王却连娶几房老婆。正如《动物农庄》中的那句名言:"所有的动物一律平等,只是有些动物更平等一些。"

著名的社会学家和性学家刘达临说,"每个人都是父母性交的产物",而"孔子是'野合'的产物"。《史记》中记载孔子去见卫国的美女南子,"子路不悦,夫子矢之曰:'予所否者,天厌之、天厌之!'"后来卫灵公与南子一起招摇过市,人们争相要一睹南子的容颜,孔子感慨说,"吾未见好德如好色者也"。可以说,无论是"饮食男女,人之大欲存焉",还是"食色性也",孔孟对性的态度还是比较宽容的。

中国传统礼教从宋朝理学开始趋于严厉。在历史上,理学创始人朱熹曾发起过一次对妓女的"严打","严打"的对象是台州的一名营妓严蕊。

严蕊"善琴弈歌舞、丝竹书画,色艺冠一时。间作诗词有新语,颇通古今。善逢迎,四方闻其名,与有不远千里而登门者",连台州太守唐与正(字仲友)亦与其交好。按宋朝法律,官妓可坐台伺陪官员,但不能伺寝。朱熹因学术分歧而与唐多有龃龉,欲借严蕊陷害唐。① 淳熙九年(1182年),朱熹以浙东常平使身份巡行台州,对严蕊严刑拷打,逼其供认与唐有染。严蕊"两月之间,一再受杖,委顿几死",但却宁死不屈,她说:"身为贱妓,纵使与太守有染,科罪不致死。然是非真伪,岂可妄言以污士大夫。虽死

---

① 按照朱熹的记述,唐与正所做"不公不法"之事非常多,包括贪污腐败、欺行霸市、贪赃枉法等。经过朱熹的六上奏章,反复弹劾,唐最终遭到罢官。

不可诬也！"①

一个堂堂的大学者加朝廷命官，对一个身份卑微的弱女子大打出手，且打出了一个坚贞不屈的烈女，这种暴力加绯闻的事件很快就传得沸沸扬扬。孝宗皇帝实在看不过去，就将朱熹改任他处。后来岳飞的儿子岳霖审理此案，"怜其病瘁，命之作词自陈"。严蕊略加构思，即随口创作了这首著名的《卜算子》——

不是爱风尘，似被前缘误。花落花开自有时，总赖东君主。
去也终须去，住也如何住。若得山花插满头，莫问奴归处。

岳霖当即判令严蕊从良，后来有一个皇族近属纳其为妾，严蕊终算有了归宿。

朱熹没抓到狐狸，反惹了一身骚，心有不甘，又四处宣扬那首《卜算子》乃是严蕊抄袭他人作品云云。朱熹的理学讲究"存天理，灭人欲"，"饿死是小，失节是大"，而朱熹本人实则是一个道貌岸然的伪道学家。连《诗经》中含蓄的古诗《溱洧》②都被他指斥为"淫奔者自叙之辞"。庆元二年（1196年），监察御史沈继祖弹劾朱熹，其中一项是"诱引尼姑二人以为宠妾"，另一项是"家妇不夫而孕"（他的大儿媳在丈夫死后却怀了孕）。这桩丑闻让宋宁宗很生气，朱熹赶紧上表认罪，说自己是"草茅贱士，章句腐儒，唯知伪学之传，岂适明时之用"，表示要"深省昨非，细寻今是"。

《战国策·东周策》记载："齐桓公宫中七市，内间七百，国人非之。"这说明妓女从一开始就有不少的非议和反对。在中国历史上，对妓女最为严厉的是在太平天国时代。从金田起义一开始，洪秀全就严别男女，实行了停止家庭婚姻生活的政策。天王洪秀全语重心长地谆谆教导："天下多男子，尽兄弟之辈；天下多女子，尽皆姊妹之群。天堂子女，男有男行，

---

① 宋·周密《齐东野语》卷二十"台妓严蕊"。
② 《郑风·溱洧》原诗为：溱与洧，方涣涣兮。士与女，方秉蕑兮。女曰"观乎？"士曰"既且。""且往观乎！"洧之外，洵訏且乐。维士与女，伊其相谑，赠之以勺药。溱与洧，浏其清矣。士与女，殷其盈兮。女曰"观乎？"士曰"既且。""且往观乎！"洧之外，洵訏且乐。维士与女，伊其将谑，赠之以勺药。

女有女行，不得混杂。"由于太平军几乎都是全家参加，母亲、妻子、姐妹和女儿都在军中，因此一家人不免总要相见。太平天国建都南京后，洪秀全把男女老少都分别编入男馆、女馆，实行军事化编制和管制。史书记载："令阖城男女分别信馆，不准私藏在家。私犯天条，一经查出，立即严拿，斩首示众，决不宽赦。凡强奸经妇女喊冤，立即斩首示众，妇女释放，如是和奸，既属同犯在条，男女皆斩。"

太平军所到之处，妓院一律取缔，禁绝娼妓。《诲谕官兵良民人等各宜革除污俗以归正道》中称，"倘有习于邪行，官兵民人私行宿娼，不遵条规，当娼者，合家剿洗。邻右擒送者，有赏。故纵者一体治罪。明知故犯者，斩首不留。"① 明清时期虽有禁娼，往往收效不大，但太平天国以极其残酷的手段实现了那些道德家的梦想。深得忠王李秀成信任的英国人呤唎，在《太平天国革命亲历记》一书中承认，在太平军的占领地区，"娼妓是完全绝迹的"②。

按照洪秀全的"天条"，为了保证天国内部的"纯洁性"，虽夫妻亦不可同寝。"凡夫妻私犯天条者男女斩首"。如果夫妇同床，那就是"淫乱罪"，因此天理不容，一律杀头。天朝的冬官兼正丞相（官名）陈宗扬，由于与夫人同宿，结果夫妇二人一同被斩。执法之严格，偌大天京城，能夫妻同住的，连洪秀全在内一共8户而已。洪秀全不仅禁止任何异性之间的私人关系，即使亲子行为亦属打击之列，"母子亦不许相见讲话"。因此，太平天国时代不仅实现了"男女有别"，还达到了夫妻陌路、母子背道，可谓前无古人，后无来者。作为至高无上的天王，洪秀全有妻88人，此外有宫女888人。与传统帝王不同，天国里"人人平等"，因此这些女人不分后妃嫔嫱，更不分妻妾婢女，一律以数字编号。大概这也算较早的数字化管理吧。

"如果你抓住了他的睾丸，他的心灵和大脑就会跟过来"，这是流传在美国政界的一句名言。性与政治之间的关系是如此密切，作为政治的延伸，每一场战争都常常伴随着大规模的强奸浪潮。在和平时期，性同样会被政

---

① 《太平天国》，第三册。第225页。
② 倪方六《中国古代是如何扫黄的》，《文史参考》2012年第11期。

治化，在互相充满敌意的国家之间，人们往往有一种将女性的身体也当作"国家领土"之一的强烈企图。二战时期，法国沦陷，在战后的"狂野清洗"运动中，很多法国人被当局以叛国罪处死，而更多被杀的是那些"和德国人睡觉的女人"，① 一如电影《西西里的美丽传说》中的玛莲娜。在张艺谋的电影《金陵十三钗》中，一群大义凛然的妓女成为中国式"抗日"的微妙隐喻，一场悲惨的南京大屠杀就这样被解构为卖淫与嫖娼的荒诞剧。

"性问题的政治意义在于，性处于身体纪律与人口控制的交汇点上。"福柯指出，"性是一个没有任何现代权力体系能够忽视的资源"，而在性的问题上，权力的运作方式不是行政的，也不是法律的，而是通过一种更精致的机制，通过心理分析，通过"科学知识"，其目的是对个人行为的管制，是对个人自由的剥夺。

"从来不乏同情之人为妓女的不幸鸣不平，但是他们的呼喊掩盖了一种普遍的虚伪。从人道的角度看，承认卖淫这种歧路在我们感觉的形成中发挥了作用，或许是很难的事情。"② 色情业是一个古老的传统职业，它就像政治和官吏一样无法消灭。"关于妓女与卖淫的看法莫衷一是，无论法律条文有多少条款，演讲了多少次，教堂的布道有多少回，都无法消除女性卖身挣钱、男性花钱买春的现实可能性。"③

进入现代以来，西方世界正变得越来越世俗化，传统宗教和道德的影响力被大大削弱，人们对成人之间性行为的宽容度有了大幅度的提高。在现代文明国家，公域与私域分离、道德与法律分离。自由市场经济使一切都走向商品化，如果说建立在金钱关系上的性是违法的和不道德的，那么资本主义社会将陷入一种普遍违法的悖论。一位妓院老板讥讽说："那些不是因为爱情而是出于贪婪而结婚的女人，那些为了有人给她们付账单、给她们漂亮房子、衣服和首饰的女人，那些为了不干繁重的工作、摆脱讨厌的亲属或避免被当作老女仆的女人，她们除了名字不叫妓女之外，与妓

---

① （荷）伊恩·布鲁玛，倪韬译《零年：1945，现代世界诞生的时刻》，广西师范大学出版社，2015

② （法）乔治·巴塔耶《色情史》。

③ （美）埃里克·伯科威茨《性审判史：一部人类文明史》，第266页。

女毫无二致。她们和我的姑娘们唯一的区别就是,我的姑娘们使男人花钱感到物有所值。"

卖淫业一向被称为世界上最古老的一种职业。这种情况发展到现代,性工业在一些社会中已经成为最有利可图的行业。色情行业包括各种性的夜总会、脱衣舞男舞女、卖淫娼妓、陪伴业、色情出版业、色情影视业等等。性活动成为这个行业的从业人员的生活来源。除了上述行业的从业人员之外,按照恩格斯对资产阶级家庭的批判,它是"两个卖淫合成一个道德"。由于资产阶级的家庭中存在着财产关系,女性靠提供性服务换得家庭生活的保障。按照恩格斯的逻辑,资产阶级的家庭婚姻关系与卖淫的区别仅仅是批发与零售的关系,没有本质的区别:二者都是性的商化品,都是以性换取生活的来源。如果恩格斯的逻辑成立,以性作为维持生计的手段不再是少数娼妓的越轨行为,而是社会上许多"体面"阶层的人们的正常行为;就不再是违反社会规范的行为,而是社会规范本身了。①

卡尔·曼海姆曾指出:"官僚思维的基本倾向是把所有的政治问题化约为行政问题。"他的意思是说,官僚没有能力超越他们"有限的社会眼界"和理性化的工作范围,去认识发生在更大的政治世界中的非理性的利益冲突。② 20 世纪二三十年代,世界女权主义兴起,但中国却还沉迷在三妻四妾的旧世界里。一位到中国旅行的美国记者指出:"在广州花船③上遇到的女性群体与其说是在犯罪,不如说是别人对她们犯了罪。她们是千百年来女性从属于男性地位的产物。而且,她们往往是被本应保护她们的监护

---

① 李银河《性的问题》,中国青年出版社,1999,第 13 ~ 14 页。
② (美)孔飞力《叫魂:1768 年中国妖术大恐慌》,第 271 页。
③ 在南方水路之地,有许多妓馆以船为室待客,其舟多为画舫,因称"花船"。尤以南京秦淮两岸的画舫为最。广东沿海一带疍民也有以养女为船妓的。关于花船之记载有《板桥杂记》、《秦淮画舫录》、《画舫余谭》、《吴门画舫录》、《潮嘉风月记》等。

人或父母卖掉，不得不在几年内过着堕落的生活。"①

毫无疑问，性具有权力表达的重要意义。中国传统权力社会始终是男权（夫权）和父权性质的，鲁迅先生曾说：

> 社会的公意，向来以为贞淫与否，全在女性。男子虽然诱惑了女人，却不负责任。譬如甲男引诱乙女，乙女不允，便是贞节，死了，便是烈；甲男并无恶名，社会可算淳古。倘若乙女允了，便是失节，甲男也无恶名，可是世风被乙女败坏了！②

恩格斯曾经非常赞赏傅立叶的一段论述："在任何社会中，妇女解放的程度是衡量普遍解放的天然尺度。"一个社会对性的法律尺度，标志着这个社会的文明程度。日本有着悠久的"公娼制度"，妓院叫做"风俗店"，妓女叫"游女"，江户时代吉原妓院的高级妓女叫"太夫"。从明治维新推动废娼运动，始终收效不大。1956 年颁布了《卖淫防止法》，按照法律，禁止在公共场所拉客、介绍卖淫和诱骗他人卖淫，但并不处罚卖淫行为本身。其中第 4 条规定："应用本法律时，须注意不要侵犯国民的权利。"③

---

① （美）格蕾丝·汤普森·西登《中国灯笼：一个美国记者眼中的民国名媛》，中国言实出版社，2015，第 272 页。
② 鲁迅《我之贞烈观》。
③ 冯玮《日本"公娼制"的兴废》。《挖历史》（第二辑），九州出版社，2014。

太监进化史

有一个段子,说晚清时期,有一个外国使臣对清朝皇帝说:"你们的太监制度将健康人变成残疾,很不人道。"没等皇帝回话,旁边一个贴身太监就义正词严地予以驳斥:"这是皇帝陛下的恩赐,奴才们心甘情愿,不许你干涉我天朝内政!"

事实上,太监,或者说宦官①,并不是中国所独有。在古埃及、古希腊、古波斯和印度王国,以及后来的罗马帝国、阿拉伯帝国,也都曾出现过这一现象。在古罗马帝国,宫廷中蓄养了大量的宦官,暴君尼禄任命的宦官彼拉哥指挥特务对公民进行监视,尼禄甚至还与最宠信的宦官斯普里斯宣布结婚。在东罗马帝国,宦官同样炙手可热,被称作是"皇帝可信任的阶层"。历史学家魏特夫在《东方专制主义》中指出:"太监掌权在4世纪的拜占庭已经充分形成一种制度。"但就宦官制度的发达程度和延续时间而言,没有一个古代文明可以与中国相提并论。

鲁迅先生曾经嘲讽说,太监、姨太太和鸦片是中国的国粹。太监作为一种被阉割的畸形人,完全是中国宫廷政治的伴生物,这种男权与皇权的双重罪恶几乎与中国历史相始终。"宦官是黑暗专制王国的产物,同时宦

---

① 在中国历史中,关于太监的称谓有很多,常见的有寺人、阉人、阉竖、阉宦、宦官、内侍、内监、内臣、公公、老公等。"太监"一词最早出现于唐朝;明代二十四衙门中的十二监头目通称太监(低于太监的有少监、监丞等)。到了清代,一些官员、宫人为了讨好宦官,统一称他们为太监。宦官与太监从此混为一谈。为叙述方便,本文中的"太监"与"宦官",二者不做严格区分。

官集团本身，也是一个黑暗的专制王国。"①

按照文字记载，太监出现得很早。"自书契以来，不无阉寺。"②意思是说，太监与文字一样古老。在3000多年前的西周时期，就已经有负责杂役和传令的"寺人"。"寺"即"侍"。"寺人"就是阉人。《诗经·秦风·车邻》中说："有车邻邻，有马白颠。未见君子，寺人之令。"《礼记·内则》中有："为宫室，辨外内，男子居外，女子居内，深宫固门，阍寺守之。"

阉人的体能接近于男人，但在性角色的扮演上，则接近于女人，所以最适合于宫廷服务。③随着皇权体制的建立，阉人由负责皇宫的勤杂工摇身一变，成为维护皇权统治的一股重要政治势力——宦官。从秦以后的2000多年，阉人对政治的介入越来越深，宦官政治便成中国古代政治的一部分，在二十四史中，基本每朝每代的历史都少不了一项重要内容——《宦官列传》。在某种程度上，宦官（太监）几乎是作为制衡职业官僚阶层的对立集团而存在。最典型的标志莫过于颜真卿的《争座位帖》，一群官僚在宴席上为了跟太监争座位的先后而发生激烈辩论。

春秋战国时期，著名的宦官当属齐国的竖刁和宋国的伊戾，他们在宫廷政治中已经扮演起极其重要的角色。管仲临终，齐桓公欲立竖刁为相，管仲曰："人情莫过爱其身者，竖刁自宫而不爱其身，岂能爱君乎？"齐桓公一生雄才大略，不听管仲遗言，后来果然惨死于竖刁之手，成为死于宦官之手的第一位君主。

宦官群体能够以一种体制而进入权力中心，应从秦朝算起。秦始皇统一六国后，建立了庞大的宫廷。杜牧在《阿房宫赋》中形容，"覆压三百余里，隔离天日"；"五步一楼，十步一阁"；"妃嫔媵嫱，王子皇孙，辞楼下殿，辇来于秦，朝歌夜弦，为秦宫人。明星荧荧，开妆镜也；绿云扰扰，梳晓鬟也；渭流涨腻，弃脂水也；烟斜雾横，焚椒兰也。雷霆乍惊，宫车过也；辘辘远听，杳不知其所之也。"根据《史记·秦始皇本纪》记载，修建阿房宫的几乎全部都是阉人，当时征调"隐宫刑徒"高达70多万。一方面，

---

① （日）寺尾善雄著，王仲涛译《宦官简史》，商务印书馆，2011，第4页。
② 《旧唐书·宦者列传》。
③ 马陌上《身体的沦陷·帝国阉宦简史》，敦煌文艺出版社，2006。

服务宫廷嫔妃需要大量的宦官，另一方面，秦始皇的集权独裁也需要宦官。因此，宦官制度便成为"秦制"的主要特征之一。

秦始皇以暴政和宫刑制造了大量阉人和宦官，秦朝二世而亡。从嫪毐到赵高，在某种程度上就是亡于宦官之手，正是权阉赵高杀掉了秦始皇的两个儿子扶苏和胡亥。《史记·秦始皇本纪》中记载了两个著名的对话，一是赵高弄权，一个赵高杀胡亥：

> 赵高欲为乱，恐群臣不听，乃先设验，持鹿献于二世，曰："马也。"二世笑曰："丞相误邪？谓鹿为马。"问左右，左右或默，或言马以阿顺赵高。或言鹿者，高因阴中诸言鹿者以法。后群臣皆畏高。

> 二世曰："丞相可得见否？"乐曰："不可。"二世曰："吾愿得一郡为王。"弗许。又曰："愿为万户侯。"弗许。曰："愿与妻子为黔首，比诸公子。"阎乐曰："臣受命於丞相，为天下诛足下，足下虽多言，臣不敢报。"麾其兵进。二世自杀。

宦官制度在东亚文化圈长期存在，除过中国，朝鲜、越南也都有，但日本是一个例外①。中国历史上曾多次要求越南和朝鲜进贡阉人。元朝宫廷有一位皇后奇氏，来自高丽，和他一起来的还有一位宦官叫朴不花。朴不花不仅与奇氏"情意胶固"，还受到皇帝宠幸，在元顺帝时红极一时，后来以名阉而载入《元史·宦官传》。元朝的覆亡在一定程度上也是拜他所赐。

太监时代

早期的阉人大多是因为犯罪或战败遭受宫刑，因此被称为"刑余之人"。在秦汉时期，宫刑常被作为对死刑的替代，所谓"代死之刑"。很多

---

① 日本学者寺尾善雄认为，没有庞大的后宫，没有宫刑，以及佛教的影响等，使日本没有学习中国的宦官制度。

男性罪犯因为贫穷，交不起赎金，只好接受这种不人道的酷刑。比起死刑来，宫刑的主要意义倒不是针对身体，而是体现对受刑者的最大羞辱和惩戒。这与脸上刺字的墨刑以及现代刑罚中的囚服剃头游街同理。司马迁对此深有体会，"每念斯耻，汗未尝不发背沾衣也！"①

阉人作为一种奴仆身份，其实并不局限于皇家宫廷，官家和民间也曾蓄养阉人做奴仆。入宋之后，朝廷禁止民间蓄养阉奴，此后阉人才为皇帝所专有②。在宋之前，是短暂的五代十国时期，其中有一个宦官之国——南汉。在这个荒唐的小王朝，官吏皆为阉人，读书的士子参加科举，也要先阉割了，才能被录用。风气之下，即使和尚道士，也都受了阉割。"凡群臣有才能及进士状头或僧道可与谈者，皆先下蚕室，然后得进，亦有自宫以求进者，亦有免死而宫者，由是宦者近二万人。"③南汉皇帝刘鋹（原名刘继兴）"性庸懦，不能治其国，政事咸委于阉官"④。在他看来，"以谓群臣皆自有家室，顾子孙，不能尽忠，惟宦者亲近可任，遂委其政于宦者龚澄枢、陈延寿等，至其群臣有欲用者，皆阉然后用"⑤。据说在当时，那些没有阉割的正常人被称为"门外人"，只有阉割者才是值得信赖的"门内人"。

南汉偏安岭南，远离中原，其存在时间并不长。就中国历史而言，曾有三次最著名的宦官时代：第一次是东汉后期；第二次是唐朝后期；第三次是明朝中后期。在这三段畸形的历史中，宦官文化的繁荣程度比之南汉朝廷，可谓是有过之而无不及。

---

① 司马迁《报任安书》。
② 根据末代皇帝溥仪的叙述，太监的职务非常广泛，除了伺候起居饮食、随侍左右、执伞提炉等事之外，用《宫中则例》上的话来说，还有：传宣谕旨、引带召对臣工、承接题奏事件；承行内务府各衙门文移、收复外库钱粮、巡查火烛；收掌文房书籍、古玩字画、冠袍履带、鸟枪弓箭；收藏古玩器血、赏用物件、功臣黄册、干鲜果品；带领御医各宫请脉、外匠营造一切物件；供奉列祖实录圣训、御容前和神前香烛；稽查各门大小臣工出入；登记翰林入值和侍卫值宿名单，遵藏御宝；登载起居注；验收鸣钟时刻；请发；煎药；唱戏；充当道士在城隍庙里念经焚香；为皇帝做替身在雍和宫里充当喇嘛，等等。
③ 《资治通鉴》二百九十四卷《后周纪五》。
④ 《旧五代史·僭伪列传第二》。
⑤ 《新五代史·南汉世家第五》

唐朝前期官制较严，宦官最高官阶不过三品。从唐玄宗开始，宦官渐成气候，甚至不乏封王封爵者。"唐玄宗在士族阶层外，扶植起宦官阶层作为行施统治术的核心，这是唐朝政治上的最大一个变动。"①从"玄武门之变"开始，唐朝政治几乎一直上演着数不完的宫廷政变。唐玄宗李隆基先后击败韦后和太平公主的两次政变，这其中离不开宦官高力士等人的支持。安史之乱中，宦官李静忠先后拥立唐肃宗和唐代宗即位，成为宦官宰相，被赐名为李辅国（护国），甚至被代宗称为"尚父"。安史之乱后，藩镇势力大增，中央朝廷鞭长莫及，内廷宦官与外廷朝官陷入长期权力斗争。因为宦官掌握禁卫军，外臣甚至皇帝常常受制于内廷阉人，内朝官向外朝官转化。"盖唐中叶以后，诸司诸使多以中官主之。如宣徽使、阁门使、飞龙使、内坊使、内弓箭使、粮料使、馆驿使……"②

汉唐时期，宦官喧宾夺主，其势力几乎凌驾于皇帝之上，皇帝反被其玩弄于股掌之间，皇帝或立或废、或杀或留，时常掌握在宦官手中。明代宦官貌似在气焰上有所收敛，但论其权势的显赫，则与汉唐不遑多让。在某种程度上，明朝堪称中国历史上"最大的太监帝国"。根本原因，在于宫廷的集权与腐败。康熙后来嘲笑明朝说："明朝费用甚奢，兴作亦广，其宫中脂粉钱四十万两，供应银数百万两，宫女九千人，内监至十万人，今则宫中不过四五百人而已。明季宫中用马口柴、红螺炭，日以数千万斤计，俱取诸昌平等州县，今此柴仅天坛焚燎用之。"

朱元璋戎马半生，才创建了明王朝。他对历史上宦官之祸颇为警惕——"吾见史传所书，汉、唐末世，皆为宦官败蠹，未尝不为之叹惋。《易》称：'开国承家，小人勿用。'其在宫禁，止可使之供洒扫、给使令而已，岂宜预政典兵？汉、唐之祸，虽宦官之罪，亦人主宠爱之使然。向使宦官不得典兵预政，虽欲为乱，其可得乎？"③以史为鉴，他对宦官限制颇多，"不得兼内外文武衔，不得御外臣官服，官无四品，月米一石，衣食于内庭。尝镌铁牌置宫门曰：'内臣不得预外事，预者斩。'诸有司不得与文移

---

① 范文澜《中国通史简编》。
② 《册府元龟》。
③ 《明史纪事本末》卷十四。

往来。"①据历史记载，明朝"国初宦官悉隶吏部"，即当时的宦官由吏部文官进行管理，这极大地抑制宦官的权势。

从本质上来说，宦官是高度集权的封建专制主义的产物。只要皇帝采取个人独裁的寡头统治，就必然需要宦官的帮助，而朱元璋恰恰最热衷于集权。他登基伊始，就废除了中书省和丞相制，"收天下之权以归一人"；接下来，又对功臣宿将斩尽杀绝；到最后，不得不将宦官作为自己最为倚重的心腹。所以黄宗羲说："有明之无善治，自高祖罢丞相始也。"罢相最直接的结果就是宦官人数不断增加。洪武十五年（1382），"增设内使三百六十人"；洪武二十四年（1391），向高丽国要阉人二百名，安南国也不断进贡阉人，每次几十人。朱元璋的外甥李文忠建议裁撤部分宦官，朱元璋便指责其"若欲弱吾羽翼"，李文忠不久便"得疾暴卒"。

朱元璋像秦始皇一样，事无巨细都亲力亲为，对官吏极不信任，相比之下，无家无室、和自己生活在一起的宦官就可靠得多，因此，他经常派宦官执行一些重要的政治任务，比如到边疆掌管茶马贸易②，或出使高丽、琉球、暹罗等藩属。

朱元璋多次更定宦官机构，宦官组织随之不断扩编。到洪武十七年（1384），已经初具规模，内官诸监库局下设九监、二库、六局。这为后来的"二十四衙门"奠定了基础③。在整个宦官系统中，司礼监权势地位

---

① 《明史·宦官列传》。

② 洪武八年（1375）五月，朱元璋派宦官赵成往河州市马。朱元璋知道"西番"向来产马，曾派人去买，但因使用的货币不同，买到的马很少。这次，他让赵成带了很多罗绮绫帛及四川的茶叶去换马，并命令河州守将对番人善加抚慰，"以通互市"，买到的马逐渐多起来。洪武十年（1377）三月，户部奏请派宦官、国子生及部委官各一人，到"天下税课司局征商不如额者一百七十八处"，加以核实，确立定额，朱元璋"从之"。这是宦官参与税务的明证。洪武十六年（1383）九月，奉旨去琉球买马的宦官梁珉返京，共买马983匹。洪武二十五年（1392）二月，朱元璋派尚膳太监而聂、司礼太监庆童赍敕到陕西、河州等卫，向所属番族宣谕，命令他们卖马，给以茶叶。结果，这次得马10340余匹，交换出去的茶叶达30余万斤。

③ 九监、二库、六局即：内官监、神宫监、尚宝监、尚衣监、尚膳监、司设监、司礼监、御马监、直殿监；内承运库、司钥库；巾帽局、针工局、织染局、颜料局、司苑局、司牧局，另设司门承制等官。后来发展为二十四衙门，即十二监、四司、八局。在二十四衙门以外，明代宦官还拥有相当多的组织机构。

最高，所谓"无宰相之名、有宰相之实"。后来擅政的宦官如王振、刘瑾、冯保、魏忠贤等，均为司礼监太监。

宦官作为政治势力真正的崛起，还是在永乐时期。朱棣发动靖难之役，按正统来说属犯上作乱，因此遭到朝廷文官的普遍反对。建文帝对宦官颇为严厉，"御内臣益严，诏出外稍不法，许有司械闻"。"燕师逼江北，内臣多逃入其军，漏朝廷虚实。文皇以为忠于己……即位后遂多所委任。"① 因为朱棣对宦官特别恩待和信任，这导致为朱棣"刺探宫中事，多以建文帝左右为耳目"。在"靖难"之役中，宦官势力成为朱棣成功的关键筹码，甚至一些宦官如狗儿和郑和等，成为"开国功臣"。相反，朱棣将方孝孺"灭十族"，可见其对士大夫之仇恨。

到明朝时期，宦官历史已经延续了长达1000多年。宦官一般都以"中"字为官号，有时直接称"中官"。如宦官在秦朝为中车府令，汉唐时有中尉、中常侍之类。明初称监正、监副、监丞等。朱棣黄袍加身，"始改监正曰太监"。宦官从此变成了太监，由"中"字辈一跃而荣升为"太"字辈。明人评论说："夫天子之亲，乃以太称。今中人之职亦曰太，其视汉、唐、宋，止以中名者却盛矣！"

朱棣拉开了太监的黄金时代，最具标志性事件莫过于郑和下西洋。此外，出使暹罗（今泰国）的李兴、出使西域的侯显也都是太监，还以王安等督军营，以马靖巡视西北。宦官纷纷承担出使、专征、监军、分镇等要务，乃至监视审讯文官和刺探民间隐情。永乐十八年（1420），置东厂，职掌"刺缉刑狱之事"。这个中国历史上规模最大、权力最大、运作时间最长的特务机构，全部都由太监组成。

太监学校

统治是个技术活，光有暴力并不行。郑和能被朱棣委以出使西洋的重任，离不开其深厚的学识。朱元璋严禁宦官学文识字，到朱棣时，只有识文断字的太监才有前途，祖制作废，因此顾炎武说："永乐以后，此令不

---

① 《明史·宦官列传》。

行。"①到了朱棣儿子朱瞻基时,对太监的文化培养已经体制化,宫中专门设立了一所太监学堂,即"内书堂"。内书堂有副对联:

学未到孔孟门墙,须努力趱行几步;
做不尽家庭事业,且开怀丢在一边。

内书堂以十岁以下的小太监为主,由司礼监秉笔负责管理,教书先生则请的是翰林院的学士。"宦官在这里所受的教育和外边的世家子弟几乎没有不同;毕业之后的逐步升迁,所根据的标准也和文官的仕途相似。有些特别优秀的秉笔太监,其文字水平竟可以修饰出于大学士之手的文章辞藻。所以他们被称为秉笔,在御前具有如上述的重要地位,绝非等闲侥幸。"②最早来内书堂教学的是大学士陈山,后来的奸相严嵩也曾到内书堂做过先生。保存至今的《徐显卿宦迹图》中,有一幅内书堂的画卷。据说万历时担任翰林院编修的徐显卿先后教授的太监学生有八九百名之多。

小太监进入内书堂,也都是从基本的启蒙知识学起,如《百家姓》《千字文》、《千家诗》、《神童诗》、《孝经》和《四书》等。内书堂的设立,标志着太监作为重要政治势力正式走向建制,开始与科举出身的文官官僚分庭抗礼。王振入宫前是一位穷教书先生,觉得教书没前途,便自宫了;入宫后又在内书堂教书,后来成为明朝第一个"权阉"。

事实上,专制权力并不一定需要很高文化,甚至相反,越没有文化,越善于操纵暴力和权力。魏忠贤原名魏进忠,因为入宫较晚,已经过了学习识字的年纪,所以未进内书堂,"不识文字,人多以傻子称之"③。但恰恰是这样的"傻子",将太监权力发挥到不可思议的程度。"考其致祸之由,亦不尽由于通文义也。王振、汪直、刘瑾固稍知文墨,魏忠贤则目不识丁,

---

① 顾炎武《日知录》。
② 黄仁宇《万历十五年》,第20页。
③ 刘若愚《酌中志》。

《徐显卿宦迹图》中的内书堂授课情景

而祸更烈。大概总由于人主童昏,漫不省事,故若辈得以愚弄而窃威权。"①《明史》说魏"不知书,颇强记。猜忍阴毒,好谀"。其实熹宗也识字不多,这让他与魏忠贤分外投缘,亲赐其"忠贤"的名号。魏忠贤一朝得势,照样被那些士大夫们谄媚颂之为"像周公、召公一样,德行如大禹、商汤一般",乃至是"孔子再世",将其生祠建在国子监旁边。②

从选用、培养、升迁、奖罚到福利,明朝有一系列复杂的宦官制度。理论上来说,阉割进宫作太监都必须出自自愿,而且事先须经官府许可,擅自阉割都属于非法。但实际上,很多太监都是录用的非法自宫者。而且,极少有殷富人家的子弟"自宫"求荣的。

对于在饥饿生死线上挣扎的下层百姓来说,结婚什么的不过是梦想而已。这样一些人,生殖器是没有任何价值的。把这卖给恶魔,

---

① 赵翼《二十二史劄记》
② 十年砍柴《皇帝、文臣和太监:明朝政局的"三角恋"》,广西人民出版社,2007,第191页。

如果运气好，就会成为庞大帝国的实际统治者，地位、金银财宝，甚至美女都能得到。这个可能性虽然很小，但不是没有指望，即使失败了，也没有什么可以失去的。至少能吃饱，因为宫廷里养活他们。在明朝中期出现的《皇明实录》在"自宫"的正式记录中也曾有过这样的说法：当今宦官，在皇帝身后操纵，握有权势，其恩惠及于九组。愚民见此，竟相将子孙阉割做宦官，梦想富贵。有一村竟有数百人之多，无论如何禁止，一丝未改。①

太监虽然没有家庭，无儿无女，但由于生活安逸，好吃好喝，生老病死有保障，用现在的话说，就是"金饭碗"，所以被当时很多底层穷人视为翻身的终南捷径，不惜为此自宫。永乐末年，自宫已经成风，成化之后更加严重。永乐朝，"尝有自宫者，以其毁亲遗体为不孝，皆发戍交阯"。洪熙元年，仁宗亲自敕谕刑部："自宫以求用者，惟图一身富贵，而绝其祖宗、父母，不顾古人求忠臣于孝子，彼父母尚不顾，岂有诚心事君！朕已决意不用此等人，然其不孝之罪须惩治。今后，有自宫者必不贷。若加人宫刑者，朕亦恶之，盖宫刑下死刑一等耳，亦须严切禁止。"②至正统年以后，自宫之风完全失控。

   景泰以来，乃有自宫以求进者，朝廷虽暂罪之，而终收以为用。故近畿之民，畏避徭役、希觊富贵者，仿效成风，往往自戕其身及其子孙，日赴礼部投进。自是以后，日积月累，千百成群，其为国之蠹害甚矣。③

大意为：明朝中期后，自宫想做宦官者日渐增加，政府初罚之，最后却予以录用。结果是近畿之民为逃离苛酷的政府强制劳逸，或者梦想富贵，不断将自己或子孙阉割，蜂拥至处理宦官事务的机关礼部。其数量渐次增

---

① 寺尾善雄《宦官简史》，第11页。
② 《明仁宗实录》。
③ 顾炎武《日知录》。

加,遂至给国家以大害。

比起十年寒窗读书科举求官相比,做太监要容易得多,而太监的富贵和权势也往往远超出许多。到宣德六年,竟有官至指挥同知者也甘愿自宫,以效内廷。真是利之所在,趋之若鹜。天启三年,原计划只征招两三千名太监,结果竟然有将近3万阉人报名。无奈之下,皇帝只好特别开恩,额外加收了一千多人,剩下的两万多都安置在南苑。不到十年,收容的人就有数万,仅口粮就是一个不小的数目,户部为此叫苦不迭。自宫的人不断增多,宫廷录用的毕竟有限,大多数人只能流落社会。因为无以为业,或者乞讨要饭,或者聚众抢劫,有时还发起请愿,要求入宫录用。

随着太监群体日益活跃,其数量也从明初的数百人发展到明末的数万之众。成化年间,右副都御史彭韶在奏疏中称"监局内臣,数以万计"。天启时,魏忠贤竟然"选京师净身者四万人,号曰净军"。崇祯末年,据说北京守城者即为净军。李自成的叛军未到,净军就先作鸟兽散。清初王誉昌曾写《崇祯宫词》曰:

风摧败叶一时散,水漫浮萍随处生;
莫笑杞人忧自剧,果然此日见天倾。

该诗原注云:"时中七万人,皆喧走,宫人亦奔进都市。"另有诗也记此事,"授兵十万上谯楼,可是文皇靖难收。只费杜勋三四语,尽从濠内一时投。"所谓"授兵十万",就指这几万净军。以毫无战斗能力的阉人作军队,明朝焉能不亡。正如后人所说,"明亡,不亡于流寇,而亡于宦官"。还有一段尾声:李自成攻陷北京后,太监们又都跑来求用,李自成大怒,"尽逐出城,孩子兵群呼打老公,数万人哀号奔走,衣毁帽裂,青肿流血,一钱不得随身,都人大快之。"①

明朝初年,统领五军都督府的都是元勋宿将,其军制肃然。"既而内监添置益多,边塞皆有巡视,四方大征伐皆有监军,而疆事遂致大坏,明

---

① 《平寇志》卷十。

祚不可支矣。"①英宗朱祁镇让司礼太监王振统军,酿成历史上著名的"土木之变",最后王振身死,英宗被俘。崇祯时期,京畿军权基本全部交给太监。这些太监虽然不懂军事,但却颐指气使,掣肘将领,更喜欢贪墨军饷,为了向皇帝冒功请赏,不惜谎报军情,最终误人误己。

一瑾死 百瑾生

明朝不设丞相,永乐以后,司礼监的掌印太监"秩尊视元辅",即权力相当于内阁首辅,被称为"内相",但因为更接近皇帝且受宠信,其实是在首辅之上。"内阁之拟票,不得不决于内监之批红。"司礼监常常代表皇帝参加内阁廷议,以及三法司会审,对朝廷的各种决策都构成影响和监控。整个明中后期,司礼监的太监完全掌握了"照阁票批朱"的大权,"居内阁上",内阁大权旁落,"相权转归之寺人"。黄仁宇指出:"皇帝每天需要阅读几十件奏章,这些奏章文字冗长,其中所谈的问题又总是使用儒家的传统观念和语言来加以表示,很不容易弄清其中问题的主次和他的真正含义,更不用说还夹杂了极多的专门名词和人名地名。所以皇帝必须委派五六名司礼监中的太监作为'秉笔太监',由他们仔细研究各种题本奏本,向自己作扼要的口头汇报。……皇帝对大多数的奏章就只需要抽看其中重要的段落、注意人名地名就足够了。"②宪宗时,人们嘲笑"纸糊三阁老,泥塑六尚书"③。到了武宗正德时,太监刘瑾的权力几乎等同于皇帝,被称为"立地皇帝",当时人说,大明有两个皇帝,"一个坐皇帝,一个立皇帝;一个朱皇帝,一个刘皇帝"。

明朝初年,太监地位卑贱,根本无法与朝臣同日而语。"太祖旧制,内臣出外非跟随亲王驸马及文武大臣者,凡遇朝廷尊官,俱下马候道旁,待过去方行。今小火者值部阁大臣,俱扬鞭直冲其中道矣。"④风水轮流转,

---

① 《明史·职官志》序。
② 黄仁宇《万历十五年》,第19、20页。
③ 王春瑜、杜婉言《明朝宦官》,陕西人民出版社,2007。
④ 《万历野获编》卷十三。

随着太监地位日高，他们不仅与朝臣平起平坐，甚至凌驾于朝臣之上，侮辱殴打朝臣的事件屡屡发生。"朝廷纲纪，朝官进退，均在宦官之手，伴食者汲汲于奉迎其意，偶尔有硬骨贤良之士，亦无可奈何。"①既然太监炙手可热，识时务的大臣自然会极尽逢迎之事。王振问工部侍郎王佑："你怎么不长胡子？"王佑厚颜无耻地回答："老爷您没有胡须，儿子我怎么敢有！"汪直巡边，那些督抚总兵都出境几百里地远迎。从前再大的太监遇见大臣，也要跪拜，如今官吏要向大太监行跪礼。"国朝文武大臣见王振而跪者十之五，见汪直而跪者十之三，见刘瑾而跪者十之八"。"太监魏忠贤，举朝阿谀，顺旨者俱拜为乾父。行五拜三叩头礼，呼九千九百岁。"②《明史》中记载：

> （魏忠贤）岁数出，辄坐文轩，羽幢青盖，四马若飞，铙鼓鸣镝之声，轰隐黄埃中。锦衣玉带靴裤握刀者，夹左右驰，厨传、优伶、百戏、舆隶相随属以万数。百司章奏，置急足驰白乃下。所过，士大夫遮道拜伏，至呼九千岁，忠贤顾盼未尝及也。③

大意是说：魏忠贤一年中多次出行，每次总是坐着文轩大车，羽帘青盖，四马如飞，铙鼓鸣镝之声，随着轰隆而过的车轮，隐没在飞扬的黄土之中。锦衣卫官校腰围玉带，踏靴着裤，提刀相随，夹驰于左右，厨师、优伶、百戏、奴婢这些随从的人，又以万计。百官的奏章，要用快马才能赶上。所过之处，数不清的士大夫趴在道路两边叩头，欢呼九千岁，而魏忠贤连看不看一眼。

明末复社领袖张溥在《五人墓碑记》中无限沉痛地感叹："嗟夫！大阉之乱，缙绅而能不易其志者，四海之大，有几人欤？"

按明朝薪俸，最高的正一品文武官禄米不过七十石，而大太监竟有多

---

① 《明史·职官志》。
② 吕毖《明朝小史》。
③ 《明史·宦官传》。

达数百石的。比如汪直累至三百余石。①实际上，太监贪污勒索受贿，所得远远超过其正常收入。太监经常担任的织造、采办、粮税、矿税、关隘等特使，均是十足的肥差，且不受任何监督和控制。成化十四年（1478），崇王府仆人杨福冒充大太监汪直，从芜湖、常州、苏州一路行骗到杭州、绍兴、宁波，所到之处，各级官吏争相敬奉孝纳，敛财无数。后来事发，成为当时一大丑闻。作为皇帝的代理人，太监最擅长的事情就是悬秤卖官。权力的本质就是对事物的占有程度和占有范围。在一个专制社会，权力是财富之本，掌握权力，很短的时间便富可敌国。刘瑾的家产近乎天文数字，超过明朝一年的财政收入②。

继东厂之后，成化十二年（1476）又设立西厂；正德三年（1508），再设立内行厂。这些直接对皇帝负责的特务机构组织庞大，且不受任何法律约束，一下子将太监这个群体的阴暗扭曲的心理展现得淋漓尽致。腥风血雨之下，特务的触角伸至帝国的每一个角落，无远弗届，无孔不入，大明被打造成了一个密不透风的恐怖帝国。一些士大夫闻听厂卫传唤，宁愿自杀，也不愿进诏狱遭受诸般酷刑和凌辱。汪直执掌西厂时，特务密布，"烦密苛细，民间斗骂，纵犬争鸡，并痛捶直"，连这些轻微的举动都不放过，或者"封闭其家，或夜搜之"，要不就将其妻室儿女扒光衣服，暴打一顿。这种高压恐怖使得整个社会人人自危，"无论民间重足侧目，而士大夫无一夕敢舒眉欢宴，坐谈间无一语敢稍及时事"。

发生在天启年间的东林党事件，其实是文官内阁与太监势力的一次对决，结果号称"东林党"的士人遭到残酷迫害。杨涟、左光斗、顾大中、袁化中、周朝瑞、顾大章等"六君子"以受贿罪名入狱，"遂五日一比，惨酷更甚。比时累累跪阶前，诟詈百出，裸体辱之，弛则受拶，弛拶则受夹，

---

① 丁易《明代特务政治》，群众出版社，2008，第420页。
② 刘瑾死后被抄家，其家财的数字，各史籍记载不一。高岱《鸿猷录》记为："金二十四万锭又五万七千八百两；银元宝五百锭又一百五十八万三千六百两；宝石二斗；金甲二；金钩三千；金银汤鼎五百；蟒衣四百七十袭；牙牌二椟；穿宫牌五百；衮龙袍四；金龙盔甲三十；玉印一；玉琴一；玉带四千一百六十束；他物称是"。2001年，《亚洲华尔街日报》曾将明朝太监刘瑾列入过去1000年来，全球最富有的50人名单。实际上，刘瑾并不是最富的太监，"至魏忠贤窃柄，史虽不载其籍没之数，然其权胜于瑾，则其富更胜于瑾可知也。"

弛拶与夹则仍戴镣以受棍，创痛未复，不再宿，复加榜掠。后讯时皆不能跪起，荷桎梏平卧堂下，见者无不切齿流涕。"杨涟"自下狱，体无完肤，及其死也，土囊压身，铁钉贯耳，仅以血溅衣裹置棺中。"

明中后期，从武宗朱厚照、神宗朱翊钧到熹宗朱由校，都是十足的"昏君"。朱厚照喜欢喝酒，太监便投其所好，"利其醉，不时进觞，遂日酣酗，不及亲政"。朱翊钧"二十年来，郊庙、朝讲、召对、面议俱废"。皇帝不见大臣，权力便逐渐落入太监手中。朱由校沉迷于木工，"引绳削墨"，对政事根本不感兴趣，一切都交给魏忠贤，"朕已悉矣，汝辈好为之。"狗仗人势，像魏忠贤这样的高级太监往往享有极高的政治地位——

> 他们和高级文官一样服用绯色袍服，以有别于低级宦官的青色服装。有的人还可以得到特赐蟒袍和飞鱼服、斗牛服的荣宠。他们可以在皇城大路上乘马，在宫内乘肩舆，这都是为人臣者所能得到的最高待遇。他们的威风权势超过了六部尚书。但是这种显赫的威权又为另一项规定所限定：他们不能走出皇城，他们与文官永远隔绝，其任免决定于皇帝一个人的意志，他们也只对皇帝直接负责。①

不管太监的权力有多大，权力都来自皇帝。作为皇帝的奴才，太监专权的根源是皇权本身。太监的权力再大，也大不过皇权，就如同孙悟空跳不出如来佛的手掌。"即狼戾如（王）振、（刘）瑾者，（皇帝）一嚬（即皱眉头）而忧，再嚬而危，片纸中夜下而晨就缚，左右无不鸟散兽窜，是以能为乱而不能为变也。"刘瑾风光一时，一旦武宗翻脸，他就落得死无葬身之地。但只要皇权存在，太监就必然兴盛，"一瑾死，百瑾生"，杀了刘瑾，还有魏忠贤。崇祯帝杀了魏忠贤，他最信任的人还是太监，最后陪他一起殉社稷的也是太监。

在明朝一系列宫廷政治事件中，如"土木之变"、"夺门之变"和"红丸案"、"梃击案"、"移宫案"等，太监都扮演着重要的角色，甚至说掌控着帝国的政局。在皇帝、文臣和太监三足鼎立的权力格局中，皇帝常常与

---

① 黄仁宇《万历十五年》，第20、21页。

太监联手，以加强对官吏的控制，这在很大程度上破坏了明朝正常的政治秩序和社会秩序，也严重败坏了吏治。明末黄宗羲总结说：

> 奄宦之祸，历汉、唐、宋而相寻无已，然未有若有明之为烈也。汉、唐、宋有干预朝政之奄宦，无奉行奄宦之朝政。今夫宰相六部，朝政所自出也；而本章之批答，先有口传，后有票拟；天下之财富，先内库而后太仓；天下之刑狱，先东厂而后法司，其他无不皆然。①

大意为：宦官之害经过汉、唐、宋，基本都差不多。但到了明朝达到极至。虽然汉、唐、宋三朝中也有干预政治的宦官，但没有宦官主导的政治。明朝现今，宰相以及六部，都必须听从宦官的口传和票拟，税收先供内库而后才是国库，司法审判先经东厂，然后才给衙门。其他也都如此。

权力动物

中国历史在传统上对宦官极其鄙视，甚至将其视为政治黑暗和王朝灭亡的罪魁祸首，特别是宦官较为活跃的汉、唐、明三代。赵翼在《廿二史札记》中说："东汉及唐明三代，宦官为祸最烈，然亦有不同。唐明阉寺先害国而及于民，东汉则先害民而及于国。"

实际上，从秦始皇创立皇权制度到清朝灭亡，2000多年中国历史，分分合合，大大小小，总共有过几十个王朝；在这其中，汉、唐、明恰恰是延续时间较长、疆域较大、南北统一的主流王朝。汉基本延续秦制，西汉亡于外戚王莽。到了东汉，外戚势力长盛不衰，皇帝只能依靠宦官来与之抗衡；反过来，外戚和宦官也常常挟天子以令诸侯。王夫之在《读通鉴论》中感叹：历朝历代都是以弱而亡，独汉以强亡。"前汉之世，外戚与宦官常相结；而后汉之世，外戚与宦官常相诛。相结之极，王氏盗汉；相

---

① 《明夷待访录》。

诛之极,天下土崩。"①

汉武帝削夺相权,将"中朝"与"外朝"分立,以宦官典尚书事,始置中书令。司马迁受宫刑后便曾担任中书令一职。"盖将相者,天下大权之所自出也。汉中叶以来,以中书为政本,而中书令管机密,属之貂珰,是宦者得以窃相之柄也。"②汉元帝以"中人无外党,精专可信任,遂委以政",由此出现了权阉石显和后来的郑众,所谓"中官用权,自众始焉。"③唐朝和明朝的宦官比之于汉,有过之而无不及,宦官对权力的主导进一步走向制度化,唐朝的南衙北司与明朝的票拟批红及厂卫制度成为当时皇权体制的重要组成。

唐代"南衙北司"基本体现了官僚与宦官的均势,即"宰相之外复有宰相,三省之外复有三省矣"④。最重要也最根本的是,中央军权掌握在宦官手中。有学者认为,经历安史之乱后,唐朝之所以能够延续100多年,就是因为这支颇有威慑力的"神策军"⑤,甚至说,唐朝能够平定安史之乱,多少也有它的功劳。建中四年(783年),泾原镇士卒兵变,攻陷长安;唐德宗仓皇出逃至奉天(今陕西乾县),文臣武将纷纷投靠叛军,最后靠神策军收复京城。宦官仇士良因为执掌神策军而完全控制朝政,"自是天下事皆决于北司,宰相行文书而已"。他曾经给其他宦官传授其"驭龙之术"——

---

① 夏曾佑《中国古代史》,东方出版社,2012。
② 《古今图书集成·宦寺部》。
③ 语出《后汉书·宦官传》。西汉沿袭秦朝遗制,设置中常侍,负责传达朝命,给事宫省,阉人和士人共同充任。东汉时中常侍全由阉人充任,但起初的编制仅为:中常侍4人,小黄门10人。"中官用权,自众始焉",说的是东汉的阉人郑众开启了外戚、宦官轮流专权、杀伐的怪圈。
④ 宋代马端临《文献通考》。
⑤ 神策军为天宝十三年(754)由陇右节度使哥舒翰设立。安史之乱中,宦官鱼朝恩为监军,逐渐掌握了这支军队,从地方军变成了中央军。代宗大历初年,神策军大量扩编,成为保卫京畿的禁军。相比其他军队,神策军极受优待,军饷双倍,将校升迁快,赏赐颇高。神策军的最高长官为左、右神策中尉,均由宦官出任。同时,为了监督和控制地方军阀,皇帝还派驻了许多宦官到各藩镇担任监军。韩愈评论说:"我监军俱公……天子无东顾之忧,方伯有同和之美。"后来朱温篡唐,各地监军宦官均被杀。

天子不可令闲暇，暇必观书，见儒臣，则又纳谏，智深虑远，减玩好，省游幸，吾属恩且薄而权轻矣。为诸君计，莫若殖财货，盛鹰马，日以球猎声色蛊其心，极侈靡，使悦不知息，则必斥经术，阁外事，万机在我，恩泽权力欲焉往哉？①

大意为：对皇帝不能让他有闲着，他一闲着就会看书，去见文臣，就会接纳劝谏，就会深谋远虑，就会减少娱乐，就会减少出游，我辈人就会被冷淡，权就轻了。对诸位来说，最好是广收珍宝，盛养鹰马，每天都以猎声色迷惑皇帝的心，让他穷极侈靡，让他玩得不知疲倦，那他就会厌恶治国之术，不知外界情况。所有的机密都在你手中，好处和权力还跑得了吗？

"东汉之衰，宦官最名骄横，然皆假人主之权，依凭城社，以浊乱天下，未有能劫胁天子如制婴儿，废置在手，东西出其意，使天子畏之若乘虎狼而狎蛇虺，如唐世者也。所以然者非他，汉不握兵，唐握兵故也。"②一切专制权力说到底都是暴力，或者说暴力是权力的出处。因为掌握军权，宦官也掌握了皇帝的立废和生杀大权，皇帝简直成了宦官的傀儡甚至奴仆。在唐后期，从宪宗李纯到昭宗李晔，有两任皇帝为宦官所杀，有七任皇帝为宦官所立。"弑君立君，出于中尉；生杀予夺，决于北司。"有唐一代，宦官专权，"祸始开元，极于天祐，凶愎参会，党类奸灭，王室从而溃丧。"③

虽然写《史记》的司马迁和发明纸的蔡伦都是阉人，但后世的历史写作者都是传统士大夫，对于阉人极其鄙视，常常抨击宦官以奴欺主的乱政。但如果从正统观点来说，宦官篡权与大臣（如曹操曹丕）、外戚（如王莽）或后妃（如武则天）篡权仍有很大不同，因为宦官没有后代，先天缺失作为"天子"的合法性，所以他只能在皇族中选择，而无法取而代之。如赵高指鹿为马，先后杀掉秦始皇的两个儿子扶苏和胡亥，最后仍然只能再找

---

① 《新唐书·仇士良传》。
② 司马光《资治通鉴》卷二六三。
③ 《旧唐书·宦官列传》。

一个子婴来继承王位。对一家一姓的皇族天下来说，宦官的危险性远远低于改朝换代的官僚。

历史学家夏曾佑说，"后汉二百年之史，即外戚宦官冲突之史也。"①东汉末期，外戚与宦官的斗争白热化。鹬蚌相争，渔翁得利，军人集团获得权力，中国进入战争纷争的三国时代。曹操挟天子以令诸侯，宦官彻底失势。之后曹丕轻易篡汉，司马氏又轻易篡魏，宦官基本缺位。皇帝面对权臣领衔的官僚集团，显得势单力孤，几无依靠。唐朝末年，地方军阀与朝臣联手，一举铲除了宦官势力，很快，权力就落入军阀之手，接下来的五代十国比汉末三国更加混乱。在某种意义上，汉、唐两代灭亡的最大祸首并不见得是宦官擅权，倒是极有可能是因为宦官势力的灭绝。专制体制下，过于集权的皇帝本身极其脆弱，稍有不慎，便大权旁落，成为真正的"孤家寡人"。

说到明末，最大的政治事件或许就是铲除以魏忠贤为首的"阉党"。树倒猢狲散，没有了这个主导大明帝国的根深叶茂、盘根错节的政治权阉，此后十余年间，天灾人祸，内忧外患，军人叛变倒戈，朝臣作壁上观。冯梦龙《燕都日记》记载，李自成兵临城下，太监曹化淳向崇祯奏言："忠贤若在，时事必不至此。"闻此言，"上（崇祯）恻然，传谕收葬忠贤骸首。"小说家言，倒不一定可信，但崇祯在龙袍上写的遗言则明确指出——"皆诸臣误朕也"。崇祯曾为自己用太监辩解说："朕御极之初，撤还内镇（太监），举天下事，悉以委之大小臣工，比者多营私，罔恤民艰，廉谨者又迂疏无通论。……朕不得已，用成祖监理之例，分遣各镇监视。"②据说熹宗朱由校临死前给弟弟朱由检（即崇祯）叮嘱两点：一是善待皇后，二是重用魏忠贤。

就中国历史中宦官政治的主流地位而言，这已经不能用偶然和例外来解释。皇权作为权力主体，宦官势力并不是与皇权相对立，而是皇权的延伸和异化。宦官体现的仍是皇帝的个人意志，宦官的贪婪残暴只不过是另一种"皇恩浩荡"罢了。所谓皇帝"亲小人，远贤臣"，只因为皇帝自身

---

① 夏曾佑《中国古代史》。
② 《明史纪事本末》卷七四，《宦官误国》。

是个小人，宦官只是皇帝的一种镜像，"欲知其君，观其所使"。在相对比较贤明勤政的皇帝时期，从来不会出现宦官专权的暴政。在每个王朝初期，宦官都比较循规蹈矩，这是因为开国皇帝一般都比较有能力对官僚和宫廷进行有效的控制。正如朱元璋所说："自古创业之君，历涉勤劳，达人情，周物理，故处事咸当。守成之君，生长富贵，若非平昔练达，少有不谬者。"进入王朝后半期，皇帝大多生于宫廷，在宦官群中长大，宦官"朝夕在人君左右，出入起居之际，声音笑貌，日接乎耳，其小善小信，皆足以固结君心"①。被隔离中长大的皇帝对宫廷之外的文官和社会倍感陌生，对老奸巨猾的资深官僚并没有很自信的控制能力，故而自然就对宦官比较依赖。有些皇帝还把与自己一起长大的太监亲切地称为"大伴"或"老伴"。事实上，对一些龙驭深宫、故作神秘的"天子"来说，宦官基本上是他们施行权力的唯一通道，因而免不了"专听生奸，专任成乱"②。

归根到底，宦官的存在完全是出于皇权安全的考虑。东汉宦官之所以大成气候，根本原因是先皇早丧，新皇帝多幼小，不得不以太后垂帘听政。孤儿寡母无力驾驭群臣，不得不依赖外戚，外戚尾大不掉，又不得不培植宦官。

> 邓后以女主临政，而万机殷远，朝臣国议，无由参断帷幄，称制下令，不出房闼之间，不得不委用刑人，寄之国命。手握王爵，口含天宪，非复掖廷永巷之职，闱牖房闼之任也。其后孙程定立顺之功，曹腾参建桓之策，续以五侯合谋，梁冀受钺，迹因公正，恩固主心，故中外服从，上下屏气。或称伊、霍之勋，无谢于往载；或谓良、平之画，复兴于当今。虽时有忠公，而竟见排斥。举动回山海，呼吸变霜露。阿旨曲求，则光宠三族；直情忤意，则参夷五宗。汉之纲纪大乱矣。③

---

① 溥仪在《我的前半生》中说："他们服侍我吃饭、穿衣和睡觉，陪我游戏，伺候我上学，给我讲故事，受我的赏也挨我的打。别人还有不在我面前的时间，他们却整天不离我的左右。他们是我幼年的主要伴侣，是我的奴隶，也是我最早的老师。"
② 《梁书·贺琛传》。
③ 范晔在《后汉书·宦者列传》。

大意为：邓太后以女主身份主持朝政，政事纷繁，朝臣议处国家大事，没有办法进内宫参加谋划，下达诏令，不超出皇后所居的地方，因此，不得不任用宦官，把国家的命运寄托于宦官身上。他们手操封爵大权，口含王法诏命，不再只是担任宫廷职务了。后来宦官孙程立了拥立顺帝的大功，曹腾参加了拥立桓帝的谋划，继之以单超等五个侯爵的合谋，诛杀外戚梁冀。他们所作所为公允正大，恩情在皇帝心中，所以朝廷内外都服从，上上下下不敢非议。有的人称赞他们如伊尹、霍光一样无愧于前代；有的人说张良、陈平的谋略又出现在今天。虽然当时也有忠心为公之大臣，但终归遭到排斥。宦官们的一举一动都能移山倒海，一呼一吸可变霜化露。对他们的索求一味地满足，让其光耀门族；敢犯颜直谏而违其心意者被灭五族。大汉之朝纲法纪真是乱到了极点。

在皇帝看来，宦官无家无室，无依无靠，又普遍的身体残缺和人格残缺，比孤儿更无助，比乞儿更卑贱，他们的衣食住行、生老病死、荣华富贵等等，无一不是来自皇帝的怜悯和恩赐，所以他们会比一般正常人更加忠诚听话和死心塌地，他们作为"家奴"，只能寄生在皇权这棵大树下，从而构成一个命运共同体。皇帝与文武官僚相比，并没有太大的智力和道德优势，但如果培植一大批宦官，则在某种程度上就大大强化自身的权力优势。总体而言，宦官在政治上的主要作用就是用来控制"外臣"，虽然正途出身的官僚要比宦官更有能力，但驾驭他们远不如操纵阉人（奴才）那么容易。相比之下，太监要更加安全、可靠和忠诚。

司马光把宦官比作蠹虫，"灼火攻蠹，蠹尽木焚"。宦官专权一般都是皇帝过于腐败无能的结果，主强则奴弱，主弱则奴强。以赵高为例，"赵高自始皇时进秦宫二十余年，不闻有所颛擅，盖始皇暴酷而能揽权，虽无道，称雄杰矣！及沙丘晏崩，而矫旨易储，高惟其所欲。虽以李斯之机智，玩弄而夷灭之不啻婴儿，然又况昏昏如胡亥者乎？"[①]用司马光的话说就是——

---

① 明代毛一公《历代内侍考》卷二。

天下有道,君子扬于王庭,以正小人之罪,而莫敢不服;天下无道,君子囊括不言,以避小人之祸,而犹或不免。党人生昏乱之世,不在其位,四海横流,而欲以口舌救之,臧否人物,激浊扬清,撩虺蛇之头,践虎狼之属,以至身被淫刑,祸及朋友,士类歼灭而国随以亡,不亦悲乎!①

　　"世质则官少,世文则吏多。"②钱穆先生指出,"历史上宦官擅权,与王室骄奢成正比。东汉、唐、明三代皆是。西汉与宋代之王室,皆能制节谨度。东晋南朝王室不像样,故均无宦寺擅权。"③在中国几大国祚较长的王朝中,汉、唐、明三代政治都很依赖宦官。明自宣德以后,历代君主大都荒淫腐朽,不理朝政,或荒嬉无度如武宗,或专事玄修如世宗,或静摄深宫如神宗,或童昏暗昧如熹宗,但皇权却不曾坠地不收,历史上迭出不穷的后妃、外戚、权臣、宦寺、藩镇挟持君主之祸也从未发生。赵翼曾感慨叹曰:"不知主德如此,何以尚能延此百六七十年之天下而不遽失,诚不可解也。"④清朝,虽然太监颇受冷落,但因为满人内部延续了原始的主奴关系,这其实仍是一种变相的太监制度,即以满人来控制"汉官"。而实际上,对汉人实行剃发令本身就是一种象征性的阉割,以此将全体臣民无一例外全部变成太监人格。⑤ 有清一代,几乎没有几个敢批逆龙鳞的谔谔之士,反倒是女人缠足的陋习被发展到极致,皇权对民众身体的控制和摧残可谓空前绝后。纪晓岚和郑板桥无不在口腹之欲中沉沦,在乾隆看来,纪晓岚不过是个下贱的家妓罢了。倒是天朝末期,身为太监的寇连材因死谏而令人刮目。历朝历代都不乏皇权压迫官

---

① 司马光《资治通鉴·汉灵帝建宁二年》。
② 晋代傅玄《傅子·官人》。
③ 钱穆《国史大纲》。
④ 李渡《明代皇权政治研究》,中国社会科学出版社,2004,第250页。
⑤ 颇为讽刺的是,被迫剃发后,男人的辫子便成为一种类似生殖器的象征物,同时也是政治正确的标志,辫子变成了男人的"命根子"。在清朝时期,被人割去辫子甚至比割去命根子后果更加严重。可参阅:(美)孔飞力《叫魂:1768年的妖术大恐慌》。

权,相比而言,似乎只有宋朝大体实现了较为完善的文官统治。在一定程度上,宋徽宗以宦官童贯为"媪相",才招致后来的"靖康之耻"。

残缺的身体

阉人与宦官并不是一回事,阉人不一定就是宦官,比如司马迁虽然因宫刑而成为阉人,但他并没有进入宫廷服务,因此他不能算是宦官。

《后汉书·宦官列传》中说:"将以其体非全气,情志专良,通关中人,易以役养。"意思是说,阉割的男性不能发挥男子的全部精力,故其性情专一温良,易于控制和使唤。这完全是一种主人对待奴隶甚至牲畜的姿态。汉朝和明朝皇帝多好男风,这些男宠娈童或来自太监,或将其阉割后变成太监。天启皇帝极其沉迷,结果连子嗣都没有。万历皇帝有十个贴身太监,每日与其同睡同起,宫中称之为"十俊"。太监由于其特殊的生理结构,使他们在整个社会中始终处于被嘲笑和被歧视的地位,即使他们拥有巨额财富和无限权力。

按照弗洛伊德的性本能学说,人的一切行为动机,都可以归结为性本能的冲动。太监因为身体惨遭阉割,身体功能严重受损,从而造成严重的心理创伤,不仅没有了性欲和性功能,而从力气、胆量、自信等各方面都严重畸形,这往往导致他们性格极度扭曲,表现为压抑、空虚、懦弱、自卑、多疑、孤僻、嫉妒、敏感、无耻、残忍、冲动等非理性和喜怒无常,从而将人性中的一些缺陷和阴暗面极度放大。再加上宦官大多出身社会底层贱民,使这种不良因素进一步加大,因而成为权力的受虐狂和虐待狂,无所不为,毫无底线。"夺人田宅,破人屋室,发人冢墓,……网如蛛,贪如狼,咥如虎"[1]。所以鲁迅先生说:"中国历代的宦官,那冷酷险狠,都超出常人许多倍。"[2]欧阳修在《五代史·宦者传》中评论道:"其为心也专而忍,能一小善中人之意、小信固人之心,使人主必信而亲之。待其已信,然后惧以祸福而把持之。"

---

[1] 明代毛一公《历代内侍考》卷二。
[2] 鲁迅《坟·寡妇主义》,《鲁迅全集》第一册,人民文学出版社,1991年第264页。

伴君如伴虎，在最崇高的宫廷和最低贱的奴隶构成的矛盾中，权力成为他们唯一可作慰藉的鸦片甚至毒药。或者说，性压抑往往会通过对权力的角逐而得到释放。一方面，他们是暴力和权力的受害者，另一方面，他们又以数百倍数万倍的凶残和无耻，将暴力和权力施展到不可思议的程度。从对权力的忠诚和手段的残酷来说，太监往往是最完美的酷吏。王夫之说，"宦寺之恶，甚于士人，只因其无廉隅之惜，子孙之虑耳，故在灭汉亡唐，悯不畏死，又何况乎其以淫而在傍在侧也乎。"[1]

太监是权力的工具，同时也是权力的牺牲品。宫廷容纳了人世间所有的恶，即使在同类之中，宦官也常常面临着各种暴力与阴谋、迫害与危险。如王振、魏忠贤掌权后，将与其争权的另一派太监全部处死。清末老太监信修明说："早来一日为师，晚来一日为徒，太监管太监，尤甚于宫刑。"[2] 小太监一年到头只有挨打的份儿。溥仪说："低层太监则特别苦，他们一年到头吃苦受累，挨打受罪，到老无依无靠，只能仗着极有限的'恩赏'过日子；如果犯了过失，撵了出去，那就唯有乞讨和饿死的一条路了。"[3] 少数人鸡犬升天，大多数人当牛做马，乃至死于非命。万历皇帝朱翊钧在位时，平均每三天就要亲手鞭死一个太监。唐昭宗说过："此辈皆朕之家臣也，比于人臣之家，则奴隶之流。"[4]

大多数宦官是一种特殊的奴隶，呻吟在君主的绝对权力之下，默默地度过凄惨的一生。那些滥用权势，满足私欲，极尽荣华富贵，在历史上臭名远扬的宦官，从整体上看，不过是九牛一毛。因此，宦官是在可以称之为奴隶制的君主制下，从君主的需求出发而人为制造出的牺牲者，君主可以任意左右他们的生命，无视他们做人的尊严，他们不是人。这可以从清朝末代皇帝溥仪在其所著《我

---

[1] 王夫之《尚书引义·舜典四》。
[2] 任洪《中国古代的宦官》，商务印书馆国际有限公司，1997，第20页。
[3] 溥仪《我的前半生》，第73页。
[4] 《旧唐书·宦官传》。

的前半生》中可以看到,他在书中说:"我不认为宦官是人。"①

先秦时期,宦官有时被称为妇寺,意思是其身体残缺有如妇人。"奄人"即"阉人",被阉之人往往气息奄奄。宦官因为被阉割,身体大大异于常人,首先是没有胡须,其次是声音怪异刺耳,如公鸭嗓子;年轻宦官的身体很容易发胖,但皮肉松弛而没有力气;宦官往往早衰,很早就满脸皱纹,五官扭曲,几乎没有中年期。他们无论穿什么衣服,都让人分不出男女来。因为泌尿系统残缺病变,经常一身臭气,而且胆子特别小,一受惊吓就会失禁。现代医学研究认为,男人在青春期前阉割,阻止附性管、腺的功能分化,也阻止某些第二性征的出现。喉头仍然是小的,声音是尖的,颜面及身躯上的毛在抑制状态。男子青春期前被阉割,看开往往延缓松果体的关闭,但并不总是如此。这会导致身体的增大,尤其是成对四肢不成比例的增大。至于肥胖症的倾向,在太监样的人当中似乎随个人而有很大的差别,有些变得过于肥胖,而其它保持精瘦。与一般所认为的相反,在阉割人中,智力、神态、主动性及勤奋是各不相同的。到达性成熟之后进行阉割的人中,他们所有的附性器官会因之退化,但可保持在正常限度之内。智力过程不像青春期前阉割者那样广泛的改变。临床文献指出,摘除睾丸,雄性的性欲可以长时期保持。而且人体激素分泌器官除了生殖器外,还有脑部的松果腺、脑垂体及体内的胃、肾等器官,产生激素刺激人体,所以宦官脸上无须、声音尖细、身体皮下脂肪较多,呈现出女性种种特征,只是宦官的基本生理症状,在此基础上仍有很多差别,幼年被阉或被成年被阉就有很大不同。宦官虽无生殖能力,但情欲并没有完全消失。这是部分宦官娶妻纳妾、蓄娼嫖妓的最基本原因。明末思想家唐甄有一段描述:

> 彼奴也,望之不似人身,相之不似人面,听之不似人声,察之不似人情。臃然,磊然,如瘿,如魁;盘然,駴然,如牛,如豕,不似人身也。有颏,非男;无髯,非媪;虽少美如玉,索无生气,不似人面也。其声似童,不颖;似女,不媚;似哑,成声;似狸,成语,

---

① (日)寺尾善雄《宦官简史》,第44页。

不似人声也。煦煦爱人,亦复毒人;悯之则流涕如雨,恶之则斩杀如草,不似人情也。四不似,人见之无不憎者……彼奴何物也!①

按照中国传统伦理,一个人要爱惜自己的身体,并应结婚生子,《孝经》说:"身体发肤,受之父母,不敢毁伤,孝之始也。立身行道,扬名于后世,以显父母,孝之终也。"《孟子》说:"不孝有三,无后为大。"宦官上辱祖先,中伤其身,下绝后嗣,完全悖逆传统道德。所以司马迁说:"行莫丑于辱先,诟莫大于宫刑。"作为一种变通,宦官往往可以通过养子来传承香火。秦赵高开了阉人养子的先河,而东汉,阉人的养子不但可以继承财产,就连爵位也可以继承——曹操父亲曹嵩就是宦官曹腾的养子。唐德宗时,宦官杨复恭竟然有养子六百多人。养子成为中晚唐阉人结党营私的重要手段。养子并非为延续香火,而是壮大权势。宋代对阉人收养义子有严格的规定。明时规定,阉人的财产和爵位可荫及弟侄族人,这使得大多数阉人不再愿意收养义子。

人类作为唯一一种直立动物,与其他动物相比,其雄性性器官分外突出。阉割貌似是对性权利的剥夺,但事实上,阉人并非处于无性状态,只是这种性主要出于心理而非生理。从战国时期到两汉,许多君主都有同性恋行为,而他们的性伙伴中,相当一部分就是阉人。明清时期,太监与宫女以"对食"的名义公开"成家","内中宫人鲜有无配偶者,而数十年来为盛。盖先朝尚属私期,且讳其事。今朝不然。唱随往返,如外人夫妇无异。其讲婚媾者,订定之后,星前月下,彼此誓盟,更无别遇。"②魏忠贤先前曾认魏朝为父,后来因客氏而反目成仇,两个太监为一个宫女争风吃醋。更有甚者,一些有权势的太监娶妻纳妾,欺男霸女,出入妓院,乃至引发妓女化妆私闯宫禁索要嫖资的丑闻。"邸报中见禁中犹妇人男装者,讯之,则宦官包奸久,而逋其夜合之资,匿避内府不出,以故假衣冠闯禁廷索之。""崇祯末,严禁内侍娶妻及在外宿娼,然终不能禁。"③太监中读

---

① 明代唐甄《潜书·下篇》。
② 《万历野获编·宦寺宣淫》。
③ 《万历野获编》卷六。《思陵典礼记》卷四。

书安贫者少，贪婪成俗者多，是以性好赌博。在明朝太监刘若愚的《酌中志》中，太监们的宫中生活貌似很惬意："饱食逸居，无所事事，多寝寐不安。又三五成群，饮酒掷骰，看纸牌，耍骨牌，下棋打双陆，至二三更始散，方睡得着也。又有独自吃酒肉不下者，亦如前约聚，轮流办东，帮凑饮啖，所谈笑者皆鄙俚不堪之事。多有醉后纷争，小则骂打僮仆以迁怒，大则变脸挥拳，将祖宗父母互相唤骂，力求胜之资。然易得和解，磕几个头，流过几点泪，即欢畅如初也。"但大批自宫而未能入宫的阉人，"无所栖泊，王府功臣之家，既不敢犯法私用，民间又不敢违禁隐藏，以致上无富贵之图，下无衣食之计，流落狼狈，冻馁切身。"①

对人的阉割术无疑来自于对动物的阉割术。换句话说，阉割完全是将驯化动物的方式施加在了人身上。"对动物进行阉割，可驯化其野性和攻击力，使雄性失去暴戾刚劲之气，变得温和顺从。对人的阉割，大体上也有类似的效果。帝王天子作为臣民的'牧者'，似乎自古以来就懂得这种出自驯养经验的浅显道理，希望子民们都从生理根源上弱化其攻击欲，减少犯上作乱的可能性。"②一般认为，中国古代医学在人体解剖方面并无突破，但中国在阉割、凌迟等酷刑方面，却有着令人惊奇的创造。即使中国阉割技术已经流传了2000多年，阉割仍然是一件危险之事。阉割雅称为"净身"。除过个别胆大者自己动手——自宫，一般人欲净身，为求稳妥，须先找净身师，经其同意，磕头拜为师父。净身师要和净身者的家长或代理人订立合同，当时叫"文书"。写明自愿净身，生死不论。净身技艺都是父子相传的，清朝时北京城有两位赫赫有名的阉割世家。净身师虽然"分文不取"，但却扣留了阉割下来的生殖器（称为"高升"）。净身者（太监）以后要是有了荣华富贵，就要用巨资赎取"高升"和"文书"，净身师因此而享受到最高的奉敬。太监要回"高升"和"文书"，一般要举行骨肉还家的庆典，由干儿子（继承人）对着"高升"行叩拜大礼，然后烧毁文书。太监死后，和"高升"一同入殓，以便在阴间恢复完整的"男儿身"。太平天国时期，因为阉割技术不过关，6000多被阉者几乎无一成活，"误

---

① 《西园闻见录·内臣上》。
② 叶舒宪《阉割与狂狷》，陕西人民出版社，2010，第211页。

去外肾死者十之六七"，使洪秀全未能圆他的太监梦①。

2000年帝国史，权力一直是最终极的奢侈品。阉人无数，真正能够留名青史的权阉屈指可数。宦官作为一群带着黄金镣铐的奴隶，苟活在皇权专制的淫威之下，个中苦难悲辛，正常人并不一定能够完全理解。不男不女，非官非民，半生半死，除过宠幸和权力，他们往往只能从佛教中寻找寄托。明清两代，太监们大多吃斋念佛，死后葬于寺院。1996年底，中国最后一个太监孙耀庭在北京广化寺辞世。

太监亚文化

纵观太监的历史，从被阉到自宫，从肉体阉割到精神阉割，太监文化最深刻地显示了皇权专制体制的深层结构。太监制度是原始宗法关系及其观念与发达的专制政治制度相结合的产物，是"严酷的剥夺、权力、统治和权威"的集中体现。恶不在太监，而在于皇权专制制度。专制主义中央集权和宦官制度所体现的中国传统政治文化，构成了一个奇异的矛盾体。一方面是"礼"之极致，另一方面是"礼"之丧尽。既是重人伦的，又是无人性的。这暴露了儒学思想体系中一个悲剧性的、无法克服的弱点②。

东汉人襄楷曾上书言"古者本无宦臣"，结果被朝廷加以"析言破律、违背经艺"的罪名，而收狱"论刑"③。司马光在《资治通鉴》中虽然对唐朝宦官专权有严厉的批判，但最后还是认为宦官制度不可或缺："寺人之官，自三王之世，具载于《诗》、《礼》，所以谨闺闼之禁、通内外之言，安可无也。"④

孔子说："言有物而行有格也，是以生则不可夺志，死则不可夺名。故君子多闻，质而守之。"⑤中国数千年的文化思想史，其实就是阉割与被

---

① 汪靖中《无根之根：中国宦官史话》，东方出版社，2009，第3页。
② 冷冬《被阉割的守护神：宦官与中国政治》，吉林教育出版社，1990。
③ 《后汉书·襄楷传》。
④ 司马光《资治通鉴·唐纪七十九》。
⑤ 《礼记·缁衣》。

阉割的历史。黄永玉先生说过，一部中国文化史，几乎就是无数身体的局部或全部被刨去的行为史，是由阉割与被阉割两种不同性质的快感写成的。王小波曾以《一头特立独行的猪》来自况，但在《黄金时代》中喟叹道："生活就是个缓慢受锤的过程，人一天天老下去，奢望也一天天消失，最后变得像挨了锤的牛一样。"

中国古代宫廷史中，作为匍匐在皇权脚下的士大夫，在权力角逐中他们与宦官棋逢对手，彼此斗得昏天暗地、难分难解。特别是让太监接受儒家教育的内书堂的设立，几乎实现了二者的殊途同归。如果说阉割阳具是太监入宫的通行证，那么阉割精神则是士人入仕的许可证，一个净了身，一个净了脑。几乎所有官吏，一方面奴颜婢膝，一方面颐指气使，这种扭曲的双重人格与宦官并无二致。

在历史上，不乏正直而有才华的宦官，如汉代史游创作《急就章》，李巡是"熹平石经"的发起人，唐代鱼朝恩善讲《易经》，更不用说蔡伦、郑和等著名宦官。特别是晚清时期的大太监寇连材，为了国家社稷，对慈禧太后多次劝谏，最后被慈禧以"内监言事"杀害。汉学家李约瑟指出："历史大都是由宦官的对头们写的，结果很多替国家工作得很好的宦官都完全没有载入史册，因此，对于史官们所记述的有关宦官活动的阴暗面，应当采取保留的态度。"太监期待皇帝的恩待，士人同样也期待皇帝的垂青，这种事君如妾的心态形成了中国古诗中著名的"幽怨诗"，如王安石的《君难托》："槿花朝开暮还坠，妾身与花宁独异？忆昔相逢俱少年，成君家计良辛苦。人事反复哪能知？谗言入耳须臾离。嫁时罗衣羞更着，如今始悟君难托。君难托，妾亦不忘旧时约。"科考在本质上和程序上，都跟选妃一样，通过层层选择与规训，从学识、品性到相貌，最终只有符合皇帝审美趣味的人，才能成为帝国的新贵。晚清时期的戏曲《黄箫养回头》中，两广总督蒋通之自道：

> 我自从慈恩为身作宦，由翰苑升都，历数年长。做奴才，效犬马，性情惯练。保功名，顺身家，这也何妨。尔看我，称制军，名标两广。戴红顶，拖花翎，好不辉煌。夸富贵，骄妻妾，不用多讲。光宗族，

高脚牌,插满祠堂。叛民情,不论他,含冤被枉。只计算,进苞苴,饱我私囊。①

传统阉割术中有一种系绳法,往往专门用来阉割儿童,具体做法:用细绳将睾丸根部系死,时间一长,在不知不觉中,其生殖系统便自动坏死,从而失去了功能。精神阉割酷似系绳法,在八股规训之下,士人作为知识分子的个性和活力日渐萎缩,经过这种灵与肉的改造,一个精神宦官便成了一个完美的权力工具。太监常常被称作"中人"、"中官"、"中臣"、"中使"、"中贵"或"中涓",而儒家文化崇尚"中庸"、"中和"等,一个"中"字基本概括了这种典型的东方文化。著名汉学家高罗佩对此有一段评价:

> 太监在整个中国历史上起过很重要的作用,他们在宫廷内部结为朋党,常常对国家大事有重大影响。他们能够自由出入后宫,对宫中女人们的流言蜚语和阴谋诡计了如指掌,因此摸透了皇帝的情绪、弱点和嗜好。太监比执政大臣和其他高官更接近皇帝。后者皇帝常常委托太监去执行秘密使命,让他们看到所有重要的国家文件。太监们很懂得如何利用他们的特殊地位去谋取私利。当他们不能直接对皇帝施加影响时,就通过皇后或其他后宫嫔妃从中插手以达到目的。太监们的权力大到可以左右国家局势,往往给国家带来灾难性的后果,最后也殃及自身。这是因为他们虽然知道所有宫廷内幕,但对各省和域外的情况却只有间接了解。在漫长的岁月中,他们在宫中形成了一种带有沙文主义和狭隘反动倾向的顽固核心。尽管有些太监作为个人,也曾促进过公共福利事业的发展,还有一些人是有才干的领导者,如1405年著名的明代南洋远征,就是由一个太监率领的。但是,作为一种制度它却是罪恶之源,对中国的政治、经济的影响是极其有害的。②

---

① 王玉德《奴性与病态:宦竖人格》,东方出版社,2009,第47页。
② (荷)高罗佩著,李零等译《中国古代房内考:中国古代的性与社会》,青海人民出版社,1990。第263—264页。

历史的语境

人类作为自然之子,人类史其实是自然史的一部分。"古者丈夫不耕,草木之实足食也;妇人不织,禽兽之皮足衣也。不事力而养足,人民少而财有余,故民不争。"①人类的历史基本上从狩猎采集才正式开始。

如果说狩猎时代属于父系社会的话,那么采集时代无疑属于母系社会。随着农业时代来临,狩猎进化为畜牧,采集进化为种植。无论畜牧还是种植,都是一种收获方式,比之前的狩猎采集要轻松很多。相对畜牧而言,种植的效率更高,单位面积的土地可以产出更多的能量,因而可以养活更多的人口。尼罗河、两河新月沃地和黄河流域成为最早的种植农业发源地,故而最早进入文明阶段。

从中国文明史的开端来说,夏、商、周三代都是边缘向中心逐步迁移的。商人来自渤海湾一带,周人"本是居住在陕北、晋西的族群,毗邻河套地区",并不是从一开始就以"中原"为根据地向外扩散的。实际上,后来统一六国的秦国也是从"华夏边缘"崛起的。在中国两千年的历史上,北方游牧民族占有极其重要的地位,中国强盛时,可以南征北伐,征服四夷,中国衰弱时,则被动挨打,乃至被异族征服。实际上,至少有一半时间,尤其是近一千年,中国基本上都只能在外祸之下苟延残喘。

"神农之世,男耕女织,妇织而衣,刑政不用而治,甲兵不起而王。神农既没,以强胜弱,以众暴寡,故黄帝作为君臣上下之义、父子兄弟之礼、

---

① 韩非《韩非子·五蠹》。

夫妇妃匹之合，内行刀锯，外用甲兵。"① 种植虽然是一种生产力最高的社会方式，但它具有一个无法克服的弱点，就是战争能力极低。相反，发源于狩猎方式的畜牧（或游牧）虽然生产效率低下，但他们保留了一定的狩猎传统。从杀死一只动物到杀死一个人，只是猎物种类的改变，其运作形式并无大的变化。因此，畜牧民族具有更强的战争能力。有时候也可以说，畜牧更加男性化，而种植则比较女性化。

人是一种高度进化的动物，人的进化实际上就是分工的进化。分工使人类必须进行交换。这种交换只有两种方式，一种是贸易，一种是战争，而战争是最原始的交换方式。畜牧民族相对种植民族之间，具有极大的互补性，这种互补成为贸易与战争的先天性根源。种植民族相对畜牧民族而言，具有更发达的文明和财富，因此更容易产生完善的政治。战争和自然灾害使之需要一个强有力的保障体系，凌驾于生产之上的政治权力随之产生。

相比自然灾害这种天灾，战争这种人祸往往更具危险性和毁灭性。天灾导致了宗教的产生，而战争孕育了政治。

历史的中国

罗素初到中国，就断言"中国实为一文化体而非国家"。史学家雷海宗也有类似的看法："二千年来的中国，只能说是一个庞大的社会，一个具有松散政治形态的大文化区，与战国七雄或近代西洋列国，决然不同。"从文化上来说，中国历史经历了一个盛极而衰的过程。

国学泰斗陈寅恪说，华夏民族之文化，历数千年之演进，造极于赵宋之世。两宋之后，中华文明戛然而止。由于蒙元和满清的入侵以及野蛮残暴的统治，导致华夏文明几乎中断。王夫之说："汉，唐之亡，皆自亡也。宋亡，则举黄帝、尧、舜以来道法相传之天下而亡之也。"② "历代亡国，无足轻重，唯南宋之亡，则衣冠文物，亦与之俱亡了！"即汉唐是亡国，而宋乃亡天下。

---

① 商鞅《商君书·画策篇》。
② 王夫之《宋论》，中华书局，1964。

元代是第一个全面征服汉人的异族王朝，崇尚暴力压制，它给中国带来的巨变不亚于所谓的"唐宋变革"，其后的明清两朝在很大程度上都是继承元代的政治遗产，与唐宋迥异。在此之前，中国北方已经多次陷落，特别是汉晋以降，中原崩溃，五胡十六国兴起，《晋书》记载，"北地苍凉，衣冠南迁，胡狄遍地，汉家子弟几欲被数屠殆尽。"后来直到蒙古人和满人先后入主中原，中国的历史其实也是"胡化"过程。正如《洪秀全演义》开篇所说——

> 自三代而后，异族凭陵中国已非一日。汉高斩蛇起义，六年间推倒嬴秦，奠定基业。四百年后，魏、晋间，十六国蹂躏西北一带，传至六朝，始得唐高扫除枭獍，汉家种族重见光明。及五代年间，异族互相割据，把中原土地瓜分鱼烂；虽得宋太祖洗净蛮氛，不料百年来金人入寇，仅得南渡半壁偏安。未几，蒙古乘宋室颓弱，入主神州，礼义冠裳从此毁灭。犹幸胡虏无百年之运，果然明太祖崛起草莽，光复中国。传至二百余年，那些卖国之徒，如吴三桂、洪承畴等辈，或开门揖盗，或迎降新主，便把好端端的二万里河山奉送人手里去了；这皇汉的帝位，就让满洲人种做起来了。①

人类学家戴蒙德发现，人类文明在同一纬度上远比同一经度上传播快得多；换言之，就是南北差异远不如东西差异大得多②。同一纬度的日本与中国虽然被大海阻隔，但却有着相似的（大唐）文化背景，乃至使用同一种文字。相对而言，同一经度的北方蒙古和女真，则与中国（中原）文化大相径庭。如果说中国历史的最大主题是农耕文明与游牧文明的冲突，那么其实也就是南北冲突，用日本历史学家妹尾达彦的话说，就是"干燥地区华北的游牧的、畜牧的文化以及湿润地带华南的农耕的、园艺的文化"。

从安史之乱始，中国文化中心一步步南移。"历次全国性的大规模战争，社会经济受破坏最严重的都是北方地区，人口耗损最严重的自然也是

---

① 黄小配《洪秀全演义》第一回，上海古籍出版社，1981。
② 贾雷德·戴蒙德，谢延光译《枪炮、病菌与钢铁》，上海世纪出版集团，2016。

北方地区。""唐元和时的户口统计,已经是南方多于北方,北方87万多户,南方则是140多万户";"在北宋长达一百数十年社会安定时期,这种南方人口多于北方的格局,基本固定了下来。"①北方在一次又一次大屠杀中基本完成了人种代换和文化更迭。根据《汉书·地理志》中的汉代人口记录估算,超过五分之四的人口生活在秦岭淮河以北的地区,其余的五分之一人口则分布在广袤的南方地区。而在隋朝,北方人口的优势依然十分突出,北方地区人口约占全国总人口的75%左右。因天气冲击而导致的民族冲突社会动荡使北方人口生存受到较大威胁,大规模人口开始向南方迁移。这里较为有影响的人口流动如晋代"八王之乱"、唐代"安史之乱"以及宋代"靖康之难"后的大规模移民活动。作为此时期大规模移民的结果,人口重心也从北方转移到了南方。到14世纪时,仅约20%的人口生活在中国北方地区,其余80%人口生活在南方,这与秦汉乃至隋唐时期的人口分布形成了鲜明的对比。据统计在明代超过76%的新儒家思想家都是来自东南四省份(包括福建、江西、江苏和浙江),仅仅16%的新儒家从北方四省(河南、河北、山东和山西)产生。②这与早先孔子弟子95%均来自北方形成了鲜明对比。"蒙古灭宋后制造的并非蒙汉对立,而是把中国人划分为'北人''南人',前者是辽、金等朝的臣民。""唐宋变革"以来近千年,虽然也有几次失败的北伐,但基本上中国历史变成北方统治南方的格局,北方拥有暴力(权力)优势,南方拥有文化(经济)优势,"所谓以南方之财,练北方之兵。""南方与北方的中国人被文化纽带连在一起,成为一个民族。但他们在性格、体魄、习俗上的区别之大,不亚于地中海人与北欧日耳曼人的区别。"这与汉唐时期关中统治南北的格局截然不同。

  宋元以后,南北差异也就愈发明显,如顾炎武所说,"蓟门朝士多胡鼠,旧日须眉化儿女。生女须教出塞妆,生男要学鲜卑语。"③宋代以来经济重心南移之后,北方地区不仅失去了劳动人口的数量优势,在人口质量方面也呈现下降趋势,至明清两代更为明显,人们思想观念陈旧保守,精神萎

---

① 路遇、滕泽之《中国分省区历史人口考》,山东人民出版社,2006,第870页。
② 李楠《由移民引发的文化扩散》,爱思想网 2015-11-18。
③ 顾炎武《蓟门送子德归关中》。

靡懒惰，再加上文化水平和手工业落后，社会普遍比较贫穷①。

变化的共同体

按照历史教科书，古代中国在周以后长期处于封建社会，但实际上，真正的封建社会恰恰是周以前，而周以后成为皇权官僚专制社会更为合适。按照秦晖先生的说法，"周制"属于封建，"秦制"则是专制，秦以后中国政治制度基本上都属于"秦制"。与大一统的专制帝国相比，封建时代往往是列国林立，互相竞争，整个社会更能保持一种平衡和活力；一旦由武力为专制帝国，历史就呈现出周期性的大盛大衰。比较明显的一点，秦以后历代王朝的寿命比"封建"时代的周"王朝"短很多，其"改朝换代"的巨大破坏性在人类历史上也是极其罕见。

中国古代虽然有详尽的权力斗争史，却对经济发展没有精确统计，尽管如此，我们仍然能从历史上中国人口的巨大起伏发现社会的盛衰周期。② 关于中国历史的周期论，一直是历史学的普遍认识。马克斯·韦伯甚至将中国历史视为一个王朝来看待；③ 在黑格尔看来，中国历史就是毫无新意地不断重复。林语堂在他的《中国人》一书中介绍过一种周期论，它竟然出自地质学家笔下——

> 李四光博士在一篇题为《中国周期性的内部冲突战》（载《中国科学与艺术杂志》1931年）的出色文章中，……揭示出中国和平与动乱的循环有一种很精确的周期性。……惊人的事实是，中国历史可以很方便地划分成每八百年为一单位的周期。每个周期都以短命的然而在军事上却很强大的王朝开始。它使中国在几百年的内部纷争之后重新团结起来。其后，是五百年的和平，中间有一次改朝换代，

---

① 程民生《宋代人口问题考察》，河南人民出版社，2013。
② 秦晖《走出帝制》，群言出版社，2015。
③ 韦伯比较看重贯穿中国历史的不变的一面，虽然王朝更迭，官制也有变化，但在韦伯看来，自秦始皇统一中国，建立家产官僚制度后，中国国家和社会一直以氏族血缘为纽带，基本没有什么改变。

接着是一系列的战乱。结果，首都即从北方迁往南方。然后，北方与南方脱离，南北形成对峙局面，敌对情绪强烈。这时，外来民族入侵，整个周期便告结束。历史于是又开始重新循环。中国又一次统一在中国人手中，文化又开始繁荣起来。每一周期中所发生的事件，在时间与关联上的相同性，显示出一种不可思议的、机械般的准确性。①

林语堂指出：

  一个明显的事实是，北方人基本上是征服者，而南方人基本上是商人。在所有以武力夺取了政权而建立自己的朝代的盗匪中，没有一个是江南人。吃大米的南方人不能登上龙位，只有吃面条的北方人才可以，这是一贯的传统。事实上，除了唐与后周两代创业帝王来自甘肃东北，于是颇有土耳其血统之嫌以外，所有伟大王朝的创业者都来自一个相当狭窄的山区，即陇海铁路周围，包括河南东部、河北南部、山东西部、以及安徽北部。

在反文明的战争中，野蛮和贫穷甚至成为一种优势，用杜兰特的话说，"穷人被证明比富人更强，军事上的胜利换来了政治上的统治地位，并带来经济的控制权"②。

  从隋唐以后，与宋对立的辽、金以及元、清王朝，以华北的自然风土和历史环境为基础，不仅支配了中国"本土"，而且还支配了"外中国"的满洲和蒙古地区。妹尾指出，在这些"华北"王朝中，可以观察到与游牧骑马军团、世界宗教（佛教等）中央欧亚草原地带广泛可见的文化上的共有，统治方法采取基于点和线的间接统治形式。与之相对，从南朝到唐后期、宋、明，继承下来的华南的汉人政权，以肥沃的耕地、与南海相关的海洋贸易为基础，以步兵、水军的军

---

① 林语堂《中国人》，第42—43页。
② （美）威尔·杜兰特《历史的教训》，四川人民出版社，2014。

事组织和传统宗教（道教）等为代表，创造出与东南亚连续的文化，给当地社会带来更为直接和全面的统治。①

从周制到秦制，社会制度的变迁必然引起国民性格的巨变，如果再加上南北文明此消彼长的冲突，中国人的历史色彩呈现出令人惊奇的动态滑落。

张宏杰先生在《中国国民性演变历程》②一书中说，从春秋到唐宋，再到明清，中国人的性格如同瀑布一样，飞流直下，越来越恶化，一蟹不如一蟹。春秋时代中国人单纯淳朴；唐代人雄健阳光，有尚武精神；进入明清之后，流氓气越来越重。所谓"中国国民"，是个很大的概念，蒙古征服以来，游牧民族进入"中国国民"范畴并主流化，这极大地改变了"中国国民"的构成，因而也引发了所谓"国民性格"的巨变。也就是说，春秋时代的中国人、唐宋时期的中国人、蒙元时期的中国人、明清时期的中国人、乃至当下的中国人，它们并不是一个概念；宗教、文化、思想、语言、文字、服饰等等，在漫长的时间线上，互相之间风牛马不相及。如果仅把"中国"当作一种地理概念，"中国人"指的是生活在这个地理空间的人群，就如同将一所房子里迎来送往的房客当作一个人。用许倬云先生的话说，"中国"就是"一个不断变化的复杂共同体"，即以黄河流域这一地理中心为主轴，南部和北部的文化都在中间交汇，正是这种不断融合的过程，塑造了位于东亚大陆核心的"中国"。③

就非洲起源说而言，人类就是一个不断迁移的物种，人口流动与文化融合往往会造就一定时间和空间内的社会形态。没有人会认为今天的埃及人与古埃及人、今天的土耳其人与拜占庭人是同一群人。古典中国人的文明威武与近世中国人的粗鄙流氓，其实是古典农耕文明逐渐被游牧文化取代之结果。

民国学者傅绍曾在其《中国民族性之研究》（1929）中认为："民族性"

---

① （日）村田雄二郎《辛亥革命在中国历史上的位置》，《读书》杂志，2011年第8期。
② 张宏杰《中国国民性演变历程》，湖南人民出版社，2013。
③ 许倬云《说中国：一个不断变化的复杂共同体》，广西师范大学出版社，2015。

乃由遗传与环境决定，而环境则分自然环境（地理）与人事两项。张宏杰先生认为，中国文明的式微是因为"铁骑踏断民族脊梁"，即"夷狄"成了中国的统治者，"鞑靼统治不但压迫了为其牺牲品的人民，并且凌辱而且消磨了他们的灵魂。"实际上，比征服和统治更直接的是族群代换，特别是华北，在持续不断的游牧民族征服中，代换相当明显。

"宋元之变"彻底改变了中国，就连张宏杰也感叹说："宋以前的中国人和宋以后的中国人，确实已经成了两个物种，其差别就好比一个好罐头与一个变质的罐头，或者说是钻石与石墨——虽然同是由碳原子构成，性状却已完全不同。"

此外需要注意的是，"人们在评价一个种族、国家或任何其他群体时，往往是在该群体最低劣的成员中取样。这种做法尽管有失公允，却不是全无道理。因为一个群体的性格和命运，往往由其最低劣的成员决定"①。

精英与草根

许多研究中国经济史的西方学者，都将中国农耕经济称为糊口经济，而实际上，中国传统政治也属于糊口政治。只要保证农民可以活下去，那么作为统治者是完全可以安享荣华富贵，可以高枕无忧的。

对崛起于农民群体的精英统治者而言，只需要做到两点：一要保证遭灾的农民有饭吃；二要阻止野蛮民族来夺取统治权。对于前者，西方历史学家将这种"东方专制主义"称为"灾害专制"或"水利专制"。统治精英对饥民十分警惕，因为在中华帝国，只有濒临死亡威胁的饥民才会发动危险的革命。但凡有一丝活路，只要能活下去，任何农民都是温顺勤劳的，绝不会铤而走险。

从另一方面，中国农民在这种糊口政治体制下彻底丧失尊严与荣誉，对精英与野蛮人之间的统治权争夺，基本保持游离态度。事实上，对底层农民来说，他们难以产生与统治精英之间的价值认同。精英如果丧失统治

---

① （美）埃里克·霍弗，梁永安译《狂热分子：群众运动圣经》，广西师范大学出版社，2011。

权,他就不成其为精英,而农民(草民)则没有什么可以失去,他依然是一个被统治、被奴役的农民(草民)。用鲁迅先生的话说,农民只有两种命运可以选择,想做奴隶而不得,或者暂且做稳了奴隶。

实际上,中国人向来就没有争到过"人"的价格,至多不过是奴隶,到现在还如此,然而下于奴隶的时候,却是数见不鲜的。中国的百姓是中立的,战时连自己也不知道属于哪一面,但又属于无论哪一面。强盗来了,就属于官,当然该被杀掠;官兵既到,该是自家人了罢,但仍然要被杀掠,仿佛又属于强盗似的。这时候,百姓就希望有一个一定的主子,拿他们去做百姓,——不敢,是拿他们去做牛马,情愿自己寻草吃,只求他决定他们怎样跑。

假使真有谁能够替他们决定,定下什么奴隶规则来,自然就"皇恩浩荡"了。可惜的是往往暂时没有谁能定。举其大者,则如五胡十六国的时候,黄巢的时候,五代时候,宋末元末时候,除了老例的服役纳粮以外,都还要受意外的灾殃。张献忠的脾气更古怪了,不服役纳粮的要杀,服役纳粮的也要杀,敌他的要杀,降他的也要杀:将奴隶规则毁得粉碎。这时候,百姓就希望来一个另外的主子,较为顾及他们的奴隶规则的,无论仍旧,或者新颁,总之是有一种规则,使他们可上奴隶的轨道。

"时日曷丧,予及汝偕亡!"愤言而已,决心实行的不多见。实际上大概是群盗如麻,纷乱至极之后,就有一个较强,或较聪明,或较狡猾,或是外族的人物出来,较有秩序地收拾了天下。厘定规则:怎样服役,怎样纳粮,怎样磕头,怎样颂圣。而且这规则是不像现在那样朝三暮四的。于是便"万姓胪欢"了;用成语来说,就叫作"天下太平"。①

黄宗羲说,"天下之治乱,不在一姓之兴亡,而在万民之忧乐"。②实

---

① 鲁迅《灯下漫笔》。
② 明·黄宗羲《明夷待访录·原臣》。

际上,在中华帝国,这个庞大的农民群体作为一种第三势力,始终被置于政治之外,被打入社会底层,从而失去了话语权。正如霍弗所说,"历史这个游戏的玩家一般都是社会的最上层和最下层,占大多数的中间层次只有在台下看戏的份儿。"① 中国历史兴亡周期始终在民间反精英集团的反动和野蛮人的征服之间循环。巨大的农民群体事实上成为一场场战争的战利品和观众,改变的是统治集团,不变的是这些农民。没有农民群体,战争就失去了意义和可能,因为农民正是战争的目的。从另一面来说,对于统治精英、民间反精英和野蛮人,农民的导向起着决定性作用。或者说,他们才是真正的主角,而不是观众,任何一个统治者只是匆匆过客,是一个跑龙套的配角——

> 简尽残编并断简,
> 细数兴亡。
> 总是英雄汉,
> 物有无常人有限。
> 到头落得空长叹。
> 富贵荣华春过眼,
> 汉主长陵,
> 霸王乌江岸。②

从表面上看,中华帝国的农民是如此顺服,任何一个统治者只要能保证在农民遭灾的时候不饿死他,那么这个统治者就可以成功地统治下去,因此中国成为无数强者想要征服的肥肉,而且这个种植民族太容易被征服。也正因为中国农民是如此驯服,当每一个征服者成为统治者时,他们的意志都将很快地退化,变得越来越温顺和狡诈,然后成为中国农民。这时候,这个软弱的征服者就像一个柔弱女人一样,往往会招来新的征服者。金观涛先生提出,中国的"周期性大动乱"与"超稳定结构"

---

① (美) 埃里克·霍弗《狂热分子:群众运动圣经》。
② 明·杨慎《廿一史弹词》注卷之九。

相辅相成，中国传统社会是宗法一体化结构，依靠发达的地主经济和大一统的官僚政治，以及儒家意识形态。①每个专制王朝都无法摆脱这种只"破"不"立"、没有创新的死亡轮回，中国历史不断地"归零"，因而陷入"停滞"。

蒙古游牧民族对世界的影响远远超出人们的想象，他们几乎扫荡了整个欧亚大陆，将残忍和奴性的基因深深地植入被征服者心中。日本史学家冈田英弘则认为，在蒙古西征之前，世界两大文明——地中海（西欧）文明和中国文明各自发展，"公元13世纪蒙古帝国出现，蒙古文明征服华夏文明又继续向西扩展，连接了地中海（西欧）文明。这让两大历史文化首度接触，覆盖整个欧亚大陆的世界史从此变得可能"。"现代世界的印度人、伊朗人、中国人、俄罗斯人、土耳其人的国民全都是蒙古帝国的产物，也是蒙古帝国留下的遗产。不仅如此，现代世界经济指导原则的资本主义也是蒙古帝国的遗产。"②

当年蒙古虽然马踏江南扫灭南宋，并一举征服了中国，但与中国向来关系密切的日本却击败了蒙古人的跨海征服，并从此基本断绝了与中国的来往，直到明朝。

> 明朝的确复兴了汉人的中国，但所复兴的中国并非过去宋朝的中国，而是经过蒙古化的中国。明朝的制度全都受到蒙古的影响。全国的人口被分类为"军户"和"民户"。军户是世袭的职业军人家族，民户则是一般人的家族。这是游牧民族和定居民族的二重组织，自从契丹帝国以来就没有改变。③

---

① "压制创造性的协调会造成长久的僵化，依靠强控制得来的暂时繁荣会造成长期的停滞；在小农经济上组织起来的官僚网带来毁灭性的动乱；以扼杀个性为代价实现了个人、家庭与国家之间、人与自然之间的和谐的思想，虽抵制了宗教的滋生，却可以变为保守的思想体系。"可参阅：金观涛、刘青峰《兴盛与危机：论中国社会超稳定结构》，法律出版社，2011。

② （日）冈田英弘，陈心慧译《世界史的诞生：蒙古帝国的文明意义》，北京出版社，2016，第194、178页。

③ 同上，第167页。

从历史的表象来看，明朝似乎是亡于女真和李自成之手，其实明朝败亡还可以再往前推，日本或许是大明最不祥的丧星，而中国的"王气"已经从西北转向东北。赵翼说："至一二百年，而东北之气积而益固，于是金辽遂有天下之半，元明遂有天下之全，至我朝不惟有天下之全，且又扩西北塞外数万里，皆控制于东北，此王气全结于东北之明证也。"① 长达数年的中日壬辰战争将大明帝国的军事精锐消磨殆尽，先是来自西北的流民，后是来自东北的女真，轻而易举就征服了中国，将大明遗孤赶到孤岛台湾。300年后，甲午战争再一次成为大清帝国的催命符；再后来，经过抗日战争，满洲又一次成为新中国的起点。从吴三桂到张学良，历史何其惊人的相似。

中国历代来自内亚洲的外患也有从西北方朝东北方位移的倾向，其端倪已见于安史之乱，从宋代开始直至民国，可说亡国的契机皆来自东北。因此，近一千年来的国都皆必须同时定在运河的北端和东北国防线上，亦即北京。②

亡国与亡天下

朱元璋建立明朝后，元朝其实并没有灭亡，它只是退出中原而已，其政权一直存在于长城以北的草原地带，是为北元。

可以这样说，在前元朝领土上出现了南北朝的格局，即长城以南统治汉人农耕地域的明帝国，和长城以北统治蒙古游牧草原的元帝国，黄金家族始终是草原世界正统权威的象征。1606年，漠南蒙古东部的内喀尔喀

---

① 清·赵翼《二十二史劄记》卷二十。

② （美）孙隆基《历史学家的经线》，第146页。明朝永乐十四年，诸臣奏请朱棣迁都北京，谓北京乃"圣上龙兴之地，北枕居庸，西峙太行，东连山海，南俯中原，沃壤千里，山川形胜，足以控四夷、制天下，诚帝王万世之都也。"明人论及北京形胜，亦多称其"内跨中原，外控朔漠，真天下都会"。论者或以永乐迁都北京，移帝国核心区于北方，乃是为了兼控华夷，实现"他建立一个扩张的和外向性帝国的幻象，这个帝国包括边陲和内地，既有汉族人，又有非汉族人"。

部赠给努尔哈赤"昆都仑汗"的称号,努尔哈赤1616年即汗位,建号后金,纪元为"天命"。1635年,北元宗主、成吉思汗后裔察哈尔部林丹汗的儿子额哲投降女真军,将象征元朝正统的传国玉玺"制诰之宝"献给皇太极。皇太极认为自己继承了成吉思汗以来蒙古帝国征服世界的"天命",于是将族名由女真改为满洲①,并进而于1636年接受满洲、蒙古、汉人的推戴,即皇帝位,国号改为大清。也就是说,大清帝国自北元处取得正统性,并南下统一前元朝的领土;也就是说,大清帝国是作为蒙古帝国的后继者而非明帝国的后继者出现在世界历史上的②。

明朝永乐十四年,诸臣奏请朱棣迁都北京,谓北京乃"圣上龙兴之地,北枕居庸,西峙太行,东连山海,南俯中原,沃壤千里,山川形胜,足以控四夷、制天下,诚帝王万世之都也。"明人论及北京形胜,亦多称其"内跨中原,外控朔漠,真天下都会"。论者或以永乐迁都北京,移帝国核心区于北方,乃是为了兼控华夷,实现"他建立一个扩张的和外向性帝国的幻象,这个帝国包括边陲和内地,既有汉族人,又有非汉族人"。

> 在大清帝国,各个种族适用不同的法律。满洲人有《八旗则例》,蒙古人有《蒙古例》,西藏人有《西藏事例》,塔里木盆地中说突厥语的伊斯兰教徒则有《回疆则例》,各自有各自的法律,而《大清律例》是适用于汉人的法律。大清帝国的第一公用语是满洲语,皇帝与各种族之间的往来原则上使用满洲语,汉文只有在统治汉人的时候使用。清朝的皇帝对汉人而言是皇帝,对其他种族的人而言,是自蒙古帝国以来的大汗。③

在努尔哈赤之前,女真部落连文字都没有。明朝对其实现禁铁政策,

---

① 因历史上宋金交恶,汉人对女真人素有积怨。为避免汉人对女真的疑虑,故自皇太极以后,都矢口否认自己与女真人的联系。天聪九年(1636年),皇太极为其父纂修《太祖武皇帝实录》,以"满洲"为族名,下令禁止族名再用"诸申"(女真旧号),称"诸申与我国无涉",今后一律称"满洲"。
② 申斌《描摹多面向的大清帝国》,《史林》2015年第1期。
③ (日)冈田英弘《世界史的诞生:蒙古帝国的文明意义》,第170页。

女真人基本处于野蛮落后的石器阶段,"男无锋铁,女无针剪"①。壬辰战争使中日朝三败俱伤,女真部落在鸭绿江边崛起,迅速征服朝鲜李氏王朝以及北方的蒙古部落。"早在入关之前,清(后金)就已经与蒙古科尔沁、巴林、扎鲁特、奈曼、喀喇沁、敖汉等部结盟,并在征服察哈尔部之后,编组'蒙古八旗',将漠南蒙古完全置于控制之下,成为最重要的兵马供给基地。……入关之后,清朝继续奉行与蒙古各部'申以盟誓,重以婚姻'的政策,以封爵、通婚笼络蒙古各部。"②

中国古语说,马上得天下,但不能马上治天下。每当暴力集团从征服者变成统治者,其暴力能力就逐渐退化,最后一旦遭遇危机,只能束手待毙。在自然界中,有一种生活在荒远海岛上的渡渡鸟,因为岛上食物充足且没有天敌,渡渡鸟很快失去了飞行肌,但在后来的大航海运动中,人类来到了海岛,这些不会飞的大鸟就成为盘中餐,彻底灭绝了。在动物世界中,年轻力壮的食肉动物往往能成功捕获年老体衰的猎物,反过来,年轻力壮的食草动物也能抗衡年老体衰的食肉动物。有学者经过对历史的综合分析发现,一个王朝存在的时间越长,则其政治军事实力下降得越厉害,越容易被外族所征服。此外,中原王朝是否被征服,在相当程度上还取决于中原与周边王朝建立时的"阴差阳错",即新兴的中原王朝常常足以抵挡衰弱的周边王朝,而老朽的中原王朝则往往无力抗衡新兴的周边王朝③。满清崛起之时,大明帝国正处于风雨飘摇之中。天灾人祸接连不断,得不到救助的饥民被民间反精英集团席卷反叛,官吏集团首鼠两端,很快也走向背叛。吴三桂对女真蛮族的投奔只是一个插曲。在此之前,帝国的军事力量基本都已经背叛大明。

> 起义军不过是为久窥中国的满洲制造机会,江南虽仍可守,但因天下无人,连东晋、南宋的局面也不能维持,整个的中国第二次又

---

① 《明实录》。
② 鲁西奇《中国历史的空间结构》,广西师范大学出版社,2014。第208页。
③ 陈强《中原王朝被征服的计量历史分析》。

陷入外族。①

南怀瑾先生对这段历史有个微妙的总结,他说,宋得于孤儿寡母亦失于孤儿寡母,明取胜于异族也亡于异族。明朝与宋朝类似,以士人治天下,军人的地位并不高,很多统领千军万马的将军甚至不得不对一个太监屈膝卑躬。帝国军人没有尊严,没有荣誉感,而且贫困潦倒。在一个社会动荡时期,他们很容易就成为堕落、崩溃的环节。明朝末期的民变其实都是兵变。李自成、张献忠在反叛之前都是军人。

雷海宗先生认为,中国自东汉以降就是一种"无兵的文化"。"春秋时代是上等社会全体当兵,战国时代除了少数以三寸舌为生的文人外,是全体人民当兵,现在上等社会不服军役,而将全部卫国的责任移到贫民甚至无赖流民的肩上。"②所谓无兵,并不是没有军队,而是说只有流氓才去当兵,兵匪不分,这一方面导致军民对立,军队叛乱导致国家覆灭,另一方面因无兵可用而导致异族征服。太平盛世,国家掌握在士大夫手中,一旦天下大乱,流氓则成为历史的主导者,士大夫沦落为幕僚。相比士大夫而言,流氓更容易形成严密而强大的组织,因此中国历史中,流氓屡屡得势,与游牧武装形成两股主要的军事力量。黄仁宇说,明朝的失败,原因在于朝廷没有能力将帝国的资源动员起来。③

多尔衮之平定中原,实得力于汉族文人如范文程、洪承畴等人所贡献的政策和策略。入关之初,满人宣称"义师为尔复君父仇,非杀尔百姓","抚定燕京,乃得之于闯贼,非取之于明朝也"。同时申明"三勿"(勿杀无辜、勿掠财物、勿焚庐舍),这让国破家亡的中国百姓"莫不大悦,各还乡里"。满人就这样成为中国新的统治贵族。据说满人的发式遭到了人们的嗤笑,

---

① 雷海宗《国史纲要》,江苏人民出版社,2014。
② 雷海宗先生认为,"文武分离"和"兵文化"的衰落是中国国民性衰弱的主要原因之一,"一般来说,文武兼备的人有比较坦白光明的人格,兼文武的社会也是坦白光明的社会。这是武德的特征。中国两千年来社会上下各方面的卑鄙黑暗恐怕都是畸形发展的文德的产物。偏重文德使人文弱,文弱的个人与文弱的社会难以有坦白光明的风度,只知使用心计;虚伪,欺诈,不彻底的空气支配一切,使一切都无办法。"可参阅:雷海宗《中国的兵》,中华书局,2012。
③ (美)黄仁宇《现代中国的历程》,第99页。

多尔衮强行推行"剃发令",要求"官民尽皆剃头",剃发就是无条件臣服于满人统治的标志。"留头不留发,留发不留头"。农民剃掉头发,继续种地。在精英群体密集的江南,新统治者毫不留情。在血腥残暴的"嘉定三屠"、"扬州十日"之后,他们最终将这些精英收编进官吏集团,和那些叛降的将军一样,使其成为帝国的新贵。

> 在满清征服中国的年代里,各地以抵制剃发令为中心意象出现了许多可歌可泣的抵抗运动。在很多地方社区,要让人们团结起来,与其呼吁他们去效忠已经濒临灭亡的明朝政治秩序,勿宁召唤他们以抵制剃光前额来表现出捍卫自身文化尊严的决心。①

江阴城陷后,清军下令屠城,"满城杀尽,然后封刀";全城被屠杀者共达十七万两千有奇,城中未死者大小仅五十三人。其后江阴乡民被迫屈服,而"剃发之夕,哭声遍野"②。刘亚洲先生在《甲申再祭》一文中写道:"满清贵族踏着汉人累累的尸体步入他们最辉煌的事业的祭坛。明成祖时曾进行过一次人口统计,全国人口为六千万。明末为一亿。而满清人主中原后,到清世祖时又进行了一次人口统计,全国人口只剩下一千四百万人了,锐减了百分之八十多。约六千万人民在明清鼎革战争中遭到屠杀。"

时过境迁,女真作为后冷兵器时代的征服者,对高度文明的中华帝国本来已经失去了骑射优势。中国军人的集体背叛使历史发生逆转。当西方文明在全世界征服野蛮人的时候,中华文明竟然被野蛮人征服。

---

① 孔飞力分析说,"个中原因,显然是由于前额削发比之背后蓄辫包含着更大的耻辱。当时人也许曾由削发而联想到阉割——这上面并没有直接的证据——因为在旧体制下,男子的人格是以精心蓄留的长发为象征的。具有讽刺意味的是,那些在满族勇士看来意味着阳刚之气的东西(指辫子),在汉人的眼里却是娇弱妇道的象征。"(孔飞力《叫魂:1768年中国妖术大恐慌》,第69、73页。)

② 尚钺《中国历史纲要》,人民出版社,1980。

东方利维坦

明清易代,"非我族类"的满洲贵族入主中原,这在明遗民看来,意味"治统"和"道统"的双重丧失。顺治元年,清军甫入京师,即出安民告示称:"天下者非一人之天下,有德者居之;军民者非一人之军民,有德者主之。"满洲统治者硬是把自己说成理当拥有天下、主宰万民的"有德者"。顾炎武指出,"天下"与"国家"是两个概念,"天下兴亡,匹夫有责",而"国家兴亡,肉食者谋之"。这里的"天下"就是社会,而国家只是朝廷。但对很多传统士人来说,明清变局已不是传统改朝换代的"亡国",而是"亡天下"了。

在流亡的南明朝廷通过传教士卜弥格向罗马教廷求救时,黄宗羲、朱舜水等传统士人纷纷赴日"乞师",特别是朱舜水,在15年间出入于日本和安南之间。日本为朱舜水打破"四十年不留唐人"之禁例,使其于1659年"归化"日本。就"灭虏之策"而言,朱舜水几乎将"复明"的希望悉数寄托于日本——

> 在明遗民17次对日乞师活动中,几乎所有人都对日本做出了前所未有的道德褒奖,给日本造成了它其实并非夷狄,而是与"中华"同类,有些地方甚至已超过了"中华"的"公开暗示"。这些言行,不但极大地提高了日本人的文化自觉与道德自信,还直接影响了江户日本人对满洲民族和明清鼎革时期中国人的认识和感受。浦廉一注意到,在"明清革命"消息的反复刺激下,日本开始"视满洲为夷狄,并称其为鞑靼、奴儿部、鞑虏、奴酋等,对之轻蔑嫌忌之念日强,而对不断遭其侵略的半岛和明朝均寄予深刻的同情"。[1]

朱舜水虽然未能拯救中国,但却改变了日本,用梁启超的话说,他不仅是"德川朝的恩人",还是"维新致强最有力的导师"。朱舜水当年乞师

---

[1] 韩东育《谒余姚》,《读书》杂志,2010年第12期。

未成，但多年以后明治的兵舰不请自到。朱舜水当年传播于日本的"华夷对立"观念，200 年后变成中日两国关于"文明"的国家对决。正如梁启超所说："清室覆亡，朱舜水的志愿才算偿了。"①

历史学家魏斐德指出，如果没有汉人的军事合作的帮助，满族人是不可能征服中原的。②女真（已经更名为满洲）以区区百万之众统治中华，其全部满八旗军队最多时亦不过 8 万人，而当时中国人口数以千万计，而且社会经济高度发达。在这种情况下，女真统治者其实非常心虚。他们首先对辽东故地进行封锁保护，这是老巢，也是退路；其次，对华北进行大规模圈地运动，使华北成为人烟稀少的政治缓冲区。③"满洲统治者在 1640 年代在北京周围 29 县圈定了将近 56 万公顷的土地，分给高级军官和贵族，用以回报他们对清廷的支持。这些土地由满汉契约奴仆来耕种，由田庄管家负责经营，其中很多人是从东北带到这些地区来的。满清政府没有对征收这批汉人地产予以补偿。不过在此后 100 年内，这批土地中有相当部分，由于被满族人出卖或者用以抵押债务等等原因，又回到了汉人手中。"还有就是将京城原住居民驱逐，东、西、北三面都为八旗兵重兵拱卫，汉人以及回人被赶到丰台、宣武一带的南下洼子，形成大片的贫民窟。基于权力需要，清朝统治者必须对庞大疆土维持稳固的控制，以确保政治的稳定，从而使其政权垂之永久。"入境随俗的旗人集团，作为一个文化落后的暴力集团，凭借中原的传统文化，确立了他们的奴役性的政治秩序以后，便可以明目张胆地为自己牟取越来越多、越来越大的特权了。"④

萧公权先生指出，清政府作为专制政权，将它统治下的人民划分为几个政治、社会和经济地位不同的群体；统治者与臣民的利益背道而驰，而

---

① 同上。

② （美）魏斐德《洪业：清朝开国史》。

③ "满洲统治者在 1640 年代在北京周围 29 县圈定了将近 56 万公顷的土地，分给高级军官和贵族，用以回报他们对清廷的支持。这些土地由满汉契约奴仆来耕种，由田庄管家负责经营，其中很多人是从东北带到这些地区来的。满清政府没有对征收这批汉人地产予以补偿。不过在此后 100 年内，这批土地中有相当部分，由于被满族人出卖或者用以抵押债务等等原因，又回到了汉人手中。"（吉尔伯特·罗兹曼《中国的现代化》，江苏人民出版社，2010，第 114 页。）

④ 高尔泰《陈迹飘零读故宫》，《读书》杂志，2005 年第 10 期。

且在某种程度上是不相容的。由于他们对自己的臣民没有信心，或者不能信任臣民的忠诚，他们设计出各种各样的措施，来减低臣民受到任何有害于帝国安全的思想和行动的影响，以确保臣民的柔顺、屈从。清朝统治者是外来民族征服者的事实，使得这个需要变得更明显和迫切①。

暴力可以创建政权，但并不能构建政权的合法性。历史的意义在于其合法性言说，因此编撰《明史》便成为一项核心工程，以此证明天命所归在清，明朝之亡始于万历，清太祖、太宗有可取天下而不取之仁；清之代明，既非"征诛"，亦非"禅让"，而是明朝官民的急切"迎请"。

清政府在政治制度上实行种族隔离：满汉禁止通婚；满人终身享受生活保障；官吏集团以满人为主，汉人为辅。对外实行闭关自守，以朝贡体系花钱买稳定。对内实行重农抑商，使小农生产沙粒化、无组织化；禁止任何民间组织结社和宗教活动；以文字狱和八股科举禁锢知识分子，钳制言论和思想。"永嘉一蒙尘，中原遂翻覆。名弧石勒诛，触眇苻生戮。哀哉周汉人，离此干戈毒。去去王子年，独向深岩宿。"②高尔泰先生在分析这段历史时指出——

> 他们之所以能做到这一点，一方面是由于他们具有较强的社会组织力和进行镇压的坚决性与残酷性，而明末中国的地区性和集团性反抗力量，是分散的、内耗的，因而是易于各个击破的；另一方面，同样重要的是，汉人崇拜宝座的心理，以及汉人的以宝座为核心的文化结构，也为任何胜利了的征服者，准备了称王称霸的温床。……在回顾那一段往事的时候，历史学家们往往只看到旗人以武力为基础强行维持的社会秩序的统治，而不看到中原传统文化以宝座为核心自然运转的精神秩序的继续。其实前者的硬性钳制是依靠后者的柔性束缚才得以保持的。换言之，旗人的野性是以汉人的驯服性为条件才得以转化为控制效能的。③

---

① 萧公权《中国乡村：论十九世纪的帝国控制》，中国人民大学出版社，2014。

② 明·顾炎武《咏史》。

③ 高尔泰《陈迹飘零读故宫》，《读书》杂志，2005年第10期。

东亚的转折

"元清两代,蒙古、满洲异族入主,亦为中国历史上一大变,但上面的政府体制,下面的民间学术,依然能在中国文化的大传统下支撑维持,保有其原有的历史进程而不变。"①在历史中相当长的一个时期,中国、朝鲜和日本都保持着一种对儒家文化的认同,这种认同随着满人对中国的统治而发生断裂。

朝鲜一直很认同以中国为中心的"天下观",自称"小华",但同时又认为日本处于更低等级。清兵入关后,朝鲜士大夫认为中国已亡,视满清统治为"鸠占鹊巢"的夷狄。为了讨伐满清,朝鲜甚至不计壬辰战争之仇,想请日本出兵助战,"宜假道朝鲜,出送援兵……邻国之道,岂以假道为惮?"满清征服朝鲜后,也一度强令剃发,但朝鲜人至死不从,"吾国衣冠千年相沿,头可断,发不可剃",征服者亦无可奈何。或许因为剃发之事,无论朝鲜人还是日本人,都不再把剃发易服的清国视作古老的传统"中华";同时,他们对中国人(汉人)那么容易就归顺了满清感到极不理解。听到明朝覆灭的消息,朝鲜仁祖皇帝极其震惊:"今观大明之事,不胜痛叹,人有自北京来者,皆云无一人为国家死节者,岂有二百年礼义之天朝,一朝覆亡,而无一人死节之理乎?"②

即使在清帝国如日中天的康雍乾盛世,朝鲜人依然把清国叫做"夷虏",把清皇帝叫做"胡皇",把清使称为"虏使"。乾隆年间,代表朝鲜出使清国的洪大容遇见两个中国士人。洪大容问:"我国于前明实有再造之恩,兄辈曾知之否?"这二人对壬辰战争一无所知。洪大容无不动情地说道:"万历年间,倭贼大入东国,八道糜烂,神宗皇帝动天下之兵,费天下之财,七年然后定,到今二百年,生民之乐利,皆神皇之赐也。且末年流贼之变,未必不由此,故我国以为由我而亡,没世哀慕至于今不已。"③

---

① 钱穆《国史新论》,九州出版社,2012。第128页。
② 葛兆光《想象异域:读李朝朝鲜汉文燕行文献札记》,中华书局,2014,第37页。
③ 《湛轩燕记》,转引自:葛兆光《宅兹中国》,中华书局,2011。

尽管朝鲜举国上下"皆能尊崇祯以存中国也",但在朝鲜人看来,那个曾经令人仰慕的大明天朝已经不存在了;他们到中国来,不是来朝觐天子,而只是到燕都出差罢了。因此,这些使者的旅行笔记,也从以前的"朝天"改为"燕行"。朝鲜一方面坚持认为"明朝后无中国";另一方面,他们自认是"后明朝"和"小中华",坚持明朝衣冠。

日本素来对中国有钦慕之情,但入清之后,日本人和朝鲜人一样,从认同迅速变为鄙视和反感,特别是在日本的读书人中,这种敌视溢于言表。在某种程度上,女真人使日本人想起当年跨海侵略日本的蒙古"元寇"。在日本的记录中,"大清太祖皇帝自鞑靼统一华夏,帝中国而制胡服,盖是矣"。

在很长的时间里,东方诸国尤其是朝鲜人、日本人和中国人确实曾经经历过一个来自汉唐的传统,可以称为一个"文化共同体"。但是,从丰臣秀吉侵朝到明清易代之后,文化上的分道扬镳,已经使得几个民族、文化和国家之间渐行渐远,使得各自通过对方,看到了彼此细微却深刻的不同。① 在日本人的心目中,汉唐中华已经消失,中国与四夷的位置已经颠倒。他们虽然承认中国是大国,日本是小国,但他们仍然强调——

> 有土之德,不在国之大小。众叛则地削,桀纣是也;民和则天下一,汤武是也。敝国邃古神功皇后征三韩,光烛海外,至今千万岁,一姓连绵,生民仰之,可不谓至治哉?此聊敝国之荣也。②

反过来,他们认为中国已无荣光可言,满人入住中国后,"先王礼文冠裳之风悉就扫荡,辫发腥膻之俗已极沦溺。则彼士之风俗尚实之不可问也"。

文化从来都是奢侈品,但中国农民是现实的。从现实角度来说,清朝260年达到了农业中国的最理想状态,糊口政治、糊口经济做到了登峰造

---

① 葛兆光《想象异域:读李朝朝鲜汉文燕行文献札记》,第25页。
② 《宽政元年土佐漂着安利船资料》,转引自:葛兆光《宅兹中国》,中华书局,2011。

极的境界。人口从 6000 万翻了 3 翻,超过 4 亿。统治贵族的勤勉与人力资源组织的得力,使中华帝国的实力和疆土达到历史最高点。突厥人和藏人被征服,新增的国土被命为"新疆"和"西藏"。新疆还包括早先征服的漠北蒙古与漠南蒙古。对台湾、缅甸和越南的远征完成后,这个异族统治的新中华帝国疆土达到空前绝后的 2200 万平方公里,几乎成为当时世界体量最大的"利维坦"。据现代经济史学家估算,无论人口数量还是国家的富裕程度,当时,大清帝国甚至都超过整个欧洲。

皇朝的命运

对中国来说,大一统是历史的主旋律,所谓"天下之势,久分必合,久合必分";事实上,分裂总是短暂的,而统一才是长久的。[1]分裂常常意味着对抗和战争,而统一则意味着和平和衰弱。"列国并立时,每国都是一个有机体的坚强体系,天下一统之后,临时尚可勉强维持,但不久就成了一盘散沙,永未变成一个大的有机体。这样的民族是任何内部野心家或外来野心族的战利品,决难自立自主,自己的命运总不操在自己手里。"[2]实际上,中国历史上所有的统一无一例外都是以武力暴力来实现完成的,也是以此武力和暴力来支撑维持的[3]。

明清之变典型地体现这种历史规律。明代创建之初,尚能应付外敌,此后便只能是勉强支撑,从抵御倭寇到壬辰战争,终于精疲力尽,不久便亡于民变和满清。对于满清征服者来说——

> 虽然他们中有数千人担任着收入丰厚的文武官职,但大多数人

---

[1] 中国的分裂时期都有正统与僭伪之争,分裂的双方无不以正统自居。但在统一重新实现后,双方往往都会被认为中国的一部分。如唐朝对南朝和北朝给予同等地位,将《南史》和《北史》并修。元朝修《辽史》《宋史》《金史》,就意味着元朝承认辽与北宋、金与南宋都是正统,都是它的前朝。但司马光在《资治通鉴》中,则以南朝为正统,以南朝年号为时间纪年。

[2] 雷海宗《中国的兵》,第 47 页。

[3] 葛剑雄《统一与分裂:中国历史的启示》,中华书局,2008。

则陷于"贫穷、负债与失业"的境地。那些专门留给他们的土地，此刻大部分已落到了汉人土地经营者的控制之下，旗人自己则几乎全部居住在位于都市的兵营里，而在那里，那些禁止他们与周围汉人通婚的法令正日益失去效用。在军事技能不断衰退的同时，征服者上层人士的文化特征尤其是他们的满语能力——也日益退化。……要作为一个统治者集团生存下去，征服者必须保持自己先前的活力和与众不同之处。然而，为了将文职官僚带入征服者的阵营，同一征服者又必须以儒家文化合法分享者的面目出现。要将排他性与汉化完全孤立区分开来是不可想像的。①

在温顺勤劳的中国农民供养中，野蛮的满清文化开始被稀释消解。短短300年期间，被定为国书国语的女真文字和女真语言就基本已经失传。《尼布楚条约》的文本有满文和拉丁文，唯独没有汉文；《辛丑条约》的文本有法、英、德、汉四种文本各一份，已没有满文的位置。乾隆时代造访中国的英国公使马戛尔尼将中国的没落归因于"鞑靼征服"——

> 这个政府正如它目前的存在状况，严格地说，是一小撮鞑靼人对亿万汉人的专制统治。……自从北方或满洲鞑靼征服以来，至少在过去100年里没有改善，没有前进，或者更确切地说，反而倒退了；当我们每天都在艺术和科学领域前进时，他们实际上正在成为半野蛮人。②

朱大可先生对此有更详细的解读——

> 在农业帝国的晚期，出现了另一个戏剧性事变，那就是游牧民族女真族的入侵。它导致农业文明失去最后一次自我更新的契机。作为游牧征服者的鞑靼人，在占领中原之后，被农业帝国的"先进"

---

① （美）孔飞力《叫魂：1768年中国妖术大恐慌》，第86页。
② 转引自：张宏杰《中国国民性演变历程》。

文明和文化所震撼，开始努力学习。满族宫廷任命汉儒来教育太子，误以为这个严重衰退的文明就是最高文明，从此沉湎在世界中心的巨大幻觉之中。康熙和乾隆醉心于对汉文化的临摹，不仅通晓汉人的政治谋略，而且精擅琴棋书画，企图成为汉人的文化/美学导师。他们对这种新身份洋洋自得，而未能觉察到一个全新的工业文明的崛起。汉族儒家知识分子跟皇帝一起抱残守缺，互相取暖，即便在最危急的时刻，也决不放弃对中央帝国和农业道德的幻想。直到1840年的鸦片战争为止。这是具有讽刺意味的历史事变——一个日渐腐化的游牧民族，断送了具有数千年历史的农耕文明。①

英国在1858年第二次鸦片战争与清政府签署的《天津条约》第51款中写入了这样一条禁令："嗣后各种公文，无论京外，内叙大英国官民，自不得提书夷字。"在"夷"字的禁令背后，是整个东亚华夷体系与秩序的崩溃②。

当世界进入19世纪，现代的黎明已无可阻挡。对满清贵族来说，来自北方和远海的西方新文明成为一种巨大的威胁。"中国这次所遭遇到的对手是'前史所未载，亘古所未通'的西方国家，是中国文化向所未有的劲敌，与从前所遇到的'蛮夷'在文化的'力量'上不止有'程度'之别。亦且有'性质'之异。"③同时，连年的自然灾害和巨大的人口压力使饥民骤然四起，白莲教、天地会、太平天国、捻子、义和拳等流民武装，形成一波接一波的民间反动浪潮。中国特色的历史钟摆又一次摆回到200年前。当时在中国的美国传教士卫三畏指出，"中国的问题在于下层民众，而不在于政府，改变统治者仅仅是改朝换代。"有学者将中国传统政治归结为

---

① 朱大可《农业文明的死亡与投影文明的再生》。
② "夷"在清朝内部是一个非常重要的关键词。满族人作为明朝汉族人的征服者，他们不得不面对政权合法性的问题，"夷狄"怎么能统治"华夏"？刘禾的观点是，清朝政府创造了一种帝国话语，把"夷"的汉族中心主义意识形态去掉，转化为一个仅仅表示地域的名词——"华"、"夷"仅仅表示地方远近的差异，而不是文明的差异，华夷皆为大清国的领土，都在天下之内，服从于帝国的统治。所谓"中国而用夷礼则夷之，夷而进于中国则中国之"。
③ 金耀基《中国文明的现代转型》，第21页。

"游民政治"——游民唯一之希望在于官,故自古皆以做官为唯一不二法门,谓官越多者食人则越多也。以平民之无识,虽更百年或数百年,以不堪于饥饿之故,乃不得已而革命,然至改朝易姓,不过去一班旧食人者,而换取一班新食人者。①

"凡动刀的必死于刀下,由剑得到的东西亦将因剑而失去。中国历史上凡靠暴力夺取了政权的王朝,无一例外都在暴力声中被推翻。开场的锣鼓变成了送葬的钟声。"②拯救天朝的是流民组建的"团练"。"科考屡试不第令洪秀全精神失常,走上造反之路,而在曾国藩这位如愿考取功名的小孩身上,艰难的科考则令他对清廷生起效忠与感恩之心。"③"曾国藩虽为汉人,却效忠清朝,铲剿太平军。他在《讨粤匪檄》以'名教之奇变'为号召,这显示出在曾国藩心目中,'中国之为中国'者是其文化,而不在种族,而中国文化之根核则在其'名教纲常'。"④天国的南京陷落后,一场大屠杀便开始了,英国记者记下了这样的场景:"清军"将一名太平军孕妇剖腹,并将婴儿取了出来,放在她的身上肢解,这名俘虏发出了一声人类无法发出的悲惨而绝望的叫声……许多人遭遇了最恐怖的死法,他们被砍头、剥皮、挖出内脏,被成群地屠戮,人吃人的场景屡见不鲜……对于介入中国内战的英国,伊藤博文批评道:"你们西方人,特别是你们英格兰人,与中国交往时所犯下的最大错误,就是协助满清镇压太平叛乱。"⑤

日出东方

从"日本"二字的字面来说,意指"太阳升起的地方",这无疑也体

---

① 黄远生《游民政治》,陕西人民出版社,2013,第26页。
② 狄马《有一种抗争我们很陌生》。《一头自由主义的鹿》,中信出版社,2014。
③ (美)裴士锋《天国之秋》。
④ 金耀基《中国文明的现代转型》,第72页。
⑤ 近代以来,日本似乎一直对中国革命持乐观其变的态度。后来当武昌起义的枪声打响时,日本内阁总理西园寺说:"革命不是一件好事,一国最好是不起革命,但是一旦起了,它必定要成功,不到成功则政治永不安定,这是历史的原则。所以帮助他国镇压革命,是一件不应该而不可能的事情。"

现了传统的中国视角;或者说,日本是中国的一种发展和延伸。长期笼罩在中华文明的光环之下,以至于中国竟成为日本的"心之故乡"。日本近代思想家太宰春台说:"中华圣人之道行于我国,天下万事皆学中华,我国人始知礼仪,悟人伦之道,弃禽兽之行。"

宋帝国和明帝国先后覆亡于北方野蛮民族铁蹄之下,两度出现了大规模的难民潮,由士大夫精英构成的帝国遗民跨海移民日本,使中华文化进一步融入日本文化。

早在汉唐时代,日本就已从中国引入"天下"一词来表达世界秩序,但日本并不接受中国的册封体系,只将天下理解为日本列岛的小世界。"日本是用自己的天下观来代替由民族国家组成的国际秩序,特别是当日本强调东方抵抗西方时,日本就成为大东亚的中心,独特的大东亚观念开始膨胀。"① 当西方现代思想到来时,日本人马上放弃中国,在明治维新时提出"脱亚入欧"。福泽渝吉自认为日本比中国和朝鲜都更具优越感,"今所不幸者,近邻有国,一曰支那,一曰朝鲜"。当社会达尔文主义弥漫时,日本也立即顺应潮流,发起对周边弱国的殖民地征服战争。

当英国的炮舰开到中国时,美国的炮舰开到了日本。满清统治者打了,

甲午战争期间的日本宣传版画

---

① 金观涛、刘青峰《19世纪中日韩的天下观及甲午战争的爆发》,《爱思想》,2014-06-28。

然后输了,心高气傲的女真统治者第一次遭遇挫败,他们把这叫做屈辱。日本人也打了,然后认输了,从此在横须贺市建了一座佩里公园,树了一座纪念碑——纪念入侵者佩里使日本开放改革,并踏上富国强兵之路。相比之下,中国则将整个向世界开放的近代史视为"丧权辱国"、不堪回首的屈辱史。

  日本以明治维新为契机,走上一条"去中国化",或者说全盘西化的现代之路。日本所提出的"和魂洋才"与清朝所倡导的"中学为体,西学为用"如出一辙。在政治、经济、文化等各方面依然不变的情况下,一个用洋枪洋炮武装起来的旧中国第一次被新日本击败了。宣扬"征韩论"的西乡隆盛在他死后成为日本的英雄。在丰臣秀吉之后300年,日本人战胜并进入了中华帝国。"蒙古灭宋是刺激丰臣秀吉的最大事实,满洲灭明,英法侵略中国,两次订盟城下,是引起西乡隆盛等的野心的最大事实。"①

  应当承认,就古代文明而言,中国是日本的老师;但就现代文明说,日本则是中国的老师。日本是中国走向近代化和现代化的重要出处,甚至是唯一的出处。学习日本是中国完成现代化过程的必然道路,否则,中国只有倒退一途。甲午战争后,日军轻取东北重镇九连城,驻守此处的清军闻风而逃。号称"中国通"的宗方小太郎草拟了一篇《开诚忠告十八省之豪杰》——

  ……满清氏原塞外之一蛮族,既非受命之德,又无功於中国,乘朱明之衰运,暴力劫夺,伪定一时,机变百出,巧操天下。当时豪杰武力不敌,吞恨抱愤以至今日,盖所谓人众胜天者矣。今也天定胜人之时且至焉。……我国之所惩伐在满清朝廷,不在贵国人民也。……夫贵国民族之与我日本民族同种、同文、同伦理,有偕荣之谊,不有与仇之情也。切望尔等谅我徒之诚,绝猜疑之念,察天人之向背,而循天下之大势,唱义中原,纠合壮徒、革命军,以逐满清氏於境外,起真豪杰於草莽而以托大业,然后革秕政,除民害,去虚文而从孔孟

---

① 戴季陶《日本论》,九州出版社,2005。

政教之旨，务核实而复三代帝王之治。①

从后来的眼光来看，改变东亚政治格局的甲午战争是一场不可避免的战争，其主要根源是观念之争，按照传统的天下观，清廷必须捍卫朝鲜对中国的朝贡关系；而在日本人看来，这是一场"西欧之新文明与东亚之旧文明间之冲突"。这场战争等于正式宣告，一个以天朝为中心的"天下"旧时代结束了。

在征服了琉球、台湾和朝鲜之后，日本军人将东北的俄国殖民者驱逐。在300年前女真民族的龙兴之地，新日本人面对温顺勤劳的中华帝国，充满300年前女真人那样的信心和野心。加拿大医生、传教士罗伯特麦克卢尔1938年在河南写道，无论哪个政治派别在该省执政，他所知道的农民都"习惯于被征服"，"对已习惯于政府这种治理方法的人而言，日本人'夺取'政权没什么值得害怕的"。这些人只想继续过他们的生活。他又加了一句，"应当假定日本人也意识到这种情况"。实际上也确实如此。满铁研究人员在中国北方农村做调查时发现，村民对国民党和日本人一样不感兴趣，对通敌者亦然。所有这些都是必须适应的外来，也仅限于此。日本人很容易发现这一点，因为它使占领政府似乎可以成为这些民众的政府，无所谓好坏，而且不需要为这种只顾自己不顾他人的统治作任何道歉，就取得了这种统治的合法性和公众代表的资格。②

想象的共同体

曾经，美国人结束了幕府日本的中世纪美梦；后来，美国人又一次结束了天皇日本的大东亚帝国美梦。这让人不禁想起赫胥黎的名言："人们不大记得的历史教训，正是历史给人的一切教训之中最重大者。"

日本是否攻击珍珠港其实并不重要，美国的干涉只是早晚的区别而

---

① 雪珥《绝版甲午：从海外史料揭秘中日战争》，文汇出版社，2009。
② （加）卜正民，潘敏译《秩序的沦陷：抗战初期的江南五城》，商务印书馆，2015。

已,因为它绝不容许一个占人类一半资源和人口的庞然大物存在,更何况这是在一个专制帝国统治下。当日本人以自己可以熟练地生产航空母舰而充满信心时,美国人造出了原子弹。日本第二次向美国认输,同样没有什么屈辱感。

军国主义和民族主义的道路铺满鲜花,但不幸的是,它最后却往往通向地狱。中日甲午战争和日俄满洲战争,其实是日本对当时欧美列强发动殖民地战争的效仿,从侵华战争到太平洋战争,整个"大东亚圣战"使日本付出惨重的代价,整个日本沦为一片废墟,日本的"东亚共同体"破产。

吴敬梓在《儒林外史》第一回中写道:"百代兴亡朝复暮,江风吹倒前朝树。"对苦难的中国来说,每一个专制统治者,无论是汉族或者异族,都将民众视为牛羊一样的奴隶或者畜牲。正如阿伦特所说,他们"如同一个外来征服者,将每一个国家(包括自己国家)的自然财富和工业财富看作战利品"。华北沦陷,中国再现衣冠南渡的悲壮景象。冯友兰在西南联大纪念碑文中写道:

> 稽之往史,我民族若不能立足于中原、偏安江表,称曰南渡。南渡之人,未有能北返者。晋人南渡,其例一也;宋人南渡,其例二也;明人南渡,其例三也。风景不殊,晋人之深悲;还我河山,宋人之虚愿……

作为"想象的共同体",民族主义是工业革命引发的全球化产物。中国古代没有国家的概念,只有天下概念;所谓得人心者得天下。元清两朝都是外族入侵,汉人做了亡国奴;只是时间长了,也就无所谓亡国了,还亡出个"康乾盛世"来。对逆来顺受的中国老百姓来说,不论统治者是谁,只能看权力让不让你好好地过日子,国家似乎跟他没多少关系。这不免让人想起鲁迅当年的嘲讽:

> 到二十岁,又听说"我们"的成吉思汗征服欧洲,是"我们"最阔气的时代。到了二十五岁,才知道所谓这"我们"最阔气的时代,

其实是蒙古人征服了中国，我们做了奴才。直到今年八月里，因为要查一点故事，翻了三部蒙古史，这才明白蒙古人的征服"斡罗思"（俄罗斯），侵入匈奥，还在征服全中国之前。那时的成吉思汗还不是我们的汗，倒是俄人被奴的资格比我们老，应该他们说"我们的成吉思汗征服中国，是我们最阔气的时代"的。①

鲁迅先生还说过，人与人之间区别，有时候甚至超过人与猴子之间的差别。如果要为鲁迅这句话找一个注脚，那么这个老掉牙的故事倒是不错：一只猴子向神祈求，希望神将它点化成为人；神为这种文明向往感到很高兴，就问猴子："你为什么想成为人啊？"猴子说："为了枪！有了枪，所有的猴子就都得听我的。"

作为一种自我意识特别强烈的动物，人类一直面临着认识自我的焦虑。进入国家阶段之后，国民性便一直成为现代人的普遍兴趣。关于中国人国民性的书籍汗牛充栋，不仅有中国人写的，也有很多外国人写的。"相对于司马迁的《史记》为中国这个世界做出的定义，司马光的《资治通鉴》规范了汉人的种族观念。正统的观念与中华思想结合的结果，让之后的中国人越来越看不清中国的历史。"②

老子说，知人者智，自知者明。对一个人来说，是自己了解自己呢，还是别人更了解他，这无疑是一件很困惑的事情。苏东坡说：不识庐山真面目，只缘身在此山中。在现实中，大多数人往往更看重别人对自己的评价；或者说，人们更容易接受别人镜子中的自己。从这一点说，人类确实是一种喜欢镜子的动物，唯一的区别是这个镜子来自哪里，镜像与真实之间总是存在着一定的距离。

对于中国历史，日本有过极其深入的研究，而对于日本，中国往往不屑一顾。余杰当年很认同大江健三郎的观点，即日本是"暧昧的"。在熊培云先生看来，日本是中国的一味药。至于药性如何，很大程度上取决于中国对日本的态度——

---

① 鲁迅《随便翻翻》（1934）。
② （日）冈田英弘《世界史的诞生：蒙古帝国的文明意义》，第151页。

如果认真学习日本的社会建设，日本将是一味良药，可以医治中国"弱社会"与"强个人"的病灶。如果只是看到日本在向右转、安倍在参拜靖国神社、右翼在街头举旗叫喊，从而继续以民族主义、国家主义来强化中国"强国家－弱社会"的结构，则可能适得其反。倘若良药未成反自制苦果，将是一味毒药。①

日本的镜子

群体化的国民性与个性的人完全是两码事。所谓国民性往往强调的是群体共性，这种共性相对于其他群体又必须是独特的。《武士道》和《菊与刀》就是这样的日本国民性作品。前者将日本的封建制与欧洲的封建制做了类比，后者则从道德体系上将日本与欧洲进行比较。

作为孤悬太平洋的岛国，日本西边与中国隔海而望，东边是遥远的美国。在古代历史中，中国作为东方秩序的核心一直影响着日本；但在近代，从佩里到麦克阿瑟，日本却是在美国的影响下步入世界主流。这让人想起石原自嘲的话："迄今为止，日本一直是美国的小老婆。日本的精神性、国家和民族的自主性都被掠夺；率直地说，日本是美国的情妇。"

"西方人与东方人明显不同，但这个不同是由文化决定的。"作为文化，日本人唯一不曾改变的是他们的世俗性价值观。从万叶时代以来，历经江户时代的封建制、明治时代的天皇制、战后的民主制，日本始终是世俗的，每个人都信奉快乐的当下，这也是禅宗得以在日本流行的原因（日本佛教是将印度佛教彻底世俗化了的一种宗教）。

在前些年一份涵盖世界各国的民意调查中，仅有15%的日本人会为了国家积极参战（中国是75.7%）；②仅有57%的日本人为自己的祖国而

---

① 熊培云《西风东土：两个世界的挫折日本》，新星出版社，2016。

② 据日本共同社报道，总部位于瑞士苏黎世的盖洛普国际调查联盟于2015年公布了一项有关"是否愿意为国而战"的国际舆论调查结果，在开展调查64个国家和地区中，日本以11%排名末位，而在中国调查结果为71%。其他国家为俄罗斯59%、美国44%、韩国42%、法国29%、英国27%。（中国新闻网，2015年03月18日）

自豪（中国是78.9%）；仅有3%的日本人认为权威应该受到尊重（中国是43.4%）。从这些对比来说，日本是一个自我意识和个体意识极其强烈的国家；甚至说，他们对国家并没有过分的认同。

纵观整个现代史，国家民主与婚姻自主几乎同步发生。东方传统帝国一般由皇帝－官僚专制，而传统婚姻为父母之命媒妁之言，二者都体现了强加性的专制文化。近代以降，人们的婚姻已基本实现了基于爱情的个人自主，家庭中男女也趋于平等，传统的国家专制因此失去了家庭专制的基础，从社会文化上显得格格不入。东方儒教文化中，男权（夫权）、父权和君权三位一体，从个人、家庭到国家一脉相承，国家专制的合法性完全建立在个人与家庭的专制之上。现代文明使夫权、父权和君权全部瓦解，上下级之间仅仅成为一种功利性的合作分工，专制文化基本上失去了传统意识形态的语境支撑，合法性已不复存在。

就国家来说，日本与中国和美国处于同一纬度。从地理上来说，中国离日本很近，美国离日本很远。第二次世界大战中，日本先侵略中国，后侵略美国。在中国，他们刚开始获得了胜利，但美国却彻底击败了他们。在近代史上，日本的两次"体制转型"——19世纪的明治维新和20世纪的战后改革，都是因为美国。从政治、经济和文化等很多方面来说，日本距离美国很近，距离中国很远。今天的日本完全是一个美国化的日本；准确地说，是一个全球化和世界化的日本。

全球化不可阻挡，因为这是人类自从有历史之前就一直在进行的事情，轮子、马镫、印刷术、蒸汽机、计算机、互联网，任何人和组织，无论意愿如何，都无法阻止这些先进技术在世界范围的传播——而假如他们真的成功阻止了这些技术向本国内部的传播，那么他们最终将付出无比沉重的代价。

今天的日本是"一个世界上数一数二的消费文明社会"。一方面，日本人非常自治与自律；另一方面，日本人又非常自由与独立。在一个民主而多元的法治社会下，日本人享有充分的文化与文明；日本有全世界最开放的信息平台，各种媒体，如书籍、报纸、电影、电视、网络都非常丰富。与其说每个人认同的是日本人，不如说是地球人和世界公民。

《〈日本人〉》①的作者橘玲在书中写了一个叫滨田的日本老人,在他80岁的时候,将日本的家产全部变卖,来到菲律宾安度晚年。他认为"无论哪里都一样";对菲律宾,滨田认为"在我有生之年要为这个国家做出点儿贡献",而"日本已成为遥远的异国他乡"。

橘玲说,"全球主义其实是一种乌托邦思想。"彻底城市化的当代日本人无疑已经集体失去了故乡和血缘。有些日本人抛家舍业,跑到中国荒漠中植树治沙;有些日本人帮助当年的中国劳工和"慰安妇",向法院起诉日本政府;有些日本人著书论证"钓鱼岛"(日本称"尖阁列岛")属于中国……等等,这完全是世界主义精神的典型特征,已经远远超越了民族和国家这种"想象的共同体"的局限。

以支持"中国山西省性暴力被害者损害赔偿请求"的日本"支援会"为例——

> 若以民族主义理论视之,那么这批人都是地地道道的"日奸"——他们居然毫不留情地揭自己国家的短,让日军的暴行被全世界所知晓;若以人权至上观念视之,那么这批人都是真正的人道主义者——他们把爱和关怀从同胞身上扩展到异国的战争受害者身上,这种爱和关怀超越了国家和种族。这些支援会的会员们也是在从更高的层面上维护着日本真正的尊严,是他们挽回了被玷污的日本民族的声誉。②

虽然人类世界已经全面进入现代,但就"现代性"而言,在不同的国家却有不同的理解和体现。现代和现代性不仅是物质和技术的,也包括思想和制度方面。"无疑,现代国家是在19世纪才开始出现的。但是,因为'现代'一词本身是个相对的概念。今天的中国、俄国和伊朗并不是纯西方发展模式下的产物,而是在蒙古统治结束后重新出现的传统'身份'基础上

---

① (日)橘玲,周以量译《〈日本人〉:括号里的日本人》,中信出版社,2013。
② 余杰《暧昧的邻居》,光明日报出版社,2004,第155页。

发展而建立起来的。"①

  金耀基先生指出，一个国家从传统到现代，需要经历三个层面的现代化，即器物技能层次、制度层次和思想行为层次；对中国而言，是从农业到工业，从专制到共和，从经学到科学。从鸦片战争起，将近两个世纪的现代化运动已经使中国跳出了以农业为本的古典文明，而转型为以工业为本的现代文明；在空间上，中国也已全面进入全球化时代。中国现代化的终极愿景，不止是寻求中国的富强，而更在构建一个中国的现代文明秩序。②

---

① （美）弗兰克·萨克雷、约翰·芬德林《世界大历史：文艺复兴至16世纪》，王林译，新世界出版社，2015。
② 金耀基《中国文明的现代转型》，广东人民出版社，2016。

忘恩负义为权谋

韩信的悲剧

哈维尔说,政治的最高境界是良心。在真实的政治中,最常见的却是忘恩负义。中国史书中,从来不乏忘恩负义的历史。

《史记·越王勾践世家》中记载:范蠡和文种帮助越王勾践灭掉宿敌吴国之后,范蠡便悄然离去。临行之时,范蠡留给文种一封信:"狡兔死,走狗烹;飞鸟尽,良弓藏。勾践这种人只可共患难不可共享乐,你最好尽快离开他。"文种不以为然。不久,勾践就赐给文种一把剑,并质问他说:"你有七个灭人国家的方法,我只用了三个就把吴国灭掉,还剩下四个,你打算对付谁啊?"文种只好自杀。具有讽刺意味的是,文种用来自杀的这把剑,也是不久前伍子胥自杀的那把剑,而伍子胥也是振兴吴国的英雄。

在大商人吕不韦的精心策划下,嬴政一步步踏上秦王的宝座。按照司马迁的暗示,吕不韦或许还是秦始皇的生父。即使如此,秦始皇后来仍然毫不客气地骂道:"君何功于秦?秦封君河南,食十万户!君何亲于秦?号称仲父!"吕不韦只好饮鸩自杀。

楚汉战争的胜利,使刘邦成为一个"马上皇帝"。按照司马光的说法,这完全是军事天才韩信的功劳。刘邦曾言:"连百万之众,战必胜,攻必取,吾不如韩信。"成为皇帝后,刘邦不但没有对韩信感恩戴德,反而把他从

"齐王"降为"楚王",后又贬为"淮阴侯",最后以谋反之名,将韩信杀害。从公元前208年拜帅,到公元前196年,韩信为刘邦南征北战,但在天下初定刚刚一年,就很快被杀。

韩信知恩图报,曾留下"一饭千金"的美谈,最终却死在忘恩负义的刘邦之手。临死之前,韩信慨叹道:"狡兔死,走狗烹;飞鸟尽,良弓藏;敌国破,谋臣亡。天下已定,我固当烹!"

在刘邦眼里,岂止一个韩信,远的有彭越和黥布,近的有卢绾和樊哙。卢绾与刘邦是发小,且和刘邦同一天生日,后来随刘邦一起出生入死,建立汉朝,最后却落得客死匈奴。刘邦在攻击卢绾时发誓说:"非刘氏而王者,若无功上所不置而侯者,天下共诛之。"这就是白马之盟。汉朝从创立到稳定,樊哙立下汗马功劳,他一直跟随刘邦左右,并且娶了吕后的妹妹。高祖临死前,还没忘了派陈平、周勃去杀樊哙。

五代时期后晋大将安重荣喜读史书,他从一军卒起家,在战乱中很快就飞黄腾达。在目睹李从珂、石敬瑭等人发迹之后,他跟陈胜一样,不由地感慨说:"天子宁有种乎,兵强马壮者为之!"与刘邦相比,朱元璋走上皇帝宝座的过程要漫长和曲折得多。但战场上的硝烟还未散尽,他就开始对昔日功臣大开杀戒。从胡惟庸、李善长、蓝玉、常遇春、徐达、刘基到傅友德、朱亮祖,甚至被称为"圣人"的宋濂,都没有逃出朱元璋的灭绝计划。除过个别"暴毙",大多数都受尽酷刑折磨后,被凌迟处死,并株连九族,动辄受牵连而遇害者达数万人。屠刀之下,仅仅数年便"元功宿将相继尽矣"。有大臣因此直接将朱元璋与刘邦当年诛杀功臣相提并论:"今勋旧耆德,咸思辞禄去位,如刘基徐达之见猜,李善长、周德兴之被谤,视萧何、韩信其危疑相去几何哉!"①

朱元璋是如此血腥冷酷,以至于洪武时期的大臣们人人自危,"时京官每旦入朝,必与妻子诀,及暮无事,则相庆以为又活一日"。赵翼批朱元璋说,"独至明祖,藉诸功臣以取天下,及天下既定,即尽举取天下之

---

① 吴晗《朱元璋传》,陕西师范大学出版社,2008。

人而尽杀之,其残忍实千古所未有。"①

权力的魔咒

马克思说过:"专制制度的唯一原则就是轻视人类,使人不成其为人。而这个原则比其他很多原则好的地方,就在于它不单是一个原则,而且还有事实。专制君主总把人看得很下贱。"皇权体制下,权力既是专制的,也是排他的,完全垄断在一个人手中,绝不容他人有丝毫染指和置喙。在皇权眼中,每个人都是潜在的竞争者和觊觎者。"卧榻之侧,岂容他人鼾睡",赵匡胤黄袍加身,却长吁短叹:"吾为天子,殊不若为节度使之乐,吾终夕未尝安枕而卧!"众将军不解,赵匡胤说:"人孰不欲富贵?一旦有以黄袍加汝之身,虽欲不为,其可得乎?"

朱元璋立长子朱标为太子,这个太子宅心仁厚,曾经劝说朱元璋不要杀人太多。朱元璋盛怒之下,将一枝荆棘摔在地上,让太子拣起来。荆棘多刺,太子难以下手。朱元璋语重心长地说:"你怕有刺不敢拿,我把刺摘了给你,这不是为你好?我杀的都是奸恶之人,杀了他们,你才能当这个家!"②朱元璋的用意很明显,在他眼里,这些功臣就是刺,虽然在创业时期离不了,但在和平时期,这些旧臣功高震主,肯定会威胁到缺乏政治经验、年幼无知的建文帝(太子朱标早亡,后立太子嫡子允炆为皇太孙,即建文帝),因此他不得不斩草除根,为将来子孙的统治铲除后患。赵翼说:"懿文死,孙更孱弱,遂不得不为身后之虑。是以两行大狱,一网打尽。"用吴晗先生在《朱元璋传》中的话说:"杀,杀,杀!杀了一辈子,两手都涂满了鲜血的白头刽子手,踌躇满志,以为从此可以高枕无忧,皇基永固,子子孙孙吃碗现成饭,不必再操心了。"独木难成林,领袖离不

---

① 朱元璋在强化专制主义皇权的过程中,通常采用大规模杀戮的军事手段来解决政治问题,或者说,他不喜欢解决问题,而喜欢直接解决有问题的人。这使得朱元璋时期的统治极其残酷。《明史·刑法志》评说:"刑法有创之自明,不衷古制者,廷杖、东西厂、锦衣卫、镇抚司狱是已。是数者,杀人至惨,不丽于法。踵而行之,至末造而极。举朝野命,一听之武夫、宦竖之手,良可叹也。"

② 张宏杰《大明王朝的七张面孔》,第105页。

开群众的支持。陈胜未发迹时许愿说："苟富贵，勿相忘。"后来却一翻脸，就把投奔他的故人杀了。打江山时，大家一起出生入死，希望最后一人得道，鸡犬升天，封王封侯。但权力的特点就是独占性。刘邦之所以诛杀了那些异姓王，不过是为了消除他们对汉王朝的威胁。即使这些旧臣对刘邦忠心耿耿，但对刘邦的儿子孙子们就不一定了。刘备临死，对诸葛亮遗言："若嗣子可辅，则辅之；如其不才，君可自为成都之主。"没有一个封建帝王愿意权力失传，要保证江山万代，唯一可行的办法就是剪除异己，消灭一切对权力构成潜在威胁的力量。

司马光在《资治通鉴》中总结驭臣之术，与其说"德"比"才"重要，不如说无德无才更好——

> 夫聪察强毅之谓才，正直中和之谓德。才者，德之资也；德者，才之帅也。云梦之竹，天下之劲也，然而不矫揉，不羽括，则不能以入坚；棠溪之金，天下之利也，然而不镕范，不砥砺，则不能以击强。是故才德全尽谓之圣人，才德兼亡谓之愚人，德胜才谓之君子，才胜德谓之小人。凡取人之术，苟不得圣人、君子而与之，与其得小人，不若得愚人。何则？君子挟才以为善，小人挟才以为恶。挟才以为善者，善无不至矣；挟才以为恶者，恶亦无不至矣。愚者虽欲为不善，智不能周，力不能胜，譬之乳狗搏人，人得而制之。小人智足以遂其奸，勇足以决其暴，是虎而翼者也，其为害岂不多哉！

司马光在无意中道出了一个真相，权力天生就是品德与才智的克星。权力的逻辑注定其要陷入"愚人"和"小人"的游戏,结果人算不如天算。秦始皇一死，他的长子扶苏被逼自杀，另一个儿子胡亥也好运不长，临死前想做个平民也成了奢望；刘邦机关算尽，最后亦不免落得"吕氏篡权"；朱元璋一死，朱棣就发动"靖难之役"，建文帝家破人亡，死无葬身之地；末代皇帝朱由检（崇祯）砍死自己的妻女后，自缢于煤山，年仅35岁；他在砍杀长平公主时流泪说："你为何要降生到帝王家来啊！"要是秦始皇刘邦朱元璋们在地下有知，真不知作何感想。

相对于赵匡胤的"杯酒释兵权",历史上的很多开国之君都有杀功臣的习惯,而且手段极其毒辣。权力如同一把冰冷的屠刀,任何东西在它面前都不堪一击,无论是恩情、友情还是亲情。在权力的祭坛上,从来不缺乏各式各样的牺牲和祭品,也没有永远的祭司和胜者。这是一场零和游戏,一将功成万骨枯,忘恩负义是权力的基本法则;或者说,忘恩负义本身就是一种权力。只有皇帝才有权"忘恩负义",其他人则只能感谢"皇恩浩荡",甚至被杀头被灭九族也要如此。

君主与人民

忘恩负义一词,典出《魏书·萧宝夤传》:"背恩忘义,枭獍其心。"獍也叫"破镜",是古书上说的一种怪兽,形如虎豹,但身子较小,长大后食其父,食其母。在这个历史典故中,流亡的萧宝夤被北魏收留,并且被招为驸马,委以重任,萧宝夤最后却背叛北魏,穿上了皇帝的龙袍。

马基雅维利以他天才的洞见,剥去了皇帝的新装。《君主论》的核心就是"君主如何耍手腕",无论是"手腕(手段)"还是"阴谋(阳谋)",过程都不重要,重要的只是结果;或者说,"不择手段"是最大的手段。马基雅维利说:"关于人类一般可以这样说,他们是忘恩负义、容易变心的。"也就是说,在利益面前,忘恩负义是人的本性。

马基雅维利忠告君主们说:"侵害应速为速决,施恩宜循序渐进。"就是说,侵害应该毕其功于一役,使他们很快就忘掉痛苦;好处则应该一点一点给,才能使他们更好地记得你的恩惠。在中国的《菜根谭》中也有类似的"权力智慧":"恩宜自淡而浓,先浓而后淡者,人忘其惠;威宜自严而宽,先宽而后严者,人怨其酷。"

历史是有报应的,虽然常常不会立即兑现。路易十四曾说,"我就是国家。"路易十五也有句臭名昭著的名言:"在我死后,哪管它洪水滔天!"一语成谶,在路易十五死后,法国果然洪水滔天。"在对比希腊政治家阿尔喀比亚德与罗马将军科里奥兰纳斯之后,普鲁塔克指出,如果维持政治稳定是通过恐怖、暴力和压迫,那不仅是一个耻辱,也是一种非正义行

法国大革命时期的断头台

为。"①

杜兰特在《历史的教训》中写道:"路易十四经常被视为现代君主的典范,但法国人民却因他的死亡而欢喜雀跃。现代国家的复杂性,让任何想控制它的单一头脑都归于失败。"1793年1月21日,法国巴黎的协和广场上,人潮汹涌,在人们的欢呼声中,国王路易十六被押上断头台,他临死前说:"我清白死去。我原谅我的敌人,但愿我的血能平息上帝的怒火。"

在政治上,信赖某个人或某些人的美德是无济于事的。公正的说,路易十六是个好人,至少不是什么暴君。当人们对独断专制的政治体制不满时,他自愿放弃了专制。法国历史学家米涅在《法国革命史》一书中写道,路易十六"心地正直、善良","他没有任何野心,因此他可能是唯一没有权力野心的国君,唯一具有一切好国王所应有的畏上帝和爱百姓这两个优点的国君"。如果说英国国王查理一世因为拒绝改革而遭到毁灭,那么路易十六则是由于尝试改革而毁灭的。

谁也没有想到,一年之后,出现在断头台上的是革命领袖罗伯斯庇尔,

---

① (美)罗伯特·D.卡普兰著,丁力译《武士政治:领导层为什么需要异教徒的精神气质》,山西人民出版社,2014。

他曾在演讲中声称："我自己就是人民。"在铡刀落下之后，喜悦的巴黎人热烈鼓掌，竟然长达15分钟。人们在罗伯斯庇尔的墓碑上刻着这样一段话："过往的行人啊！我罗伯斯庇尔长眠于此，请不要为我悲伤，如果我活着的话，那你就活不成。"

1799年11月9日，拿破仑发动雾月政变，对法国实行独裁统治。经过公民投票，法兰西共和国变成了法兰西帝国，拿破仑变成了拿破仑一世。在加冕仪式上，拿破仑直接从教皇庇护七世手上夺过王冠，戴在自己头上。

拿破仑宣称，你只要不是坐在刺刀上，就可以用刺刀来做任何事情。这位法国人的"大救星"有句名言："我以为负恩是人类最大的缺点。"在谈及路易十六和罗伯斯庇尔时，拿破仑曾经这样说："假如把我送上断头台的话，人们也会这样快地跑来看热闹的。"

不相信权力

作为法国革命最大的历史贡献，《人权宣言》敲响了专制权力的丧钟，它在第一条就响亮地提出，"在权利方面，人们生来是、而且始终是自由平等的"。从这一点来说，民众的幸福并不是某个大人物的恩赐。"宁可我负天下人，不可天下人负我"只是独夫民贼的理想，"宁可天下人负我，不可我负天下人"才是一个真正的政治家的美德。

1945年5月8日，温斯顿·丘吉尔向英国民众宣告，英国取得了第二次世界大战的胜利。战争结束了，战时内阁完成了使命；5月23日，丘吉尔辞去首相之职，准备参加7月5日举行的大选。保守党对丘吉尔信心满满，以为凭借丘吉尔在战争中力挽狂澜的功劳，绝对稳操胜券。结果却出人意料，保守党在大选中惨败，工党以高出一倍的席位组建新内阁，工党领袖艾德礼成为新首相。

华盛顿有句名言："一个人或一个民族如果总是被自己的爱和恨所奴役，那这个人、这个民族是没希望的。"对英国公民来说，国家不是礼物，权力不是赠品；战争结束了，他们需要的不是感恩，而是恢复被战争摧毁的社会。因此，英国人选择了倡导福利国家目标的工党，而放弃了伟大的丘吉尔。政治本身就是功利的；丘吉尔说过，在政治上，没有永远的朋友，也没有永远的敌人，只有永远的利益。

有人对正接受宗教裁判所审判的伽利略说："没有英雄的国家多么不幸啊！"伽利略回答："不。需要英雄的国家才是不幸的！"①事实上，丘吉尔对自己的落选并没有感到丝毫失落和沮丧，他说："对本民族的伟大人物忘恩负义，是伟大民族成熟的标志。"这句话来自罗马鼎盛时期的历史学家普鲁塔克。作为一位希腊人，普鲁塔克对民主精神有着不同一般的洞察和体会。这句话也并非普鲁塔克的创造，而是出自希腊真实的历史。

公元前480年，波斯王薛西斯率50万大军，水陆并进，大举入侵希腊。在萨拉米斯海战中，天才的希腊统帅地米斯托克利一举击溃强大的波斯军队，不仅拯救了雅典和希腊，而且也为他赢得了巨大荣誉。

雅典人担心这种声望和权势会让他成为一个军事独裁者，威胁到民主制度，在战后的选举中，地米斯托克利落选。数年之后，地米斯托克利更遭到彻底放逐。地米斯托克利不得不逃往波斯帝国，在昔日的对手这里寻求庇护。后来，雅典军队进攻波斯，波斯国王希望地米斯托克利出山，与"忘恩负义"的雅典作战，地米斯托克利左右为难，最后饮鸩自尽。

权力的尽头

美国前总统乔治·沃克·布什曾说："人类千万年的历史，最为珍贵的不是炫目的科技，不是浩瀚的大师们的经典著作，而是实现了对统治者的驯服，实现了把他们关在笼子里的梦想。"虽然古代民主与现代民主制度在运行原理上有诸多不同，但有一点是一致的，那就是无论社会怎样受惠于伟大人物，民众绝不会因为"恩惠"而赋予其超越法律的特权，也不允许其擅自攫取权力。否则，一个放出"笼子"的权力，就会如同野兽一样伤害整个社会的长期利益。

---

① （德）贝托特·布莱希特，丁扬忠译《伽利略传》，河南人民出版社，1980。

在《开放的社会及其敌人》[①]一书中，卡尔·波普说：我们渴望得到好的统治者，但历史经验向我们表明，我们不可能找到这样的人。正因为这样，设计使甚至坏的统治者也不会造成太大损失的制度是十分重要的。人是不完美的，政治家也不能免俗。与个人的品德相比，理性的制度要可靠得多。人们需要的与其说是好的人，还不如说是好的制度。决定民主成败的，是公正的法律和制度，而不是感恩和情义。

西谚云，"地狱的道路是由善良的愿望铺成的"。心理学家马斯洛发现，那些追求权力的人既可以是好人，也可以是坏人，但权力一旦到手，"往往使人向坏的方向发展，而不是往好处变"。勒庞也持同样的观点，"任何一个阶级，不管是贵族、教士、军人还是普通民众，一旦大权在握，它很快就会奴役其他人。"[②]政治没有诗意，权力没有温情。没有公平正义的制度安排，政治必然成为阴谋和罪恶的道场，权力只能落入流氓和伪君子的手中，成为残害民众的作恶工具。正如爱因斯坦所说："强迫的专制制度很快会腐化堕落，因为暴力所招引来的总是一些品德低劣的人；而我相信，天才的暴君总是由无赖来继承，这是一条千古不易的规律。"

与其说政治是人类的发明，不如说政治是人类不得不面对的选择。人一旦进入社会，政治就诞生了。人是不完美的，政治同样是不完美的，与其建立一个完全善的社会而不得，不如建立一个最少恶的社会更为现实。民主是人类社会进入文明成熟阶段后的一种理性选择，它与家族阶段的专制文化截然相反。后者基于人性本善，强调道德力量，鼓吹感恩忠义；前者基于人性本恶，强调法的精神，承认"忘恩负义"的正当性。这两种不同的社会治理模式，其结果南辕北辙，一个将好人变成坏人，一个将坏人变成好人。

在水门事件之前，尼克松几乎可以被列为美国最伟大的总统之一，他推行东西阵营之间的"缓和"外交，和苏联一同协商军备削减，推进和中

---

① （英）卡尔·波普尔，郑一明等译《开放的社会及其敌人》，中国社会科学出版社，1999。

② （法）古斯塔夫·勒庞，佟德志、刘训练译《革命心理学》，广东人民出版社，2012。

国的外交，着手结束越南战争，国内政策上制定一系列有关环保、劳工保护、社会保障的开明政策，深得人心。这也是为什么1972年的总统选举中，尼克松能够在50个州中的49个州赢得胜利，以罕见的绝对优势重新当选。然而水门丑闻将这一切粉碎。尼克松的助手感叹道：

> 我们试图把尼克松当作一个百分之百的完人抬出来，结果是抬得愈高跌得愈重。等到事实表明他并不是完人——世界上本来就没有完人——的时候，他就堕入了灾难的深渊。①

理查德·尼克松，这个43次成为《时代周刊》封面人物的美国总统，因为"水门事件"，不得不黯然辞职。对美国公民来说，他们无法原谅总统的"越轨行为"。在这里，绝不会出现"功过三七分"或"功过相抵"的说法。对民众的信任来说，"功"是分内之事，"过"则绝不姑息。在离开白宫之后的20年时间里，尼克松不断反思自己，以真诚的悔恨和实际行动来求得公众的原谅，最终他又重新赢得了人们的谅解和信任。

韩国在朴正熙时代实现了经济腾飞，成为"亚洲四小龙"，但在政治上的倒行逆施，最终使朴正熙身败名裂、家破人亡。33年后，朴正熙的女儿朴槿惠在民主选举中，成为韩国第一位女性总统。朴槿惠承认，朴正熙的独裁破坏了韩国的宪法价值，阻碍了韩国的政治发展，她向"在那一时期受到折磨和伤害的人及其家人表达真挚歉意"，并表示她会竭尽全力治愈这一伤痛。

古希腊哲学家德谟克利特说："在一种民主制度下过贫穷的生活，也比在帝王统治下享受所谓幸福好些，就像自由比奴役好些一样。"在民主制度下，公民的选择是理性的，选民只会把选票送给那些有真正能力解决他们问题的政治家。对韩国人来说，他们不会因为朴槿惠是朴正熙的女儿而感谢她，也不会因为她是朴正熙的女儿而讨厌她，人们最在乎的，是朴槿惠能给他们带来幸福。

---

① （美）霍尔德曼《权力的尽头》，商务印书馆，1979。

明帝国的溃败

> 匪我言耄，尔用忧谑。多将熇熇，不可救药。①

一切历史都是当代史。这是克罗齐的一句名言。

1944年，中国历史又走到一个似曾相识的十字路口。这一年，郭沫若在重庆《新华日报》上发表了著名的《甲申三百年祭》，这篇文章表面上是为明朝的灭亡而感伤，其实是为农民起义的失败而遗憾。在这篇长文中，郭沫若对叛军中唯一的知识分子李岩充满欣赏和同情，但文章的最后，却抱怨李自成"对于李岩们的诛戮却也未免太早了。假使李岩真有背叛的举动，或拟投南明，或拟投清廷，那杀之也无可惜"。

也是在这一年，李文治先生用一本书完成了他的"甲申三百年祭"，这就是《晚明民变：底层暴动与明朝的崩溃》。作为中国社会经济史研究领域的专家，李文治的姿态更加细微和客观，他通过对大量历史史料的爬梳，试图从底层农民的角度，复原300年前的历史场景。

关于这场"天崩地解"的晚明民变根源，虽然有各种各样的说法，但没有人否认明帝国从上到下的腐败，导致了最终的失败——

> 明末"流寇"的兴起，是一个社会组织崩溃时必有的现象，像瓜熟蒂落一样，即使李自成、张献忠这一班暴民领袖不出来，那由贵

---

① 《诗经·大雅·板》。

族、太监、官吏和地主、绅士所组成的统治集团,已经腐烂了,僵化了。①

天灾人祸

在传统农耕时代,人类靠天吃饭,生存环境极其脆弱,自然条件稍有变动,就酿成毁灭性的灾害。据邓拓《中国救荒史》统计,从公元前1776年,到公元1937年的3700多年间,中国总共发生各类灾害5258次,平均半年一次。灾害的直接后果就是人口流失和死亡,贫困加剧,社会动荡。再稍加留意,就会发现,历次民变的发生,无一不是以灾害为背景的。甚至说,当年大泽乡的一场连阴雨,直接导致了陈胜吴广起义。但就明代而言,就连邓拓(邓云特)先生也不得不承认:"明代共历276年,灾害之多,竟达1011次,这是前所未有的记录。"②

"弘治以前,岁常丰稔,间有凶荒,亦十之一二而已。正德以来,水旱相仍,斗米百钱者相望。"③明朝末年,正值小冰河期,天灾不断;特别是进入崇祯时代之后,几乎每年都是大灾之年,"人相食"不绝于书。比如崇祯十三年(1640年),关中西府"凤翔等县大旱饥,流移载道,死者枕藉。次年大饥,疫起,居民阖室俱毙,野无人烟;十四年春,麟游饥馑,大疫,死者枕藉"④。明中叶,一石粮值银一两;崇祯四年,斗米值银四钱;崇祯末期,河南一带,一石粮一百五十两。粮价几乎涨了150倍。刻于崇祯十六年的《感时伤悲记》碑,记载了当时关中的灾情和粮价,二两银子买不了一斗大米或小麦,而万历时期,一两银子可以买两石大米。

> 盖自累朝以来,饥荒年岁,止见斗米三钱倍增七钱者,余等痛此遭逢,尚谓稀有之事,岂料崇祯八、九年来,蝗旱交加,浸至十三四年,天降大饥,商雒等处稍康,四外男妇奔走就食者、携者、

---

① 《吴晗论明史》,武汉出版社,2013。
② 邓云特《中国救荒史》,商务印书馆,2011。
③ 顾炎武《天下郡国利病书》。
④ 《古今图书集成·职方典》卷五二八《凤翔府部》。

负者、死于道路者,不计其数;万状疾楚,细陈不尽。余等菜羹糠食,幸得生全,出此大劫。回思苦状,可伤可畏,日夜难忘,以故纠众同心,立石谨志,后之考古君子览焉。颂曰:嘱咐一块石,记载千古愁;来世有见者,难道不泪流。计开当年时值:稻米粟米每斗二两三钱,小麦一斗二两一钱,大麦一斗一两四钱,荞麦一斗九钱,莞斗一两八钱,麸子一斗五钱,谷糠一斗一钱,柿果一斗一钱五分,核枣一升一钱,盐一升银九分,清油一斤一钱六分,猪肉一斤一钱八分,红白罗蒲一斤一分,棉花一斤三钱二分,麻一斤一钱,梭布一尺五分……崇祯十六年岁次癸未孟夏吉旦

刻于崇祯十六年(1643年)的感时伤悲记碑

"公元1600年前后，中国人口已接近15000万，这是历史上的最高点。"[1]曹树基在《中国人口史》中测算，明代北方人口增长率为4-8‰左右，南方在3-4‰左右，全国平均增长率为4.1‰，总人口为19251万，崇祯十七年（1644年）达到15247万人，比宋盛世的8000万增长了一倍以上。达到此前中国历史的最高点。早在洪武二十六年（1393年），"便产生天下田几无荒弃的现象"[2]。对一个农业国家来说，无疑正陷入灾难性的马尔萨斯陷阱。魏斐德在《洪业》中推断，晚明数十年，中国人口减少了40%左右。"崇祯年间后期至顺治前四五年，死亡人数约在600万左右。"[3]

中国历史上人口增减波动，表面上是王朝鼎革、兴衰隆替所致，尤其是人口骤减，无一不是在农民战争和民族战争的"大兵"，以及水旱灾荒的"大饥"之后；但再细究，就会发现背后的资源极限，即人口总量超越资源承载力，从而导致大量失去生存资源的"过剩人口"。在所谓的"大兵"、"大饥"和王朝巨变发生前后，整个社会就已经陷入崩溃的边缘。西汉末年，"百姓财竭力尽……饿死于道，以百万数"[4]；东汉末年，"冀州人相食，豫州饥饿而死者十有四五"，"百姓饥穷，流冗道路，至有数十万户"，"田野空，朝廷空，仓库空"[5]；隋朝末年，"黄河之北，则千里无烟，江淮之间，则掬为茂草"，百姓诸物食尽，"乃自相食"[6]。到了明朝末年，历史再次重演。

崇祯二年，礼部郎中马懋才奉命入陕调查，将沿途见闻写成《备陈大饥疏》——

> 臣乡延安府，自去岁一年无雨，草木枯焦。八九月间，民争采山间蓬草而食。其粒类糠皮，其味苦而涩。食之，仅可延以不死。至十月以后而蓬尽矣，则剥树皮而食。诸树惟榆皮差善，杂他树皮以

---

[1] （美）黄仁宇《中国大历史》，三联书店，2007。
[2] 吕振羽《简明中国通史》，人民出版社，1959。
[3] 李德甫《明代人口与经济发展》，中国社会科学出版社，2008。
[4] 《汉书》卷八五。
[5] 《后汉书》卷七、卷六六。
[6] 《资治通鉴》卷一八三。

为食,亦可稍缓其死。迨年终而树皮又尽矣,则又掘其山中石块(观音土)而食。石性冷而味腥,少食辄饱,不数日则腹胀下坠而死。民有不甘于食石而死者,始相聚为盗,而一二稍有积贮之民遂为所劫,而抢掠无遗矣。……最可悯者,如安塞城西有冀城之处,每日必弃一二婴儿于其中。有号泣者,有呼其父母者,有食其粪土者。至次晨,所弃之子已无一生,而又有弃子者矣。更可异者,童稚辈及独行者,一出城外便无踪迹。后见门外之人,炊人骨以为薪,煮人肉以为食,始知前之人皆为其所食。而食人之人,亦不免数日后面目赤肿,内发燥热而死矣。于是死者枕藉,臭气熏天,县城外掘数坑,每坑可容数百人,用以掩其遗骸。臣来之时已满三坑有余,而数里以外不及掩者,又不知其几许矣。①

崇祯六年(1633年),山、陕两省大旱不雨,赤地千里,民大饥,人相食。其实从崇祯元年到崇祯六年,陕西已经持续发生了6年灾荒,其中尤以陕北最为严重。颠覆大明帝国的农民暴动即由此发端。

刚开始时,饥民不过是抢粮和分粮;当这种基于"自然正义"的集体暴力失控时,民变就不可收拾了——

劫禾之举,此盗贼祸乱之萌。小人乏食,计出无聊,谓与其饥而死,不如杀而死。……闻粟所在,群趋而赴,哀告求贷,苟有不从,即肆劫夺,且曰:我非盗也,迫于饥寒不得已耳。……窃弄锄挺以扞游徼之吏,不幸而伤一人,势不容已,遂至变乱矣。②

福无双至,祸不单行,灾荒往往是连锁反应。《博平县志》记载:"崇祯十四年,大饥,人相食;夏,瘟疫盛行,有全家尽绝者,死亡十之三四。"《明史·庄烈帝本纪》记:是年"六月,两畿、山东、河南、浙江、湖广旱,蝗,山东寇起"。崇祯皇帝一次次下罪己诏、宣布撤乐、减

---

① 《明季北略》卷五。
② 明代邱濬《大学衍义补》。

膳,甚至最后连肉都不吃,仍然无济于事①。崇祯七年、八年间(1634-1635年),鼠疫从山西爆发,很快就蔓延到周边数省,造成华北地区大量人口死亡。崇祯十五年(1642年),"京师瘟疫大作,死亡枕藉,十室九空,甚至户丁尽绝,无人收敛者";次年春,瘟疫已使北京走向崩溃②。

15世纪末的干旱使得北方大批人口脱离土地成为流民,构成当时社会动荡的一个因素。17世纪开始的全国性大旱灾带来的社会震荡更为激烈。简略地说,这一次全国范围的大旱灾直接导致全国性的大蝗灾,也引发了波及差不多整个华北地区的鼠疫大流行。人口大量死亡,灾民大量离乡。③

如果说刚开始还是由荒致盗,后来则变成了由盗致荒。各种税赋、军饷和加派,一步步将更多的底层民众推上绝境。自然饥荒只是局部的,而人为饥荒却是普遍的,这就是老子所说的"民之饥,以其上食税之多,是以饥"。进入万历之后,历经200多年的大明帝国显出末日景象,政治败坏,经济破产,社会秩序崩溃,帝国上下彻底沦为暴力为王的丛林社会。

"我国历史上累次发生的农民起义,无论其范围的大小,或时间的久暂,实无一不以荒年为背景。这实已成为历史的公例。"④中国历史从未走出这种盛极而衰、衰极而亡的循环轮回,大明帝国就是这种轮回的产物。

对于一个古老的农业国家来说,天灾无可避免;只有当天灾变成人祸时,才是一场真正的灾难。孟子说:"禹思天下有溺者,犹己溺之也。稷思天下有饥者,犹己饥之也。"所以中国传统就是"民无食,济之当如拯溺救焚"、"为君之道,必须先存百姓"。当年,明太祖朱元璋曾经下令,各地遭灾,地方官一定要如实上报,否则问罪。收到灾情报告后,政府要

---

① 孟昭华《中国灾荒史记》,中国社会出版社,1999。
② 曹树基、李玉尚《鼠疫:战争与和平——中国的环境与社会变迁(1230—1960年)》,山东画报出版社,2006。
③ 曹树基《中国移民史》(第5册),福建人民出版社,1997,第18页。
④ 邓拓《邓拓文集》(第二卷),北京出版社,1986,第107页。

减免当地的钱粮，同时适当发放救济。《大明律·兵律·军政·激变良民》规定："凡牧民之官，失于抚字，非法行事，激变良民，因而聚众反叛，失陷城池者，斩。"

但不幸的是，在灾难深重的明帝国晚期，吏治恰恰到了最腐败的程度。各级官吏"惟以簿书为急，不以生灵为念，遇有水旱灾伤，非不得已不肯申达"①。特别是多灾多难的西北边远地区，因为没有油水可捞，往往被官吏视为畏途，不愿意去赴任，这造成大量的官缺，"百事都废，百弊丛生"。延安、庆阳、平凉三府的州县官，缺员达半数以上。更为荒唐的是皇帝的怠政。从神宗（万历）到熹宗（天启），政治迅速败坏，神宗几十年不上朝听政，官吏出缺也不递补，上至中央政府，下至州县，实已陷入瘫痪。皇帝罢工，官吏的奏章也不去批阅，政治完全陷于停顿。救灾如救火，如此坐视不管，灾难就变得越发不可收拾。据《明史·流寇列传》记载，李自成造反那一年，兵部侍郎李继贞奏报崇祯，说延安一带饥荒，眼看老百姓都要去做强盗了，请求国库发放10万两银子赈济饥民，但是，"帝不听"。

"明朝官僚主义程度之坚强与缺乏弹性，举世无比。"②十几年的变乱，帝国上下俱陷于崩溃之境地，民众因为税饷和战乱而破家逃亡，幸存者聚集结伙，劫掠造反；村镇废弃，田园荒芜，大多数城市尽成瓦砾场，一方面人烟断绝，另一方面盗匪横行。时人记录山东的情形，"人民饥死者三，疫死者三，为盗者四。米石银二十四两，人死取以为食。"保定巡抚徐标自江淮入京，走了几千里地，十室九空，没有见到一个种田的农民，倒是不乏豺狼虎豹出没。

崇祯十二年到十三年，南北两直隶及河南、山东、陕西、浙江诸省，旱灾与蝗灾并发，粮食贵至每斗数千文，人相食，道路绝了人迹。杞县富豪李信开仓放粮，反招致其他土豪忌恨，被官府罗织罪名，逮捕下狱。李信被饥民救出后，只好加入叛军，甚至改名李岩，以示其决绝之心。作为历史亲历者，郑廉在《豫变纪略》一书中记载崇祯十三年的河南灾荒，

---

① 邱濬《大学衍义补》。
② （美）黄仁宇《中国大历史》，三联书店，1997。

"洛中斗米钱二千九百","按明季之灾异多矣,而十三年为甚"。书中还记载了李自成大赈饥民:"向之朽贯红粟,贼乃藉之,以出示开仓而赈饥民。远近饥民荷锄而往,应之者如流水,日夜不绝,一呼百万,而其势燎原不可扑"。

明代的财政制度没有清晰区分国家收入与地方收入,所有赋税收入都归朝廷。资源的崩溃,使大量人口沦为死亡边缘的流民。天顺、成化年间,扶老携幼、露宿荒野、辗转千百里的流民大军达一二百万户。对一个农业政权来说,流民是极其危险的。流民不仅不承担国家的税赋,而且脱离了国家的户籍管理。大量流民的存在,会直接削弱国家的财政基础,并成为最大的不稳定因素,随时都可能成为国家的敌人。吴思先生总结了一个名词,叫作"崇祯死弯"——

> 征税的压力越大,反叛的规模越大。帝国新增的暴力敌不过新生的反叛暴力。全国到了这种地步,崇祯便走投无路了。①

中国古代社会是由垂直的等级序列构成的宗法社会,其基础是由士、农、工、商四民组成的。他们的身份与职业是世代相传的,又有大致不变的固定居址,特别是农民,所以这四民又称石民。当人口增加、人地矛盾越来越突出,而官府越来越腐败时,往往会发生社会运动和震荡,这时就会有一部分"石民"被抛出四民之外,成为脱序的人们,其中有一部分就演变成了游民。游民不等于流民。流民往往是大规模的群体性流动,在这个流动中,宗法并没有遭到破坏。流民一旦失去宗族传统的羁绊,就变成游民,"凡是脱离当时社会秩序的约束与庇护,游荡于城镇之间,没有稳定的谋生手段,迫于生计,以出卖体力或脑力为主,也有以不正当手段取得生活资料的人们,都可视为'游民'。……游民处于社会最底层,他们意识到,只有在剧烈的社会冲突中才会改变现有一切。他们不理会秩序、欢迎冲突,甚至欢迎剧烈的社会冲突和社会动乱。"②历史学家王学泰先生

---

① 吴思《潜规则:中国历史中的真实游戏》,云南人民出版社,2002。
② 王学泰《游民文化与中国社会》,同心出版社,2007。

指出，人们常说的农民起义，其实就是"游民起义"。

对于这种危险的游民现象，西汉时期的谏大夫鲍宣曾有"七亡七死"之论——

> 凡民有七亡：阴阳不和，水旱为灾，一亡也；县官重责更赋租税，二亡也；贪吏并公，受取不已，三亡也；豪强大姓蚕食亡厌，四亡也；苛吏徭役，失农桑时，五亡也；部落鼓鸣，男女遮列，六亡也；盗贼劫略，取民财物，七亡也。七亡尚可，又有七死：酷吏殴杀，一死也；治狱深刻，二死也；冤陷亡辜，三死也；盗贼横发，四死也；怨雠相残，五死也；岁恶饥饿，六死也；时气疾疫，七死也。民有七亡而无一得，欲望国安，诚难；民有七死而无一生，欲望刑措，诚难。①

据黄仁宇先生研究，明代农业生产比汉、唐还要落后，"由先进的汉唐变为落后的明清"②。农业社会里，土地是最主要的、甚至是唯一的生产资料，贫富差距其实也体现在土地占有量的差异。每个王朝末期，土地兼并都有愈演愈烈之势，"富者田连阡陌，贫者无立锥之地"。比这种土地不公更残酷的是税收制度，占有土地越多，说明其权力越大，承担的税收反而越少，甚至免税，而仅有少许土地甚至无地的农民，几乎成为唯一承担赋税的群体。富者耕种，贫者输挽；富者愈富，贫者愈贫。许多农民为了逃避重税，只好主动以田产投献于豪右官吏，这进一步加深了土地的集中程度。户部主事李梦阳将"庄场畿民之害"与兵害、民害并称为"三害"——

> 今皇亲之家，听无赖光棍投献主使，谓非其田也；请之朝廷，亦谓非其田也，率赐皇亲家。皇亲之家，即奉天子命为己有。乃辄遂白夺其田土，夷其坟墓，毁其房屋，斩伐其树木，于是百年土著之民，荡产失业，抛弃父母妻子，千里之内，举骚然不宁矣。③

---

① 《汉书·鲍宣传》。
② （美）黄仁宇《万历十五年》自序，三联书店，1997。
③ 李梦阳《应诏上书疏》，《皇明经世文编》卷138。

据钱泳《履园丛话》记载，当时人们甚至以无田为幸运，每亩田价不过一二两银子，稍差一些的田地白送都没有人要。那些缙绅胥吏，以优免、包揽、分洒、诡寄等方式合法逃避税赋，这些税赋最终都转嫁到其余农民身上。对税赋沉重的穷人来说，即使丰收之年也仅能自给，一旦遭遇荒年便不免冻馁；为了活命，只好向富豪借高利贷，一步步将土地卖光，乃至卖掉自己的妻子和孩子，或者背井离乡地逃亡。"留者输去者之粮，生者承死者之役。"按照明朝制度，一个农民不仅要承担富人的税赋，还要承担逃亡农户的税赋，这迫使仅存的农民也走向破产和逃亡。汉学家魏斐德一针见血地指出，"三个多世纪的滥用职权与失败的改革，已经使赋税体制成为富人的避难所和穷人的地狱。"①

比饥荒更加致命的，是货币短缺和财政危机，这直接导致帝国政府的支付能力丧失，经济破产也必然意味着政治破产。现代政府一般将印钞机作为掠夺和盗取民间财富主要手段，明朝也曾试图以官印纸币来取代金银作为统一货币，但遭到民间抵制。无奈之下，官方只好以白银为单一货币。白银不像纸币，它是不可复制的，每一分钱都必须明目张胆地从民众手中去夺。因此，有明一代，流通紧张始终是帝国的梦魇。崇祯时代，债台高筑，不得不再次设立宝钞局，昼夜印钞，招募商人发行，试图吸收金银，更加无人认购，纸币方案最后一次流产。

翻阅明史资料，仅一部《明经世文编》②，所收奏疏、文章、信函，言及民困、破产、流亡和人相食等惨状的文字不计其数，这一切与唐朝末年何其相似。当时，由士大夫官僚构成的"衣冠户"凭借食税、减免税和征税的特权，广占良田，"天下百姓，哀号于道路，逃窜于山泽，夫妻不相活，父子不相救"。翰林学士刘允章在《直谏书》中提出国有"九破"，民有"八苦"：

---

① （美）魏斐德，刘军译《中华帝制的衰落》，黄山书社，2010。
② 《明经世文编》，原名《皇明经世文编》。明代陈子龙、徐孚远、宋徵璧等选编。成书于崇祯十一年（1638）。"取其关于军国济于实用者，上自洪武，下迄皇帝改元，为经世一编"。该书影响了稍晚的黄宗羲、顾炎武等人，使学风转向经世实用之学。入清后该书被禁。

终年聚兵,一破也;蛮吏炽兴,二破也;权豪奢僭,三破也;大将不朝,四破也;广造佛寺,五破也;贿赂公行,六破也;长吏残暴,七破也;赋役不等,八破也;食禄人多,输税人少,九破也。

官吏苛刻,一苦也;私债争夺,二苦也;赋税繁多,三苦也;所由乞敛,四苦也;替逃人差科,五苦也;冤不得理,屈不得伸,六苦也;冻无衣,饥无食,七苦也;病不得医,死不得葬,八苦也。

权力的腐败

从很多方面,明朝与宋朝颇为相似,但明帝国的结局不同于宋帝国,准确地说,它并不是亡于异族,而是亡于饥民暴乱,称为"流寇"。饥民之所以暴乱,源自体制的腐败。这种腐败不是局部的腐败,而是普遍的腐败。腐败已经成为一种常态和习惯,从上到下,无远弗届,帝国上下,没有一片净土,没有一人免俗。

"明朝在中国历史之中,为唯一借着农民而成功的朝代。"[①]作为一个成功的底层暴乱者,朱元璋曾经深有体会地说:"百姓暴动,根系贫穷;民穷之故,在于官贪。"建立明帝国之后,朱元璋严于吏治,"凡守令贪酷者,许民赴京陈诉。赃至六十两以上者,枭首示众,且剥皮实草。"朱元璋本以为严刑峻法,以儆效尤,腐败当为根绝,但他想错了;他面对的不是官吏的贪腐,而是人性之恶和权力之恶。做过最底层的农民,也做过最顶层的皇帝,朱元璋的"仇官情结"陷入一种悖论:如果贪腐有罪,那么官场皆罪人。有一年同时派官364人,一年后,6人被斩,其余358人全部戴罪留用。农民恨官,可以不要官;皇帝恨官,却不能没有官。其实皇帝本身就是最大的官。这一定是朱元璋没想到的。所谓腐败,往往都是别人的腐败。

说到腐败,最有资格腐败的,其实就是权力不受任何约束的皇帝。明朝的皇帝多出奇葩,一个比一个任性贪婪;特别是明中期之后,无不

---

① (美)黄仁宇《中国大历史》,三联书店,1997。

贪财好货，从神宗到熹宗，一个比一个奢侈。宫廷开支巨大，只好大肆挪用国库；入不敷出，再加大对民众的搜刮。《明史》记载："通都大邑皆有税监，两淮则有盐监，广东则有珠监，或专遣，或兼摄。大珰小监，纵横绎骚，吸髓饮血，以供进奉。大率入公帑者不及什一，而天下萧然，生灵涂炭矣。"

礼部尚书沈鲤在给万历皇帝的《请罢矿税疏》中写道："天下之势，如沸鼎同煎，无一片安乐之地。贫富尽倾，农商交困，流离转徙，卖子抛妻，哭泣道途，萧条巷陌。"但这并不能改变这个"爱钱胜过爱民的皇帝"——

> 他要增殖私产，到处派太监榷税采矿，大珰小监，纵横绎骚，吸髓饮血，经供进奉。有的称奉密旨搜金宝，募人告密；有的发掘历代陵寝。豪夺民产，所至肆虐，民不聊生。大小臣工上疏谏止的一概不理，税监有所纠劾的却朝上夕报，立得重遣。结果，内库虽然金银山积，民间却被逼得到处发生农民起义，所遣税监高淮激变于辽东，梁永激变于陕西，陈奉激变于江夏，李奉激变于新会，孙隆激变于苏州，杨荣激变于云南，刘成激变于常镇，潘相激变于江西，闹得瓦解土崩，民流政散；甚至遣使到菲律宾采金，引起误会，侨民被杀的至二万五千人。国库被挪用空乏，到了外患和农民起义外内交逼，无可应付时，朝臣请发内库存金，却靳靳不肯，再三催讨，才勉强发出一点敷衍面子。①

大学士沈一贯批评陈奉入楚导致武昌、汉口、黄州、襄阳、武昌、宝庆、德安、湘潭等处连续爆发民变，提请速撤陈奉，以安民心，神宗置之不理；湖广监察御史冯应京弹劾陈奉十大罪，结果冯反被关进镇抚司狱。陈奉凯旋回京时，有"金宝财物巨万"，"舟车相卫，数里不绝"，皇帝喜出望外。正因为得到皇帝信赖和庇护，这些太监极尽搜刮敛聚之能事，其贪污的财产数目也相当惊人。王振被抄家时，有金银六十余库，玉盘百，珊瑚高

---

① 《论贪污》，《历史的镜子》，吴晗著，九州出版社，2008。

六七尺者二十余株；刘瑾擅权不过六七年，抄家时有大玉带八十束，黄金二百五十万两，银五千万余两，其他珍宝无算。

事实上，明朝不是只有一个宫廷，而是将近百十个。当初朱元璋把他26个儿子分封了24个藩王。藩王们嫔妃如云、妻妾成群，子又有孙，孙又有子，这些龙子龙孙最后多得不可胜数。如朱元璋的孙子朱济炫就生了100个儿子，而且都长大成人，除过长子封王外，其余99个都封镇国将军，每次聚会，济济一堂；朱济炫的儿子是如此之多，以至于兄弟之间互相都不认识。到了明朝末年，藩王数量已经达到83个，宗室人口超过20万人。对帝国来说，这是一个庞大的寄生集团和特权阶级。徐光启忧心忡忡地预言："生人之率，大抵三十年而加一倍，自非有大兵戈而不得减。"① 在极其有限的农业经济状态下，巨额的宗禄开支造成明朝严重的财政危机，也使民众赋役负担日益繁重。如嘉靖三十一年（1552年），全国税粮总收入为2285万石，而各王府的岁禄开支就达853万石，占全国税粮总收入的37%；供养皇室成员的开支，超过了全部官吏俸禄的总和。万历时的御史林润警告说："自郡王以上，犹得厚享，将军以下，多不能自存。饥寒困辱，势所必至。常号呼道路，聚诟有司。守土之臣，每惧生变。夫赋不可增，而宗室日益繁衍，不可不为寒心。"②

藩王本质上就是一群分封在全国各地的土皇帝，宗禄只是其财富的一部分，庄田才是他们最大的私产。为扩大庄田，他们大肆侵占民众良田，制造了数不清的失地农民。据弘治年间（1487-1505年）统计，当时皇帝直接占有的土地和皇族、贵戚、宦官占有的庄田，就超过全国土地的七分之一③。《明史》说："盖中叶以后，庄田侵夺民业，与国相终云。"吴晗先生做过这样的推算，假如照人口和土地的比率，平均每一小农耕种10亩的话，那明末一个亲王就国，以法令所占夺的田土，够40万个小农家的生活；再以每家平均5口计算，一亲王夺田4万顷，就有200万农民濒

---

① 《农政全书》卷四。
② 阎崇年《明亡清兴六十年》（上），中华书局，2006。
③ 蒲坚主编《中国法制史》，光明日报出版社，1987。

临饿死①。

　　皇权专制社会是一个严格的等级社会，如果说皇帝和皇族占据食物链最顶层，那么其下就是数量巨大的官僚集团。在农业时代，财富极其有限，商业处于边缘状态，权力是攫取财富的主要手段。古语说"升官发财"，升官的目的就是为了发财；官升得越大，财也就发得越大。对一个拥有垄断权的官吏来说，敲诈、勒索、搜刮、受贿都是发财的手段。在任何时代，权力越腐败，想当官的人就越多，官职和权力便成为一个巨大的市场。明代刘体健称"历代官数，汉七千八百员，唐万八千员，宋极冗至三万四千员"，而明代文武官员达到十二万余人。明初洪武时文官五千四百八十员，武官二万八千员，"自宪宗五年，武职已逾八万，全文武官数盖十余万。至武宗正德年间，文官二万四千六百八十三员，武官十万。"②在中国官场，贪官分为三个层次：低层次的腐败是雁过拔毛，是赤裸裸的；中层次的腐败是权力寻租，具有很强的隐匿性；高层次的腐败是出售委托权，那是一种体制或机制的腐败。

　　如果说贪污腐败是一种犯罪，那么明朝的官吏群体实际已经成为一个犯罪集团。从朝廷到地方州县都在买官卖官，钱财是唯一的进身阶梯。层层贿赂诛求，体制就是一个金钱编制成的关系网，"以远臣为近臣府库，又以远近之臣为内阁府库"。当权力变成一种生意时，那些读圣贤书的士大夫们道貌岸然，不会有一个人为此感到羞耻。"隆、万以下，无缺不钻，无官不卖。缙绅家高甍大厦，良田美池，并一切金宝珍玉，歌舞宴戏，皆以非分非法得之。"熹宗时期的吏部尚书周应秋负责官吏派放，按不同官职明码标价，每日得银万两，有"周日万"之称。既然所有官职都是花钱买来的，权力到手之后，自然要变本加厉地赚回来，各种"科罚"和"羡余"犹嫌不足。每届官吏为了上任负债累累，到任后敲骨吸髓，最后满载而归地离任。

　　帝国体制下，不仅大权力是用钱买来的，小权力同样如此。即使县衙里负责司捕收粮的小吏，也利用手中掌握的"合法伤害权"四处敲诈勒索。

---

① 《吴晗论明史》，武汉出版社，2013。
② 张宏杰《顽疾：中国历史上的腐败与反腐败》，第16页。

"小民竭脂膏，胥吏饱溪壑，甚者不肖有司因而渔猎"。任何权力游戏中，民众总是冤大头，官逾贪，民逾困，赋逾重。于是，民众都争先加入体制，去做不劳而获的胥吏；如果体制进不去，就只好流落为寇，因为正常的生产已经难以为继。明末文人侯方域（侯朝宗）对此有一段深刻的评论：

> 明之百姓，税加之，兵加之，刑加之，役加之，水旱灾祲加之，官吏之食渔加之，豪强之吞并加之，是百姓一而所以加之者七也。于是百姓之富者争出金钱而入学校，百姓之黠者争营巢窟而充胥吏。是加之者七而诡之者二也。即以赋役之一端言之，百姓方苦其积极而无告，而（入）学校则除矣，（充）吏胥则除矣，举天下以是为固然而莫之问也。百姓之争入于学校而争出于吏胥者，亦莫不利其固然而为之矣。约而计之，十人而除一人，而以一人所除者更加之九人，百人而除十人，更以十人所除更加之九十人，辗转加焉而不可穷，争诡焉而不可禁。天下之学校胥吏渐多而百姓渐少，是始犹以学校胥吏加百姓，而其后遂以百姓加百姓也。彼百姓之无可奈何者，不死于沟壑即相率而为盗贼耳，安得而不乱哉！①

与贪污受贿相比，浪费简直就是官场的"美德"。权力美学的核心就是虚荣，故而互相攀比成风。嘉靖时期，南京太仆寺卿王某，因升光禄寺卿（正三品）赴任西北，征用八抬大轿3乘，四人大轿4乘，总共用了340个扛夫和轿夫，一日花费差银40余两；从南京到陕西三千里路，花费驿银不下千两。有明一代，漕运和驿传成为腐败的重灾区。驿传系统腐败一是征收驿银，横征暴敛，累害于民；二是支应驿差敲诈勒索，营私舞弊。

帝国社会结构中，除了皇帝和作为皇帝代理人的官僚，还有一个巨大的权贵阶层。中国有着古老的宗族传统，皇帝背后，有一个庞大的皇族藩王集团；同样，官吏背后，也形成盘根错节的缙绅豪右势力。卸任的官吏、功臣仕宦的世家子弟、有功名的进士、举人等，互相联姻，勾结成一个利益集团。一人得道，鸡犬升天，高官显贵的子弟横行乡里，劫夺乡民，

---

① 侯方域《壮梅堂文集·正百姓》。

渔肉百姓，无法无天。顾炎武说，"天下之病民者有三：曰乡官，曰生员，曰吏胥"。他们垄断地方大量资源，把握着地方经济权，却只承担轻微的税赋。所谓"产无赋，身无徭，田无粮，产无税"，权力就是财富的源泉；有了权力，就会越来越富。"明一代风气，不特地方有司，私派横征，民不堪命；而缙绅居乡者，亦多倚势恃强，视细民为弱肉，上下相护，民无所诉也。"①

明朝前期，有关吏治贪污，不仅有法律制裁，也有舆论谴责；但明后期，贪污腐败已经成为普遍现象，无人因此而感到羞耻。万历初期的高拱指出："一地方之所以多贼者，实逼起于有司之贪残，而养成于有司之蒙蔽，及其势成，计无所出，乃为招抚之说，以苟且于目前。"美国历史学家巴林顿·摩尔认为："社会系统中缺少有效率的机构来制止官员的压榨行为这一点，可以说是中国社会中最基本的结构弱点之一。为了王朝的利益，必须公正而有效率地征收捐税。但几乎没有什么机构保障这项工作的顺利进行，而且执行的人员也少得可怜。另一方面，受贿的诱惑使得每一个官员都尽可能地中饱私囊，只要营私舞弊的恶名不张扬出去以至于毁了自己的前程，他们就什么事情都干得出来。"②长期研究亚洲农民问题的美国社会学家斯科特认为，贫困本身并不是农民反叛的原因，农业商品化和官僚国家的发展所催生的租佃和税收制度，侵犯了农民生存的伦理道德和社会公正感，才迫使农民奋起反抗③。

清人笔记小说《豆棚闲话》中，记录了明末流寇爱唱的一首西调，也就是陕西乱弹——

老天爷，您老了，
耳又聋，眼又花。
不见也不闻，

---

① 赵翼《二十二史劄记》卷34 第702页。
② （美）巴林顿·摩尔，王茁、顾洁译《民主和专制的社会起源》，上海译文出版社，2012。
③ （美）詹姆斯·C.斯科特，程立显、刘建译《农民的道义经济学：东南亚的反叛与生存》，译林出版社，2001。

杀人放火的坐享荣华，

念经吃素的活活饿煞。

老天爷，

不会做天，你垮了吧！

老天爷，

不会做天，你垮了吧！

官匪之间

"任何一个专制君主，无论他的天下是怎么得来的，是出于强夺，抑是由于篡窃，他一登大宝，总不会忘记提出与他取得天下正相反对的大义名分来，藉以防阻他臣下的效尤'强夺'或'篡窃'。所谓'窃国者侯，侯之门仁义存'，就是这个道理。"[①]任何一个帝国想长治久安，就必须防止灾难的发生，或者灾难发生时能及时应对。对一个国家来说，一切灾难的根源其实还是权力制度；一旦权力失控，腐败就会迅速蔓延，发展到极点，制度就彻底归于失败，经济和社会都必然陷入崩溃。达官显贵巧取豪夺，胥吏皂隶敲诈勒索；富者酒池肉林奴仆成群，贫者卖妻鬻子。

人类社会自古以家庭为基础。乱世之中，妻离子散，家破人亡，随着家庭的大量破产，社会也就陷入崩溃。晚明帝国无疑为人们提供了一个最典型的历史镜像，农民"死亡流离，四野萧条之象，不堪见闻"。很多年后，再看崇祯皇帝的《罪己诏》，其对贪腐的严厉谴责仍是如此耳熟：

> 张官设吏，原为治国安民。今出仕专为身谋，居官有同贸易。催钱粮先比火耗，完正额又欲羡余。甚至已经蠲免，亦悖旨私征；才议缮修，（辄）乘机自润。或召买不给价值，或驿路诡名轿抬。或差派则卖富殊贫，或理谳则以直为枉。阿堵违心，则敲朴任意；囊橐既富，则好恶可容。抚按之荐劾失真，要津之毁誉倒置。又如勋戚不知厌足，纵贪横乎京畿；乡宦灭弃防维，肆侵凌于闾里。纳无赖为爪牙，受奸

---

① 王亚南《中国官僚政治研究》，第53页。

民之投献。不肖官吏，畏势而曲承。积恶衙蠹，生端而勾引。嗟此小民，谁能安枕！

富人拒绝承担税赋，穷人无力承担税赋，这使得帝国财政濒临破产。最典型的表现，就是无力维持正常的军费开支。官吏群体可以依靠手中的权力，对民众进行盘剥、勒索和掠夺，军人只好用自己的暴力丰衣足食，军人就这样变成了贼寇，成为帝国的敌人。1643年，崇祯帝决定检查一下军队供给系统的可靠性，遂遣人暗中查核拨给兵部的4万两军饷究竟有多少发到了驻守辽东的士兵手中，结果他得到的报告是：全部军饷均未到达目的地，都在下发的过程中无影无踪了。

在帝国军队中，各级将官向来克扣冒领成风，"有兵不练，兵增而饷益匮；有饷不核，饷多而兵逾冒"。在1643年，户部尚书倪元璐难以置信地发现，两个镇合计虚报的士兵人数达到130万人，而这根本是不可能的。[①] 顾炎武说："一邑（县）之中，食利于官者，亡虑（大约）数行人（古军旅一行为25人），恃讼烦刑苛，则得以吓射人钱，故一役而恒六七人共之。"[②] 也就是说，官家的一个名额，总要由六七个人共用，再加上冒领军饷，这一方面加剧了财政负担，另一方面僧多粥少，

士兵的饷银本来就不多，经过层层克扣，到手几乎不剩多少。普通士卒的月饷之低，连基本生活都维持不了，衣不蔽体，日不再食，乃至卖妻鬻子，典当军械。因为战争频繁，条件艰苦，大量士兵死亡和逃亡，吃空饷成为一种普遍现象，各级将官冒领军饷，中饱私囊。帝国财政本来就捉襟见肘，再经贪污，仅仅肥了各级将官。士兵们忍无可忍，开始是私逃，后来公开举行暴乱。明朝晚期，军人哗变成为家常便饭，甚至形成"哗则饷，不哗则不饷"的恶性循环。正如秦帝国亡于陈胜吴广的叛乱，如今这些饥寒交迫的底层叛兵溃卒，再次成为帝国的掘墓人；在西北边镇当兵的王嘉胤、高迎祥、李自成、张献忠就是其中的代表。

张献忠作战勇敢，屡屡立功受赏，颇有资财，常常遭到地方吏胥的敲

---

① （美）黄仁宇《现在中国的历程》，第93页。

② 顾炎武《日知录》。

诈恫吓，最后甚至被拘捕审问，以淫掠罪判处死刑。张献忠愤然道："资财得之战阵，身命搏之，未尝有负于人。逼迫如此，是驱虎入山耳！"虽然最终张献忠侥幸免死，但他已经从一个帝国的军人变成了帝国的敌人。和张献忠一样，张军的主要成分是"叛卒、逃卒、驿卒、饥民、响马、难民"，从职业军人转变而来的人尤多。其中有不少如毛泽东所说的"土匪、流氓、乞丐、娼妓和许多迷信职业家"。①

黄仁宇先生指出，在晚明的全国性叛乱中，军队逃兵和被解雇的驿卒扮演着比农民更重要的角色，"被解雇的驿卒们自己组织起来，组成一个个战斗集体。随着逃亡士兵的加入，他们开始从事盗匪活动。农民的加入，或者是因为威逼强迫，或者是因为他们的家园已被毁坏"。②

一般人们谈到历史中的底层民变和暴动，往往以"农民起义"一言以概之，实际上真正的农民是很少从事暴力运动的，真正以暴力叛乱击碎社会秩序的，往往都是体制内的军人、官吏，或者市井流氓。从陈胜、吴广、刘邦、项羽、黄巢、朱元璋、李自成到洪秀全等，没有一个是真正的农民。如黄巢是盐枭、李自成是作为驿卒的乡村无赖、洪秀全是客家不第秀才。历史学家余英时先生认为，历史上农民起义领导主体从来不是务正业的农民，而是各式各样的社会边缘人。边缘人在治世难有展布，但一到乱世便有机会显身手。这些人并不代表农民的利益。乱世下农民被利用卖命，这才是"起义的真相"。余英时所言的"边缘人"，其实也就是王学泰所说的"游民"。

军人一旦背叛帝国，便将目标对准之前需要保卫的缙绅富豪，从而迅速获得给养；相反，负责镇压叛军的帝国军队仍然饥寒交迫。因此，在战争情况下给养匮乏，军队很轻易就发生劫掠，从而沦为叛军。这是一种无法摆脱的悖论。派去镇压叛乱的军队最终都放弃镇压，反而走向了叛乱。就这样，帝国的镇压如同抱薪救火，叛军越来越多，帝国军队却越来越少。虽然官军捷报频传，数年间消灭了几十万叛军，但叛军人数仍然只增不减。

叛军每下一城，一方面开仓放粮，另一方面乘机招兵扩军，甚至开出

---

① 张宏杰《大明王朝的七张面孔》，广西师范大学出版社，2006，第218页。

② （美）黄仁宇《现在中国的历程》，第162页。

每月40两饷银的高价。这种一呼百应，常常在很短的时间内，叛军就像滚雪球一样，可以从几百、几千，迅速发展到几十万、上百万。相反，帝国上下却既缺兵，又缺饷。在电影《大明劫》[①]中，有一个高潮桥段，孙传庭对霸占民田和军田的豪绅大开杀戒，他说："天下糜烂，百姓从贼，皆因饥饿；百姓饥饿，皆因无地可耕；得人心者得天下，你们知道什么是人心吗？人心就是粮食，就是源源不断的后备兵源。这就是为什么他李自成可以输个十回八回，而我孙传庭连一回也输不起。"

明末思想家顾炎武认为，"国"不同于"天下"，也就是国家与社会是两个概念，社会的毁灭远比国家的灭亡可怕的得多。如果说战争常常导致"亡国"，那么饥荒无疑是"亡天下"；但在统治者眼里，似乎只有亡国之忧，而无亡天下之虑。

> 有亡国，有亡天下。亡国与亡天下奚辨？曰：易姓改号，谓之亡国。仁义充塞，而至于率兽食人，人将相食，谓之亡天下。……保国者，其君其臣，肉食者谋之；保天下者，匹夫之贱与有责焉耳矣！[②]

崇祯四年，御史吴甡报告："延绥荒乱，半是塞上饥军与失伍饥卒，饥民因随之。"虽然由饥民发起的民变从未间断，但只有军人叛变之后，帝国才陷入真正的危险；因为对帝国来说，暴力是它唯一的基础。与饥民不同，叛军有精锐的马队和武器，并且有完善的组织和作战经验。兵部尚书时凤翼在给崇祯的奏折中叹道："贼马多行疾，一二日而十舍可至；我步多行缓，三日而重茧难驰。众寡劳逸之势，相悬如此，贼何日平！"

还有一点，军人只在战争时才有价值，没有敌人也就没有军人，因此

[①] 电影《大明劫》讲述的是，崇祯十五年（1642年），流寇四起，驻守西安的孙传庭遭遇瘟疫袭击，游医吴又可无意中介入到这场明末乱局中。该片为中国近年来不可多得的佳片。导演王竞，谢晓东制片兼编剧，冯远征、戴立忍主演，2013年公映。该片难得之处是依靠一手史料，试图真实再现历史。"中国的历史实际上不需要我们去戏说，去编排，它本身就是充满了故事和挣扎的璀璨文化。"该片对明朝火铳、弗朗机等火器的真实还原，使这些道具被中国电影博物馆收藏。该片获得中美电影节（2013年）最佳影片奖。

[②] 顾炎武《日知录》。

军人免不了养敌以自重,当然也有意保存实力。叛军往往与前来镇压的军队互相串通,时而归降,时而反叛,双方都不愿发生真正的战斗。比如兵部右侍郎陈奇瑜,一度将数万叛军悉数困于车厢峡,完全可以一举消灭;李自成贿赂陈奇瑜及左右诸将,得以逃出生天。

面对层出不穷的叛乱,帝国一直在招抚和征剿之间摇摆不定。熊文灿做福建巡抚和两广总督时,曾成功招抚著名海盗郑芝龙,名利双收,调任兵部尚书之后,对张献忠等叛军仍以招抚为主,"杀贼者偿死"。然而,投降者越来越多,却无饷可发,便又四处打劫,熊文灿竟也分一杯羹。当然,受贿的不止熊文灿一人。不久之后,张献忠再次反叛,竟然把受贿官吏的姓名、数量和日期等明细公之于众,并宣称:"襄阳道王瑞柟,不受献忠钱者,只此一人耳。"

"当权力与金钱一样上市流通之后,即刻产生威力无比的社会腐蚀剂,当军队将财神像奉为战旗时,腐败已不可逆转。世界上可以有一万种罪恶而安然无事,唯有一种足以致命:执法犯法。"① "平贼将军"左良玉在夷陵大败张献忠,张献忠派人携重金贿赂左良玉:"我在,你才被器重;我亡了,你就不能长保富贵!"左良玉于是网开一面。左良玉在剿寇战争中,官越做越大,拥兵自重;没有军饷,就劫掠百姓,打仗就像做生意,甚至屠杀百姓,割首冒功。这样的官军,其实跟土匪没有什么两样。明朝郧阳巡按高斗枢在《守郧纪略》中说,左良玉的官军过郧阳,城中没有一家没有住兵的,"淫污之状不可言";几日后开拔,全城被洗劫一光;十多日后,左军再至,竟然连米和菜都找不到。

在《灯下漫笔》中,鲁迅先生说过这样的话:每逢王朝末世乱军四起之时,人民连做奴隶的资格都没有;官来了,他们属于匪;匪来了,他们又属于官,彻底丧失了生活空间。对大多数濒临破产的平民来说,官府远比贼寇可怕,流寇多抢劫富户,官府只压榨穷人,故有"贼梳官篦"之说。地方富豪希望官剿寇,大多数农民却希望贼剿官。崇祯帝多次召问廷臣除寇之策,世奇说:"闯、献二贼,除献易,除闯难。人心畏献而附闯,非

---

① 茅海建《天朝的崩溃》,三联书店,2005。

附闯也，苦兵也。今欲收人心，惟敕督抚镇将严束部伍，使兵不虐民，民不苦兵，则乱可弭。"回到家后，世奇叹息说："事不可为矣。"

崇祯新政，本意是制约腐败，减少财政浪费，对久为诟病的驿传施行精简，结果却致使大量驿卒失业，这些走投无路的驿卒最后也加入到帝国的叛乱队伍当中。李自成21岁初为驿卒，屡遭地方土豪敲诈欺凌；后当兵，因平盗有功，升至把总，最后为欠饷反叛，成为叛军首领。崇祯元年，李自成与众啸聚山林；有人羡慕做官的，李自成说："如今做官全靠贿赂，还要写文章，咱们既没有钱，也不识字，做官就别想了，但做皇帝还是有可能的。"

暴力的审判

所有的帝国都建立在暴力之上，并依靠权力来维持。在帝国体制下，权力就是一切，权力就是法律；而且权力属于奢侈品，仅限于极少数人占有和垄断。对没有权力的绝大多数人来说，它们永远是权力的牺牲品，权力可以随时夺走他们的财富、尊严乃至生命。帝国的生命周期，取决于权力被垄断的程度；随着权力越来越集中，帝国脖子上的套索也必然越来越紧，直至最后死于自杀。

暴力是权力的出处。在帝国中，权力的本质就是暴力，因为所有的权力都未经民众授权和同意。权力和暴力一样，是不受任何约束的，直到遇见暴力。所以消灭权力的唯一办法就是暴力。中国之所以周期性的暴力轮回，是因为权力周期性失去控制，走向腐败。权力本身无法阻止自身的腐败，所以朱元璋失败了。虽然暴力可以消灭权力，但暴力同样无力阻止腐败。权力与暴力的区别在于，暴力比权力更加原始和平等。虽然大多数人没有权力，但他们并没有丧失暴力。权力可以掠夺大多数人的财富，但暴力却可以剥夺少数人的权力，甚至他们的财富和生命。

当帝国成为富人的帝国时，被帝国抛弃的贱民便不得不重建一个穷人的帝国。每一个帝国末日都是一个暴力化的水浒时代，中国历史从来逃不出这种暴力诅咒。叛军四处游荡，时聚时散，是所谓"流寇"。人数少时，劫村掠寨；人数多时，攻城夺地。每当叛军兵临城下，那些素日作威作福的缙绅豪右就如同遭到末日审判，城内贱民趁机叛乱，城池往往不攻自破。发展到最后，随着"免征免粮"的迅速传播，叛军未至，各地方民众就已经群起响应；朝廷官吏要么弃城逃跑，要么被民众擒获以待叛军。甚至出现了不少假冒张献忠的叛军，攻州克县，势如破竹。前来镇压的官军反倒屡屡被民众拒之城外。如此，张献忠在南中国一度兵不血刃，如入无人之境。

一个致力于暴力镇压的帝国，如同四处冒烟的木屋，四处扑火，只能暂时延缓灾难的蔓延，但末日结局已经注定。明朝末期的民变其实是一种普遍现象，不仅赤贫的乡村呈现出一片星火燎原的态势，即使相对富裕的城市，失控的权力同样激发起广泛的暴力狙击，这就出现了明末著名的城市民变现象。万历二十四年（公元1596年），为扭转财政颓势，扩大财源和增加税收力度，皇帝朱翊钧向全国各地派出大量的宦官，充任矿监和税使，从而引发大规模的抗税风潮。较大的民变包括：万历二十七年（1599年），临清发生万人抗税，火烧税署；万历二十九年（1601年），苏州发生"织佣之变"，武昌数万人围攻税监衙署；万历三十年（1602年），松江机户围攻税监；万历三十一年（1603年），杭州机户举行罢工，京西煤矿工人赴京请愿。除过这些，规模较小的民变和群体性事件数不胜数。

相对于城市民变，乡村民变要晚一些时间。城市民变是对权力和掠夺的正义抗争，具有示威的色彩；乡村民变则是因为陷入生存与死亡的绝境，因而很容易变成暴动和起义。城市民变是一种有限的自我保护，"反官员，但不反皇帝"，农民起义则是死而复生的绝望反弹，他们试图颠覆这个不正义的帝国秩序。因此，后者的暴力色彩和革命性质更加强烈。①

中国古语说：人为财死，鸟为食亡。在一个贫富严重分化的社会，穷人造反是为了活着，富人活着就是为了钱财；对一个富人来说，钱财就是生命。武昌被围时，地方绅吏有心募兵守城，无奈府库空虚，只好向富可敌国的楚王借钱："与臣十万人饷，当为王保境固城。"结果遭到楚王的拒绝。

---

① 历史学家王亚南先生在《中国官僚政治研究》中有这样的论断：中国两千多年来农民起义不绝于书，但是，中国历ण农民暴动无一不是官僚政治"竭泽而渔"、"官逼民反"的结果，而不是生产力发展到高水平产生了新的生产力引起的社会革命，也就是说，它始终是农民的，而不是市民的。

拿不到饷银的守城军士开城，张献忠屠杀楚王宗室，尽收楚王百万家资。

洛阳是福王的藩地，当初为造王府，花费二十八万两银子，超出一般王制十倍。福王与其父万历一样，视财如命，酒池肉林。叛军将至，兵部尚书吕维祺请求福王开府放赈，遭到拒绝，仅给了3000两饷银，犒赏洛阳守军，还被总兵王绍禹独吞。士兵叫骂："福王贮积着百万金钱，囤积着好多粱肉，却叫我们饿着肚子去拼命，命死贼手，何其不公！"洛阳遂不攻自破。李自成叛军搬运福王府中金银财宝以及粮食，数千人人拉车载，数日不绝，皆运空而去。这笔巨资成了李自成的军队在此之后几年的主要军费来源。

乡村的崩溃，抽空了帝国的根基，既招不到兵，也收不到饷。"王府久缺禄米，卫所缺月粮，各边缺军饷，各省缺俸廪。此后文武官益冗，兵益窜名投占，募召名数日增，实用日减。积此数蠹，民穷财尽。于是明代便非亡不可。"①

韩非子说："人主之患，在于信人，信人则制于人。"与其说崇祯皇帝刚愎自用，不如说他根本不信任官吏集团。"好贤而不能任，能任而不能信，能信而不能终，能终而不能赏，虽有贤人，终不可用矣。"②在家国一体的皇帝制度下，一旦君臣互相猜疑，那么结局自然可想而知了③。

"崇祯十七年中，用宰相至五十人。宋开国至元祐初百三十年，至司马光、吕公著、吕大防、范纯仁为相时，始为五十一人。"④崇祯在位10余年，诛杀总督7人，诛杀巡抚11人。⑤帝国体制内并不是没有人才，从郑崇俭、卢象升、熊文灿、贺人龙到杨嗣昌，一个比一个死得惨。"国之将亡也，

---

① 钱穆《国史大纲》，商务印书馆，2013。
② 陈子昂《答制问事·重任刑科》。
③ 十年砍柴《晚明七十年》，陕西师范大学出版社，2007。
④ 孟森《明史讲义》，中华书局，2009。
⑤ 康熙曾经讲过一个崇祯的笑话，说是崇祯修大内建极殿，从外地采买来的巨石，经运河，由水路运抵通县，再人挽马拉，移至紫禁城前。耗时费力，不计其费。谁知石大门狭，无法进宫，运石太监只好启奏崇祯，说这块石头不肯进午门，该如何处置才好？崇祯当即吩咐：这真是当有此理，朕要用为良材，竟敢抗命不从，将它捆起来，打六十御棍！一顿暴打，石头依旧，御棍却断了不少。康熙说这是他从宫中当年的明代太监那里听来的。（李国文《康熙讲崇祯的笑话》）

先自戕其善类,而水旱盗贼乘之。"①孙传庭苦守潼关,最后被逼出战。"吾固知往而不返也,然大丈夫岂能再度对狱吏乎!"孙传庭一死,帝国上下再也找不到可用之人了。《明史》说,"传庭死,而明亡矣"。

崇祯十七年(1644)正月,李自成在西安建立大顺政权,在檄文中历数帝国之罪:"公侯皆食肉纨绔,而倚为心腹;宦者皆龁糠犬豕,而借其耳目。狱囚累累,士无报礼之心;征敛重重,民有偕亡之恨。"叛军兵出潼关,从山西到北京,一路之上的各个城市,所有官吏非降即逃。这与其说是军事的较量,不如说是人心的得失。一方面,李自成以"五年不征,一民不杀"的"贵贱均田"拉拢人心;一方面,崇祯皇帝屡下罪己诏试图挽回民意。

李自成攻至宣化府,宣府巡抚朱之冯誓死守城,亲自督战。他下令发炮,却无人应命。他大怒,只得自己去点炮,却发现炮孔已被铁钉塞死。朱之冯长叹道:"不意人心至此!"

叛军兵临城下,京师仅有8000军人守卫,且久不发饷。据《甲申纪事》记载,当时国库只有"银二千三百余两,又钱作八百,国家之贫至此,可发一笑"。崇祯谕令百官捐助,也无几人响应。皇戚周奎家产几十万,勉强捐出一万两;大学士魏藻德只拿出500两。很多官员都哭穷求免,最后只筹得两万饷银。对一个贪腐的官吏集团来说,国家只是它的宿主,国家是皇帝的、别人的,钱财和生命才是自己的。"文官三只手,武将四条腿。"对这些家资万贯的官吏来说,一切都为了个人发财,哪有往出倒贴的道理。

更可笑的是,京营虽号称数万,实际大多是冒名领饷,真正能打仗者寥寥无几。帝国上下,层层造假,互相糊弄,李自成已经兵至昌平,京师收到的竟然还是捷报。明朝大多数皇帝都对官吏集团持不信任态度,以为被阉过的太监无私心,常常派太监掌握军队。但实际上,战争一开,这些深居内宫的太监非逃即降。

对于太监们来说,谁都可以成为自己的主子,李自成也不例外。守卫北京的太监杜勋公开劝降:"我们的富贵是不会失掉的!"听说叛军每月

---

① 《明史·杨琏等传赞语》。

饷银有数十两，京城守军几乎不战而降。三月十八日夜，崇祯最信任的太监曹化淳打开彰仪门，迎接李自成入城。好不容易筹来的那两万饷银，还没有来得及发出去，京城已破；其时，崇祯在大殿鸣钟集百官，竟无一人前来。

"朕非亡国之君，诸臣皆亡国之臣。"崇祯 17 岁登基，在位 17 年，"鸡鸣而起，夜分不寐，往往焦劳成疾。宫中从无宴乐之事"。他虽然殚精竭虑，铲除了魏忠贤势力，但整个官僚的既得利益体系已经形成，正如李自成在檄文中所言："君非甚暗，孤立而炀蔽恒多；臣尽行私，比党而公忠绝少。"①

甲申年（1644 年）三月十九日，崇祯皇帝自杀殉国，写下《罪己诏》给李自成："朕死，无面目见祖宗于地下，自去冠冕，以发覆面，任贼分裂朕尸，勿伤百姓一人。"

皇帝自古就是中国正史的主角，同样是皇帝，开国皇帝能有多光彩，末代皇帝就有多凄惨。"宋代最后一个皇帝赵昺和崇祯帝相比，同样是自杀，却完全是另外一番景象，不是凄凉而是悲壮。大明和李自成军事力量的对比，远不如南宋和蒙元军事力量对比那样悬殊。……皇帝自杀时，身边连半个陆秀夫都找不到。清兵南下时，投降的大臣一个接一个。"②

权力的出处

社会学家费孝通曾经揭示了中国历史中一种残酷的自私，每个人都争权夺利，只有私而没有公，因为乡土社会中是没有现代国家概念的。他说："中国传统社会里，一个人为了自己可以牺牲家，为了家可以牺牲党，为了党可以牺牲国，为了国可以牺牲天下。"③

从本质上来说，李自成与朱元璋是同构的；或者说，李自成是朱元璋的升级版。论性格、谋略和手段，李自成和朱元璋如同一对师兄弟。中国

---

① （美）魏斐德《洪业：清朝开国史》，第 14 页。
② 十年砍柴《皇帝、文臣和太监：明朝政局的"三角恋"》，广西人民出版社，2007。
③ 费孝通《乡土中国》，北京出版社，2009。

几千年来的农民起义,经管形式和过程各不相同,但有一个共同点,就是从文化意义上从来没有产生一次革命——

> 历次农民战争,尽管在不同的历史条件下,有不同的口号和不同的状况,但是,他们的文化模式与行为模式都是同一的。也就是说,多次的农民起义,由于有相同道德文化观念,导致了相同的行为模式,其结果使农民起义成为改朝换代的工具,而没有导致文化价值系统的质的转换。这样,就形成一种巨大的悲剧,即农民起义的胜利,只是换把交椅,而重建的王朝,仍然是捡起被推翻的前一代王朝的政治体制和文化价值观念。①

崇祯最后召集百官,无一人前来;李自成进了北京,这些百官趋之若鹜。"成国公朱纯臣、大学士魏藻德率文武百官入贺,皆素服坐殿前。自成不出,群贼争戏侮,为椎背、脱帽,或举足加颈,相笑乐,百官慑服不敢动。"②李自成终于得到了他想要的吹捧和劝进:"我皇上救人水火,自秦入晋,历恒、代抵燕都,兵不血刃,百姓皆箪食壶浆以迎,可谓神武不杀,比隆尧舜,若汤武不足道也。"这些帝国精英长期享受特权优待,免税免役,帝国危难之时,犹见死不救;为求自保,不惜开门揖盗,一切只为了继续这种高官厚禄。然而,一场暴力清算让他们的美梦很快就成了噩梦。

对于李自成这些反精英分子来说,与其说他们的敌人是腐朽的帝国,不如说是帝国这些无耻的精英,"此辈无义如此,天下安得不乱?"从晋至京,那些报名投降的500多位帝国武臣,不仅没有得到奖励,反而被全部处决。除过少数低级官吏得到留用外,包括朱纯臣、魏藻德在内的800多位达官显贵,沦为新帝国的肥猪,全部被投入大牢。那些长期把持帝国的阉人太监,则遭到集体驱逐。

李自成下令,凡帝国官吏,按官职高低定额献金,从10万到1000不

---

① 刘再复、林岗《传统与中国人》,中信出版社,2010。

② 《明史·李自成传》。

等。当初崇祯要求百官捐饷，魏藻德只捐了500两，陈演分文未捐；如今在刘宗敏的酷刑之下，魏藻德献银万余两，陈演献数万两，朱纯臣被活活打死后抄家；周奎被杀后，从其家里搜出70万两银子。与其说这是一场对金钱的敲诈，不如说是一场对贫富不公的报复。事实上，这是一场仅次于"屠城"的大规模洗劫：

> 城上下贼兵俱满，逆闯拥飞骑数百，直进紫禁城。百姓皆执香以迎。或写顺字，或顺天王，或永昌元年，或新皇帝万岁等语，遍粘门户。首额亦贴顺民字。贼众填塞街衢，搜索骡马，恣行杀掠。杂沓呼号，忽聚忽散。沟渠坑堑，血肉满地。儿童妇女，哭声如雷。一兵至，则数百人咸俯伏乞哀。见者魂夺，莫敢应也。初，但掠金银。后至者，掠首饰。最后，及衣服矣。①

《甲申传信录》载，入京后，李自成军"杀人无虚日，大抵兵丁掠抢民财者也"。从北京到直隶、山东、河南，一场清算正在疯狂地上演。长期以来盘剥聚敛、无法无天的豪强缙绅，迎来了他们的末日审判；在历次饥荒灾难中得以幸免的官宦世家，无不家破人亡。通过严刑拷打，李自成在北京数日便掠得7000万两白银；崇祯10年加派，不过2000万两。

值得一提的是，张献忠的屠戮远比李自成更加残暴，他不仅虐杀官宦，连读书人也不放过。张献忠诡称开科取士，士人应试者被骗至青羊宫，遭到集体屠杀，死难者达22300人。有人劝谏，张献忠嘲讽道："还怕没人做官吗？"美国汉学家魏斐德指出一点——

> 任何农民起义的领袖，在其活动或军事控制的地区，只有获得重要士绅的指教和协作，才能有望"改朝换代"，否则，他们也只能是无政治目标的匪徒。②

---

① 陈济生《再生纪略》。
② （美）**魏斐德**著，王小荷译《大门口的陌生人：1839-1861年间华南的社会动乱》，新星出版社，2014。

中国历史始终在帝国这个螺蛳壳里做道场，一破一立，往复轮回；政治只能在暴力和权力之间来回切换，从来没有找到一种控制权力和暴力的方法。中国的悲剧不仅在于精英的腐败，也在于底层的残暴。无论腐败还是残暴，都是自我失控导致的任性。与同一时期的英国革命相比较，就会发现这种理性的缺失。

从根本上来说，相信暴力跟相信权力并没有什么大的不同，它们都是激发人性中的所有恶。鲁迅曾不无嘲讽地说："大明一朝，以剥皮始，以剥皮终。"从当年的朱元璋，到后来的张献忠，他们都以剥皮囊草来惩罚官吏的腐败，但最终获胜的还是官吏和腐败。

在《四库全书》中有一篇法家文章①，形象地解释了皇帝、官吏与民众的关系：君主就是车，百官就好比马，民众就是马车的轮子，而权力就是驱赶官吏的鞭子；能按照君主的旨意办事，这样的官吏就是好马，在鞭子的指挥下，可以让轮子快速地转动；如果君主驾驭不好官僚集团，就有马逃、轮飞、鞭断、车翻的危险。在帝国体制下，权力从来都掌握在仕宦缙绅手中，暴力可以颠覆帝国，却无法建立和维持一个帝国。没有那些权力精英的支持，暴力帝国只能是昙花一现。

传统帝国维持统治的方法不外乎三种手段：暴力镇压、谎言欺骗和金钱收买。韩非子将皇帝驾驭官吏的方法也总结为三种："其位至而任大者，以三节持之：曰质，曰镇，曰固。亲戚妻子，质也；爵禄厚而必，镇也；参伍责怒，固也。贤者止于质，贪饕化于镇，奸邪穷于固。"大意为将其家人作为人质，用高官厚禄作抚慰，用相互监督揭发来控制。李自成与张献忠恰好反其道而行之，罢其官，夺其财，最后撕票。这直接将官吏群体变成他们的敌人。李自成对读书人远比朱元璋更加凶残，士大夫拘系枷锁，相望于道，"凡有身之家，莫不破碎；衣冠之族，骚然不得安生，甚则具五刑而死者"②。

常言说，天高皇帝远。底层民众所遭遇的暴力和权力几乎全部来自官吏，因此这个群体便成为历代民变的众矢之的。比如《宋史·童贯传附方

---

① 《四库全书总目学部法家类提要·无厚篇》。
② 刘泽华等《反思：专制权力与中国社会》，吉林文史出版社，1988。

腊传》中所记,"凡得官吏,必断脔支体,探其肺肠,或熬以膏油,丛镝乱射,备尽楚毒,以偿怨心!"

李自成出征吴三桂之前,尽杀羁押中的勋戚大臣,"以绝内患";明朝宗室屠戮几尽。李自成杀人,"不待审谳,不待奏请,不过欲杀则杀之已耳,凡有兵权者,皆可以杀人"①。李自成兵败一片石,率残兵败将逃回北京,匆匆登基作了皇帝,然后就准备再次逃离北京。面对即将失去的京城,这个大顺开国皇帝兼末代皇帝下令大开杀戒,整个北京城到处都是杀人、放火和奸淫……从遗留下来的大量民间笔记中,不难想见这是怎样一个"悲惨世界"。从李自成到洪秀全,马克思对这种周期性的暴力革命深不以为然,他在《中国纪事》中写道:

> 除了改朝换代以外,他们没有给自己提出任何任务。他们没有任何口号。他们给予民众的惊惶比给予老统治者们的惊惶还要厉害。他们的全部使命,好像仅仅是用丑恶万状的破坏来与停滞腐朽对立,这种破坏没有一点建设工作的苗头。②

"造反的人只因害怕失败才会有所收敛;如果他们用残暴手段能获得成功,他们就无须担心自己会因残暴而不得人心。"③打倒皇帝做皇帝,北京被这些胜利者视为最大的战利品,从金银珠宝到酒肉美色。上至将军,下至士卒,很快就在这场财富与暴力的盛宴中沉沦,接下来,便被缙绅联合外族一起驱逐出北京。从豪迈进城,到狼狈出逃,前后不过42天。"灭六国者,六国也,非秦也;族秦者,秦也,非天下也。"当明帝国在腐败中走向失败,李自成极其幸运地继承了帝国遗产;在短短的42天中,这个新帝国走过了老帝国276年的道路,不可避免地也在腐败与失败中走向崩溃。

据说在美国历史教科书中,虽然不乏关于中国的内容,但被重点提到

---

① 汪荣祖《明清史丛说》,广西师大出版社,2013。
② 《马克思恩格斯全集》,人民出版社,1972。
③ (美)罗素《权力论:新社会分析》,商务印书馆,1991。

只有三个人，分别是陶渊明、杨玉环和李自成。选陶渊明，是因为他"出污泥而不染"；选杨玉环，是因为浪漫，他们的感情属于"最著名的，也是最不幸的"；选李自成，是因为暴力夺权不可取①。布利耶特所著《地球和居住其间的人民》介绍李自成时这样说："李自成的农民起义军，成功只是短暂的"；"一年以后，李死了。死因要么是自杀，要么是因为偷吃了农民的粮食而被活活打死。"美国人所关注的，并非是谁来当皇帝，而是某种社会形态是否产生了本质的改变。

帝国时代的法则就是弱肉强食，胜者为王，败者为寇。人类社会与动物世界惊人的相似。在动物世界中，如果一只动物病入膏肓，就会成为其他动物觊觎的猎物。当帝国的腐败已经深入骨髓时，内忧和外患便一起迸发。对病入膏肓的明帝国来说，流寇和女真其实只是那个守株待兔的幸运的"宋人"，而女真无疑比李自成更加幸运。就这样，一个刚刚创立文字的暴力部落意外的成为帝国的新主人。朱棣修建的"承天门"被李自成一把火烧毁，顺治重修一新，并将其更名为"天安门"，以求清朝统治"长治久安"。对那些"天生"的官吏们来说，他们在李自成这里没有得到的，终于在爱新觉罗·福临身上得到了："前朝勋臣及子弟，有倡先投顺仍立功绩者，与本朝一体叙用，应给封诰照例颁给，其见有官职已经来朝者，准仍原职。"那些达官显贵本来已经因投降李自成而节操扫地，对于满人的招降自然趋之若鹜。就这样，差不多整个明朝政府都集体投降了，包括地方大小官吏，而且没有几个因为终于明朝而自杀殉节的。

柳寅东曾为明朝顺天巡按使，降大顺后为指挥使，最后降大清为御史，他上书说："戡乱大计，惟流贼最急。当调蒙古入三边，而大兵直趋秦晋，使贼腹背受敌；别遣兵入蜀汉重要关口，以防窜逃。"有了这些识时务的缙绅官吏，正像当初北上的李自成一样，女真八旗的南下之路也顺风顺水，几乎兵不血刃，偌大中国便唾手而得。

崇祯皇帝死后，明帝国 276 年的基业宣告结束，虽然此后半壁江山的南明政权仍然坚持了十余年，但往日的帝国早已死亡。颇为讽刺的是，即

---

① 卫金桂《美国教科书为何选中这三个中国人》。

使在苟延残喘的南明小朝廷，也不改帝国一贯的腐败，"职方贱如狗，都督满街走。宰相只要钱，天子但呷酒"，"文官爱钱不怕死，武官怕死又爱钱"。弘光帝更是骄奢淫逸，醉生梦死，直把南京做北京。为了争权夺利，左良玉与马士英的内战打得死去活来。东林党首领钱谦益饱读诗书，荣任南明礼部尚书，清兵进入南京时，其妾柳如是劝他投水自尽，钱谦益说："水太冷。"不久便剃头做了大清的礼部侍郎。

历史学者刘仲敬先生有一个论断：自然法缺失造就了野蛮人，法律缺失造就了"末人"；而文明的衰亡将会造就一种末人群众，完全不同于文明开始前的蛮族。末人是怯懦的，因为他们已经无法保证勇敢与自由的联系。末人是懒惰的，因为他们已经无法保证勤劳与富裕的联系。贱民是诡诈而卑劣的；因为正直和声望意味着为长远利益牺牲眼前利益，而他们只有现在、没有未来。他们注定要以越来越卑劣残酷的手段，争夺越来越少的资源。野蛮人与末人的相遇通常会导致后者的灭亡，但灭亡对后者无异于拯救。①

帝国的逻辑

有人统计，古代中国作为大一统皇权帝国，从秦汉唐一直到宋元明清，它的平均寿命是 171 年，如果加上三国、两晋、南北朝、五代十国等这几个混乱的朝代，平均寿命是 67 年，很难超出历史的周期律。大体归纳，这些专制政权的死因包括三种，40% 亡于官变，即官僚组织内部出现严重失衡，典型如汉朝。40% 亡于民变，底层民众揭竿造反，官方镇压失败，典型如秦朝。还有 20% 亡于外族入侵，典型如北宋和南宋。在大多数时候，各种灾难性的因素往往都会交织爆发，天灾与人祸，祸不单行。这就是人们所说的"天数"——"尧曰：咨！尔舜！天之历数在尔躬，允执其中，四海困穷，天禄永终。"②

---

① 刘仲敬《世界秩序的时空成长》。

② 《论语·尧曰》。

元朔元年（公元前128年），文学之士徐乐针对当时关东饥荒和连年征战，向汉武帝上书称，"天下之患，在于土崩，不在于瓦解"①。他把陈胜吴广之变称为"土崩"，把吴楚七国之乱喻为"瓦解"；"土崩"之所以重于"瓦解"，就在于"民困而主不恤，下怨而上不知，俗已乱而政不修"，使"民"这一政治统治最广泛的社会基础发生动摇。这也正是"起穷巷，奋棘矜"的陈涉能够"偏袒大呼，天下从风"的根本原因。"七国之乱"的历史教训固然应该吸取，但它同"土崩"相比，由于"民"没有成为这场叛乱的支持者，尽管叛军"号皆称万乘之君，带甲数十万，威足以严其境内，财足以劝其士民"，但终究遭到失败。

实际上，中国王朝之所以会周期性的"土崩瓦解"，其根本原因不外乎"失控"导致的"失衡"，即权力的腐败程度最后超过了民众的承受能力，"蠹众而木折，隙大而墙坏"②。也就是说，权力掠夺越来越多，最后变成涸泽而渔、杀鸡取卵，然后一切权力都被民众用暴力革命彻底消灭。

嘉靖时期民不聊生，老百姓呼为"家净"；崇祯时期横征暴敛，老百姓又称为"重征"。顾诚先生在《明末农民战争史》③一书中引《法祖停税赋》道："自古乱亡之祸，不起于四夷，而起于小民。"中国古语说"逼上梁山"，历次农民暴动的背后，都是越来越近的死亡底线逼迫人们因为求生本能，不得不进行绝地反抗。元至正十二年（1352年），元帝国因为沉重的徭役和赤裸裸的腐败逼反了红巾军，天下大乱，朱元璋因为家穷而当了和尚。这时，朱元璋的发小汤和托人带信来，说自己在红巾军里混得不错，劝他入伙。朱元璋烧掉信，犹豫不决。没几天，元军烧了寺院，原因是红巾军供奉弥勒佛，所以祸及到寺院。朱元璋失去安身之处，也没了吃饭的地方，之后投奔红巾军。300年后，灭亡明朝的李自成几乎走过了与朱元璋相同的道路。

唐太宗李世民曾说："竭泽而渔，非不得鱼，明年无鱼；焚林而狩，非不得兽，明年无兽。"贪婪是权力的本性，所有权力都会死于自杀，正

---

① 《汉书·徐乐传》。
② 《商君书·修权》。
③ 顾诚《明末农民战争史》，光明日报出版社，2012。

所谓"蠹虫食木，木尽虫死；馋人自食其肉，肉尽必死"。新王朝往往是建立在权力最小化的基础上，王朝的循环，其实就是权力的循环。权力本身不生产财富，但它天生具有掠夺性和寄生性；只有当权力被控制在适当的范围内时，权力才可以被容忍。

在《十六世纪明代中国之财政与税收》一书中，黄仁宇认为，明朝的税收其实并不高，反而是特别低。过低的财政收入导致帝国空虚脆弱，低俸的官吏毫无责任感，其结果就是，为了维持帝国的运转，不得不增加各种额外加派；为了让官吏做事，对权力出租和各种贿赂勒索，不得不容忍，甚至鼓励。制度被架空，潜规则盛行，一切都变得没有底线。羊毛出在羊身上，官定的低税政策并没有减轻民众的负担，反而纵容权力进一步将民众逼入绝境。"人君赋敛不已，百姓既毙，其君亦亡"。

"明朝的覆亡，乃是财政破产，例如1632年（崇祯五年），有340个县欠缴国家税粮达半数以上，其中134个县全部拖欠。"[1]晚明的悲剧中，一方面因为国家财政汲取能力的枯竭引发军队叛乱，另一方面因为国家赈灾能力的丧失导致农民起义；失控的暴乱加上财政枯竭，帝国的溃败已经无可避免。美国政治学家亨廷顿曾经对国家的失败有过这样描述：

> 政权的合法性基础受到破坏，被统治者对政权的认同和自愿服从的过程下降。中央政府的权威受到削弱，政权的渗透能力和主要统治集团的统治能力下降。政治活动的组织化与制度化的水平降低，一般政治活动的规则受到破坏，特别是关于权力继替的程序和规则受到破坏。来自权力体系内部的离心和反叛现象增多，底层民众爆发大规模的造反行为，而政府丧失应付和解决这些问题的能力。腐败现象日益普遍化和严重化，统治集团在很大程度上丧失了对自己及其一般官员的道德约束力。

中国传统政治的理想国是"圣人治国"，所谓尧舜就是这样的。但战国及秦汉之后，中国政治基本沦为一场暴力游戏，暴力衍生出来的权力，

---

[1] （美）黄仁宇《放宽历史的视界》，三联书店，2005。

使政治彻底流氓化。流民时代是最彻底的丛林社会。每一个王朝都从一个流民时代结束，也从一个流民时代诞生。成王败寇，打倒皇帝做皇帝，最后暴力最强者成为皇帝。专制权力是无法进行自我完善的。从本质上来说，所谓农民起义不过是专制皇权的一种暴力调节机制，它以最残酷和最低级的方式完成专制权力的修复，从而维护了专制主义的政治秩序。

儒家和法家是中国政治的阴阳两面。儒家试图以秩序来消除暴力，法家试图以暴力来维持秩序，二者具有惊人的同构性，都是秩序至上，否认人权和人性的正当性，民主、自由和平等在中国政治中从来都是一种反动。中华帝国从来都是属于一个人的私产，这个人就是皇帝，"普天之下，莫非王土；率土之滨，莫非王臣。"每个人都是"天子"的"臣民"，都是帝国的附庸。帝国的秩序就是层层设租，权力是帝国唯一的法则。权力可以容许你生存，也可以剥夺你的一切。皇帝之下，有一群垄断特权的统治阶级，这些获得军功的封建地主、科考入仕的官僚阶层和世袭的贵族，可以分享权力带来的丰厚租金。

荀子将中国社会分为三个等级——大儒、小儒和众人："大儒者，天子三公也；小儒者，诸侯大夫士也；众人者，工农商贾也。"帝国的权力结构是金字塔式的，从批发到零售，通过层层任命，编制成一个可怕的权力网络。所有权力的来源，均与"众人"没有任何关系；相反，"众人"恰好是权力的伤害对象。这种合法伤害也恰好构成权力的行使方式。"王取其丝，吏取其纶；王取其纶，吏取其綷。取之不已，至于欺罔；欺罔不已，至于鞭挞；鞭挞不已，至于盗窃；盗窃不已，至于杀害；杀害不已，至于刑戮。"帝国政治被权力割裂为两个势不两立的群体：官与民。如果说民间构成整个社会，那么帝国恰恰是反社会的产物，而官吏也完全是人性的反义词，所谓"要做官就不能做人，要做人就不能做官"；用马克思的话说："专制制度的唯一原则就是轻视人类，使人不成其为人。"

一个多世纪后，大清帝国的乾隆皇帝这样评论明朝："明之亡非亡于流寇，而亡于神宗之荒唐，及天启时阉宦之专横，大臣志在禄位金钱，百官专务钻营阿谀；及思宗即位，逆阉虽诛，而天下之势，已如河决不可复塞，鱼烂不可复收矣。"事实上，这不过是五十步笑百步罢了。与明代相比，清代赋税极其高昂,清初即达3000万两,相当于明朝末年赋税正额加上"三饷加派"的总和①。

如果说明帝国亡于万历,那么清帝国则亡于乾隆。"十全老人"乾隆皇帝将权力经济学发展到惊天地泣鬼神的境界,腐败在乾隆时代完全成为一门真正的国学和显学,而天下第一贪的和珅就是乾隆最伟大的作品。和珅利用权力聚敛的财富达到8亿两白银,相对于清朝15年的岁入。乾隆不仅为官吏群体设置了"养廉银",还给自己开设了"议罪银",权力市场日臻完美。对权力来说,不存在任何"合法"与"非法",金钱就是权力的唯一目的。离开腐败的权力就不能称其为权力。

乾隆之后,大清帝国重新跌入大明帝国的滑落曲线,一切都无可挽回地从腐败走向失败,暴力与权力,民变与维稳,历史开始了又一个轮回。"道光四子"之一的张际亮抨击当时的吏治腐败——

> 为大府者,见黄金则喜;为县令者,严刑非法,以搜括邑之钱、米,易金贿大府,以博其一喜。至于大饥,人几相食之后,犹藉口征粮,借名采买,驱迫妇女逃窜山谷,数日夜不敢归里门,归而鸡、豚、牛、犬一空矣。归来数日,胥差又至矣,门丁又至矣,必罄尽其家产而后已。②

明朝末年,官吏多空缺;清朝末年,官吏多候补。仅四川一地,候补道员50多人,知府20多人,通判、知州、知县更是多达400多人,以至于有人"到省二十年未得委差,衣食俱乏,冻馁而死",有人"孑然一身,典质俱尽,自刎而死"。

崇祯九年,即公元1636年,"大清"正式诞生。内秘书院副理事官张文衡向皇太极上《请勿失时机奏》:"彼文武大小官员,俱是钱买的。文的无谋,武的无勇。管军马者,克军钱;造器械者,减官钱。军士日不聊生,

---

① 姚念慈《康熙盛世与帝王心术:评"自古得天下之正莫如我朝"》,三联书店,2015。

② 《张亨甫文集》。

器械不堪实用,兵何心用命?每出征时,反趁勤王,一味抢掠。……上下里外,通同扯谎,事事俱坏极了。"光绪二十年,即公元1894年,日本明治二十七年,日本情报专家荒尾精在给参谋本部的报告中称:"清国上下腐败已达极点,纲纪松弛,官吏逞私,祖宗基业殆尽倾颓。"

正当清廷调兵遣将镇压武昌起义之时,1911年10月29日的法国《虔诚者报》写道:

>整个国家都已经腐朽了,各级官吏们从纳税人的腰包和国库里一下就攫取了四分之三的税收。在这种乌烟瘴气的环境下,到处都是腐败。1903年施行的教育改革也面临着失败的窘境。至于军队,我们来看看情况:将军们都纷纷逃跑了。当地工业拙劣地模仿着欧洲的车间。中国的资本家宁愿放高利贷(这样每月可以给他们带来3%到12%的收益),也不愿意发展工厂搞实业。①

---

① 赵省伟、李小玉编译《遗失在西方的中国史:法国彩色画报记录的中国1850-1937》,第426页。

自古功名亦苦辛
行藏终欲付何人
当时黮暗犹承误
末俗纷纭更乱真
糟粕所传非粹美
丹青难写是精神
区区岂尽高贤意
独守千秋纸上尘

读史

权力经济学

> 人们追逐权力，不仅是因为权力能满足个人的利益、价值或社会观念，而且还有权力自身的缘故，因为精神的和物质的报酬存在于权力的所有和使用之中。
>
> ——加尔布雷斯

随着资讯技术越来越发达，很多民间学者介入到历史研究之中，并取得令人瞩目的成绩。吴思先生以他的《潜规则》和《血酬定律》，几乎改变了传统历史学的思想格局。作为吴思的同事，洪振快的《亚财政》与《潜规则》具有相似的主题，或许还可以加上吴钩的《隐权力》。这三本书几乎构成解析中国官场秘密和权力腐败的历史三部曲。

所谓"潜规则"，就是名义上公开的正式制度（规则）之外出现的实际有效的潜在规则；所谓"隐权力"，就是名义上正式法定的权力之外具有影响力的隐形权力；所谓"亚财政"，就是国家正式财政之外，利用权力交易产生的非正式财政制度。无论是潜规则，还是隐权力，或者亚财政，其实说的都是官吏集团的权力腐败，区别只是角度有所不同。

马克斯·韦伯在《道教与中国》中指出，在传统中国，政治体制是惟一合法对包括经济、财富在内的"稀缺资源"配置与支配的力量，权力决定财富，以权力谋取财富，权力与财富密不可分。作为人类社会的原罪之一，权力本身虽然并不创造财富，但是权力掌握了社会财富的分配。在分配的过程中，不受监督和控制的权力常常表现出掠夺性，从而形成合法财政之外的"亚财政"。

从词源上看，"亚财政"和"潜规则"都是源自明清历史文献中的"陋规"一词。"陋规"的"规"字如果解作"规则"，那么"陋规"就是鄙陋的规则，也就是"潜规则"。如果说"潜规则"就是传统的"陋规"，那么"亚财政"就是现代的"小金库"。对一个正常人来说，把这种法定之外的资金叫"灰色收入"也罢，叫"隐性福利"也罢，都无法改变其合法性的缺失。但这种不"合法"，并不代表其"犯罪"；准确地说，在权力的默许下，它处于合法与非法之间的灰色地带。这种灰色资金，根据不同的权力语境，可以是"贪污"的"赃款"，可以是"正常"的"收入"，也可以是"应得"的"福利"。

同样出于对历史的兴趣，吴思的《潜规则》其实是由一些互相关联的思想随笔组成的，而洪振快的《亚财政》则系统和严谨得多。作者严格遵从史学研究方法，先将之作为一种研究对象，然后遍览史料和相关研究，再选择典型案例，对各个案例集合可能搜集的史料，对包括内在细节进行详细的考证，然后再推敲成文的。每篇文章，都是代表整个思想链条中的一个点，比如海瑞、李慈铭的例子，是选择地方官员七品和中央官员五品这两个在"亚财政"分配体系中的中间典型，又代表中央和地方官员的生活样态；从要表达的思想来说，又代表家庭生活和消费习惯对官员追求"亚财政"的动力。

"亚财政"要探究的就是权力和财富的关系。洪振快把财富（实质是人类生活的物质资源）的生产和分配看作解读历史的核心。财政和税收体现了国家与人民在财富问题上的分配关系，也就是国家和人民的关系，这无疑是解读人类历史进程和现代转型的一把钥匙。

洪振快的独特之处，是用严肃的财政技术，对这种灰色经济进行了细致的分析，从而揭示出了权力与财富之间的一种隐秘关系。无论从数额的规模，还是运行的复杂程度，这种丝毫不逊色于国家财政的"亚财政"，其实就是一种由权力衍生的财富流，并按照权力的大小决定资金的流量。大官大贪，小官小贪。如果说吴思的"血酬定律"是对暴力的金钱换算，那么洪振快的"亚财政"就是对权力的金钱换算。

余英时先生曾对人这样告诫:"我觉得历史的好处不是光看历史教训,历史教训也是很少人接受,前面犯多少错误,到后面还是继续犯,因为人性就是大权在握或利益在手,便难以舍弃,权力和利益的关系,有人过得去,也有人过不去,所以读历史的最大好处是使我们懂得人性。"

"权力"一词古已有之。《汉书·货殖传》记载,成都大商人罗裒带着数十万银两在长安做生意,攀附权贵,"依其权力,赊贷郡国,人莫敢负"。发财致富是人的本能欲望,在中国古代社会,最有效的手段不是经济方式,而是政治方式,换句话说,就是通过权力致富。从财政的角度来说,依靠权力生存的官吏集团,其实就是一个庞大而严密的经济托拉斯,其内部以权力为交易核心,通过人身依附、血缘姻亲、朋友熟人等利益关系,建立起一个复杂的组织和网络,然后按照权力等级,瓜分所有掠夺来的财富。

权力的代价

美国历史学家巴林顿·摩尔曾将中国与其他国家的政治传统进行过有趣的对比,"在前工业社会,建立大规模官僚机构的努力不久就会陷入困境,因为要想从民众身上榨取足够的资金来发薪饷几乎是办不到的,因而就使得官员会完全依赖他的上级。而统治者力图要解决这个困难的话,那将严重地撼动整个社会的结构。法国解决这个问题的出路是官职可以买卖;而在俄国,由于地域辽阔,所以就建立起农奴制庄园,使沙皇手下的官员收益;在中国,则允许官员或多或少地公开受贿来解决问题。"[①]

中国历史上有着悠久的官僚文化,作为这种文化的恶果之一,权力的腐败不仅未能得到有效遏制,反而在中世纪后期进一步发展完善,形成丰富多彩的腐败文化。比如元朝末期的官场,各种权钱交易名目繁多:"所属始参曰拜见钱,无事白要曰撒花钱,逢节曰追节钱,生辰曰生日钱,管事而索曰常例钱,送迎曰人情钱,勾追曰赍发钱,论诉曰公事钱,觅得钱

---

① (美)巴林顿·摩尔著,王茁、顾洁译《民主和专制的社会起源》,上海译文出版社,2012。

多曰得手，除得州美曰好地分，补得职近曰好窠窟。"

权力一旦被作为商品用于交易，必然会被贴上各种不同价格的标签，这就是所谓"陋规"或者"常例"；至于叫"冰敬"、"炭敬"、"别敬"、"程仪"等，还是叫"平规"、"盐规"、"关规"、"漕规"、"驿规"、"棚规"等，都只是权力出卖或出租的不同背景而已。

乾隆时代，有一位混迹官场34年的刑名师爷叫汪祖辉。他在丢官之后，应门生故吏所求，留下了一部堪称官场秘籍的权力教科书《官经》。他认为"陋规"虽不合理，但却合情，因此须严格遵守。

> 凡有陋规之处必多应酬，取之于民，用之于官。谚所谓以公济公，非实宦囊也。久相沿，已成常便，万不容于例外加增，断不可于例中扣减。倘应出而吝，象齿之焚，不必专在贿矣。①

"陋规"作为官场的潜规则，基本与天朝相始终。晚清时期，曾国藩也曾为此辩护，以为要顺利推行政务，就不得不如此。同为清流的代表人物，李慈铭常常抱怨张之洞送他的"礼"太轻，以至于告诉下人："午后至陶然亭，张之洞来，我避之。"

与其他商品不同，权力作为商品参与交易，往往是垄断的、排他的、强制的，因此往往具有敲诈、勒索的特征。比如清朝的崇文门关卡，就可以当作权力这种商品的典型和榜样。在这里，不仅是商贾小贩，就是封疆大吏经过，也必须接受勒索，而且"官职逾尊，则需索逾重"。左宗棠行经崇文门，"门者留难，索巨贿，始放入"。孙中山先生在《中国的现在和未来》一文中，讲述了左宗棠的另一件事——

> 左宗棠镇压了暴乱，清帝传下一道特诏，招他到北京觐见。守门人问他要八万两银子的贿赂，他拒绝了。因此，他到京的消息就没有传到皇帝那里。几个月过后，皇帝传诏问他为什么还没有来。左宗棠照实回答，说财产都充作兵费，没有钱支付这笔贿款。皇帝回文说，这是祖宗

---

① 汪祖辉、万枫江《中国官场学》，今日中国出版社，1994。

古制,所有官员必须服从。左宗棠实在没有钱,他的好友发起认捐,清皇太后还出了总额的一半。凑足银数之后,左宗棠才见到了皇帝。①

古人一般管"官府"称作"衙门",其实在唐宋之前,是叫"牙门",官府门口的旗子叫"牙旗"②。"牙门"可谓形象之极,貌似微不足道的"门子",其权力竟然如此之大,所带来的利润之所以这么高,是因为出任崇文门监督者都是皇亲贵戚。靠着大树好乘凉,近水楼台先得月。这也就不难理解,冯桂芬在《校邠庐抗议·罢官征议》中说,粤海关看门人的月薪可达800两银子。

庚子之乱中,慈禧逃亡关中,陕西巡抚李绍棻极尽勤勉。慈禧回銮前,允诺其升任甘陕总督。惇亲王奕誴索银800两,李绍棻的家人错送给醇亲王奕譞,后来颁下的谕旨竟是"该抚臣于行在供奉时,至备贤劳,恩准回籍终老"。李不仅没有升官,连原先的巡抚也给丢了。李遭此打击,看破红尘,遁世学佛。③

嘉庆十三年(1808年),山阳县令王伸汉将赈济灾民的帑银私吞,被前来查赈的李毓昌发现。王伸汉请出淮安知府王毂说情,遭拒,王指使家奴买通李手下的长随,将李毒死。李毓昌家人京控成功,所有相关者都被处死,连两江总督汪日章也被撤职。在这起"从来未有之奇案"④中,李毓昌之所以被害,是因为他拒绝陋规,王伸汉、王毂之所以被处死,也是因为陋规。昭梿在《啸亭杂录》叙及其事说:"淮安报水灾,大吏遣公(李毓昌)往查核。故事,凡委员往,漫不省察,惟收其陋规而已。"⑤

某种意义上,权力是中国封建社会的宗教,它给予生活以保障、赋予人生意义,是种种欢乐与痛苦的源泉。权力是人类最原始的欲望。罗素曾说,在人的各种欲望中,主要是权力欲和荣誉欲,而获得权力又往往是获

---

① 《孙中山全集》第一卷,中华书局,1981。
② 郭君臣、刘广《衙门》,重庆出版社,2006。
③ 汪瑞宁《李绍棻送错银票丢总督》,《武汉文史资料》,2006年第3期。
④ 赵翼《檐曝杂记》卷六之《冒赈大案》。
⑤ 昭梿《啸亭杂录》卷八,中华书局,1980。

得荣誉的最便捷途径。①从政治伦理上说,权力作为公器,其目的是服务社会与国家。但从个人来说,权力只是一种牟利工具,"人们喜欢的是从权力得到的利益。如果握在手上的权力不能得到利益,或者利益可以不必握有权力也能得到的话,权力引诱也就不会太强烈。……权力之所以引诱人,最主要的应当是经济利益。"②

孟子说:"士之仕也,犹农夫之耕也。"③掌握权力的官吏只是一种职业,这种职业跟农民、商人、木匠一样,有其合理、合法的收入;而且与其他职业相比,官吏的俸禄并不低。以汉朝为例,官吏每年的禄米在192石到4200石到之间。按照战国李悝的说法,"一夫挟五口,治田百亩,岁收亩一石半,为粟百五十石",五口之家的农民一年收入不过150石,由此可见官吏的收入最高可达农民的30倍,最少也强于一般农民。

出身底层农民的朱元璋深知官吏贪腐之可怕,他在洪武二十五年专门颁布了一部《醒贪简要录》——

> 四民之中,士最为贵,农最为劳。士之最贵者何?读圣贤之书,明圣贤之道,出为君用,坐享天禄。……今居官者不念吾民之艰,至有刻剥而虐害三事,无仁心之甚矣。

这份反贪教材站在一个农民的角度,告诫官吏群体应当知足。"如此筋骨劳苦,方得许多粮米。"

按照《醒贪简要录》的算法,七品县令的薪俸需要70多亩地、5个农民的劳动产出,而正一品的俸禄是七品的12倍,每月支米87石,一年就是1044石,大概相当于今天的30多万元。朱元璋认为这些薪水是足够的,"若将所得俸禄养家,尽自有余","为官者既受朝廷重禄,尚无餍足,不肯为民造福,专一贪赃坏法,亡家果可怨乎?"

但事实上,朱元璋根本不了解"亚财政"的秘密;或者说,他不知道

---

① (英)罗素《论权力》。
② 费孝通《乡土中国》,北京出版社,2009。
③ 《孟子·滕文公下》。

权力的逻辑。从一品大员到七品县官，因腐败被朱元璋杀掉的高达 4 万多人，"如何贪官此锁，不足以为杀，早杀晚生"，最后朱元璋黔驴技穷，自叹"才疏德薄，控驭之道竭矣"。

在清代 268 年当中，涉及一品和二品高级官吏的贪腐大案共有 108 件，被判刑的有 157 人，其中死刑立决者 68 人，绞监候（死缓）者 47 人。① 从土匪奋斗成为一代枭雄的张作霖与朱元璋有着同样的感受，他说："中国之坏，就是坏在官吏，办公事的人，只贪图私利。拿京奉铁路说，内中的弊病太多，说起来把人气死。外国人说中国穷，其实中国何尝穷，只不过钱都饱入官吏私囊了。中国财政，只要有个好人整理，官吏都奉公守法，那一点外债算个什么。"②

清代最腐败的领域就是河防，真正用于工程的费用不到十分之一，90% 以上都落入权力者的个人腰包。最常见的是，为了获得巨额河防拨款，负责河防工程的部门要定期制造溃决灾难，以获得拨款。"每岁经费银数百万两，实用之工程者十不及一，其余供文武元弁挥霍，大小衙门之应酬，过客游士之余润。"河政官员生活之奢靡，连广东洋商和两淮盐商都相形见绌。③

"贪污这一现象，假如我们肯细心翻读过去每一朝代的历史，不禁令人很痛心地发现无代无之，竟是与史实同寿。"中国的历史就是一部腐败史，最严厉的皇帝和最严酷的律法，也不能阻止官吏的贪腐，因为腐败是权力的本性。吴晗先生对此总结道：

> 宋代厚禄，明初严刑，暂时都有相当效果，却都不能维持久远。原因是这两个办法只能治标，对贪污的根本原因不能发生作用。治本的唯一办法，应该从整个历史和社会组织去理解。④

---

① 宋石男《清代的贪腐与救赎》，《人人都是自己的历史学家》，中华书局，2013。
② 《顾维钧回忆录》，中华书局，1983。
③ 王振忠《南河习气：河政与清代社会》，《千山夕阳：王振忠论明清社会与文化》，广西师范大学出版社，2009。
④ 吴晗《论贪污》，《历史的镜子》，九州出版社，2008。

权力的市场

张宏杰先生对中国古代官场的贪污腐败提出一个观点："高薪未必养廉，但低薪一定腐败。"[1]明代素称"官俸最薄"，正一品官月俸米八十七石，正四品二十四石，正七品七石五斗。合成银两，一个县令月收入不过五两，约相当于现在一千元。用这点钱供养家庭和家族，并支付师爷的工资必然捉襟见肘，这使为官者大为不满："俸禄所以养廉也，今在朝官员，皆实关俸米一石，以一身计之，其日用之资不过十日，况其父母妻子乎？臣以为欲其无贪，不可得也！""今言者俱咎守令不廉，然守令亦安得廉？俸薪几何，上司都取，过客有书仪，考满、朝觐之费，无虑数千金。此金非从天降，非从地出，而欲守令之廉，得乎？"在这种背景下，"陋规"便成了"常例"。

海瑞在《兴革条例》中将所有"常例"一一列出：

夏绢银一百六十两。太府如数，受否在人。夏样绢八匹。太府如数，受否在人。秋粮长银二十两。农桑样绢四匹。太府如数，受否在人。折色粮银四两。清军匠银每里一两。农桑绢银十两。审里甲丁田每里银一两。盐粮长银十两。直日里长初换天字下程一副外，白米一石或五斗，八十里皆然。审均徭每里银一两。造黄册每里银二两。经过盐每一百引银一钱，每年约有五万引。太府如数，受否在人。住卖盐每一百引银一钱，每年约有七千余引。催甲每里银一两。柴薪马丁家火每一两收二两。样漆一百斤。太府如数，受否在人。俸米每石折银一两。收各项钱粮每一百两取五两。出外直日里长供应并店钱人情纱缎。起送农民罚纸二刀，纳银五钱。本府罚纸二刀，纳银八钱。吏拨缺罚纸四刀，纳银一两六钱。受否在人。[2]

---

[1] 张宏杰《顽疾：中国历史上的腐败与反腐败》。

[2] 《海瑞集》，中华书局，1962。

这些加起来，每年常例达 2000 两银子，约合现在 40 万元；与巨额常例相比，正式的国家俸禄根本算不了什么。海瑞自己坚持拒绝一切"陋规"，连吃的菜都自己种，为给母亲过寿买了两斤肉，竟成了大新闻。当海瑞提出恢复朱元璋对贪污的严刑峻法时，一下子成为官场的公敌。

康熙五十六年（1717 年），江西巡抚白潢在奏折中将陋规分为"规"和"礼"，总共有五种名目的收入：一是节礼，下属官员过年过节送的钱，每年大约 5000 两；二是漕规，粮道衙门所送，每年 4000 两；三是关规，税关每年送 2400 两；四是盐规，盐务衙门送 10000 两；五是钱粮平头银，布政使衙门送 8000 两。除此之外，还免不了各种巧立名目，如香火旺盛的寺院要给官府送"香规"，以及各种各样的"贺礼"、"谢礼"、"上任礼"、"离任礼"等等。而且，这些陋规并不因为各种意外情况而有任何影响。

道光二十六年（1846 年），陕西发生重大灾荒，地方税收大幅减少，导致国家的军粮都停征了，然而陕西粮道要给"督抚将军陋规如常支送"，其中的"抚"就是陕西巡抚林则徐。[①] 张宏杰指出，"陋规"并不必然就是腐败。所谓"陋规"，它的产生是迫不得已，它的流向也并非如我们所想象的尽入私囊。事实上，它是晚清财政制度不可缺少的组成部分。不过，由于没有财政审查制度，收多少陋规，完全由着官吏个人，"陋规"便给贪腐带来了极大方便。曾做过陕西粮道的张集馨在《道咸宦海见闻录》中记录当时的礼单：

> 给西安将军三节两寿礼，每次银八百两，表礼、水礼八色，门包四十两；八旗都统二人，每人每节银二百两，水礼四色；陕西巡抚，四季致送，每季银一千三百两，节寿送表礼、水礼、门包杂费；陕西总督，三节致送，每节银一千两，表礼、水礼八色及门包杂费。

张集馨记载，他本人的正常进项只有一两万两，但每年花在请客送礼方面的银子就要五万两，因此每年必须有六万多两银子的进项才能支应。按张集馨所说，这么一大笔额外收入，"虽非勒折，确是浮收"，"缺之所

---

① 张宏杰《曾国藩的正面与侧面》，民主与建设出版社，2014，第 193 页。

西洋画师笔下的天朝官场生活

以称美者,不过斗斛盈余耳"。这就是所谓的"养廉银"。

"为国者,皆患吏之贪,而不知去贪之道也;皆欲吏之清,而不知致清之由也。"唐代白居易在《使官吏清廉策》中给出的建议是"均其禄,厚其俸"。为了减少官吏的贪腐,有的皇帝偏好用大棒,有的皇帝喜欢用胡萝卜,无不恩威并施。汉宣帝时期以加薪阻止官吏贪腐,"吏不廉平则治道衰。今小吏皆勤事而俸禄薄,欲无侵渔百姓,难矣!其益吏百石以下俸十五。"到了王莽当政,干脆取消官俸,"上自公侯,下至小吏,皆不得俸禄",结果"天下吏以不得俸禄,并为奸利","各因官职为奸,受取赇赂以自供给焉"。后来的北魏也一度实行官员无俸制,造成吏多贪墨,士无风节,货赂大行,贪者得肆其奸,廉者不能自保;孝文帝改革,首先便是推行俸禄制。宋代官员俸禄颇高,宋神宗还多次增加官吏本来就已经很高的俸银,称之为"重禄重法"。①

清代雍正和乾隆年间,为了阻止腐败的蔓延和失控,朝廷大力推行"养

---

① 宋代官员除优厚的俸禄之外,还有职钱、禄粟、仆人衣粮(宰相可领70个仆人的衣粮)、茶酒厨料、炭薪、盐、马匹的刍粟、添给钱、职田等名目,此外还有相当高的办公费。当时,节度使月俸四百贯,公用钱竟达三千至一万贯,而一亩地仅一两贯钱。但有一点,宋朝底层官吏的待遇很糟糕,吏的数量是官的20倍,大量胥吏不仅身份低下,而且没有收入,这造成底层贪腐和敲诈勒索非常普遍。

廉银"制度，将官吏部分灰色收入合法化，相比之下，这使得正式薪俸反倒显得更加微不足道。一个巡抚年俸150两银子，养廉银却高达20000两左右，相当于俸入100倍以上。

黄仁宇先生研究明代财政管理，发现明代的财政制度没有清晰区分国家收入与地方收入，所有赋税收入都归朝廷，那些钱用于朝廷开支，哪些用于地方开支，皆无章可循，哪怕是泛泛规定的原则也没有。①根据现代学者研究，唐代财政，中央与地方收入比为1:2，明代为7:3，清代为8:2，甚至达到9:1，这导致地方财政严重亏空。所谓"养廉银"，就是地方官吏以各种"耗羡"的名义进行的加征加派，其数额非常巨大。用这笔银子作为"养廉银"，等于承认地方官吏的勒索是合法的，也等于从法令上加重了民众的税收。"借火耗之名，为巧取之术。盖不知起于何年，而此法相传，代增一代，官重一官，以至于今。于是官取其赢十二三，而民以十三输国之十；里胥又取其赢十一二，而民以十五输国之十。"②

当然，官吏们绝不会满足于"养廉银"所规定的数额，还要进一步暗中加派，这种"敲骨吸髓"的加派几乎是没有底线的。早在康熙时代，就有大臣（许承宣）在奏折中说：今日之农，不苦于赋，而苦于赋外之赋；今日之商贾，不苦于税，而苦于税外之税。翻看中国古代经济史，因为吏治的腐败，亚财政化的国家财政秩序一片混乱。王莽就指斥西汉财税紊乱："汉氏减轻田税，三十而税一，常有更赋，罢癃咸出；而豪民侵凌，分田劫假，厥名三十税一，实什税五也。"从表面上看，清政府每年的财政收入不足亿两，但实际民众的负担却远超其上；至少从规模上讲，"亚财政"远远大于"财政"。道光时曾有这样一道上谕：

> 直省大小官员，自雍正年间，议设养廉，由督抚抚以至州县藉以为办公之资。迄今将届百年，督抚司道脸俸较厚者尚敷公用，至府厅州县养廉止此定额，而差务之费，捐摊之款，日益增加，往往有全行坐扣，禄入毫无者。虽在清洁自爱之吏，一经履任，公事丛集，

---

① （美）黄仁宇《明代的财政管理》，《现代中国的历程》，第113页。
② 顾炎武《日知录》卷十一。

难为无米之炊,势不得取给陋规以姿挹注。而不肖者则以少取与多与均干吏议,转恣意征求,除办公之外悉以肥其私囊。上司心知通省官吏莫不皆然,岂能拟行纠劾,遂阳禁而阴纵之。于是箕敛溢取之风日甚一日,而闾阎之盖藏,概耗于有司之脆削,民生闲敝,职此之由。

归根到底,"重禄"与"养廉银"制度之所以最后都归于失败,是因为贪腐根本原因并不是官吏们收入不足,也不是欲壑难填,而是权力市场的存在。只要存在权力商品化,权力可以进行合法和非法交易,那么贪腐就必然发生。这种权力市场就是"亚财政",其运行法则就是"潜规则";换句话说,贪腐存在的土壤是制度和文化,与官吏个人的品行、性格、道德毫无关系。"甚至以放纵官僚的贪纵骄淫来销蚀强臣的野心和贬损强臣的威名,也是保障王权的措施之一。"①宋太祖的大将曹彬直言不讳:"好官亦不过多得钱尔!"

中国虽然有极度发达的官僚体制,但并没有完善的法治文化,常常以道德代替法律,以人情的感性代替文字的理性。在宗族文化下,权力公私不分,一人得道,鸡犬升天;城楼失火,殃及池鱼。权力在手,无法无天;只许州官放火,不许百姓点灯。这种混沌状态导致了权力和法律的阴阳两界,权力背后产生了"隐权力",法律背后出现的"潜规则",政府背后还有"亚财政"。因此在正式的薪俸之外,还有"养廉银"。所谓"养廉银",其实就是权力私有化和商品化的市场交易价值。"养廉银"的存在就是对贪腐的合法化承认。雍正五年(1727年),湖北布政使黄焜向雍正汇报湖北征税加收火耗银的情况,即每向民众征税1两银子,加收10%火耗(0.1两)。这笔钱分配如下:总督、巡抚、布政使各0.015两,按察使0.006两,守巡道0.004两,各知府分0.01两,同知、通判0.003两,各州县0.032两。康熙三十六年(1697年),西征噶尔丹的康熙皇帝对沿途所见分外震惊,"由大同历山西、陕西边境,以至宁夏,观山陕民生,甚是艰难。交纳钱粮,其火耗有每加至二三钱不等者,……至于山西,特一小省,闻科派竟至百万,民何以堪?"雍正时期,"每岁民间正项钱粮一两有派至三两、

---

① 刘泽华、汪茂和、王兰仲《专制权力与中国社会》,吉林文史出版社,1988,第269页。

四两、五两、六两以至十两"，"朝廷正供之外，辄加至三倍、四倍、五六倍以至十倍不止"。①

"贪污受贿，敲诈勒索，对公众可能是罪恶，然而对家庭总是美德。因为所有的中国人基本上都是不错的'好人'。"②在中国历史上，拒绝贪腐的所谓"清官"凤毛麟角，贪腐才是官场的主流，这是权力逻辑决定的。章学诚说："上下相蒙，惟事婪赃渎货。始如蚕食，渐至鲸吞……贪墨大臣胸臆习为宽侈，视万金呈纳，不过同于壶箪馈问。"每个中国王朝虽然都要颁布大量的律例，每年也都有很多人被官方审判、核准后"秋后问斩"，但其实被官吏集团用各种酷刑和黑狱非法迫害致死者数量，要远远高于合法的死刑犯，前者甚至是后者的10多倍。同样，官吏群体的实际收入也远远超过其公开的俸禄收入。汉朝杨敞做过大司农和丞相，死后的遗产近千万；丞相张禹的家产达到八亿。

南北朝时期，梁武帝萧衍大张声势反腐倡廉，"每简长吏，务选廉平"，并以身作则，"身服浣濯之衣，常膳唯以菜蔬"③。天监十七年（518），临川王萧宏④"奢僭过度，殖货无厌"，连他的侄子萧综都看不下去，模仿鲁褒的《钱神论》作《钱愚论》讥之。因有人疑萧宏私匿兵器，萧衍不得不亲自检查。打开库房，但见"每钱百万为一聚，黄榜标之；千万为一库，悬一紫标，如此三十余间，计钱三亿余万"⑤，堪比梁朝国库，真是名副其实的"亚财政"。当时萧宏惶恐之极，但萧衍却因为没有发现兵器，反倒很释然："阿六，汝生活大可。"不仅没有惩处萧宏，反倒对已是太尉、开府仪同三司、骠骑将军的萧宏，再次封官晋爵。对萧衍来说，反腐败只是稳固其权力的手段，并非其目的。只要不威胁其统治，任何腐败都是可以容忍的。

---

① 张宏杰《顽疾：历史上的腐败与反腐败》。
② 林语堂《中国人》，第186页。
③ 《资治通鉴·梁纪》。
④ 萧宏（473—526），梁武帝萧衍的六弟。无才无德，只凭宗室近亲身份，先后任扬州刺史、司徒、太尉、司空等朝廷要职。天监四年，他受命统率大军北伐，但他畏敌如虎，胆怯不进，被讥为"萧娘"。
⑤ 《南史·梁临川靖惠王宏传》。成语"紫标黄榜"即出于此。《幼学琼林》中有："贯朽粟陈，称羡多财之谓；紫标黄榜，封记府库之名。贪爱财货，谓之钱愚；喜置田产，谓之地癖。"

中国历史中，萧宏与萧衍这种腐败与反腐败一直在上演。在美国《华尔街日报》的一份世界千年富豪统计中，粤海关最大的行商伍秉鉴的财富达到2000多万两白银，而和珅的财产据说超过伍秉鉴数十倍；"和相为人穷奢极侈，以珠佐食，家中又以黄金为器。吾日进万两，仍不能望其项背。"据《清朝野史大观·和珅家财》等野史记载，和珅总财产是"二十亿两有奇。政府岁入七千万，而和珅以二十年之阁臣，其所蓄当一国二十年税（岁）入而强"。这远远超越了"富可敌国"的程度。

"豺狼当道，安问狐狸？"①事实上，与那些贪官污吏相比，拥有最高权力的皇帝才是最大的贪污犯，犹以明清为最。虽然清朝的粤海关和宋朝的市舶司一样，其正常税收都要上交国家财政，但加收的各种"规礼"却全部进了内务府，专供皇室之需。而且，这些"规礼"远超正常税收。如果说这尚可算是正常薪俸，那么作为所有权力的垄断者，皇帝的额外收入就更多了。乾隆帝在位60年间，内务府广储司银库、圆明园银库、养心殿造办处银库这三处皇帝私库共收入银8000万两，相当于全国两年的田赋税收。②在某种程度上，皇帝对官员贪腐的纵容和包庇也有另一层考虑，就是这些官吏只是替皇帝敛财而已，皇帝随时都可以没收其家产，从而增加自己的财富。和珅半生贪污的巨额财产高达8亿两白银，比帝国20年的财政收入还多，这笔赃款最终还是进了皇帝的腰包，所谓"和珅跌倒，嘉庆吃饱"。

与"养廉银"相对，和珅极其善解人意地为乾隆定制了"议罪银"，从而构成完整的权力分赃机制。如果说"养廉银"让官吏贪污合法化，那么"议罪银"就让官吏犯罪合法化。"议罪银"一出，皇帝与官吏皆大欢喜，权力市场更加繁荣。正如历史学家费正清所言："从康熙、雍正到乾隆，

---

① 汉代荀悦《汉纪·平帝纪》东汉顺帝汉安元年（公元142年），外戚梁冀总揽朝廷兵权，梁氏一家又姻亲满朝，盘根错节，民众苦不堪言。皇帝诏遣八位使臣行巡天下，罚惩奸佞，奖掖清忠。这"八俊"多为天下名儒，其中张纲年纪最轻，官位最低。他叹道："豺狼当道，安问狐狸？"遂将车轮埋于都亭，愤然弹劾梁冀"肆无忌惮、贪污受贿、多树谄谀、陷害忠良"等十五项大罪。书奏，"京师震竦"，百官惴惴。东汉顺帝知道张纲的忠直，但毕竟梁冀是皇亲，加上梁冀亲党互相庇护隐瞒，最后一切都不了了之。。

② 赖惠敏《乾隆皇帝的荷包》，中华书局，2016。

他们做了一件事，就是把中国的官僚体制变成了一个合法的有组织的贪污集团。"

朝廷命官必须对他们治下发生的一切公众事件负责，但不必对所有公款负责。预算和会计手续是非常简陋的。官员们靠我们今天称之为"系统性的贪污"行为来谋生，而这种行为有时变成了敲诈勒索。……在中国，直到近代，贪污受贿仍是个公认的惯例，恬不知耻而且肆无忌惮。①

陋规的战争

新官上任三把火，每一代新帝登基，都会以严刑峻法来反对腐败。乾隆皇帝早期，对官场大肆整顿，下令任何贪腐案件只要涉赃额超过一千两，案犯就将斩立决，数十名官员因此丢了性命。②"年来侵贪渐多，致烦朕有此一番办理者，皆此等相蒙恶习有以启之也"；"一犯侵贪，即入情实，且即与勾决。人人共知法在必行，无可幸免。身家既破，子孙莫保，则饕餮之私，必能自禁"。乾隆六年的一份圣旨，流露着明显的愤怒：

> 朕御极以来，信任大臣，体恤群吏，且增加俸禄，厚给养廉，恩施优渥，以为天下臣工，自必感激奋勉，砥砺廉隅，实心尽职，断不致有贪黩败检以干宪典者。不意竟有山西布政使萨哈谅、学政喀尔钦秽迹昭彰，赃私累累。实朕梦想之所不到，是朕以至诚待天下，而若辈敢于狼藉至此，岂竟视朕为无能而可欺之主乎？③

乾隆一朝，对贪腐不能说不严厉，比如皇太后六十寿辰，所有死囚都

---

① （美）费正清《美国与中国》，第106—108页。
② （美）欧立德著，青石译《乾隆帝》，社会科学文献出版社，2014，第225页。
③ 《清高宗实录》。

被特赦，唯独贪官不在特赦之列。① 然而乾隆时期的贪腐也达到登峰造极的程度。

"中国历来的皇朝都有皇室和政府财库分开的习惯，只有在满清时代，皇室可以任意支用政府的库存。黄仁宇先生曾经说过'中国没有数目字管理的观念'，这句话完全适用于满清的财政制度。"② "万历十五年"其实是一种历史规律。正如明帝国的没落始于万历时代，很多历史学家也都认为，清朝从乾隆时代就已经走向没落，其标志就是官僚体制的堕落和权力的腐败。

在一个全球背景下，这种腐朽的权力文化必然与西方文明发生冲突。

在"利出一孔"的粤海关，欧洲商人除过被收取正常的税金，还要收多达68项"规礼"，而这些"规礼"数额比正税多得多。一艘外国商船入关，要交丈量费、通事费、管事费、库房费、稿房费等等。"在一份《乾隆二十四年粤海关征收洋船进出口各项归公规礼清单》中，列举的收费名目竟达100多项，这100多项加起来，统称为'规礼'。"外国人有所不知的是，粤海关被称为"天子南库"——

> 按照清朝政策的公开表示，商业利益服从国家的政治利益。但在私下里，甚至清朝历代皇帝都把广州贸易视为个人利益的重要来源。海关监督被外国人误以为是户部的代表，实际上，它是由内务府授权，负责把广州每年海关税收多达85.5万两的现银输入统治者的私囊。③

作为英国最大的海外殖民公司，英国东印度公司每年因此损失大量利润，更糟糕的是，这些金钱根本无法进行计算和控制。无奈之下，英国人只好冒险派洪仁辉潜入北京，向乾隆皇帝告御状。老鼠向猫告状，洪仁辉的"上访"宣告失败后，"英国曾经有两次以朝贡的方式，试图用昂贵的礼物去讨好（中国）天子陛下"；特别是马嘎尔尼拜会乾隆那次，可谓倾

---

① 戴逸《乾隆帝及其时代》，中国人民大学出版社，2008。
② 许倬云《说中国：一个不断变化的复杂共同体》。
③ 《剑桥晚清史》（1800-1911），第173页。

尽全力,结果却得到了一句"天朝物产丰盈,无所不有,原不藉外夷货物以通有无",乾隆还给出了"天朝自有天朝礼法,与尔国各不相同"的中国国情说。

乾隆时规定,一艘洋船"正课"为1950两,另有"洋船规礼银",进关要交,出关还要交。在英国人洪仁辉告状提供的费用单上,一进一出,"规礼"计有68项。进关规礼30项,收银1125.96两,出关规礼38项,收银533.8两,"规礼"银共计1600多两,"正课"与"规礼"加起来3600余两。这68项只是针对船的,还有针对货的,货有"分头",即外商买货所付货款按银两算,每两都要由粤海关抽头。起初一两货款抽0.054两,后来抽到0.06两。通常,海关上缴"正课","规礼"和"分头"之类则由监督和他的家人以及其他聘用人员分享,这是一种制度性分赃。"规礼"之类的分肥,按规定,粤海关监督本人要占到三分之二左右,其他海关办事人员——书吏、贴写、头役等,多为他家人,也有聘用之人,还包括各炮台官兵,大约占了剩下的三分之一。洪仁辉告状时把这些都捅了出来,他不知道这些都是"常规",属于"亚财政",虽无明文规定,却是历来如此,成了习惯的,所以叫做"礼"。这块有定数的"规礼"收入,即使是监督本人分得的那部分也要拿出来"报效",而报效皇上则要通过和珅。"报效"银每年不下100万两,"规礼"所得,大部分用来进京报效,一小部分还要用来跟当地督抚搞好关系,"打点"各色人等。①在相当长的时期内,包括英国人在内的西方商人,都不得不忍受中国官吏集团的任意勒索和敲诈。"每一个官府的小吏都知道,他可以对我们的贸易品强征高税而不会受到惩罚,因为我们没有办法把他的恶行告知他的上司。"②明清史专家韦庆远先生言:"凡一衙一署一岸一场一关一官一吏一役,不论职权高低大小,只要稍涉权力,亦必陋规是求。"在外国商人来说,接受这种权力勒索无疑是一件极其屈辱的事情,正如法国人拉佩鲁斯的说法:"人们在欧洲喝的每一杯茶,无不渗透着在广东购茶的商人蒙

---

① 刘刚、李冬君《十八世纪谁是"世界首富"》。
② (英)约翰·巴罗,李国庆、欧阳少春译,《我看乾隆盛世》北京图书馆出版社,2007。

受的耻辱";"那些经久不变的露骨的勒索,就成了激起愤懑的许多芒刺"。

英国历史学家阿克顿勋爵有句名言:"权力导致腐败,绝对权力导致绝对腐败。"他还说过:"权力,不管它是宗教还是世俗的,都是一种堕落的、无耻的和腐败的力量。"不受控制的绝对权力只会"败坏良知,麻木心灵,使它失去对环境的理解力"。①

与中国不同,19世纪的英国已经完成了对皇权和官僚权力的驯服,英国议会就是限制国王征税权的结果。在此之前,英国人已经跟权力斗争了几个世纪,直到将其关入宪政的牢笼。在中世纪的英国,如果骑士不服役,需交纳1英镑的盾牌钱。1212年,英王约翰王把盾牌钱提高到2英镑,遭到骑士们的联合反对,并引发战争,这就是《大宪章》和议会的由来。1689年光荣革命,英国议会通过《权利法案》,未经议会同意,国王不得增加税收。

最早将马克思的《资本论》翻译为中文的王亚南先生早年有过这样的评论:鸦片战争之成为中国社会从古代到近代的转折点,并不在这次战争本身,也不在鸦片——

> 而在于东方专制的官僚的封建主义与西方资本主义的首次决斗,或东西文化的正面冲突。而在战争过程中,两方各别从折冲、应战,以至结束战争所表现的一切,亦充分暴露出了它们不同的社会本质。因之,清廷在这次战争当中一再表现的破廉耻的惨败和毫无保留的耻辱,并不仅只表示清廷统治的缺德与无能,且更充分证明了封建官僚社会体制本身根本就不是资本主义制度的敌手。这次的失败,是往后一系列对外战争失败的开端:1857年英法联军之役,1894年的中日战役,1900年的八国联军之役,无非是一次比一次厉害,一次比一次严重地证示腐朽的封建官僚统治怎么也不能应付新的世界场面罢了。②

洪振快在《亚财政》中,极其醒目地揭示了粤海关"亚财政"的运行

---

① (英)阿克顿,侯健、范亚峰译,《自由与权力》译林出版社,2011。
② 王亚南《中国官僚政治研究》,第127~128页。

及其恶果。这种发现多少有些令人拍案惊奇：在英国人看来是"侮辱"的腐败陋规，对中国人来说则是司空见惯。换句话说，陋规完全是一种异化的制度性腐败，所谓"取之于民，用之于官"。

> 在中国，虽然一个人可以因偷窃一个钱包而被捕，但他不会因为偷窃国家资产而被抓起来。甚至北平故宫博物院的无价国宝遭到有关的官员的偷窃，事情败露后，罪犯也没有受到惩罚。因为我们对政治腐败有一种"需要"。①

清廷海关的腐败导致了一场战争，后来竟然聘请英国人负责海关。颇为讽刺的是，这个叫赫德的英国人很快就解决了这个让外国商人头疼，也让中国皇帝无奈的"顽疾"。在赫德担任海关总税司近半个世纪的时间里，中国海关基本杜绝了腐败，成为整个帝国难得的廉洁机构，被称为"世界行政管理史上的奇迹之一"。说到秘密，赫德依靠的只有会计制度、人事制度和薪酬制度。"我说的中国人和我们不同之处可以追溯到根本的出发点：中国人说人性善，我们说人性恶。中国人因而求助于教育养成的规矩；我们则通过'惩'，对违法进行治理和处罚，树立法律和规章。"值得一提的是，在赫德的治理下，海关关税成为清朝财政最稳定最可靠的支柱，使得清廷得以苟延残喘长达半个世纪。②

在《亚财政》中，洪振快还试图用"亚财政"来解释中国历代王朝兴亡的原因。不正义的"亚财政"使民众在缴纳"明税"之外，还要负担更多的"暗税"；"明税"体现了官民博弈均衡，"暗税"的泛滥失控往往会打破这种均衡，从而激发民变和社会崩溃，暴力革命导致政权更替，这就

---

① 林语堂《中国人》，第187页。

② （美）1899年，清朝海关的税收达到了惊人的三千万两白银，几乎占了清政府财政收入的三分之一。在赫德时期，整个海关只发生过5起贪腐弊案。恭亲王奕訢感叹说："要是我们有一百个赫德就好了。"杨小凯先生在《百年中国经济史》中谈到，清末海关虽由英国人赫德管理，但他是作为清政府的雇员，行使他的职权。他的管理不但使中国海关迅速现代化，而且使海关成为最有效率，最少贪污的清朝官僚机构。他保证了条约制度对关税率的限制，因而促进了自由贸易及公平税收，他也保证了用有效的管理和制度为清朝政府提供大量税收。

是权力逻辑下的"中国历史周期律"。潘恩说过,政府是一种不得已的恶。如果民主和法治缺失,官僚集团必然会挟持整个国家和社会,权力这只"看不见的手"就将政府变成作恶的工具。在"亚财政"的格局下,权力之间恶性竞争,社会财富被大量掠夺和损耗,整个社会呈现出"抢瓷器"的灾难局面,最后鸡飞蛋打,鱼死网破,一切归零。中国每一个王朝重建几乎都是从零开始。

长期研究中国现代史的历史学家易劳逸认为,贪污腐败是南京政府倒台的主要原因,"贪污在各级政府中的普遍存在程度,已经超过了北洋军阀政府时期","贪污是南京统治的最鄙劣的特征"。国民政府刚刚在南京成立,国府委员们就建议为自己增加薪水。有人批评说:"政府是为统治者设立的,而不是为人民建立的,这是中国政坛上的主旨。官员的目标是征集税收和聚敛财富。比如要维系地方秩序,其目标就不是为民生操劳而是为保证收入的来源。"

易劳逸还进一步指出,贪污腐败的普遍存在,一方面是法律的软弱,另一方面是社会的宽容;此外,还有官场和家庭的压力,也就是说,贪污变成了官吏的"一种道义上的职责"。

> 促使官员贪污的另一个原因,就是他需要付出金钱来维系其人情网。招待官场上的同事或上司,对维系好人际关系至关重要。对官员的腰包来说,这笔钱是一份沉重的负担,他不得不要在公家的钱上打主意。为了维护恩宠关系,其上司也希望——如果不是要求的话,能够得到相当多的礼物或者其他形式的报酬。如果一个官员不懂得这些维系人际关系网的微妙之处,或许他不久就会为那些熟谙官场之道的人所代替。用一句当时的话来解释:"要想在现时的官场上保持廉洁,既不现实,又很愚蠢。"①

黄仁宇先生指出,中国古代政府一直没有完善统一的财政体系,特

---

① (美)易劳逸,陈谦平、高华等译,《流产的革命:1927—1937,国民党统治下的中国》,中国青年出版社,1992。

别是"数目字管理";"所谓'贪污无能',并非时下西方所谓'腐败',而系整个系统设计差误,只能在承平时保持全国表面上之对称与均衡;一遇变数,即产生'不能在数目字上管理'之状态。"① 袁伟时先生在《晚清大变局》中说,晚清官员贪污成风的主要根源在于当时的社会制度特别是政府制度,社会制度的基本框架仍是中世纪的宗法制农业社会,这类社会的分工相对地比较简单,人们上升的资源基本上仍掌握在政府官员手中②。从政治角度来说,贪污和腐败并不是个人的道德问题,而是体制的颟顸和不完善。正如孟德斯鸠所说:"专制国家有一个习惯,那就是下级给上级送礼,而上级对下级没有任何义务,于是上下级合伙对人民没有义务。人人都认为每个上级对下级都没有义务,只有人民对各个上级有义务。在那里,人的命运与牲畜别无二致,只有本能、服从和惩罚。"在这种罪恶体制下,腐败的贪官固然可恨,廉洁的"清官"并不必然是一个好官和好人。晚清作家刘鹗在《老残游记》中写道:"赃官可恨,人人知之。清官尤可恨,人多不知。盖赃官自知有病,不敢公然为非;清官则自以为不要钱,何所不可?刚愎自用,小则杀人,大则误国,吾人亲目所见,不知凡几矣。"

权力的诅咒

"中国帝王的政治经济权力,一方面使他扮演为地主的大头目;另一方面又扮演为官僚的大头目,而他以下的各种各色的官僚、士大夫,则又无疑是一些分别利用政治权势侵渔人民的小皇帝。官僚士大夫假托圣人之言,创制朝仪,制作律令,帮同把大皇帝的绝对权力建树起来。"③ 叔孙通为出身卑微的刘邦制定朝仪后,刘邦感叹道:"吾乃今日知为皇帝之贵也。"

汉朝建立后,刘邦论功行赏,以萧何功劳最大。汉十二年秋,黥布造反,刘邦亲自率兵征讨,萧何留守长安。刘邦经常向使者打听萧何的举动,听说萧何关心民生,深受民众欢迎,刘邦显得很忧虑。使者就转告萧何:"你

---

① 黄仁宇《我相信中国的前途》,中华书局,2015,第238页。
② 袁伟时《晚清大变局》,线装书局,2014。
③ 王亚南《中国官僚政治研究》,第42页。

要灭族了。"萧何不解。使者说,你现在民望日增,对皇帝构成威胁;你想活命的话,就少行善多做恶,把自己的名声搞坏了,皇帝才能放心。萧何言听计从,便多行贪腐横行之事,人们都向刘邦告状,刘邦转忧为喜。萧何贪腐未受惩罚,后来却因为国创富而被下狱。他向刘邦提出,将刘邦的后花园"上林苑"的荒地分给无地农民耕种。刘邦大怒:"我听说李斯辅佐秦始皇时,有了功绩归于主上,出了差错自己承担。如今你收取钱财却占我的花园,想用这种办法讨好农民。"

在刘邦看来,贪腐并不可怕,只要贪腐不损害他的利益。在某种程度上,一个贪腐的官吏反而更容易控制和使用;正因为官吏的贪腐卑劣,皇帝才显得重要和崇高。从这一点来说,反倒是一个廉洁正直、为民请命的清官更加可怕。在刘邦看来,整个国家都是他的家产,一个贪得无厌、擅长偷盗的仓鼠才能从民众那里掠夺更多的财富,而一个仓鼠再大再肥,也是在他的掌中。"聪明的统治者,往往不但破格赐赠以结臣下的欢心,甚或鼓励贪污侵占以臻野心者的壮志";"专制官僚社会统治者对其臣下,或其臣下对于僚属所要求的只是'忠实',不是'清廉',至少两者相权,宁愿以不清廉保证'忠实'"。[①]官吏得鱼,皇帝得渔,是皇帝授予其贪腐的权力。宋太祖曾对大臣说:"人生驹过隙耳!不如多积金帛田宅,以遗子孙;歌儿舞女,以终天年。君臣之间,无所猜嫌,不亦善乎?"[②]

一般而言,一个新王朝刚刚建立时,官僚队伍还比较小,相对比较高效和廉洁。随着时间推移,官僚机构越来越臃肿,冗官滥吏,人浮于事,道德败坏,法制失效,各种腐败便不可遏制地锈蚀国家机器。金观涛先生将这种原因称之为"无组织力量",即官僚机构在维系自身稳定的调节过程中所发生的异化,这种异化在瓦解官僚机构的同时,又不构成新的组织力量。这种无组织力量因为不可逆性和自繁殖性,最后导致一个腐朽王朝走向覆灭。[③]

---

① 王亚南《中国官僚政治研究》,第61页。
② 《宋史·石守信传》。
③ 金观涛、刘青峰《兴盛与危机:论中国社会超稳定结构》,法律出版社,2011,第91页。

现代经济学家家格拉斯·诺思说:"人类社会制度变迁一个很重要的部分,是人的观念和信念的改变。"虽然西方人在习惯上会给服务员"小费",但却绝对不会容许公务员沾一点额外的"便宜",因为后者与权力有关。权力文化不仅包括政治制度,也包括社会观念。"亚财政"和"潜规则"、"隐权力"一样,都是传统政治典型的阴暗面。"潜规则在明朝的一个近义词是'陋规',写多了这种东西,人也容易显得'陋',满脑袋利害计算,算的还都是陈年老账,全不知今夕何夕,更不知道精神和理想为何物。"①无论《潜规则》还是《亚财政》,主题都是对权力的历史解构,与许多赞美权力和权谋的历史作品相比,无疑更具有现代批评精神。

"蠹众而木折,隙大而墙坏。"②皇权帝国之所以周期性的走向衰落,最后崩溃,其主要原因也许是日益增加的官僚机构的腐败和无能,它摧毁了政治制度的合法性。以写作官场小说闻名的作家王跃文先生有一个说法:整个中国王朝的帝制是越到后来越专制,越到后来越黑暗,最后到了清朝是中国历史上最专制的一个王朝,也是最黑暗的一个王朝。那么到了官场,则就是越来越腐败了。这个腐败除了经济层面之外,最大的则是人格腐败。

传统政治下,权力就是法律。项梁曾因犯罪被栎阳县逮捕,托人请蕲县狱属员曹咎致函栎阳县狱属员司马欣疏通,结果很快就获释。马克斯·韦伯曾说:"一个大国的最大危险,莫过于被一群政治上毫无教养的市侩所领导。"③中国人很早就发明了文字,甚至最早发明了纸和印刷术,但中国却没有建立起文字的尊严和力量。皇权体制下,真正主导中国历史的是权力而不是文字。权力体现了人类的任性,正如文字体现了人类的理性。权力使人走向堕落,文字使人找到尊严。只要权力/暴力不受法律/文字的制约,人们就不可能有真正的尊严,社会就不可能有真正的文明。王亚南在《中国官僚政治研究》一书中指出:

> 官僚政治是一种特权政治。在特权政治下的政治权力,不是被

---

① 袁伟时《晚清大变局》,线装书局,2014。
② 吴思《潜规则:中国历史中的真实游戏》自序,云南人民出版社,2002。
③ 《商君书·修权》。

用来表达人民的意志，图谋人民的利益，反而是在"国家的"或"国民的"名义下被运用来管制人民，奴役人民，以达成权势者自私自利的目的。①

封建中国是一个延续了2000余年之久的专制官僚统治国家。"以数千年专制之毒，世主既以官爵为唯一羁縻之具，而全国职业，劳少利大，而威武最盛者，既莫如官，则全国之争趋如鹄者固已宜矣。……盖官迷之毒之所由来，一以虚荣心，一以贪心。其原因皆由政治腐败，令官吏为一种特别阶级，特能多取不义之财，而淫威以逞，故求者极丧尽其廉耻，与者乃极肆其骄倨、而恶劣之心理，遂影响于一切政治。"②当西方国家用文字和法律建立起现代文明时，文字在中国的大多数时候，只能用来记录过去的野史和轶闻。因此，洪振快先生泡在国家图书馆里，在这里找到了有数不清的权力丑闻和阴险案例。一个生活在地球村的中国公民，从这些尘封的文字中，不仅可以发掘历史真相，也可以看清那个没有文字和尊严的可怕体制。

"一个变质的政府，一个剥削性越来越强、服务性越来越弱的政府，自然也需要变质的官员，需要他们泯灭良心、心狠手辣，否则就要请你走人……恶政好比是一面筛子，淘汰清官，选择恶棍。"③用孟德斯鸠的话说，专制政体的原则就是不断的腐化，因为其原则在性质上就是腐化的结果。其他政体或许会因为偶然变故而灭亡，但专制政体的灭亡则是因为其内在的缺陷。当官方所颁发的荣誉与荣誉本身相矛盾时，当恶名与显爵相统一时，当卑鄙之徒对奴颜婢膝获致显贵而引以为荣时，当他们认为对君主负有无限义务，而对国家不负有任何义务时，专制政体的原则就一再被腐化。④

柏拉图依法律的有无，将国家政体分为六种，即所谓的"王政"（有

---

① 王亚南《中国官僚政治研究》。
② 黄远生《游民政治》，第29~30页。
③ 吴思《恶政是一面筛子》。《读书文摘》杂志，2001年第6期。
④ 任恒俊《晚清官场规则研究》，海南出版社，2003。

法律的君主政体)、"暴政"(无法律的君主政体)、贵族政体(有法律的少数人的统治)、寡头政体(无法律的少数人的统治)、有法律的民主政体和无法律的民主政体。因为人性的不完美,"在我们的国家中还无从产生这样的国王——他像蜂群中的蜂王一样,从一开始就在身体上和精神上天生卓越,有王者之风,因此我们似乎不得不聚集起来,制定成文的法律,以仿效完美而真正的政体形式。"①中国长期承袭"秦制",虽然秦汉与古罗马很相似,但罗马是贵族统治,中国以德治国,而罗马是以法治国。"中西双方都重视道德教育,但有一个基本分歧。罗马人尊重元老院的声望,但元老们带头尊重法律体制,以崇尚法治自傲。中国儒家认为圣贤单凭个人品德便足以平治天下,所以贬斥法治,提倡人治。"②

按照亚当·斯密的说法,管得越少的政府越是好政府;换言之,权力越大的政府越是坏政府。当一个社会将权力视为一切财富的来源时,这个社会肯定出了问题。托克维尔说:"不受限制的权力本身就是一个糟糕而危险的东西。……当我目睹绝对命令的权力和手段赋予任何力量时,无论它被称为人民还是国王,无论它被称为贵族政体还是民主政体,无论它被称为君主国还是共和国,我都会说,它播下了暴政的种子。"

《亚财政》的大量史料直接来自康、雍、乾时期的奏折、上谕、实录等,并采用不同史料相互印证,以确凿的细节钩稽每个案例的全貌,这种写作不仅需要扎实的历史考证能力,更少不了潜心学术的毅力。《亚财产》的新版增添了一篇序言。在这篇提纲挈领的序言中,洪振快先生将国家分为两种:掠夺型和契约型。如果没有有效制约,国家权力就会表现出掠夺的本性;相反,在契约/法律约束下,国家权力只能在法定程序内运行,并提供公共产品。前者为专制政府,权力/暴力至上;后者为民主政府,法律/权利至上。毫无疑问,作为掠夺手段的"亚财政",只能出现在专制政府体制下。作者最后说:"从掠夺型财政向契约型财政的转变,就是从专制到民主的转型,也是传统文明向现代文明的转型。"有经济学家将经济/政治制度划分为包容性和汲取性两种,前者为多元化的政治,

---

① 柏拉图,黄克剑译《政治家:论君王的技艺》,中国青年出版社,2002。
② 欧阳莹之《龙与鹰的帝国》,中华书局,2016,第54页。

会带来广纳式的制度，进而为社会持续发展创造条件；后者为寡头统治，除了对多数人掠夺外，还会为了统治抵制创新，使国家跟不上文明发展的步伐。①

在马克斯·韦伯的模型中，腐败是对权力机构的法律理性形式规范的偏离。孔飞力把传统的中国政治制度定义为"官僚君主制"。在传统的中国政治生活中，君主和官僚是同一制度中的两个方面。官僚的职责是维持帝国政治机器的日常运转，管理帝国的各级行政。官僚就其本性来说，倾向于按常规办事。虽然君主的权力是专断的和绝对的，能够对官僚机器进行控制。但君主的专断权力和官僚的常规权力是相互消长排斥的，从长远的角度来看，专制君主仍屈从于官僚理性化的常规。②这多少印证了现代社会学家的一些论断："不论在哪个社会，集财富与权力于一身的人因犯罪而受到惩罚或是其腐败行为被揭发的几率要小于其他弱势群体成员。这些人不仅可以在触犯法律后支配大量资源来为自己辩护，而且由于他们头顶受人尊敬的光环，在一开始便更有机会参与法律法规的制定。"③

张宏杰先生的博士论文是研究曾国藩的个人财务状况。据他说，曾国藩做京官长达 13 年，虽然也多次升迁，但三五百两白银的年俸根本不够花。因为他不仅要养全家大大小小十几口人，还有大量的应酬。刘光第家境贫寒，中进士后钦点刑部主事，因无力支付当京官的花销，竟不敢就任。许多京官除过厚着脸皮"打秋风"，很自然地以陋规敛财，或贪污受贿，或以权谋私。但即使如此，曾国藩依然能洁身自好，克制"利欲"，"不靠做官发财以遗后人"，终成一代圣人。④

---

① （美）德隆·阿西莫格鲁、詹姆斯·罗宾逊，李增刚译《国家为什么会失败：权力、繁荣与贫困的起源》，湖南科学技术出版社，2015。

② （美）孔飞力《叫魂：1768 年中国妖术大恐慌》，第 357 页。

③ （美）迪特尔·哈勒，诸葛雯译《腐败：人性与文化》，江西人民出版社，2015，第 4 页。

④ 张宏杰《给曾国藩算算账：一个清代高官的收与支》，中华书局，2015。汉学家裴士锋指出，当初为资助曾国藩求学，曾家已背负巨债，即使有翰林俸给，他在北京生活也不宽裕，"但随着第一次外派出京，担任四川乡试主考官，情况跟着改观。巴结他的下层官员争相送礼，而通过考试的学子的家人也上门送礼以示感谢。他返回北京时有十六顶轿子随行，轿里装满裘、玉跟银，用来还清他的巨债还绰绰有余。"（裴士锋《天国之秋》，黄中宪译，社会科学文献出版社，2014。）

如果说曾国藩在京官时期是官小职微,没有机会腐败,他后来在湘军的十几年里已经是封疆大吏,经手的军费无以数计,但他终老时所积"养老钱"也不过两万两白银。相比之下,李鸿章的存款高达八百万两。李鸿章晚年权倾朝野,被称为"李合肥",可谓名至实归。为了表示对"头号大主顾"的敬意,德国克虏伯兵工厂特意为李鸿章塑铸了一座巨大的全身铜像,不远万里运到中国,树立在上海徐家汇。按照天朝传统,"采买西洋军火器械,有浮报价银两三倍者,并有浮报至四五倍者",曾经采访过李鸿章的英国作家布兰德在《李鸿章传》中认为,中日甲午战争的黄海海战几乎是败于张佩纶的贪腐。张是李鸿章幕府里的"捞钱冠军",由于他的"节约"思想,定远和致远两艘战舰上的10英寸大炮,只有三颗重型炮弹;鱼雷里装的是铁屑,而不是火药;威海卫炮台甚至以沙子来代替炸药。

同治六年(1865年),曾国藩与心腹幕僚赵烈文晚间畅谈。赵氏在六月二十日的日记中有记载:

> (涤帅)言得京中来人所说,云都门气象甚恶,明火执仗之案时出,而市肆乞丐成群,甚至妇女亦裸身无裤,民穷财尽,恐有异变,奈何?余云:天下治安,一统久矣,势必驯至分剖,然主威素重,风气未开,若非抽心一烂,则土崩瓦解之局不成。以烈度之,异日之祸,必先根本颠仆,而后方州无主,人自为政,殆不出五十年矣。①

35年后,庚子事变。45年后,辛亥革命,天朝覆灭,中国陷入军阀战乱。

---

① 赵烈文《能静居士日记》。

宋代的现代化与城市化

世界著名的畅销书作家凯文·凯利在《失控》结尾有一个神奇的断言，他说：历史上每一次进步，都会将从前高深的技术和专家"贬值"为大路货，特别是写作。今天的信息技术发展如此迅速，各种在线博物馆、古今中外的书籍都变得触手可及，这让那些穷经皓首的传统历史学家突然要面对无数业余历史爱好者的"包围"，"专业"与"业余"之间的界限越来越模糊，甚至有些"业余"丝毫不逊色于"专业"，即使从"学术"角度来审视。

在当下这场业余历史写作浪潮中，吴钩先生专注于宋文化的研究，代表作便是《宋：现代的拂晓时辰》①（以下简称《宋》）。在这本书中，吴钩将"现代性"作为全书主题和线索，由宋朝出现的各种现代化（近代化）展开枝节叶脉，分门别类，用点点滴滴的细节，拼凑了生动的历史大局——"瓦舍勾栏"描述宋人过着像宋瓷一样的精致生活；"契约时代"展示宋人从身份社会到契约社会；"全民皆商"细描了中国的重商主义年代；"共治天下"则充分体现了宋朝制度的分权与制衡之美。全书分为生活、社会、经济、法政四个部分，每个部分都用极其细节的"词条"解释来展开。这种"词条"式的写法，其实是向"百科全书"靠拢，显示了作者意图囊括历史方方面面的野心。

与许多学术性专著不同，本书以普通历史读者为阅读对象，为此在书中插入了100余幅宋代风情画。中国传统绘画重写意，因此常常很难将绘

---

① 吴钩《宋：现代的拂晓时辰》，广西师范大学出版社，2015年。

画作为历史的记录工具,但宋朝绘画却有所不同,出现了大量写实性的美术作品,而且这些代表中国古代艺术巅峰的作品有许多都流传至今。《宋》的封面就是一幅完整的《清明上河图》。有时候,图片的信息量远远超过文字。这些图片与文字相得益彰,使《宋》就如同一幅文字版的《清明上河图》一样,古老的宋朝在读者面前徐徐展开——随着宋朝的夜生活、瓦舍勾栏、贵族的娱乐活动、美食、节假日,甚至宋朝人的沐浴、刷牙以及天气预报、城市化、福利体系、书院一一呈现,这个充盈着拂晓之光的朝代显现着不输于当今社会的人性化、法制化、商业化的迷人之处。作者以优美而富于时代感的文字,将宋朝城市化、福利体系、书院、民风等,描绘成一幅趣味横生的充满生活气息的历史长卷。

可能是为了便于大众读者理解历史,作者在写作中采用了大量现代语汇,比如宋代开封的"城市白领"不在家中做饭,而是"叫外卖";再比如"GDP考核"、"官二代"、"猫粮专卖店"、"证券交易所"和"灯箱广告"等……在这方面,同样对宋代生活史兴趣盎然的李开周先生更是乐此不疲,他的《宋朝饭局》[①]在海内外都颇受读者喜爱。

历史写作离不开各种史料。本书所引史料极多,从正史到野史、笔记,以及国外汉学著作,不一而足。作者通过对各类记述宋朝的文献和各种各样的宋画的解析,从生活、社会、经济、法政四个层面,展示了中国历史上可能最为文明、现代,且具有划时代意义的时代。虽然写宋朝的通俗历史书不少,但大多局限于政治斗争和战争故事,着眼于历史全貌乃至社会细节的书屈指可数;其实大众的历史才是真历史,而宋朝确实出现了大众化的市民社会。

宋朝的现代性

就《宋》一书的主要观点而言,其实并无新意。《宋》这本书的书名就来自法国学者埃狄纳,他称宋朝为"现代的拂晓时辰"。著名历史学家钱穆先生就在《中国经济史》中同样说过,"中国在唐代以前可称为古代

---

① 李开周《宋朝饭局》,东方出版社,2014。

社会，自宋代起至现在可说是近代社会。宋代经济是划时代的近代经济的开始。"

公元 11 世纪后期，中国人是丝绸、茶叶、瓷器、造纸和印刷领域的大师，指南针和火药自不待言。他们使用多轴传动的纺车和水磨，还有雨伞、火柴、牙刷和纸牌。他们用煤制成焦炭，冶炼优质铸铁：他们一年要生产 12.5 万吨生铁。他们利用水力纺织粗麻线。他们有精致、华丽的水钟。整个长江三角洲，人们都勤勤恳恳地遵循"男耕女织"的儒教教诲，农民劳作谋生，也换取现金，用现金来消费商品。艺术、科学和工程蓬勃发展。桥梁和宝塔处处涌现。雕版印刷满足了群众对文学的迫切渴望。简而言之，宋代出现了极其复杂的劳动分工，很多人都消费着彼此生产的东西。①

关于宋朝的近代化或现代化，很多历史学家都有所共识。比如黄仁宇就说："公元 960 年宋代兴起，中国好像进入了现代，一种物质文化由此展开。货币之流通，较前普及。火药之发明，火焰器之使用，航海用之指南针，天文时钟，鼓风炉，水力纺织机，船只使用不漏水舱壁等，都于宋代出现。"如果将蒸汽机看作一场革命的话，那么火药和火器何尝不是一场革命呢？世界著名的兵器史学家奥康奈尔坦言："火器在中国的发展，开始于一场以工业革命的萌芽为主要特征的经济腾飞。"法国汉学家谢和耐在其代表作《中国社会史》，将宋代称作中国的"文艺复兴"——

11—13 世纪，政治生活、社会生活、经济生活与前代比较，没有任何一个领域不显示出根本变化。不仅是程度上的变化（如人口增加，生产普遍发展，对内、对外贸易增长，等等），而且是性质改变。政治风尚、社会、阶级关系、军队、城乡关系、经济形式均与唐朝这个中世纪式的贵族帝国迥然不同。一个新世界诞生了，其基本特点已

---

① （英）马特·里德利《理性的乐观派：一部人类经济进步史》。

是近代中国的特点。①

宋朝历史素来极受中外历史学家的关注，从日本的内藤湖南到法国的谢和耐，特别是宋朝在经济、科技和文化方面的进步，得到全世界学者的赞赏和肯定。让当代中国人民族自豪感大增的"四大发明"中，指南针、火药、印刷术的发明或者广泛应用基本都出现在宋朝时期。伟大的马克思称其为"预告资产阶级社会到来的三大发明"；换句话说，四大发明简直就是"资本主义之母"。因此有"宋朝资本主义"（汪晖语）之说。英国历史学家约翰·霍布森毫不讳言西方文明起源于东方，"正是宋朝中国许多技术和思想上的重大成就的传播，才极大地促进了西方的兴起。"②

为什么这些发明创造和新技术都密集地出现在宋朝？所有发明都是以自由为目的的，发明是一种创造，创造源自自由的文化。在《宋》中，吴钩并没有停留在浅层次的史料罗列，而是从文化的深度做了大量的挖掘和解读，这其实就是关于"现代性"这一著名文化理论的现实论证。一切历史归根到底都是政治史和制度史。在作者看来，宋代的现代性体现在比更晚的元明清的领先与文明。在一个文明社会中，尊严与自由是必不可少的。在大多数中国历史（特别是元明清三代）中，外部禁锢与自我阉割导致自由与尊严极度缺失。相对而言，宋朝显得比较"现代"。

有历史研究者认为，宋代人口增长很快，到北宋末年已经达到1.2亿左右，约是唐代人口的两倍。劳动人口的增加，也标志着社会生产力的增长，这使宋代的垦田面积也大为扩大。北宋末期垦田达到750万顷，几乎是唐代的两倍。同时，宋代的粮食亩产也超过唐代的最高产量，特别是江南地区的亩产量，达到唐代亩产量的2~3倍。宋代在农业生产方面的最大成就，并不是单纯产量的增加，而是出现了专业化和商业化转型，实现了茶叶、蚕桑、甘蔗、蔬菜、杉楮等商品性农业的道路，这无疑是此前的中

---

① （法）谢和耐著，耿昇译《中国社会史》，江苏人民出版社，1995。
② （英）约翰·霍布森，孙建党译《西方文明的东方起源》，山东画报出版社，2009。

国历史上所未有的。①

在粮食产量增长并形成过剩的情况下，粮食必然走向市场。宋代的粮食商品化一改"百里不贩樵，千里不贩籴"的传统。日本学者斯波义信斯在《宋代商业史研究》中指出，宋代的粮食已是商人大量、长途贩运的重要商品，并开始形成全国性市场。宋代经汴河运输的粮食每年达五六百万石。正因为粮食的充裕和商品化，这就为大型城市的出现提供了可能。

即使在中国历史语境中，宋朝也是独树一帜的。漆侠先生在《宋代经济史》中指出："宋代经济文化的高度发展，不仅远迈此前的汉唐，而且为后来的明清所不及。"

商品化是现代经济的主要特征，这体现在两方面，其一是宋代的国家财政结构已经由传统农业转向商业，其二是全民皆商现象。"无一家不买卖者"，商品的自由流通甚至将最底层的普通市民和最尊贵的皇帝联系在一起。史书中曾记载了一个玉石扇缀失而复得的趣闻：

> 高宗尝宴大臣，见张循王俊持一扇，有玉孩儿扇坠。上识是十年前往四明误坠于水，屡寻不获。乃询于张循王，对曰："臣于清河坊铺家买得。"召问铺家，云："得于提篮人。"复遣根问，回奏云："于候潮门外陈宅厨娘处买得。"又遣问厨娘，云："破黄花鱼腹中得之。"奏闻，上大悦，以为失物复还之兆。铺家及提篮之人补校尉，厨娘封孺人，循王赏赐甚厚。（《西湖游览志余·帝王都会》）

重新认识宋朝

虽然西方思想界常常将中国文明视为西方现代的一个起点，但在大多数中国人看来，却认定所谓现代文明完全是一种外来的西方文化（"西学"），与古代中国不仅没有任何联系，甚至可以说是中国传统的反义词。这种吊诡的事实说明，人们对历史认识上，存在着严重的误解和偏差。

按照吴钩先生的总结，宋代中国的"近代文明"主要体现在七个方面：

---

① 孙洪升《论唐宋时期的茶叶消费与茶文化的发端》，《古今农业》，2006年第4期。

经济繁荣、制度完善、精英流动、底层保障、科技进步、文化繁荣和对外开放。作者认为，宋代在一定程度上已经实现了现代才有的福利社会；成熟的文官政府，也使皇帝的权力得到一定的制约，"天下事当与天下共之，非人主所可得私"；有位叫做方廷实的监察御史甚至对宋高宗说："天下者，中国之天下，祖宗之天下，群臣、万姓、三军之天下，非陛下之天下。"①

科举制度在宋代经过改革，已经非常规范，这使得许多没有任何背景的普通读书人，能够通过公平的考试进入精英阶层；知识分子形成一个庞大的士大夫群体，这个群体具有强烈的独立意识，从而诞生了理学。作为宋代理学的代表人物，"横渠先生"张载用四句话概括了中国士人的使命："为天地立心，为生民立命，为往圣继绝学，为万世开太平。"宋代士人的这种自信，已经远远超越孔子孟子时代，这标志着一个知识分子群体的崛起。与此同时，宋代皇帝所倡导的"与士大夫共天下"，进一步营造了古典时代的民主共和政治。"有宋一代，文治大兴，百姓生活比较稳定，始终没有爆发大的农民起义，一定程度上与官僚的尽职尽责有关。"②

虽然一般都认为科举制度发端于隋唐时期，但只有在宋朝才走向成熟，甚至达到垄断性的程度。钱穆先生将宋称为"纯粹的平民社会"、"其升入政治上层者，皆由白衣秀才平地拔起"，他认为一切从布衣来，也由布衣来享用这个时代的成果。商业社会的兴起构成宋以下的"新传统时代"。白话文的兴起也是在宋以下慢慢成为一个潮流，此后大量的出版形成一种新的知识与讯息的传播模式。话本小说和词曲作为一种典型市民文化，也在宋朝兴起，这说明当时的文化消费已经达到相当高的水平。

北宋灭亡后，继起的南宋偏安江南，完全失去了传统产粮区的黄河中下游流域，田赋收入大幅度减少，财政更加依赖商业、贸易和手工业等非农产业。财政结构的改变使货币经济和商品经济更加发达。③放在世界历史的背景下，宋代的商业信贷、冶金煤矿、制造工业以及对外贸易均相当发达，商业化和城市化也达到较高的水平，拥有财产权的中产阶级和市民

---

① 《宋高宗·宋帝列传》。
② 张宏杰《顽疾：历史上的腐败与反腐败》，第194页。
③ 代谦、别朝霞《财政压力的经济后果：以宋朝的"靖康之变"为例》。

阶层渐成气候。宋朝"不杀士大夫"的传统，是最具有现代性的体现，大开言论自由之风。甚至出现了以太学生陈东为典型的学运热潮。

现代文明不仅仅是物质进步，更体现在尊严与人格的自由。作为宋朝文学最具代表性的人物，苏东坡一生在政坛历经磨难。书中记载了一段苏轼的评论：

> 历观秦汉以及五代，谏诤而死盖数百人，而自建隆（宋朝第一个年号）以来，未尝罪一言者，纵有薄责，旋即超升。许以讽闻，而无官长；风采所系，不问尊卑。言及乘舆，则天子改容。

早在魏源著《海国图志》之前 600 年，担任市舶使的赵汝适就已经撰写了《诸蕃志》，所记涵盖北非、阿拉伯和意大利等。从这里说，文明没有时间的差别，也没有地域的不同；文明作为人类的共性，同样适用于中国人，甚至是中国人的创造。历史是最好的启蒙，从历史中发现人的尊严，甚至发现一个藏在《清明上河图》里的"公民社会"和"福利社会"。

事实上，社会福利并不是现代才有的。在《续资治通鉴长编》记载中，宋太祖朝 17 年，"赈" 24 次，"蠲" 32 次。所谓"蠲"，就是取消农业税之类。乾德二年（964 年），更有一道诏书给地方长吏言：如果有旱田，"即蠲其租，勿俟报"。意思就是，如遇大旱，正赶上收租，要马上蠲免，不必等到上报后批准。这一德业，古今不曾见有。

一切历史都是当代史，历史的意义就在于其镜鉴。"如果让我选择，我愿意活在中国的宋朝。"这不仅是汤因比和马可·波罗他们的梦想，也是无数中国人的梦想。毫无疑问，宋朝中国几乎将一个中国人最多的梦想变成现实；或者说，它以其文明与理想实现了一个古老的"中国梦"。从宋人那里流传下来的民间作品很多，如《东京梦华录》、《梦溪笔谈》、《梦梁录》等，它们不约而同的都有一个"梦"字。还有一个著名的诗人叶梦得。我想这绝不是一个巧合。

陈寅恪在《邓广铭〈宋史职官志考正〉序》中说："华夏民族之文化，历数千载之演进，而造极于赵宋之世，后渐衰微，终必复振。"数年前，当中国第一次迎来象征现代文明的世界博览会时，中国馆的主题就是巨幅动漫版的《清明上河图》。如果说世界历史上曾经有过一次"中国梦"，那么它对中国人来说，或许就是"大宋梦"。

最早的城市化

宋朝常常被认为是中华文明的巅峰时期。许多世界主流学者甚至断定，宋代是中国近代化的开端。中国最早的城市化就发生在宋代，最典型的特征是大量的技术发明得到应用，工商业出现突飞猛进，城市经济日益发达，大量人口脱离农业，进入各种商业市镇。从数量来说，城市越来越多，城市人口出现大的增长。

从宋太祖乾德元年（963年）至太宗太平兴国四年（979年），宋朝运用武力征伐或不战而屈人之兵的手段，先后灭掉了荆南、湖南、后蜀、南汉、南唐、吴越、北汉等割据小国，"悉集七亡国之士民于辇下，比汉唐京邑民庶十倍"。

宋代之前，以汉唐为盛，汉唐人口最高峰时曾达到5000万到6000万左右。军人出身的赵匡胤极其厌恶战争，进入宋代之后，人民休养生息，长期的和平环境，使人口出现快速增长。宋仁宗时代的全国总户数为1200万，到宋徽宗时，就已经超过2000万户；按每户5口人计算，宋代人口已经达到1亿以上，远远超越汉唐。汴京人口百万，"比汉唐京邑，民庶十倍"，每年消耗的粮食达600万石。根据记载，北宋的汴京和南宋的临安都是人口逾百万的国际大都会，此外还有6个像泉州这样的大城市，人口在20万以上。至于10万人左右的中等城市则更多。值得一提的是，在宋代人口统计中，官方将城市中的非农业人口单独列为坊郭户，正式确认了城乡差别。①

宋代的城市化进程是极其明显的。在宋之前，中国只有"城"而没有

---

① 宋代将乡村居民和城市居民分别造籍管理，城市居民被称为坊郭户。宋代的坊郭户制不仅实行于州县城市，也实行于市镇。坊郭户按物力分为十等。户等的划分主要是作为征收赋役的依据。坊郭户主要以经营工商业和服务业为生。

"市"，所谓的城市，其实都是军事和政治驻地。宋代城市的标志不再是城墙，而是街市。开封在成为首都之前就已经是一座繁荣的商业城市，因此其市肆街道分布与唐时的长安、洛阳完全不同，不再限定在"市"内，在全城都有分布，与住宅区混杂，沿街沿河都有店铺，形成许多著名的商业街。最繁荣的商业街是宣德门东的潘楼街、土市子一带，州桥东的相国寺一带。潘楼街被称为"界身"，"是金银彩帛交易之所，屋宇雄壮，门面广阔，望之森然，每一交易，动即千万，骇人闻见"。① 商业繁荣导致了城市管制的瓦解，城市之中，商家云集，广告满街，酒楼茶馆，勾栏瓦社随处可见。开封城内有五六处"瓦子"，集中着各种杂技、游艺、茶楼、酒馆，附近还有妓院。宵禁的传统也逐渐消失，北宋的汴梁"夜市直至三更尽，才五更又复开张，耍闹去处，通宵不绝"；南宋的杭城"大街买卖昼夜不绝，夜交三四鼓，游人始稀，五更钟鸣，卖早市者又开店矣"。随着城市经济的发展，东京开封的商业活动开始出现"侵街"的现象，"自大街及诸坊巷，大小铺席连门俱是，即无虚空之屋"。

宋代张择端的《清明上河图》具有中国画极其难得的写实风格，它十分具体地反映出宋代城市经济的发达盛况，图中茶坊、酒肆、庙宇鳞次栉比，门店张灯结彩，各种招牌分外醒目，街市上车水马龙，人来人往，商店经营的商品包括珠宝香料、绫罗绸缎、书籍药材等各种商品，琳琅满目，形形色色，可见当时汴京经济之繁荣。

宋代的城市化，不仅体现在大城市的兴起，更主要的是大量小城镇的涌现，打破了唐代及以前"非州县之所不得置市"。人烟密集的村镇逐渐形成商业化的市镇——"草市"，聚居于市镇的大量人口已经逐步脱离农业生产，以商业和手工业为主。宋以前，镇作为军事屯戍之地，宋代收藩镇权，军镇转为市镇。当时郑州去京师两程，处于川陕驿路，当时有人写诗说："南北更无三座寺，东西只有一条街。四时八节无筵席，半夜三更有界牌。"② 最典型的变化出现江南地区。湖州、明州（今宁波）和杭州因水运方便，市镇繁多，形成大片的城市群。苏州有 5 县、60 多个市镇；

---

① 《东京梦华录》。

② 宋·庄绰《鸡肋编》。

湖州有5县、23个市镇；秀州（今嘉兴）有4县、35个市镇。这样的市镇是如此之多，以至于汴梁城外有十二处市镇环绕，城乡相连，形成卫星城；华亭县青龙镇作为"海商辐辏之所"，"瞰松江上，据沪渎之口，岛夷闽粤交广之途所自出，风樯浪舶朝夕上下，富商巨贾豪宗右姓之所会"。①鄂州城外的南市，沿江有数里之长，居住有数万家，商业十分繁盛，是"川广荆襄淮浙贸迁之会"，民居的众多，竟至于使丧家难于寻找埋葬的处所。这些远郊市镇的繁荣程度，丝毫不逊色于外地的一般州郡，可见都城何等繁胜。这无疑体现了大城市的辐射效应，这也是现代城市化最常见的现象。

临安吸纳诸方精华，渐渐而成繁盛之都。尤其突出的是，临安已彻底消除了历来天子都会严格划定的坊、市界限，店铺甚至临街而设，通衢坊巷，连门俱是。自然夜市亦应运而兴，交易之盛，一如白昼。各种官办及私营作坊，遍布杭城内外；勾栏瓦舍，不计其数。②

按照历史学家赵冈的计算，临安城在发展高峰期人口高达250万，且郊区面积远超过城区的面积，居民人数也高于城区。当时记载，临安"户口蕃息近百万余家，城之南西北三处各数十里，人烟生聚，市井坊陌，数日经行不尽"；"自大内和宁门外，新路南北，早间珠玉珍异及花果时新、海鲜野味、奇器天下所无者，悉集于此；以至朝天门、清河坊、中瓦前、灞头、官巷口、棚心、众安桥，食物店铺，人烟浩穰"。③马可·波罗赞美杭州说，"这是世界上最美丽的华贵天城。"稍晚一段时间的意大利人鲍丁南如此描述杭州：

> 世界上再也没有比这座城市更宏大的了，它方圆达100英里，到处见缝插针般地住满了人，一所宅院里往往住着十或十二家，而市郊的人口比市内还多。该城共有十二座城门，而在距每座城门8英里之外的地方，还有许多比威尼斯更大的城镇，故一个人若在任何一处郊区走上6或8天，仍会觉得自己仿佛只是走过了很小的一段路。

---

① 黄纯艳《中国古代社会经济史十八讲》，甘肃人民出版社，2010，第77页。
② 赵益《月沉西子湖：大宋帝国的衰亡》，江苏人民出版社，1995。第178页。
③ 《都城纪胜》。

就商业与文化而言，杭州无疑远远超过之前的开封，所以后人写诗说"汴州原不及杭州"，①"杭为行都，户口蕃盛，商贾买卖者十倍于昔，往来辐辏，非他郡比也"。②早在北宋时期，杭州就已经相当繁华，柳永的词《望海潮》中写道："东南形胜，江吴都会，钱塘自古繁华。烟柳画桥，风帘翠幕，参差十万人家。云树绕堤沙。怒涛卷霜雪，天堑无涯。市列珠玑，户盈罗绮，竞豪奢。"可以说，南宋以杭州为临时首都也是一种必然的选择。北方沦陷后，许多官僚地主和民众随着政权逃亡南迁，使城市人口增加很快。"杭州人烟稠密，城内外不下数十万户，百十万人口"，"细民所食，每日城内外不下一二千石"。③乾道《临安志》记载，当时共有 261600 余户，552600 余口，约共人口 130 万左右。

经济史学家麦迪森认为以杭州为首都是符合经济原则的：

> 这座城市不是按照传统的庆典仪式设计的，但却已经是一个通海的商业中心城市。随着北方难民的大量涌入，杭州成了一座令人兴奋的繁荣城市。中国定都南方，也意味着一个盛产水稻、水运便利的地区能以更低的成本养活中国人口。这样，不像其他朝代，宋朝不用为位于北方的首都提供粮食而维持昂贵的大运河水道。④

漆侠在《宋代经济史》中指出："这种现象不但出现在名城大邑中，在各地州县也有类似的表现，只不过是草市规模有所不同罢了。城市格局和城郭限制的打破，深刻地揭示了宋代都市商业的发展。"草市现象其实就是今天所说的"小城镇"，这是中国城市化进程中的最值得关注的特点。据研究者统计，两宋时期见于史载的市镇多达 3600 个以上，其中相当一

---

① 出自清人黄任《西湖杂诗》。全诗为：荷花十里桂三秋，南渡衣冠足卧游；争唱柳屯田好句，汴州原不及杭州。

② 宋·吴自牧《梦粱录》。

③ 同上。

④ （英）安格斯·麦迪森，伍晓鹰、马德斌译《中国经济的长期表现：公元 960-2030 年》（第二版），上海人民出版社，2008，第 17 页。

部分市镇，不论是人口数量，还是经济水平，都超过了一般州县。很多州县都是政府建设和管理的，而市镇完全是因为商业活动而由民间自然形成的，四方辐辏，并至而会，后者更加繁荣和有活力。宋孝宗时发生的鄂州大火中，南草市被烧毁的人家达万户，可见其市镇之大。

除过开封、杭州这两座都城外，宋代的平江（今苏州）、广州、泉州和宁波也因为水运海运便利而发展成为重要的商业城市。宋代绘制的《平江图》保存至今，堪称中国最早的城市地图。

赵冈先生的《中国城市发展史论集》中列出了一个中国城市化发展历史统计表。从中可以看出，中国从战国时代起，就已经进入一个相当高的城市化状态，并且在其之后的1500年里不断提高，北宋城市化率为20%，到南宋时期达到了中国历史时期的城市化最高水平22%，这大约相当于1980年的中国城市化水平。[1]从南宋以后，中国城市化进程陷于停滞，城市化率迅速下降，到19世纪中叶达到最低点6%左右；在19世纪中叶之后，随着通商口岸的开通和近代工业的兴起，城市化进程开始复苏，城市化率也逐渐恢复，直到1949年的10.6%，乃至目前的51%。

唐长安城非常方正、规整，街道笔直如削，以直角交错，将城廓分割成格子一样的"坊"（居民区）与"市"（商业区）。白居易的诗歌形容长安城"百千家似围棋局，十二街如种菜畦"北宋开封城显然已不如唐代长安城工整，不但城墙修得有些歪曲（这是宋政府修建城墙时迁就民居的结果）；城内的街道亦不再一味追求又平又直，斜街、斜巷可见，沿着穿城而过的汴河，自发形成了一条斜斜的临河大街；一格一格封闭起来的坊市也不见了，取而代之的是四通八达的开放性街道。唐时的坊市制已经完全瓦解。宋代的城市街道已经跟现代城市没什么二样：从前的坊墙全然不见踪影；临街的建筑物均墙体敞开，成为开门迎客的商店、酒店、饭店、客店；商家挂出的广告招牌琳琅满目；街边还摆满各种做小生意的流动摊位。

宋太宗至道元年（995），宋廷"诏参知政事张洎，改撰京城内外坊名

---

[1] 战国（公元前300年）：15.9%；西汉（公元2年）：17.5%；唐（公元745年）：20.8%；南宋（公元1200年）：22.0%；清（公元1820年）：6.9%；清（公元1893年）：7.7%；现代（公元1949年）：10.6%。

八十余。由是分定布列，始有雍洛之制"。这个"雍洛之制"便是指唐代洛阳城的坊市制。宋真宗咸平五年（1002），朝廷又任命谢德权拆除汴京的侵街建筑物，谢德权以霹雳手段拆迁后，上书建议置立"禁鼓昏晓，皆复长安旧制"。陆游时代（12世纪后期），宋朝"京都街鼓今尚废，后生读唐诗文及街鼓者，往往茫然不能知"。

城市的土地

近代化的一个特点就是经济模式的改变，城市经济超过乡村经济，商业比重超过农业比重。北宋神宗元丰八年（1085年），汴梁城的商业利税达到55万缗；南宋中期，临安一年的商业税收高达120万缗。日本学者波义信通过对临安城市规划的研究发现，城市中心为资本和商业集中地，皇宫反倒偏居一隅，这与现代城市的空间结构非常类似。

"陶尽门前土，屋上无片瓦；十指不沾泥，鳞鳞居大厦。"这是梅尧臣的诗《陶者》。这首诗一方面说明宋朝的手工业已经非常发达，另一方面也说明当时贫富悬殊也很严重。毫无疑问，这正是城市化的结果。

在古代技术条件下，西方建筑多采用石料，中国则多用木料；相比之下，石料耐久，但建筑周期长，成本高，木建筑具有明显的施工优势。现代城市号称"钢筋水泥丛林"，对宋代的城市来说，完全是靠木材搭建的；所谓"土木工程"，主要还是木料。濒临黄河的开封虽有水运之便，但位于平原中心地带，几乎没有任何森林资源，因此面临巨量木材的来源问题。考虑到运输便利，关中和陇西便成为首选之地。

朝廷在渭河上游第一次采伐木料，是在公元961年，即北宋建立的第二年。这一年，尚书左丞相出身的高仿出任秦州（今天水）知州，他发现这里有广袤的原始森林，而当时大兴土木的开封木料极其短缺，于是高仿就招募了300人，成立采务造，开始了大规模的伐木运动。一排排巨大树木砍伐之后，顺着山林间一道道"溜槽"被滑到山脚，人运车拉。搬运到渭河岸边。然后，这些来自渭河上游的西秦岭北坡，甘肃境内武山、甘谷一带的千年松柏，通过渭河顺流而下，漂运出关中，再经黄河，运抵开封。

《清明上河图》中的开封城市街道与房屋

此后的数十年间,渭河南北山岭上的千年古树几乎被砍伐殆尽,都被运到开封,变成《清明上河图》上的皇宫大殿、寺庙堂馆和楼舍街坊。①

作为城市建设的主要基础,建筑业的专业化,不仅是经济上的,也是技术上的。除过预浩的《木经》,李诫修订了很多前人的建筑著作,编撰了一本巨细无遗的《营造法式》。崇宁二年(1103年),宋徽宗将《营造法式》颁发施行,并以此作为全国建造楼房的标准和建筑施工手册。同时,宋代的土木技术已经可以实现多层建筑。"临安城郭广阔,户口繁夥,民居屋宇高森,接栋连檐,寸尺无空。"按照鲍丁南的说法,杭州甚至出现了10层建筑。

宋代的城市与工业技术支撑的现代城市仍然有着天壤之别。首先大多数建筑都属低层土木结构;其次,房屋主要都是自建,与其说是房地产,不如说是地产。换句话说,古代的城市其实就是大型的乡村。林语堂曾说:"中国人对于家宅的概念是指一所住宅,那里有一口井,一片饲育家禽的场地,和几株柿枣之属的树,要可以相当宽舒的互相配列着,因为要使地位宽舒,在中国古时,以及现代的农村里头,房屋的本身在全部家宅庭园的配置里,退处于比较次要的地位。"《清明上河图》中有这样一个场景:在城门楼外沿河柳荫下,有五六头正在觅食的猪。市民家里还要养猪,这

---

① 王若冰《给渭河立传:中国"旱腰带"上的史诗》,《环球人文地理》,2015年第03期。。

对现代城市人来说是不可思议的。

唐代以前，城市居民与乡村居民在制度上并没有多大的区别。唐武德七年（公元624年）发布的律令规定，无论城乡，皆以百户为里，五里为乡，四家为邻，五家为保。只是在邑居者为坊，在田野者为村。根据均田制，城乡居民都一视同仁由官方授予耕田。除过少数官吏和食利之商，一般城市坊民跟乡间农民一样，日出而作，日落而息，每日出城耕田，日暮回城休息，"耕作则出就田中之庐，农功毕则入此室处"，完全以农业为职。因为城门定时开关，有时候反而不如乡村农民自由。从唐到五代，一般城内也有大片耕地用来种菜，《五代会要》中记载，"城内诸坊曲除见定园林池亭外，其余种苜及充菜园，并空闲田地，除本主量力自要修造外，并许人收买。见定已有居人诸坊曲内，有空闲田地及种苜并菜园等，如是临街堪盖店处田地……"①

经济学家冯锐对中国城市文化的特点有过这样的论断：

> 广义上说来，每个中国人都是农民，因为即便象广州这样拥有九十万人口的繁忙都市，都处处养着鸡。而拥有七十七万七千人口的南京，当时的首都，它所拥有的农田面积也要超出商用和住宅面积。除作物和牲畜之外，渔塘和肥堆在城中也是随处可见。每个中国人在他的日常生活中都有干些农活，事实上，每个中国家庭，无论贫富，都在生产着一些农产品。农耕似乎是中华民族的本能。②

正因为城市建设的这种特点，中国历代政府都对土地市场有严格的管制。唐玄宗时期明文规定："应给园宅地者，良口三口以下给一亩，每三口加一亩，贱口五口给一亩，每五口加一亩……诸买地者不得过本制。"即每户宅基地不得超过一亩。四合院是宋代城市的主要建筑形式，但对建筑形制有严格的限制。《宋史·舆服志》记载，"庶人舍屋许五架，门一间

---

① 黄纯艳《中国古代社会经济史十八讲》，第79页。
② 曾雄生《宋代的城市与农业》，《宋史研究论丛》第六辑，河北大学出版社，2004。

两厦而已。"

虽然说"普天之下，莫非王土"，但事实上，中国历来都承认土地的私有产权。即使皇帝，理论上也不应当任意侵占他人的土地和住宅。宋太宗几次想扩建宫城，但想到浩大的拆迁工程，又都放弃了："内城偏隘，诚合开展，拆动居人，朕又不忍。"在北宋时期，曾有过几次大的城市扩建工程，如：雍熙二年（985年），宋太宗改建楚王府；景德四年（1007年），宋真宗建造凯旋亭；景祐二年（1035年），宋仁宗为百官新建住房；元丰五年（1082年），宋神宗为列祖营造神殿；元丰六年（1083年），杨景扩建内城；崇宁五年（1106年），蔡京扩建外城。这些扩建都需要占用周边的土地，大量的民居被拆迁，宋朝政府为此特别制定了拆迁补偿方法。如元丰六年（1083年）的开封外城扩建工程，按照规划，新修城墙占用120户居民的住宅，开封府呈报的报告中记录，总共支付补偿款20600缗，平均每户可拿到171缗。

用171缗补偿款作为房屋建造费用或许还可以，如果用来买地就远远不够了。当时开封的地价非常昂贵。王禹偁在《李氏园亭记》中，有"重城之中，双阙之下，尺地寸土，与金同价"的感慨。买房就是买地，高昂的地价使很多人买不起房。

临安的整个城市格局坐南朝北，大内的宫殿建在全城最南端的凤凰山麓，而官府和厢坊则全在皇城之北。南宋一直将杭州作为临时"行在"（临安），所以一直没有修建正式的皇宫，"两座主要的建筑物，高只有60英尺，宽则不超过80英尺。总起来说，它们并不比一所大的县衙富丽和奢侈多少。"①

城市的房子

当下中国正处于房地产狂热中不能自拔。一般说来，房地产的发展有两个前提，一个是城市化，一个是市场化。就历史而言，中国的房地产曾经过三次发展高潮：当下房地产热算一次，民国时代因为工业化进程也

---

① （法）谢和耐，刘东译《蒙古入侵前夜的中国日常生活》，北京大学出版社，2008年。

出现了一次，而最早的房地产热潮可能要推到七八百年前的宋朝。

虽然宋朝的官员薪俸较高，但大多数官员都租住在政府提供的公屋中。"自来政府臣僚，在京僦官私舍宇居止，比比皆是。"甚至连宰相也不例外，《朱子语类》中说："百官都无屋住，虽宰执亦是赁屋。"曾为宰相的寇准就感叹说："历富贵四十年，无田园邸舍，入谨则住僧舍或僦居。"他也因此被称为"无地起楼台"的宰相。

苏东坡的儿子结婚，没有新房，只好借朋友的房子办喜事。他的弟弟苏辙在官场上比他要成功得多，竟然也没有买汴梁的房子，直到70岁时，才在许昌置买了一份房产。苏辙为此感慨万千，"我生发半白，四海无尺椽。"①

苏轼一生宦海起伏，四处漂泊，不置房产倒也罢了，欧阳修长期在京城生活，竟然没有买房子。他为此颇为苦恼，"嗟我来京师，庇身无弊庐。闲坊僦古屋，卑陋杂里闾。邻注涌沟窦，街流溢庭除。出门愁浩渺，闭户恐为潴。墙壁豁四达，幸家无贮储。"他还写过一首《买宅》诗："我老未有宅，诸子以为言。东家欲迁去，余积尚可捐。"欧阳修在他42岁时，终于在颍州置了一套房产，后来还把空房子租出去，当起了房东。一生淡泊的江休复在《江邻几杂志》中，这样写租客的感受："望月初请料钱，觉日月长；到月终供房钱，觉日月短。"

相对而言，宋代官吏的薪资比较高。宋朝高官的薪俸收入是汉代的10倍以上，也比唐朝和明清时期高出四五倍。清代历史学家赵翼就认为，宋朝末日，之所以有那么多官员以身殉国，就是因为朝廷对其待遇优厚——

> 其给赐优裕，故入仕者不复以身家为虑，各自勉其治行。观于真、仁、英诸朝，名臣辈出，吏治循良，及有事之秋，犹多慷慨报国。绍兴之支撑半壁，德祐之毙命疆场，历代以来，捐躯殉国者，惟宋末独多。虽无救于败亡，要不可谓非养士之报也。②

---

① 李开周《千年楼市》，花城出版社，2009。
② 清·赵翼《廿二史劄记》。

开封人口比唐长安多得多，面积却只有长安的一半，因此人口密度和建筑密度也要大得多。作为官商云集的京城，汴梁的住宅无疑是特别紧张的。早在北宋初年，大学士陶穀就谈起这种"蜗居"境况，"四邻局塞，半空架板，叠垛箱笼，分寝儿女"。到了北宋末期，城市人口增长了将近一倍，住房和土地的短缺状况更加严重。御史中丞翁彦国指出："京师户口日滋，栋宇密接，略无容隙。纵得价钱，何处买地？"

由于人口激增，新扩建的外城，只将官府仓库军营等定出，其余交私人建造，多是在沿街店铺和贵族宅第的后面建造院落式的住宅，"其后封闭空间，团转盖屋，向背聚居，谓之院子，皆庶民居此"。《清明上河图》上看到的密集的屋顶，就是这种院子。城内外的席棚和茅屋则是一般人民的住所。官僚的住宅也分布在城内各处，北宋中期后，大官僚购买土地，拆除大量民房，建造华丽府第，因城内拥挤，多建在城外，如蔡京的太师府就建在梁门外。①

宋代的城市化和商业化，彻底破除了中国传统的重农轻商习俗；城市空间的紧俏，自然创造了房地产商机，很多官绅和富豪都偏向于投资地产，通过商铺收取租金。蔡襄曾说："昔年从商者，莫不避人为之，今诸王邸多置产市井，日取其资。"咸平七年（1004年），宋真宗下发圣旨，"禁内外臣市官田宅"；天圣七年，宋仁宗"诏现任近臣除所居外，无得于京师置屋"。皇帝亲自过问住房问题，可见其影响之大。这两份圣旨对京城官员置业做出规范，一是禁止买卖公屋，二是不得购买两套以上住房。

北宋宣和三年（1121年），徽宗特赐官拜太尉的高俅一套宅邸。不到两年，就有臣僚揭发："比年臣下缘赐第宅，展占民宅，甚者至数百家迁徙逼迫老幼怨咨。"《靖康要录》记载，高俅"自恃昵幸，无所顾忌"，扩建第宅时胡作非为，"身总军政而侵夺军营以广私第"；同时，"多占禁军以充力役，凡所占募多是技艺工匠"；"凡私家修造，砖瓦泥土之类，尽出军营"。高俅死后不久，汴京便被金兵围城，天寒地冻，城内珠米桂薪，官方下令"毁高俅赐第，鬻其材于民"。百姓闻听，不等官军到来，就蜂

---

① 董鉴泓《中国城市建设史》，中国建筑工业出版社，2004，第81页。

拥而至，没用多久，便将高俅的豪华宅邸拆得干干净净，甚至连同皇宫大内的艮岳也拆了作劈柴。①不久，东京沦陷，北宋灭亡。

> 自古兵乱，郡邑被焚毁者有之。虽盗贼残暴，必赖室庐以处，故须有存者。靖康之后，金虏侵陵中国，露居异俗，凡所经过，尽皆焚爇。……中原之祸，自书契以来，未之有也。②

北宋灭亡后，大量城市难民携家南渡，江南一带的住房需求极其旺盛，带动"富家巨室，竞造房廊"，甚至连"军前诸司，骈置铺席"。可见当时房地产市场的火热。在宗法制度下，典卖房产时，同一宗族人享有优先购买权。《宋刑统》规定："应典卖倚当物业，先问房亲；房亲不要，次问四邻；四邻不要，他人并得交易。房亲着价不尽，亦任就得高价处交易。"③

南宋时期土地价格高涨，火葬费用远远低于土葬，因此火葬逐渐大行其道。西湖边上的圆觉禅寺就是南宋时期著名的火葬场。火葬后的骨灰一般不予保存，都被和尚们撒入西湖或河流。死者仅以文字牌位的方式，继续在家庭中存在，供生者祭奠，几乎不占用任何土地。但火葬引发传统儒教人士的极大不满。官方在屡禁不止的情况下，只好由官方购置土地，设立福利性的公墓，供买不起墓地的穷人土葬。

宋朝虽然在商业化方面走得很远，但并没有放松政治的救济功能。针对大量流离失所的底层民众，朝廷建设了大量的安置场所和福利设施，几乎是倾国之力。这些福田院、安济坊、漏泽园、施药局和居养院遍及全国各地。④对于一些户绝屋，政府将其收归国有，用作居养院。

宋朝政府建设了大量公租房（类似廉租房），专设楼店务管理，并将房屋租金分为三个等级，如遇雨雪、庆典等特殊情况，房租可减免和缓交。

---

① 虞云国《历史上的高俅》。《文史知识》，2005年第12期。
② 宋·庄绰《鸡肋编》。
③ 蒲坚主编《中国法制史》，光明日报出版社，1987。
④ 福田院用来收容乞丐，安济坊用来收容孤儿，漏泽园用来埋葬无力买墓地买棺材的穷苦逝者，施药局用来给看不起病的穷人提供免费医疗，而居养院则主要用来养老。

"官司出榜除放房地钱,大者三日至七日,中者五至十日,小者七日至半月,如房舍未经减者,遇大礼明堂赦文条划,谓一贯为减除三百,止令公私收七百。"

宋朝非常重视商业税,房地产交易中的契税被列为主要税种。开宝二年(969年),宋太祖赵匡胤"令民典卖田宅输钱印契,租契限二月"。就是说,房屋买卖必须在交易后两个月内,到政府部门办理合同,缴纳契税。早期的房屋交易税只有2%,庆历年间(1041—1048年)涨到4%。进入南宋后,"人户典买田宅,每百收勘合钱十文",契税高达10%。

中国一般将官方认可并加盖红色官印的合同叫做"红契",未经"见官"的私下交易合同称为"白契"。红契一般为官方统一印制的格式合同,比白契多了一笔不菲的契税。为了省钱,民间多选择白契。白契虽然可以省下契税,但它最大的麻烦是,一旦买卖双方发生纠纷,就很难得到政府的支持。绍兴十三年(1143年),南宋政府下令,"民间典买田产,赍执白契因事到官,不问出限,并不收使,据数投纳入官"。

必须指出的是,在当时的技术条件下,建设和维持城市是一件极其不易的事情。特别是南宋时期的都城杭州,无论是修建罗城、修筑御街,还是建筑宫殿府邸,都需要大量的木材、石材和砖瓦,这些材料几乎都取自很远的地方,根本不是人口密集的江南所产。虽然当时已经有很多独轮车类的运输工具,但对大重量的建筑材料来说,无论是道路还是车辆都无法承受,因此只能以原始的滚木建造滑道,然后以陆地行船的方式人工拉纤,前拉后推地缓慢移动。

现代的门槛

"中国所以成为今日现象者,为宋人所造就十八九。"从某种意义上,严复的这句话基本可以概括《宋》的大部分内容;换句话说,作者吴钩试图从遥远的宋代找到今天中国社会的一切根源,但历史毕竟不同于现实,现实正在发生,而历史已经逝去。历史依赖于记载和记忆,历史因此与真实之间存在一段不可逾越的距离。人们往往将现实和自己的愿望投射于历史，一厢情愿地以点带面，以细节来拼凑还原大历史，所谓"一切历史都是当代史"。关于历史的争议往往也正在于此。

在《历史的细节》出版之后，我用了两年时间梳理了人类世界走向现代化的坎坷历史。在《现代的历程》这本书中，我认为"现代"更多的是一种文化和文明概念，而非时间概念。宋代关于现代文明的体现并不是完全的和成熟的，"现代的拂晓时辰"毕竟还不是真正意义上的"现代"。拂晓介于黑夜与白天之间；从文明上来说，宋代同样介于古代与现代之间。

在强调宋朝"现代性"的同时，读者不应忘记其毕竟还是一个"古代社会"——哪怕是一个具有一定现代性的古代社会。在自序中，吴钩用"一个站在近代门槛上的王朝"来形容宋朝，这实际也暗示了宋朝与现代化之间存在一个不可逾越的瓶颈。这个瓶颈其实就是文化和制度造成的。（即使今天，唐德刚先生提出的"历史的三峡"这个命题，依然引起许多中国知识分子的共鸣。）

费正清先生将中国与西方的差别比喻为女人与男人的差别，中国就好比一个女孩，她在一定时期或许看起来跟男孩很相似（"假小子"），不仅从外形上很像男孩，而且还喜欢像男孩一样探索和冒险，但"儒家的性特征"最终还是决定了她只能是个"女人"。

宋代的文明有目共睹，但这些文明并不能简单的视同于现代文明，一些历史学家对此都曾做出提醒。他们认为，即使有改变世界的"三大发明"，宋代的现代性以及商业革命与现代工业社会之间，并没有内在的逻辑关系。表象类似并不能证明内部逻辑也相同，就好比"2×2"与"2+2"，虽然参与元素（2）和结果（4）相同，但不能说它们（乘法与加法）是一回事。同样，一个富裕程度接近的农耕社会与商业社会也是两码事，而开明专制与君主立宪有着质的区别。赵鼎新先生指出，工业资本主义"主要是政治现象，而非经济现象"，这就很好地解释了何以宋代之后，并没有出现持续的近代化进程。①

---

① 赵鼎新《国家、战争与历史发展：前现代中西模式的比较》，浙江大学出版社，2015。

宋代的城市发展即使很显著，"城墙在很大程度上仍然起着标志城市的城堡特征的作用，从而也使它们的行政意味表露无遗"。①从政治制度上来说，宋代中国仍然无法摆脱其浓重的"前现代"色彩。

中国古代的城市及其形态和空间布局，在很大程度上乃是王朝国家权力的空间展布，主要是基于某些制度安排而形成的，是权力运作与各种社会经济因素共同作用的产物，而并非"自然的"或"必然的"结果：子城、罗城、附郭街区的形成，主要是基于制度的规定；功能分区的模糊化，中心与边缘区的"倒错"，既不符合西方式的"经济性"与"生态理性"，而只能符合中国式的"权力理性"。质言之，是权力"制造"了城市，"制度"安排了城市的空间结构。②

金观涛先生对此也有类似的看法：

由于一体化官僚网总是和城市交织在一起，中国古代城市，特别是大城市的兴衰，往往取决于它们在政治上的重要性，并不完全受经济发展的支配。所以，中国封建社会的大城市比欧洲出现得更早，规模也更大。而这些城市又随着封建王朝、官僚政治的兴衰而变迁着。开封就很典型。它是在唐代迅速发展起来的，后被北宋定为首都，成为中原华北地区的政治、经济、文化中心，十分繁华昌盛。这种兴旺局面同它是京城的显赫政治地位分不开的。公元1266年金军入城，开封失去首都地位以后，大批官员、商贾、市民离开了开封。开封一旦失去了国家政治中心的地位，商品需求也大为减少，商业急剧衰退；与开封市相连的交通网也开始冷落弛坏，以开封为中心的华北地区的商业交往随之衰落。南宋定都临安（杭州）后，临安迅速成为一个有百万人口、面积比现今杭州市区还要大的繁华大城市。但明代以后，

---

① 包伟民《宋代城市研究》，中华书局，2014，第85页。
② 鲁西奇《中国历史的空间结构》第339页。

杭州不再是首都,它也就逐渐衰落了。①

欧阳修撰《五代史》时感叹,"天子宁有种乎?兵强马壮者为之。"中国历代王朝都是通过暴力战争建立的,所有开国皇帝也基本上都是军人或军事将领。从秦汉隋唐到宋元明清,在中国两千多年的王朝历史中,宋朝恰好处于一个中点。与其他王朝相比,宋朝因"陈桥兵变"而建立,之后"杯酒释兵权",是杀戮最少的。赵匡胤是一个典型的职业军人,但他却将文化地位推到了历史最高点。同时,宋朝是疆域最小的一个时期(南宋更是只有半壁江山),与其并列的还有辽、金、西夏、大理等王朝。常言说,大国多内忧,小国多外患。宋朝是中国历史唯一一个没有政变(兵变)和(大规模)民变的王朝,但也是唯一一个被异族灭亡的主流王朝。相比之下,秦汉隋唐元明清这七个大王朝,无一例外都是亡于民变或者因民变而亡。前者死于"他杀",后者死于"自杀"。仅从这一点来说,宋朝的治理结构相对而言是比较合理和健康的,从而保证了社会的长治久安。

文明的终结

古希腊曾有举世瞩目的文明,但这并不能避免它被野蛮异族所灭亡。在一千多年后,中世纪的欧洲从已经湮灭的希腊文明找到现代的火种,掀起一场改变欧洲的文艺复兴运动。有人称同一时期的宋朝为中国的文艺复兴,事实上,当下中国倒是有必要重温已经消逝的宋代文明。

正如吴钩所说,对历史"不能预设立场",更不能想当然。作为一个一千多年前的帝国,宋朝仍然保持着很多古代社会的特点,但也已经发展出一些现代社会的雏形,这一点是毋庸置疑的。宋朝中国之所以被称为中国历史的"颠峰",恰恰不是其古代性,而是因为其现代性。进步是文明的最大标志。遗憾的是,这种现代文明最终毁灭于一场游牧民族的全球征服战争,不仅"崖山之后无中国",整个人类文明也一度跌落低谷。

无论从政治、文化,还是科学、经济来说,宋代的结束无疑是一个历

---

① 金观涛、刘青峰《兴盛与危机:论中国社会超稳定结构》,第184页。

史的拐点。对于当代中国人来说，主流历史叙述通常认为宋朝贫弱，究其原因，其实在于历史评价体系的功利化。宋代中国亡于野蛮落后的游牧暴力，这极大地颠覆了中国传统的文明自信，主流意识形态逐渐接受了存在即合理、暴力为王的实用法则，历史从社会话语彻底转向国家话语，社会历史被边缘化。但实际上，没有社会的现代化，就不可能有国家的现代化。在《宋》中，吴钩用大量的篇幅将宋代与明清两代进行了对比，使读者更易认识到现代文明对社会的历史意义。国家的强盛并不必然意味着这民众的幸福。

江南地区作为宋代的核心地带，至今依然是中国最富裕和最文明的区域。这从某种意义上也能提醒人们些什么。人类文明在发展过程中，游牧、农耕和商业是三种典型的社会形态，游牧社会最为原始野蛮，定居性的农耕社会又很容易形成等级化的专制帝国，只有到了流动、平等、法治和契约化的商业社会，现代文明才显现出来。宋代的"曙光"就体现在中国已经开始从农耕向商业过渡，但这一"商业革命"很快就被野蛮的游牧暴力打断，中国此后几乎退回到野蛮时代，从而一直无法跨越这道现代的"门槛"。

宋代兴起的城市化因蒙古征服而半途夭折。蒙古统治者以原始的野蛮统治方式桎梏中国，禁止民间练武打猎，禁止结社集会，禁止夜间点灯，南宋遗留下来的许多贸易场被关闭，"舟车停留，道路萧条"，海禁之下，每年"越境私贩作罪者动以千人"。元朝一度改农为牧，到处兴办马场，山东沿海如登、莱一带，都成了广袤千里的牧场，甚至两淮都有养马场。"今王公大人之家，或占民田近于千顷，不耕不稼，谓之草场，专放孳畜"。大量的水利工程遭到破坏，良田变牧场，致使中国精耕细作的农业发生大倒退。蒙元统治者来自狩猎民族，他们将打下的江山连同民众统统视为狩猎品——

> 蒙古人最初过着游牧生活，似乎不能拥有足够的兽群，而以狩猎为生。因此即便通过征服建立了庞大帝国，政治上仍是狩猎者的理论，即征服的土地与人民不过是狩猎而得的战利品。换言之，土地、人民是征服者的私有物。所以问题就是如何运营对所有者最有利，被征服者等同于物件，没有任何发言权。因此其政治极为残忍苛酷，

亦在所难免。①

谢和耐在《蒙元入侵前夜的中国日常生活》的导言中说：蒙古人的入侵形成了对于伟大的中华帝国的沉重打击，这个帝国在当时是全世界最富有和最先进的国家。在蒙古人入侵的前夜，中华文明在许多方面都处于它的辉煌顶峰，而由于此次入侵，它却在其历史中经受着彻底的破坏。

宋代以开封为都城，它成为全国经济最繁荣的地区，城方圆达193公里，11世纪末人口达到百万以上。但经过大动乱，公元1330年，开封人口只有9万人了，周围8.5公里，倒退到600年前盛唐时开封市的规模了。以开封为中心的中原华北地区，人口由3000万人左右降为1000万人。600年似乎一个大轮回。……杭州人口达39万户，百余万人口。但经过元代动乱，杭州市衰落了。史书称："嘉靖初年，市井委巷，有草深尺余者，城东西僻有狐兔为群者。"……经动乱后，明初扬州市仅余下18家居民了。②

元人张养浩写诗云："望西都，意踌躇，伤心秦汉经行处。宫阙万间，都做了土。"北宋亡于女真蛮族，南宋百年文明繁华，最终被野蛮的蒙古铁骑辣手摧花，那些金碧辉煌的皇宫被改称为五座佛寺："曰'报国'、曰'兴元'、曰'般若'、曰'仙林'、曰'尊胜'。报国寺即垂拱殿，兴元寺即芙蓉殿，般若寺即和宁门，仙林寺即延和殿，尊胜寺即福宁殿"。③其后又因火灾，化为一片焦土。

---

① （日）宫崎市定，焦堃、瞿柘如译《宫崎市定中国史》，浙江人民出版社，2015，第251页。
② 金观涛、刘青峰《兴盛与危机：论中国社会超稳定结构》，第210页。
③ 明·田汝成《西湖游览志》卷七。

当新闻成为历史

历史往往是被一些不经意的细节改变的。比如纸张与印刷，虽然最早出现在中国，但真正的被发扬光大，却是在欧洲。从某种意义上，古登堡革命直接导致了宗教改革和启蒙运动，从而塑造了现代欧洲。19世纪末，印刷术再次回到中国，一场新文化运动又重新塑造了现代中国。作为纸张和印刷的典型，报纸的出现改变了人类自古以来的信息匮乏，人类社会一步跨入了现代的大门。从某种意义上，报纸的意义丝毫不逊色于今天的互联网。

因为报纸这种新媒介，一种叫"新闻"的新事物诞生了。在报纸出现之前，人们只能口口相传。语言与文字的差异造成了三人成虎的困局，而真实性一旦失去，新闻也就不存在了。从某种意义上，文字是历史的代名词。文字诞生之前的历史常常被称为"史前"。新闻的出现，不仅是文字的创新，也是历史的创新。今天的新闻就是明天的历史，今天的历史其实也是昨天的新闻。从这种意义上，新闻和历史是同构的，真实是他们共同的生命。

汉字的历史可谓悠久，但对中国来说，新闻的历史却极其短暂。在新闻出现之前，中国的历史仅限于官方档案和民间笔记；所谓二十四史，基本都是后人的想象和复原。新闻的出现，无疑为后人提供了一种更鲜活、更真实的历史。历史是一面镜子，人们通过历史认识当下。虽然近代史一直是中国历史的显学，但关于这段历史，却缺乏许多真实的现场记录；因为这对中国来说，恰好是前新闻时代，报纸还没有诞生。好在当时的世界已经进入全球化的近代，来自西方的记者用他们的眼睛和笔，见证了一个曾经的中国。他山之石，可以攻玉。有时候，在他者的视角下，往往更能呈现出真实的面貌。同时，西方也是中国的一面镜子。

近年来，来自西方的中国史研究和汉学越来越得到人们的关注；令人不解的是，对遗落在西方的中国历史史料研究整理工作，似乎只有极少数人在做。相比之下，当代人更关心那些遗落海外的文物。在这些史料中，早期西方有关中国的报纸新闻算得上是最方便的。数年前，郑曦原先生从《纽约时报》摘选编译的《帝国的回忆》[1]一书出版，曾引起广泛关注。如今，煌煌巨著的《遗失在西方的中国史》系列丛书出版面世，让我们看到一场规模更加宏大的历史打捞。

在19世纪下半叶，英国远比美国对中国影响大，因为前者介入更深，甚至改写了中国的近代化进程。就新闻而言，英国派驻中国的记者数量之多，也是其他国家无法比拟的，甚至当时的中国还不知道记者为何物。首批出版的《遗失在西方的中国史》[2]精心摘选了《伦敦新闻画报》和法国《小日报》等报刊上的许多关于中国"新闻"，这些100多年前的"新闻"，无疑构成了最真实、最细腻的历史。更为难得的是，在一个没有摄影术的前视觉时代，一群西方美术家用他们精湛的版画技术，为我们定格了历史的瞬间。超越《帝国的回忆》一书的是，这套三卷本巨著呈现给中国读者的，不仅包括189篇中国报道，还有442张堪比摄影的版画记录。正如杨葵先生在序文中所写——

> 摆在您眼前的这本书，是在翻印一段历史。从社会史角度说，它再现了晚清中国的一段历史；从出版史角度说，他复活了百年前的一份报纸。而此书一旦印成，本身又成了历史。……书籍是记忆传承的载体，原始部落里，长者给年轻人讲祖上口口相传的记忆，年轻人

---

[1] 郑曦原《帝国的回忆：〈纽约时报〉晚清观察记1854-1911》，当代中国出版社，2007。

[2] 沈弘编译《遗失在西方的中国史：〈伦敦新闻画报〉记录的晚清1842-1873》，北京时代华文书局，2014年4月出版。

成了长者，又将这些记忆讲给下一辈；而在今天，书籍就是我们的长者。

世界的他者

对古老的中国来说，19世纪不仅是古代传统的终结，也是天下帝国的终结。中国自古以文明中心自居，将主要来自北方游牧民族的外来文明视为文化落后的蛮夷。当中国遭遇西方文明时，第一次发现这些"蛮夷"不仅文化先进，甚至比中国更加"文明"。历史学者杨国强先生曾精辟地概括中国人的这一心路历程：

> 从19世纪40年代开始，中国人是被拖着走进发源于欧西的那个世界历史过程的。因此，与这段漫漫长路相表里的，始终是冲突和外患。然则世非大同，不能以大同世界视之，由冲突和外患唤出来的敌忾，便构成中国人身在中西交冲之间的民族心理防线。而在后来意义上的爱国主义和民族主义还没有被编织出来之前，当日的中国能够用来动员多数和聚合人心以支撑这种民族心理防线的，依然是古老的夷夏之辨和始终是古老的夷夏之辨。这个过程要的不是知识而是感召，因此夷夏之辨虽已入于穷境，而其声势则犹自绵绵不绝。与之相因果的，则是19世纪后60年里中国人的民族心理防线，又大半不能全脱懵懂、虚骄、自大和缺乏平等精神。然而也正因为有了这种同懵懂、虚骄、自大和缺乏平等精神剥离不开的东西，19世纪的中国人在西潮持续的冲击下久处困境而以理抗势，60年之间精神上犹存一副骨架，没有出现整体性的"奉洋若神"和自轻自贱。①

中国从优越感跌落，进而产生了文明自卑感，开始了一场现代化的学习与进步。在这一时期，中国与日本走过了相似的心路历程。从自强运动直到五四运动，中国对文明的向往如此急切，足以证明人类具有共同的普

---

① 唐小兵《西方视野里的中国形象》，《南风窗》，2015年4期。

世价值。正如马勇先生曾说,对西方文明充满敌意的、所谓"被侵略被欺凌"的民族主义话语,其实只是最近几十年才被灌输出来的;在此之前,中国文明始终是包容大度的,特别是《北京条约》之后,中国开放的步伐一直在加快。

之所以要提到这一点,是为了更好地恢复历史的真相。以《伦敦新闻画报》为例,它并非大英帝国的官方报纸,它不仅是民间性的,而且是全球性的。从1842年创刊,直到2003年闭刊,这家百年老店始终坚守了可信与中立的新闻伦理。《小日报》是法国最流行的通俗类市民报纸,选取的新闻都是一些貌似琐碎的历史细节,但这些细节在今天看来却是历史大事。除个别文章的时代局限和作者偏见,大多数新闻报道都体现了新闻的自由精神。无论是从文字还是图片,这些新闻始终保持了人性关怀的普世价值观,对政治和战争采取了多元多视角的报道和分析,这种真诚与文明足以跨越时空,以至于在百余年后仍然不失其价值与魅力。当时的一位俄国外交官说:"英国和法国的报纸撰稿人可以自由表达意见,甚至反对他们的国王;之前在好几次情况下,甚至到了为这些撰稿人发生英法之间的战争。"[①]

100多年来,虽然中国已经几经改朝换代、天翻地覆,变得几乎不像中国了,但作为现代发源地的西方世界其实变化并不大,或者说只有量变而没有质变;无论是信仰和文化,还是国体和法律,早在200多年前甚至更早时期,就已经定型。自光荣革命至今,300多年来,英国(至少是英格兰)国内基本上没有发生过大的动荡。发端于西方文明的现代新闻业从一开始,就特别强调报道的客观性和公正性,并将新闻自由视为新闻存在的根本和生命。对一个历史刚刚进入启蒙阶段的中国来说,真实或许更需要从"旁观者"那里去寻找,所以也不难理解《参考消息》一直是中国发行量最大的报纸。

无论从哪方面来说,《伦敦新闻画报》都是一份权威的世界级新闻媒体。早在1863年,《伦敦新闻画报》每期发行量就达到30万份。《小日报》

[①] (英)伯纳德·刘易斯,李中文译《穆斯林发现欧洲:天下大国的视野转换》,三联书店,2013。

在19世纪末，每期销量超过百万。其影响遍及整个世界。在那个印刷品匮乏的时代，当时的中国人喜欢把它当做时尚新潮的壁纸，贴在自己家里最显眼的墙壁上，甚至有人用它装饰自己船篷。随着19世纪下半叶中国与西方关系的日益密切，中国不仅成为其重要的发行地区，也被视为其重要的新闻热点地区。他们不远万里，向中国前后派遣了很多位资深记者和画家。这些洋记者深入中国各地，用文字和图像记载了中国的方方面面，不仅有时事新闻，也包括政治、战争、社会、经济、习俗等方面的知识。对今天的人们来说，这些新闻和记录作为史料，不仅是第一手，而且也是独一无二的。毕竟那是一个没有新闻和记者的古代中国。当时中国仅有的《京报》，是清政府刊印并在全国范围内发行的官方内部刊物，主要用以控制公众舆论，算不上真正的新闻报刊。

前摄影时代的版画

在人类文明中，绘画的历史远比文字要早得多；一些早期岩画甚至可以追溯到四万年之前，相对而言，人类有文字记载的历史不过区区三千多年。绘画与文字一样，其本来功能都是为了记录，但后来却逐渐变成一种艺术审美，记录的功能逐渐淡化。特别是在中国，绘画基本已经沦为文人无中生有的创作，而文字最大的体现则是书法。富于理性主义的西方文化始终保留了绘画的记录功能。几何学的透视原理在美术上的广泛应用，使西方绘画具有近乎摄影的真实。在中国，自称"十全老人"的乾隆皇帝之所以专宠郎世宁，正是因为西方油画在真实记录方面远远强于传统中国画。

乾隆二十七年（1762年），为了记录平定新疆的丰功伟绩，郎世宁等西洋画师奉命绘制《乾隆平定准部回部战图》；图稿完成后，乾隆皇帝决定将其制作成可以大量复制的铜版画。就印刷清晰度而言，欧洲的铜版画远非中国传统木版画可比，尤其是法国铜版画。为了完成这些传世作品，法兰西皇家艺术院院长马立涅侯爵亲自挑选欧洲最顶尖的雕版高手，前后用了整整11年时间；直到乾隆三十八年（1773年），16幅铜版及200套精心印制的铜版画，连同原稿全部运抵中国。乾隆看到后非常满意，将他所有的"十全武功"都送到欧洲制作成了铜版画。

从某种意义上，铜版画有着与金属活字印刷技术同样的重要贡献。油画本身是不可机械复制和印刷的。铜版画吸收了油画的很多技法，线条非常细腻，毫发毕现，可以体现出复杂的光影透视，甚至可以人工上色；铜版画可以用铜版作为印版媒介转印于纸上，即使多次复制和印刷，也不会有任何细节损失。这一优点使铜版画被大量用于书籍和报纸的印刷。

在盖达尔的摄影术发明前的19世纪中期，版画发展达到巅峰状态，欧洲涌现出了大量职业插图家和雕版技师。虽然绘画在真实程度上不及摄影，但其制作难度却比摄影大得多。比如这些西洋画家为了画北京的市井风貌，就颇费周折。由于北京的居民大多数都是饱食终日无所事事的满人，提笼架鸟，喜欢四处找乐子，遇见一个洋人在街上画画，他们马上就围个里三层外三层，结果想画的对象和场景反倒都没有了。

与一般以文字为主的报纸不同，《伦敦新闻画报》是世界第一份以图像为主的新闻性周刊，他的创办人是印刷商赫伯特·英格拉姆。在整个19世纪，它一直保持着世界新闻画报的龙头地位，与日不落帝国相始终。

《伦敦新闻画报》创刊之际，恰逢第一次中英战争，他们派到中国的记者和画师，忠实地记录着他们的所见所闻；特别是图片的魅力，速写的传神加上铜版画的精致，历史就被这张报纸定格了。一些插图堪称"大制作"，这些雕凹线法的铜版画，构图布局考究，制作精良，都是由顶级雕版师根据记者发回的速写重新制作的。如1858年10月2日《中英天津条约签订仪式》，场面恢弘，人物众多，富有欧洲历史画的典型风格。

1843年，也就是在《伦敦新闻画报》刚刚面世的时候，英国作家乔治·N·赖特联手雕版画家托马斯·阿洛姆，共同创作出版了一本介绍中国的画册，这些表现力极为细腻的钢版雕版画，为我们保存了极其珍贵的晚清风情图卷。值得庆幸的是，这本画册如今也首次在中国出版，名字就叫《帝国旧影：雕版画里的晚清中国》。[①]

与《伦敦新闻画报相比》，法国的《小日报》要晚20年，但它后来居上，成为"世界上第一份日销售过百万的报纸"。《小日报》和《小巴黎人报》

---

① 秦传安译，《帝国旧影：雕版画里的晚清中国》，中央编译出版社，2014。

等法国画报的最大特色,是以彩色石印版画来报道国内外重要事件。在同一时期在中国影响颇大的《点石斋画报》①同样采用石版画,但基本局限于黑白线描。《点石斋画报》为中国最早的旬刊画报,由上海《申报》附送,每期画页8幅。光绪十年(1884年)创刊,光绪二十四年(1898年)停刊,共发表了4000余幅作品,记录了19世纪末现代化变局下中国各方面的时政和社会新闻。前面说过,法国有极其悠久的铜版画历史,这些新闻画作大多出自当时的名家之手。只不过这些彩色石印版画大都来自副刊,而《小日报》和《小巴黎人报》的副刊发行量很少,因此能保存到今天殊为不易。

作为《遗失在西方的中国史》系列书的后续作品,《法国〈小日报〉记录的晚清1891-1911)》②、《法国彩色画报记录的中国1850-1937》以及《中国服饰与习俗图鉴》等,全部都是彩色石印版画。这些新闻画作从内容上比第一部书稍晚。因为是彩色,也更加富于历史真实感,许多动感的场景让人如身临其境。前两部法国画报选集所记内容,包括甲午海战、义和团、中国饥荒、满洲大瘟疫、慈禧和光绪驾崩、中国使团在巴黎、日军在满洲、远东事件、攻占西藏、中国革命等等;同时也记录了很多当时的中国风俗和社会新闻,如中国飞机、蒙古汽车、大众娱乐、剪辫子、楼宇、上海港等,一些政要人物的画像和时政漫画,更具有史料价值,让人回味无穷。与中国"报喜不报忧"的传统不同,西方对新闻的态度以负面为主,因此我们在这里也可以看到晚清时期许多丑陋、罪恶和不幸,如暴乱、瘟疫、屠杀、饥荒、战争和酷刑,特别是一幅腰斩的画面,其血腥残酷令人毛骨悚然。"站笼"流行于明清时期,简直可以被视为中国酷刑的代表作,它给初来乍到的西方人留下了深刻的印象——

中国人发明的新式绞刑。将犯人固定在笼子里,脚下垫着砖或石头。时不时地抽掉下面的砖,以迫使犯人踮起脚,直至被绞死。有

---

① 《图像晚清:〈点石斋画报〉》,陈平原、夏晓虹编注,东方出版社,2014。
② 赵红利、赵丽莎编译《遗失在西方的中国史:法国〈小日报〉记录的晚清1891-1911)》,北京时代华文书局,2015年3月出版。

时犯人家属为了减轻犯人的痛苦,会选择买通刽子手给犯人喂毒药。(法国《小日报》1907年3月17日)

美国历史频道有句响亮的广告词:"当你错过历史瞬间。"这套《遗失在西方的中国史》系列就是我们曾经错过的历史瞬间。100多年后,我们再回看这些制作精美的版画插图和颇有现场感的速写,宛如一场身临其境的穿越,展现在我们面前的,不仅是一个宽广的老中国世俗社会生活图景;同时,这些栩栩如生的新闻纪实,也无一不是精美绝伦的版画艺术佳品。

从"夷"到"洋"

对于"洪杨之乱"或者"天平天国",英国人称之为"革命"。1857年正值清朝咸丰七年,在3月14日的报纸上,极其悲观的英国人似乎提前预言了满清帝国的覆灭。"清朝政府并没有明显的希望,来维持其摇摇欲坠的皇权。中华帝国必定会分崩离析。7年来已获得局部胜利的革命和无数小的起义,在有些省份里甚至导致了无政府状态、连年饥荒和商贸的凋零。某些地区的瘟疫和另一些地区的蝗灾——所有这些,再加上空虚的国库、游民、军饷不足和军官无能,等等,都必然会造成清朝的迅速瓦解,无论是否有外国人的侵略。"

在鸦片战争前,清廷不仅严禁中国人学习西文,也禁止西人学习汉语,结果是西人最先学会了汉语,而不是中国人学会了西语。最早将《圣经》翻译为汉语,最早编制《中英词典》,并将它们印制出版的都是西方人。随着中西碰撞,英语等西方语言开始进入中国社会,而商品经济在其中扮演了最理想的桥梁。1875年7月25日的《纽约时报》上刊登了一篇长文,标题是《清国人发明的"洋泾浜英语"》,介绍了一些与洋人做生意的中国人所用的一种中国化的英语口语。

针对该文配发的述评中,作者对书面汉语(文言文)有一番评论——或者说是批评。述评文章的标题是《"四书五经"维系着清国灵魂》,文章说,"就学识而言,清国人以精通文学而著称。清国的社会体制使得科举成为人们通往荣华富贵的唯一道路,并且清国法律让政府把这样的机会摆在每一位志愿参加竞争者的面前。这就导致了书本知识在大清国民间的传播很可能比在其他任何民族人民间的传播更加广泛。"但同时,"四书五经"和书面汉语也限制了人们思维和表达的自由——

> 我们从清国人那麻木、呆板的面孔上看不到任何的想象力。他的面容从未闪现出丝毫幻象的灵光。他并非弱智,也不乏理性,但就是没有创造性。在人类智力发展的进程中,他们是世界上最教条、最刻板的人。个人如此,整个民族更是如此:冷漠、很难脱出既有的条条框框、缺乏进取心,厌恶一切创新和改革。①

西方记者发现,中国的女性地位非常低,缠脚陋习和重男轻女普遍存在。"在大清国,一个普通的清国男人会告诉你:'女人绝对是最下贱的劣等动物!'"当有人提醒他,整个大清国政府就操纵在一个女人手里,这时他会不自觉地转移话题。② 1908年6月20日,法国《画报》发表了一篇关于慈禧太后的专题,其时,距离这个统治中国接近半个世纪的女强人死亡只有5个月时间——

> 一年半前,太后患上了面瘫,她的健康状况大不如前,体力和脑力都极大地衰退。从此,她也只剩下风烛残年,只能靠着在最后的两次事件中的影响力来勉强维持着统治。她此时所作出的决定都反映出了她头脑的混乱,使得本来就摇摇欲坠的王朝更加危急。她处在各种利益相左的集团帮派之中,来回摇摆不定,经常意气用事,甚至认为最后一个和她讲话的人最有道理。人们看到本已失宠的总督重新被召回,觐见了太后之后一下子就变成了宠臣,可是几天之后就又失去了太后的宠爱。如此阴晴不定的情绪最糟糕的结果就是没有一个可持

---

① 郑曦原《帝国的回忆:〈纽约时报〉晚清观察记 1854—1911》,第104页。
② 同上,第131页。

续的政策，这也很好地解释了之前实行的改革措施所经历的各种摇摆和反复。那些近两年关注中国政治的学者们见证了中国政策经历的前所未有的波动，这在其他国家中也是史无前例的。这种不停的变动让大臣们之间的勾心斗角愈来愈强烈，大家都满怀希望可以得到太后更长久的宠爱，而此刻的中国最需要的却是人民的团结。尽管慈禧太后生前依靠自己的权威能够将各个利益相左的集团团结在自己周围，但如果有一天她去世了，按照现在某些省份已经开始宣扬的革命思想，我们可以想象到时候全国一定会陷入一片混乱，没准儿还会引发一场大的灾难。

专制政治中的权力都来自暴力，这导致专制社会最大的政治风险往往就是权力交接，一场权力角逐往往会演变成暴力谋杀，最后是一位强人依靠暴力夺得权力。这是所有宫廷政治的铁律。

100多年前的世界是一个弱肉强食的达尔文时代，强人迭出，强权横行。面对灾难深重的中国，人们都盼望着一个上帝般的强人来做救世主。"这个拥有三亿人口的王国，当你知道了地下埋着的矿藏资源，和这片富饶肥沃土地上的人口数量时，你不禁会问，究竟是什么阻碍了这个民族在人类事务中发挥重大的影响。它所缺乏的是一位天才，一个能够汲取这个民族力量和活力的真正伟人。这个国家的人口超过了整个欧洲，而且拥有长达三千多年的文明。假如能够涌现一位才智过人，具有钢铁意志的皇帝，一位决心立即与古代传统决裂，并引导人民跨入进步的西方文明的改革家，我们相信这个民族的振兴指日可待，而眼下似乎非常荒唐可笑的中华民族，将会令人们刮目相看，甚至会令那些渴望劫掠这个亚洲古国的列强们忐忑不安。"

培根说过："国家的强弱，并不仅取决于拥有多少高墙、坚垒、大炮、火药、战车和骏马，从根本上说，只有民气强悍英武，国势才能强盛而不可侮。否则，尽管有强大的武备，也不过只是金玉其外败絮其中而已。罗马诗人维吉尔说过：狼并不介意它所面对的羊究竟是一只还是一群。"[①]虽

---

① 培根《随笔集》，人民文学出版社，2006。

然对清政府充满厌恶和绝望，但对于中国的未来，《伦敦新闻画报》保留了无限的希望与憧憬。"人们完全可以预见，由于英国人不断侵袭闭关自守的中国领土，文明的浪潮将以不可抗拒的势头滚滚而来；无论是中国民众或是其统治者的努力，都无法阻挡对面的光芒以不断增强的辐射力，照亮中华帝国最隐秘的中心。"

今天看来，《天津条约》第51条似乎是一个极其中国化的问题："汉字'夷'（蛮人）不得出现在任何中国官方发布的中文正式文件中，以用于称呼英国政府或者英国臣民。"通过这份报纸，我们还可以知道最早的外国大使馆，其实并不叫"大使馆"。英国公使馆被称为"大英国府"，同样，俄国公使馆称"大俄国府"，普鲁士公使馆称"大普国府"，而美国公使馆则称"大美国府"。

历史中的愿景

北京，那时就已经是中国的权力中心，一直是英国记者停留最多的地方，他们从这里寄回了许多关于北京的风土人情的精彩绘画。"作为征服者，清朝皇帝们在北京和其他主要中国城市里，都派驻了大量的鞑靼人口，后者组成了一支军队，以统治当地的汉人。……几乎京师所有的鞑靼人口都靠领取清廷的津贴生活。在京师没有工业和制造业。金钱和粮食不断地涌入京师，但是没有任何东西从京师输出。"

对于当时中国的《京报》，英国记者颇为留心。"《京报》可以说是代表了中国三亿六千万人口中几乎所有的报纸。《京报》只是宫廷内外供人传阅的小报，其内容只包括政府的告示和法令。……由于缺乏一家有效率的报社，使得中国人甚至对于在自己国家发生的事也一无所知。中国南方的叛乱已经持续多年了，但在北京没有人知道有关叛乱的任何消息。然而这儿有许多人会阅读和书写，所以中国有朝一日将会成为报纸的一个巨大市场。"1875年的《纽约时报》也有类似的评论——"清国人从未有过大众化的新闻出版行业。并且，更加奇怪的是他们似乎从未感觉到有如此的需要，即使以这种现代化的手段去制造和影响公众舆论，或者让统治者了解他们的需求。"①

19世纪的英国已经基本实现了现代法治文明，相比之下，中国还在权力为所欲为的法家时代。"大清律法长达1557个条款，以野蛮著称。总的来说，中国的刑罚极为残酷，并且与相应的罪行根本就不成比例。……天朝当局竟会出于'仁慈'的考虑，将犯人的孩子带来，看他们已故父亲被砍下来的头颅，以让他们在伦理道德上吸取教训。"

美国历史学家乔治·伊格斯说："历史的意义并不独只是学术而已，还在于各种不同形式的历史记忆与历史再现。"从西方的记忆中，我们可以打捞起许多陌生的历史。如果仔细看，就会发现在这次中西文明大碰撞中，有数不清的敌意和误解，但也有很多善意和交流。1841年，中国人在最早见到英国轮船时，曾经很不客气地给它起绰号为"火妖怪"。1851年，英国创办首届世界博览会，中国主题的"唐人馆"吸引了无数人的目光。10多年后，斌椿的出访在欧洲刮起了一场"中国旋风"。

1866年3月7日，斌椿一行从北京出发，先后游历了法国、英国、荷兰、丹麦、瑞典、芬兰、俄罗斯、德国、比利时等11个国家，历时4个多月。"中华使臣，从未有至外国者，此次奉命游历，始知海外有如此盛景。"英国维多利亚女王专门为这个中国来访者举办了一场宫廷舞会。斌椿感慨万千："得见伦敦屋宇器具，制造精巧，甚于中国。至一切政事，好处颇多。且蒙君主优待，得以浏览胜景，实为感幸。"在伦敦照相馆，他留下了生平第一张照片。他的照片立刻成为伦敦最抢手的纪念品，他本人也成为记者追逐的国际名人。很长时间里，关于他的行踪报道，占据着各大报刊的显要位置。

在1866年6月23日的《伦敦新闻画报》上，除了关于斌椿的新闻报道，还有一段温暖感人的记者评论。很多年后，当年的新闻已经成为尘封的历史；翻看这些旧新闻，如同一趟穿越时空的旅行。今天的我们看着这些曾经的话语，或许会像斌椿一样，感慨世界的奇妙。

---

① 郑曦原《帝国的回忆：〈纽约时报〉晚清观察记1854-1911》，第104页。

我们有理由为他的这次旅行不但向中国,而且向整个欧洲表示祝贺。它具有无比深远的意义,因为我们可以视其为中国的一个承诺,即它将冲破过去闭关自守的政策。中国人逐渐形成的妄自尊大,以及他们对西方民族的无知和恐惧,都将慢慢地被消除,最终必将创造一个人们诚实、聪明、耐心和勤劳,自然资源丰富的强盛中华帝国。它将在我们这个时代自立于世界之林,并且分享兄弟国家的进步。

现代的剪刀

从鸦片战争开始,中国就进入了近代史语境,然而却总是一场接一场的悲剧。这种不得不面对的痛苦强迫一个老大帝国从睡梦中苏醒,去迎接"现代"这个不速之客。在这段走向现代的历程中,历史不断地反复,进两步,退一步,或者进一步,退两步。时而激进,时而守旧,时而迎接,

1900 年世博会(巴黎万国博览会)上的中国馆

时而抗拒。

"天朝的皇帝在大炮下低头,而在皇帝治下的人民却正因神圣不可侵犯的皇帝的低头,反而敢于抬起头来反抗了。"① 太平天国与义和团构成历史反动的两个重要事件。秦晖先生指出,太平天国的基督教狂热和义和团的反基督教狂热,"文化"方向似乎相反,制度土壤却大体一致。基本上殊途同归。二者既反对儒家传统,又排斥西方现代文明。从"金田起义"到"庚子国难",中国历史经历了两个"大拐弯"。同样以专制制度为基础,太平天国要以基督教扫除孔孟之道,实现"中世纪式西化",而义和团要以"各洞诸神仙"扫除基督教,实现"怪力乱神式本土化"。

相比之下,义和团对西方世界的震动要比太平天国大得多,如果说"洪杨之乱"时,西方是隔岸观火,那么到了"庚子之乱",他们则成为事件的参与者。法国《虔诚者报》将这场"中国危机"称为"反现代化的斗争"——"世界在进步,由不得中国人顽固不化,天朝上国也要引入新的变化。有时突然的外力冲击反倒证明了中国人的思想还是停留在原地。"1900年6月17日的法国《小日报》是一幅义和团拆铁路的插画,旁边文字写道:

> 中国自古以来就存在着各种秘密的政治团体。而最新诞生的义和团的目的只有一个,就是向定居在中国的外国人发动战争。他们使用各种长枪短炮,以酷刑、损毁房屋等方式继续着他们的这项狂热的运动,而清政府则选择袖手旁观、听之任之。……面对这无休止的起义,面对一个无作为的政府,这样得来的结果又会是多么不堪一击!清政府会逮捕并处决几个倒霉鬼,但真正的罪犯却静静地等待一个更好的时机来绝地反击,而慈禧太后则对义和团的所作所为表示出极大的赞赏。

在义和团运动中,刺杀德国公使克林德成为八国联合军事行动的导火索。1901年1月20日的法国《图尔瓦河报》报道了处决"恩海"

---

① 王亚南《中国官僚政治研究》,第134页。

的新闻：

> 刺杀克林德男爵的凶手———一个叫作"恩海"的中国士兵，在德国部队的监视下，在北京的主干道上被处决。该事件影响广泛，围观群众众多。为等待希望观看处决的德国军官的到来，杀人犯在街道中央跪了半个小时。这期间，刽子手和他的助手手拿大刀在一旁等待。他们两个都穿着沾有血迹的衣服，因为他们刚刚才执行了8个处决。杀人犯看上去很高兴，他大笑了好几次，声称他会名垂青史，他自己也是一个诚实的人。军官一到，刽子手的助手就在囚犯的脖子上绕了两圈细绳。然后，一面提着细绳，一面提着辫子，尽量将囚犯的脖子展露出来。刽子手身子向后退，抡起大刀，斩了两下，将囚犯的头砍了下来。杀人犯的头颅被悬挂在街头的一个笼子里。

近代以来，胜者为王，败者为寇日益成为丛林中国的新道德，作为战争的胜利者，西方几乎赢得了一切。回头再看，在这场传统与现代的对抗中，现代似乎暂时获胜了，天朝被民国取代了，但统治中国的还是天朝的权臣袁世凯，1912年3月3日，袁世凯决定剪掉天朝的辫子——

> 直到目前为止，袁世凯还一直保留着他的鞭子。这个精明的投机分子和谨慎的政客总是想办法躲避这场运动。在前朝时，他自然保留着辫子；在局势动荡时，他依然保住辫子，绝不能太过明显地脱离朝廷的阵营。但是皇帝退位了，皇室放弃了斗争，准备流亡。袁世凯突然觉得自己换发了青春，命人剪掉自己的辫子。我们可以说，革命的剪刀剪掉了袁世凯的辫子，旧中国一去不复返了。

老中国之死

有位法国先哲说，只有历史故事平淡乏味的国家和民族才是幸福的。从这一点来说，中国人或许比较不幸福。美国汉学家魏斐德在《中华帝制的衰落》中说："最为顽固的古文明就是中华帝国。……由于渐进改革不可能，狂暴的革命便不可避免。因此，中国传统文化的恒久忍耐成为其对死亡的解释。"

不知从什么时候开始，"近代史"已经成为一种显学和热点；这种炙手可热，几乎可以与20世纪80年代的"诗歌热"相提并论。白云苍狗，百年一瞬。在辛亥革命100周年前后的几年，从传统帝国走向现代国家的这一段历史嬗变，引发了一场持续火热的文化论谈和出版热潮。《走向共和：晚清历史报告》[①]就是其中一本颇有影响的厚重之作。事实上，这部于2011年出版的重磅作品直至2012年才正式上市发行。虽然迟到了，但好在它不是新闻，而历史总是迟到的。

宫廷与国家

2000多年前，罗马时代的历史学家波利比阿认为，历史是一种周期性的政治轮回和政体循环，从君主政体到专制政体，再到贵族政体，再到

[①] 张建伟《走向共和：晚清历史报告》（插图本），长江文艺出版社，2011年10月出版。

寡头政体，再到民主政体和暴民政体。从这一点来说，辛亥无疑是这个历史的一个重要"节点"：100多年前，1911年为大清宣统三年，1912年为中华民国元年，一个天朝的崩溃与一个国家的新生，历史在这里跨越了两个世界。

"竟然花去了我10年时间"，记者出身的张建伟，在这部150万字的煌煌巨著中，以一种"历史报告文学"的纪实写作式样，让我们重温了一个世纪之前，那段十字路口的中国历史。从《温故戊戌年》《最后的神话》《流放紫禁城》《世纪晚钟》到《老中国之死》，5部作品如同5个层层下滑的台阶，"残酷"地描绘"大清"这个东方天朝，从坠落到覆灭的过程。

鸦片战争证明了一件事，即所有的历史都是世界史，传统的"中国历史"已经终结，这是"三千年未有之变局"。

人不能两次走进同一条河里，然而历史却总是重复的。鸦片战争发生了两次，直到第二次，历史才发生些变化。一场向世界开放的"洋务运动"粉墨登场，成为"经济单边主义改革"的蓝本典范，所谓"中学为体，西学为用"；30多年时间，果然带来一种后发性的表面繁荣，大清"崛起"了，甚至有了"同光中兴"之说。坐镇武昌的"香帅"张之洞写了一首"爱国歌"："大清皇帝坐明堂，天下人民愿自强。海晏河清寰宇泰，忠臣孝子姓名香。"然而，面对"蕞尔小国"的日本，一场海战让"亚洲第一、世界第四"的北洋水师全军覆没。战争揭开了"中兴"的假相和谎言。

事实上，日本"明治维新"的时间要短于清朝的洋务运动；但不到30年时间，日本就通过现代化改革，超越了凌驾东亚长达数千年的中央帝国。现代日本的崛起，深深刺痛了帝国的精英，破旧立新的现代之路已经无法回避。一场"公车上书"的抗议活动，立刻轰动了死水一般的天朝。在"变法自强"的旗帜下，这个以文字狱出名的国度竟然第一次出现了启蒙，民间自办的学会、学堂和报馆达300多个。光绪二十四年（1898年），农历戊戌年，光绪皇帝颁布"明定国是诏"，宣布除旧革新，开始现代化进程。这是中国历史上第一个资产阶级改良主义运动。

"同光之际，所变在船舶器械；戊戌以后，所变在法律政制"。①借用张之洞的说法，仅仅改变"用"（器用）已经不行了，而必须改变"体"（体制）；换言之，就是从经济体制改革到政治体制改革。这就是张建伟这部《走向共和》的时代背景，"历史"从这里开始。

慈禧说："变法乃吾素志。凡所实行之新政，但不违背祖宗大法，无损满洲权势，即不阻止。"然而，当权力与国家发生冲突时，戊戌从一场面向未来的改革，很快变成一场回到过去的政变与屠杀，这是中国宫廷政治永远无法摆脱的历史宿命。在一个"搬动一张桌子都要流血"的国家，改革者不是流血就是流亡，阴谋者继续紧握着权杖。"政治之改良"胎死腹中，"全面改革大业"寿终正寝。这就是张建伟为我们复原的戊戌年。

与马克斯·韦伯齐名的德国经济学家维尔纳·桑巴特说："宫廷的历史就是国家的历史。"②虽然他的本意是为了解释欧洲封建时代的经济特点，但这句话却传神地概括了中国2000多年皇权专制历史的核心。如果说桑巴特笔下的"宫廷"是指"宫廷社会"的话，那么张建伟笔下的"宫廷"就是"权力"与"阴谋"。

中国传统政治制度，是具有悠久的宫廷密谋传统的阴谋制度。所谓阴谋，就是阴险的谋略；简单地说，就是谁比谁更阴险。当年瞿秋白就哀叹自己不是"政治动物"③，而只是一个人；胡适也承认："你要想成功，便得'痞'一点；我不能'痞'，所以不能弄政治。"政治"成功者"都具备两大要诀，一是"狠"，一是"痞"；或者"厚"与"黑"。拿破仑总结为"像狮子一样凶狠，像狐狸一样狡猾"。在中国传统历史中，权力与阴谋是永远的主题。中国素有"贤者在位，能者在职"之说，唯一的麻烦是——"贤者"与"能者"由谁来认定。

从《春秋左传》、《战国策》到《资治通鉴》，中国历史几乎就是一部权谋史。只是司马迁在《史记》中，以"太史公曰"强调了几分政治道德。

---

① 钱穆《国史大纲》，商务印书馆，2013。
② （英）维尔纳·桑巴特，王燕平、侯小河译《奢侈与资本主义》，上海人民出版社，2005。
③ 瞿秋白《多余的话》，江西教育出版社，2009。

"君子之权谋正,小人之权谋邪。"从韩非子所著《权术》到刘向《权谋书》,西方的马基雅维利主义真正的鼻祖其实在中国。权谋强调的是手段。从权谋来说,道德也罢,仁义也罢,都是一种手段而已,无所谓对错,只有是否有效。结果会证明手段的正确,"别人看到你成功的光芒后,就会忘记你手段的黑暗。"

戊戌变法之初,寇连材劝谏光绪:"此事发之太骤,恐难得圆满结果。且荣禄握重兵久,根深蒂固,一时不易淬拔。而太后党羽中,如刚毅、裕禄、怀塔布、许益骥诸人,皆数十年旧官僚,资格甚老,门生故吏极多,亦非旦夕所易推到。今帝所能依靠的,谋臣新进的康有为,兵帅所依靠的是袁世凯。而袁是荣禄的卵翼,恐怕靠不住。此事若不熟筹,恐画虎不成,反类狗也。切腹之言,请帝思之。"帝沉吟抚慰,寇流泪道:"陛下独不念魏高乡公,唐中宗之事乎?①一误再误,国与几何?谋定后动,策之上者也。"

老子说:"以智治国,国之贼也。"所谓宫廷政治,常常只是权谋的副产品。从这一点上,张建伟是一种继续,而不是超越。因此,《走向共和》仍然是一种传统的历史叙述。

如果说中世纪的东西方世界具有相似性的话,那么启蒙运动则制造了一种区隔:东方世界仍停留在求善的传统阶段,西方世界则已经踏上了求真的道路。这个世界无所谓好人还是坏人,只有真实和面对真实。如果说现代是契约文化的话,那么传统就是权谋文化。从黑暗中的权谋,到阳光下的契约,国家消灭了帝国,法律囚禁了权力,文明驱散了野蛮。启蒙之前是黑暗的中世纪,人们无所适从,道德作为一种人类理想,在政治层面常常沦为罪恶的借口。在电视剧《走向共和》里,袁世凯循循善诱地开导反对他的参议员罗文时说:"背叛一个人和背叛自己的政治道德是两回事。咱们搞的是政治,跟老百姓的道德那是两码事。那些个俗人的道德观念,何足论哉!在政治圈子里,就没有个人道德,团体的利益高于一切,对咱们来说,就是国家利益。"

---

① 魏高乡公曹髦为魏国第四位皇帝,因与权臣司马昭发生冲突,想除掉司马昭,事败被杀。唐中宗李显初登基时,裴炎辅政,政事决于武则天。李显想把韦后的父亲韦玄贞擢升为侍中(宰相职),裴炎反对,李显大怒。武则天遂将李显废为庐陵王,软禁于湖北长达十四年,备尝人世艰难。

在传统的权力话语下,神圣的"八旗子弟"们坚持万变不离其宗,即"祖宗之法不可变"。在一个"民智未开"的中国,未来对权力并不意味着希望,而是一种危险。没有人知道正义的审判会在何时降临,但权力从诞生的那一天开始,就向着末日奔去,就如同人走向死亡。没有人能摆脱死亡,所以权力的本能就是"活在当下"。从这一点上,权力是不承认未来的,它也不承认过去,所以权力永远没有历史。一个人只要爱上权力,他就必然失去历史感。"留取丹心照汗青"变成"我死后哪怕洪水滔天"。

如果历史就在宫廷,那么这就是宫廷的秘密。在宫廷传统中,所谓历史,就是没有历史。因为权力拒绝历史的存在。对权力来说,历史不足敬畏,甚至说历史只是一种禁忌,而且永远不在现场。这种反讽与吊诡,证实了张建伟的价值,他将宫廷重新置入历史的语境中,然后使历史成为一场末日审判。

传统与现代

历史是一场轮回。距离鸦片战争过去了一个甲子,整整三代人的时间,中国还是那个中国,一切又回到了原点。戊戌变法失败了,中国拒绝了世界,也拒绝了现代。当狂热的权力遇见反智的群氓时,一场人类灾难就在所难免了。天朝竟然向全世界全人类宣战。

美国历史学家亚当斯·亨利曾说:"政治作为一种实践,不管它如何表白,始终是有条不紊地煽动仇恨的组织。"在民族主义大旗下,所有的屠杀与罪恶都披上正义的战袍。所谓"扶清灭洋"的义和团运动,其实就是一场疯狂的宗教迫害。被称为"屠户"的山西巡抚毓贤堪称典型的中国酷吏,他身先士卒,亲自杀了44名在华洋人,包括数名妇女和11名儿童。在这里,张建伟以档案般冷静的史家笔法,记录了发生在这片土地上的悲惨一幕:

> 他(毓贤)在给朝廷的奏折上写道:我设了一个巧计,将洋鬼子尽数擒捉,用铁链把他们锁起来,都在我的抚署中把他们处决了,

没有一个漏网的。只有一个洋女人，我把她的乳房割了下来，她居然还是逃走啦！她把自己藏在城墙下面的洞里，后来我查到了，但她已经死了。

……毓贤设计诱杀洋教士后的第二天，7月10日，他命令把法国天主教堂的200多名童贞女，驱赶到桑棉局，强迫她们背叛天主教。童贞女们不从。毓贤命令，斩杀为首者二人，以盅盛血，强迫诸女饮之。有16人饮尽。毓贤于是下令：把这16人绑起来，吊在高处，以强迫另外的童贞女背叛天主教。但还是没有人服从。所有童贞女都要求"速死"。毓贤于是把她们交给了他的士兵，让他们随意处置。士兵们选择貌美者，掠数十人而去，准备做强奸之用。后来听说因为童贞女"无一屈从者"，那些士兵便把她们先扼死，而后淫尸。所有的童贞女无一幸免，尸横遍野。

鲁迅先生曾说，中国的历史，每一个字都可疑。在知识泛滥的年代，我们却常常陷于常识的短缺。从知识到常识，这是一个传播的技术。在很长时间里，这些真实的历史一直长眠在历史学者的故纸堆里，直到今天被张建伟将它转述给普罗大众。

关于义和团运动中不为人知的另一面，时人记载："若纸烟，若小眼镜，甚至洋伞、洋袜，用者辄置极刑。曾有学生六人仓皇避乱，因身边随带铅笔一支，洋纸一张，途遇团匪搜出，乱刀并下，皆死非命。罗稷臣星使之弟熙禄，自河南赴津，有洋书两箱，不忍割爱，途次被匪系于树下，过者辄斫，匪刀极钝，宛转不死，仰天大号，顾以为乐；一仆自言相从多年，主人并非二毛，亦为所杀，独一马夫幸免。其痛恨洋物如此"。义和团"最恶洋货，如洋灯、洋瓷杯，见者怒不可遏，必毁而后快。于是闲游市中，见有售洋货者，或紧衣窄袖者，或物仿洋式，或上有洋字者，皆毁物杀人"，甚至有"一家有一枚火柴，而八口同戮者"①。

---

① （日）佐原笃介《拳事杂记》，《中国近代史资料丛刊·义和团（一）》，上海人民出版社，1957。

这场血色疯狂从克林德无辜被杀开始，然后到建立克林德碑结束。从某种意义上，八国联军不过是义和团的一个镜像。一个暴力换来另一个暴力，一场疯狂换来另一场疯狂。"可以这么讲，自攻占北京后，每杀死一个真正的拳民，就会有15个无辜的苦力（包括一些妇女和儿童）跟着遭殃。"①历史其实就是一种报应。1918年，陈独秀在《新青年》5卷5号上发表了一篇《克林德碑》。张建伟在书中引用了这篇文章的片段：

现在中国制造义和拳的原因，较庚子以前，并未丝毫减少，将来的结果，可想而知。我国民要想除去现在及将来国耻的纪念碑，必须要叫义和拳不再发生；要想义和拳不再发生，非将制造义和拳的种种原因完全消灭不可。现在世上是有两条道路：一条是向共和的科学的无神的光明道路；一条是向专制的迷信的神权的黑暗道路。我国民若是希望义和拳不再发生，讨厌象克林德碑这样可耻纪念物不再竖立，到底是向哪条道路而行才好呢？

中国近代史的先驱陈恭禄曾言："盖人类之普遍心理，严于责人而宽于责己，对其家庭国家无不如此，诋毁外国，国人固少反对，且有爱国之名。此种畸形偏狭之心理，徒为害于国家。"从义和团之乱到八国联军之祸，民众被迫饮下权力酿造的苦酒。所谓权力，常常会在一个暴力世界里显得脆弱不堪。

"戊戌变法……改革进行到第103天的时候，慈禧太后发动政变，扼杀了它，但过了7年，她却领导了一场比戊戌变法走得更远的政治变革。"上一场改革运动的"叛徒"，成为下一场改革运动的"推手"，张建伟为我们重新塑造了一个"历史中"的袁世凯。

事实上，在故事跨越两个世纪、长达20年的《走向共和》中，袁世凯是绝对的第一主角。张建伟甚至为此专门写作了一部《袁世凯传》。作为中国最后一个皇帝和中国第一个总统，袁世凯在张建伟的笔下如同狮身

---

① （美）柯文，杜继东译，《历史三调：作为事件、经历和神话的义和团》，江苏人民出版社，2000，第43页。

人面像,复杂多面。不可否认,袁世凯属于一个在权谋方面长袖善舞的政客,但远算不上一个真正的政治家。民国时期的历史学家李剑农在《中国近百年政治史》中指出:袁世凯"一生的本领就是使贪使诈;他最大的罪恶也是养成社会贪诈之风,务使天下的人才尽腐化于他的洪炉中;至于揽权窃位,犹其罪恶之小者"。张建伟的《走向共和》以《老中国之死》收官,作为"终结者"的袁世凯"完了","在这个被后世史家称为独夫民贼的手上,竟有一切的开始和一切的终结?这是他的宿命,或许是中国的宿命?"

1912年1月28日的《汉民日报》上,著名报人邵飘萍这样批评:"总统非皇帝。孙总统有辞去总统之权,无以总统让与他人之权。袁世凯可要求孙总统辞职,不能要求以总统与己。"①如果说袁世凯是个阴谋家,孙中山是个革命家,那么宋教仁则是一个真正的政治家,但中国却没有他的舞台。这里从来都是一个黑帮的世界。中国历史常常被定义为政治史,与其说中国没有历史,不如说中国没有政治。王亚南先生说,太平天国反对清朝,不反对专制官僚统治;戊戌变法反对专制官僚统治,但不反对清朝;辛亥革命既反对清朝,也反对专制官僚统治。

权力与历史

蔡东藩在《民国通俗演义》开篇问道:"共和在哪里?民主在哪里?"张建伟的贡献在于,他试图以文学家的亲和力,告诉人们历史的本来面目。他认为,"历史没有定论,否则就等于消灭历史","所谓历史定论不过是某一时间段的历史霸道"。同时,他反对以道德的庸俗眼光来打量历史,不能让"历史判断被道德判断所取代";在他看来,"我们今天所熟悉的历史,是一部以道德的名义书写的历史。"从某种意义上,对历史的"去道德化"也就是意味着历史的功利化,这是对历史的实用主义态度。张建伟反复强调克罗齐的那句名言,"一切历史都是当代史。这实际上是说:当代人述写过去的历史,必须为当代人提供新的对历史的认识,否则便是多余的"。

这种历史观仍然没有跳出以权谋政治为内容和目的的传统历史的窠

---

① 邵飘萍《总统并非皇帝》,陕西人民出版社,2013,第14页。

臼。柯林武德有句名言："一切历史都是思想史。"张建伟的真实意思仍是说，一切历史都是权谋史，"成者王侯败者寇是历史的真实与无奈"。

事实上，张建伟确实以极其精彩细腻的笔触，为我们塑造了一群"伟大的政治心理学家"，"有这样一类活生生的政治天才，他们搞阴谋和搞改革同样出色，搞破坏和搞建设同样有才；他们爱国的时候真干成不少好事，而他们卖国的时候，也能做到脸不变色心不跳"。如果说权谋本身就是一种政治的功利主义的话，那么在一定程度上，权谋化的传统历史也难以摆脱历史的功利主义。

如果说张建伟笔下的历史有何不同，在于他穿越了幽深宫廷的红墙和帷幕，让我们看到了宏大叙事的历史背后。这些"让读者看得懂并且喜闻乐见的历史"，竟然充满这么多不可思议的"权谋"。"戊戌变法和立宪改革，两场改革都失败了。两场改革都违背了改革的初衷，而变成了惊心动魄的最高权力之间的斗争"。当政治沦为赤裸裸的宫廷权力斗争后，实用主义是每个政客信奉的最大法则，"改革因权力的争夺转移而变得无足轻重了"。

> 当双方都明确地意识到这有关权力利害乃至身家性命的角逐已经展开时，几乎都是义无反顾，投入了全部精力，开动了一切可能启动的政治机器，运用一切可以奏效的手段，或公开，或隐蔽，或光明正大，或非法无耻。总之，凡是一切可以置政敌于死地的伎俩，全都被创造性地运用起来了。在这里，人们会看到政治较量的冷酷，和人在权力诱惑面前可能出现的扭曲变态以至疯狂的情形。但是，如此激烈的矛盾和血肉般的拼杀，表面上却声息甚小。一切凶狠的手段都策划于私下，一切恶毒的阴谋都形成于暗室。

在宫廷政治中，权力是唯一谋取的对象。无论阳谋还是阴谋，说白了都是见不得人的、不光彩的勾当，完全是对正义与良心的反动。马丁·路德·金说过："人们无法通过邪恶的手段来达到美好的目的。因为手段是种子，目的是树。"《明朝那些事儿》一书中不乏关于权谋的许多论断："观点斗争是假的，方向斗争也是假的，只有权力斗争才是真的。他们争来争去，只是为了一个目标——权力。几千年来无数人拼死拼活，折腾来折腾去，说穿了也就这么回事。"

在传统政治中，权力就是一切，甚至可以指鹿为马；谁拥有权力，谁就拥有真理和荣耀。北京失陷以后，列强指索祸首之时，慈禧的一系列上谕再三声明：上年拳匪内讧，"酿成巨祸，皆由无识之王大臣纵庇邪术，挟制朝廷，其罪无可逭"。慈禧用百余位王公大臣和无数义和团的生命鲜血，来洗刷自己的罪恶，完美自己的形象。在她的懿旨中，甚至将"宣战"期间的上谕说成"首祸诸人乘间矫诏"所为，一律销毁，表示袒拳仇外之意，非出朝廷，即奖匪宣战之旨，皆为伪托①。

被袁世凯出卖的谭嗣同曾说："西人以在外之机器制造货物，中国以在心之机器制造大劫。"中国人素来对阴谋论津津乐道，特别是宫廷阴谋，更是被当作高深的权术和手腕，因此阴谋就变成智慧，叫起智谋来。政治沦为权力的玩具和游戏，这样也就无所谓高尚与卑鄙，只有成功与失败。政治也就与庸俗无耻的小丑表演无异。正如英国思想家波普尔所说："大人物和当权者的历史，充其量不过是一出庸俗的喜剧而已。"

作为历史的见证者，号称"中国通"的帕特南·威尔对那一段历史也持类似的观点。他在《帝国梦魇》中说过这样一段话：

> 在中国历史的这一重要时期，自始至终，你都会留下这样的印象：一切仿佛像做梦一样，转瞬即逝的情绪冲动，取代了某些坚实可靠的东西。密谋和反密谋此起彼伏，而且如此迅速，以至于它们的精确记录就像"编年史"本身一样，令人昏昏欲睡。②

历史的局限

"所谓历史，就是说它是过去的事情，是有阶段性的，历史人物也不

---

① 任恒俊《晚清官场规则研究》。
② （英）帕特南·威尔，秦传安译《帝国梦魇：乱世袁世凯》，中央编译出版社，2006。

能超越那阶段性。"事实上,每一个历史写作者同样是有"阶段性"的,他不能超越这种"阶段性"。这不仅是历史的局限,也是每一个历史写作者的局限。作为一个有着相当思想穿透力的优秀作家,张建伟对这种"局限"有着清醒的认识,"我永远也当不成历史学家了","我无力写出一部清末民初政情的历史正传"。

当然,作为一个出色的专业新闻记者,张建伟的历史文本绝非当下戏说恶搞的流行历史可比,《走向共和》无疑是一种严谨成熟的"历史正说",这充分体现了作者"十年磨一剑"的诚意和功底。这大约就是所谓的"史德"吧。"能具史识者,必知史德",这应当就是历史与文学的差异。如果说历史在西方中更接近哲学的话,历史在中国常常成为文学的一种。

孔子说:"质胜文则野,文胜质则史。"毫无疑问,历史是一种理性的言说,也是一种审美的叙事。张建伟将这种言说与叙事发挥到一种令人叹为观止的境界,这是许多历史学者所不及的。文字是阅读的艺术,这种简约、严谨、节制的叙述使阅读充满一种美妙的快感。比如——

> ……君主立宪制死了。无论天时地利人和,它都不占,它必死无疑。君主立宪制死了。但死的不仅是一个,而是两个。随后,共和也死了。

> ……走向共和,原本说的是国体变更;在专制国家,同样也是政体变更,也就是把专制政体转变为民主政体。这条路在大清国走得艰难。从戊戌变法开始,走了13年,终于在辛亥那年,走到头,亡了国。

对20世纪的人类历史来说,战争是为了革命,革命是为了自由。所以阿伦特在《论革命》中说:"法国大革命戳穿了宫廷的阴谋。"革命象征着走出中世纪的宫廷,进入现代的政治。"大多数所谓的革命根本就没有构建自由,甚至也无法产生对公民权利和公民自由的宪法保障这一'有限政府'之福,这是一个千真万确而又令人悲哀的事实"。①

去山中贼易,去心中贼难。割掉头上的辫子容易,割掉心里的辫子很难。一场不经意的革命虽然推翻清廷,结束二千年帝制,但"重要问题之解决本于妥协调停免事之思想,袁世凯之赞同革命,动于权力自私之心理,其北洋军队依然存在,段祺瑞掌握军权,承奉其意,是虎而翼也,封建思想迄未铲除……民国以来,国内仍少光明正大之政治家,此纷扰尚未终止原因之一也"。②

作为一部插图本历史读物,《走向共和》收入了许多珍贵罕见的历史照片和古老版画,历史在这一刻体现出新闻的色彩,显得如此逼人,一切就如同发生在昨天。总体而言,作为一个文学写作者,张建伟身上所体现出来的知识分子精神,在当下中国显得难能可贵。西方历史传统常常赋予历史以批判的色彩,而中国历史传统则以篡改和粉饰为能事。从这一点上,张建伟对历史的理想不仅意味着真相,也充满严厉的批判——"所谓'伟人',被涂抹了太多油彩。但历史真相终究涂抹不掉,也遮掩不住的。"

十多年前,由张建伟参与编剧的《走向共和》一经播出,便轰动一时。但也有人批评其过于"室内剧"。作为这部电视剧的原始文本,五卷本的《走向共和》入木三分地展现了一个世纪前中国宫廷的历史。遗憾的是,这部"不堪入目"的"宫廷的历史"确实就是我们这个国家的历史。大清覆灭了,但中国还在;权力崩溃了,但历史完好无损。"辛亥革命之爆发,这是告诉我们,当时的中国,由政治领导改进社会之希望已断绝,不得不转由社会领导来改进政治。前者牺牲较少,进趋较易;后者则牺牲大,而进趋难。"③

200多年的天朝,从多尔衮开始,到载沣终结,一头一尾两个摄政王,儿童皇帝成为天朝最形象的隐喻,真实的历史都藏在宫廷深处。民国五年(1916年),临终的袁世凯痛苦地叫骂:"杨度误我!"清光绪廿七年(1901年),临终的李鸿章也痛苦地叫骂:"毓贤误国!"杨度者,犬儒也;

---

① (美)汉娜·阿伦特, 陈周旺译《论革命》,译林出版社,2007。
② 陈恭禄《中国近代史》,中国工人出版社,2012。
③ 钱穆《国史大纲》,商务印书馆,2013。

毓贤者，酷吏也。15年间，从酷吏到犬儒，从"国"到"我"，都是一个"误"字。

"悲歌自觉高官误，读史应知名士难。"回看中国的历史，百年屈辱，百年辛酸，百年流血，百年流泪，怎一个"误"字了得？真可谓一失足成千古恨，再回首已是百年身。

此前一个世纪，法国大革命的领袖罗伯斯庇尔在临死前悲叹："我们将会逝去，不留下一抹烟痕，因为，在人类的历史长河中，我们错过了以自由立国的时刻。"

历史的三峡

公元前841年，"国人"暴动，将暴君周厉王驱逐，这一年被称为"共和"，中国历史从这里发轫。如果历史真的是人民书写的，那么"走向共和"的历史也就是中国的历史，虽然这个历史常常令人不忍卒读。孔子说："谨权量，审法度，修废官，四方之政兴焉。兴灭国，继绝世，举逸民，天下之民归心焉。"对中国人来说，"共和"永远是一种理想，历史永远在路上，而且总是姗姗来迟。

"今全国人民心理多倾向共和，南中各省既倡议于前，北方诸将亦主张于后，人心所向，天命可知。予亦何恶因一姓之尊荣，拂万民之好恶，是用外观大势，内审舆情，特率皇帝将统治权公诸全国，定为共和立宪国体，近慰海内厌乱望治之心，远协古圣天下为公之义"——"共和"绝不是一份《退位诏书》就可以建立的。当年鉴湖女侠秋瑾曾发誓："拼将十万头颅血，须把乾坤力挽回"；多年后的蔡济民悲叹："无量金钱无量血，可怜购得假共和。"

100年前，5亿多中国人口中，农民占95%以上。所谓辛亥革命，其实只是城市与精英的"革命"。魏斐德指出，"王朝的灭亡，实际上是新精英的杰作"，"1901年后王朝的军事、政治、经济和教育改革，加速了精英政治意识自觉的进程"。美国史学家周锡瑞说："辛亥革命标志着中国精英与乡村的疏远。"中华民国成立了，但这是一个没有公民的中华民国。

无论大清帝国还是中华民国，无论革命还是反革命，这都是极少数精英与反精英的权力游戏，与那些"沉默的大多数"几乎没有丝毫关系。这仍是一个中世纪的蒙昧中国，一切都与现代无关，除过铁路与枪炮这种新的统治技术。对一个宫廷阴谋者来说，"囿于民族国家的传统，他们视革命为攫取权力的一种手段，视权力为暴力手段的垄断"。①

中华民国建立，皇权制消灭了，但专制主义又以国民党的一党专政形式，在神州大地上借尸还魂。皇权与专制主义的紧密结合，并得到极端的发展，这就是从秦到清二千多年的中国历史。它是以大一统、极度中央集权和绝对专制主义皇权三者为特征所形成的、中国式的历史道路。②

在西方人看来，中国就好像是罗马帝国一直演进并绵延到现在。美国学者李侃如指出，在中国漫长的历史上，周期性的政治动荡折射出中国政治的固有缺陷。最突出的两点，一是中国领导人善于组织复杂的政府官僚机构，却未能缜密地制定出政治程序与制度，以避免权力斗争扰乱整个体制；二是中国公众一直没有得到机会，去发展正常的政治参与渠道。③正因为这种先天性的缺陷，皇权专制体制下的中国，国家的命运全部寄予皇帝一人——或善或恶，或智或愚，只能接受而不可选择，这就如同系千钧于一发，导致帝国总难免一次次地走向彻底崩溃，使物质积累和文化传承频频断裂。

从某种意义上，启蒙比革命更能改变一个国家和社会；或者说，走向共和，其实就是走向启蒙。共和只能是启蒙的产物，而不是革命的产物。作为中国近代史的扛鼎之作，陈恭禄的《中国近代史》中有一段发人深省的话：

---

① （美）汉娜·阿伦特，陈周旺译《论革命》，译林出版社，2007。
② 周良霄《皇帝与皇权》，上海古籍出版社，2014，第213页。
③ （美）李侃如，胡国成、赵梅译，《治理中国：从革命到改革》，中国社会科学出版社，2010，第4页。

> 自由人之在中国，盖不甚多。其在政治上不良之影响，则家族之观念太重，国家之观念太轻，得意之时，不问是非，专为一家一族一地设想也。近代政治腐败，民生痛苦，盖非偶尔遽然之事，多本于历史上之遗传，社会之势力，由来久矣，人民于不知不觉之中，视为固然，自怨命运而已。①

历史学家唐德刚认为，中国在三千年来经历过两次"转型"。第一次即"废封建，立郡县；废井田，开阡陌"，使中国"从一个高等群居动物的部落主义转向一个以自由农业生产为主的经济制度；和中央集权，以高度科学化的文官制度为骨干的，天无二日、民无二主的宇宙帝国"，②这次转型肇端于战国时的商鞅变法，完成于汉武帝时的"盐铁专卖"，历时二百余年。第二次则肇端于辛亥革命，将"从帝国制度转入一个民主代议制度"。这一转型虽历时近百年，犹未告成；如舟行三峡间，沿途尽是激漩急湍，凶险万状。但"不论时间要拖多久"，这一转型必将完成，这"是客观存在的，是任何人和事都改变不了的"。袁世凯在民国建立后践踏法律、悍然改制，正是转型期内必然会出现的怪现状之一，无足诧异；正如此后蒋介石的个人独裁，虽是"比传统帝制还不如的寡头政治"，但毕竟是时代的反映，是转型中"不可或缺的恶政"。③

终结或轮回

20多年前，历史学家福山以"历史的终结"一举成名，他认为传统的专制的旧历史已经终结，而真正的历史是"以自由民主制度为方向的人类普遍史"。在某种程度上，张建伟的《走向共和》其实就是中国版和文学版的《历史的终结》。魏斐德说："1911年，帝国政府的垮台不仅解构

---

① 陈恭禄《中国近代史》，中国工人出版社，2012。
② 唐德刚《晚清七十年》，岳麓书社，1999。
③ 唐德刚《袁氏当国》，广西师大出版社，2004。

了政治秩序，而且解构了支撑帝国的古典传统"，辛亥革命"标志着中国绅士最后的演变和灭亡"。①

在中国近代思想史上，严复翻译的《天演论》具有某种颠覆意义。它将在西方声名狼藉的社会达尔文主义成功地完成了"中国化"。从积极的一面它警醒了积贫积弱的中国人；从不幸的一面，他进一步强化了传统权力文化中争强斗狠的"丛林法则"。近代以来，政治愈来愈演化为没有底线的恶行。

在漫长的中世纪历史中，政治几乎一直是阴谋的同义词。从这种意义上，哈维尔所发起的77宪章运动与其说是政治运动，不如说是反政治运动——他反对传统政治的阴暗和丑恶，比如欺骗、权谋和宫廷阴谋，因此被称为"反政治的政治"。"政治的最高境界是良心"，哈维尔的意义在于恢复政治应有的正常道德要求，而坚决不相信人类必须生活在欺骗和暴力的恐怖和阴影之中。米兰·昆德拉曾说："当历史控制人的时候，灵魂便丧失了它的无限性。"对许多中国人来说，一切的历史都是"资治通鉴"；甚至有人将《资治通鉴》精读了17遍，最终修炼成为中国顶级的权谋大师。在很大程度上，这样的历史只是中国的历史，而不是整个人类的历史。

如果历史就是宫廷的历史，历史就是专制、权谋和阴谋，那么这样的历史在中国仍没有走向终结。在"走出历史的三峡"（唐德刚言）之前，中国依然活在《甄嬛传》中，每天都周而复始地上演着阴谋、算计、倾轧、厚黑、心狠手辣、党同伐异和赶尽杀绝。在这里，没有正义与邪恶，只有高明和愚蠢；没有好人和坏人，只有成功者和失败者。阴谋政治的本质，就是比赛谁更蛇蝎、更恶毒、更阴险、更没有底线，"一将功成万骨枯"。这种循环沉迷的历史被很多历史学家称之为"内卷化"，既没有突变式的发展，也没有渐进式的增长，而只能走向不断内卷、自我复制与精细化。

"历史呼唤伟人，上台的却是侏儒。时代要破浪前进，现实却踌躇不

---

① （美）魏斐德，邓军译《中华帝国的衰落》，黄山书社，2010。

前。"①事实上,历史不仅仅是阴谋,历史也不应该只是阴谋,阴谋充其量只能是历史的"败笔"。历史蕴含着智慧,历史也蕴涵着真理。但历史是过去时,而不是现在时,所以历史无力改变现在,也无力影响未来,就如同人无法篡改历史,这被波普尔称之为"历史主义的贫困"。

"殷鉴不远,在夏后之世"。张建伟在书中多次说过这样一段话:

> 数千年的历史告诉我们,对历史已经反复证明的历史教训,我们仍然一次又一次地重复表演,一处废墟盖住另一处废墟。……我们现代人可以在什么程度上摆脱历史局限性。或者竟像黑格尔所说:人类从历史中学到的唯一东西就是从来没有学到任何东西。这是历史的箴言。

黑格尔说,"从本质上看,中国是没有历史的,它只是君主覆灭的一再重复而已。任何进步都不可能从中产生。"

《三国演义》第九十三回写诸葛亮骂王朗:"今国乱岁凶,四方扰攘;庙堂之上,朽木为官,殿陛之间,禽兽食禄;狼心狗行之辈,滚滚当道,奴颜婢膝之徒,纷纷秉政。"总结这段走向共和的历史,可以看到一条熟悉的崩溃路径:专制落后→国际竞争失败→鸦片战争挨打→洋务运动改经济不改政治→经济发展→同治中兴→甲午战败还是挨打→维新变法想改制度被镇压→反西方反现代的义和团运动→八国联军进北京继续挨打→清末新政→立宪改良→立宪缺乏诚意→辛亥革命爆发→清政府垮台。

历史总是惊人地相似。黑格尔相信,历史总是会重复出现,第一次是悲剧,第二次是喜剧。不过有时候也会倒过来,第一次是喜剧,第二次是悲剧。余英时先生说得好:"我觉得学历史的好处不是光看历史教训,历史教训也是很少人接受,前面犯多少错误,到后面还是继续犯,因为人性就是大权在握或利益在手,便难以舍弃,权力和利益的关口,有人过得去,也有人过不去。所以读历史的最大好处是使我们懂得人性。"

---

① 袁伟时《晚清大变局》。

有一首杜甫的集句诗曰：

> 怅望千秋一洒泪，
> 百年世事不胜悲。
> 北极朝廷终不改，
> 五陵衣马自轻肥。

一场游戏一场梦

1932年（民国二十一年）年底，刚刚复刊的《东方杂志》在主编胡愈之的策划下，举办了一期"征梦"活动，请全国各界人士谈谈中国的梦想和个人的梦想。活动共收到160多封来信来稿，在接下来的两期《东方杂志》上陆续刊出。

当时的中国正值处于战争乱世，日军已经占领东北，南方也陷入淞沪抗战，同时还在江西进行第四次军事"剿共"；全国各地的军阀与土匪正打得昏天暗地，饥荒和瘟疫到处肆虐。相对而言，生活在上海这个十里洋场的知识分子群体处境要好得多，因此，他们成为这场说梦活动的主要参与者；或者说，从发起者到响应者，这场没有超出知识精英的集体说梦，本身就是一场自娱自乐的游戏，这不免让人想起"痴人说梦"的古话。

胡愈之在征稿文中写道："在这昏黑的年头，莫说东北三千万人民，在帝国主义的枪刺下活受罪，便是我们的整个国家、整个民族也都沦陷在苦海之中……但是我们真的没有出路了吗？我们绝不作如此想。固然，我们对现局不愉快，我们却还有将来，我们诅咒今日，我们却还有明日。假如白天的现实生活是紧张而闷气的，在这漫长的冬夜里，我们至少还可以做一两个甜蜜的舒适的梦。梦是我们所有的神圣权利啊！"

把梦当作"所有神圣的权利"，这种心灵鸡汤式的文字，基本上确定了说梦的基调。果然，在接下来的征文中，田园牧歌乌托邦成为这场中国梦的主旋律。面对千疮百痍的中国，酒足饭饱的文人雅士们一起展开想象的翅膀，幻想一个没有国界、没有民族、没有宗教、没有阶级、没有货币、没有家庭、没有犯罪、没有战争的世外中国。看看书，种种菜，这种心情是如此迫切，以至于有人盼望回到秦始皇时代，有人盼望中国赶快诞生一位墨索里尼。

更有甚者，幻想未来的中国不仅是集体主义和国家主义的，而且每个人的工作和生活都被严格设置，一切都犹如赫胥黎的《美丽新世界》一般。暨南大学教授李石岑说得更到位："那时《红楼梦》、纳兰词及曼殊大师的名画之类，都在被焚毁之列。"

自从工业革命以来，乌托邦便成为现代人无法摆脱的一种浪漫情结。毫无疑问，1933年正是墨索里尼、希特勒和斯大林的独裁主义方兴未艾之时。就连胡适也颇有几分恶搞地说："我梦想一个理想的牢狱，我在那里面受十年或十五年的监禁。在那里面，我不许见客，不许见亲属，只有星期日可以会见他们。可是我可以读书，可以向外面各图书馆借书进来看，可以把我自己的藏书搬一部分进来用。我可以有纸墨笔砚，每天可以做八小时的读书著述工作。每天有人监督我做一点钟的体操，或一两点钟的室外手工，如锄地，扫院子，种花，挑水一类的工作。我想，如果我有这样十年或十五年的梦想生活，我可以把我能做的工作全部都做出，岂不快哉！"

犬儒化的小清新之所以盛行，证明中国知识分子并没有完成现代启蒙，他们仍然是一群充满士大夫情结的传统文人。《现代》杂志主编施蛰存就这样说："我以为政治制度是没有关系的，问题完全是在人。"

在这些梦想中，涉及民主宪政、法治文明和公民精神的寥寥无几。实业家穆藕初指出："政治上必须实行法治。"马相伯认为，未来中国应当是"民治的国家，法治的国家"。楼适夷的梦想是"做一个未来中国的公民，为着这国家的建设与成长，而尽我所能尽的力量，得到我应该得到的享受"。李宗武说得非常直接："我希望我们能杀尽一切贪官污吏。我希望中国的司法能真正独立。"章衣萍说："我理想中的中国，最低的限度，要大家有饭吃，有衣服穿，有房子住，有路可走。"彭芳草说："饿不死，卖得出书稿，买得起必要的书籍，并且有时间看，如是而已。"对比当下，就会发现有些梦想颇有远见,比如艾逊生的梦想是将来上海"完全由中国人管理",若干年后,上海没有租界了,但有了"自贸区"。

社会学教授周谷城说:"我梦想中的未来中国首要之条件便是:人人能有机会坐在抽水马桶上大便。"在一个连吃饭都解决不了的年代,就想到了大便问题,这无疑是一桩最富想象力的梦想。但其实,直到30年前,大多数中国人还不知道什么叫抽水马桶。

1925年,鲁迅先生在《论睁了眼看》一文中写道:"中国人的不敢正视各方面,用瞒和骗,造出奇妙的逃路来,而自以为正路。在这路上,就证明着国民性的怯懦,懒惰,而又巧滑。一天一天的满足着,即一天一天的堕落着,但却又觉得日见其光荣。"确实,中国人是不喜欢浪漫的,不仅不喜欢做梦,也不鼓励做梦。所谓梦,多是噩梦或白日梦。红楼梦也罢,青楼梦也罢,都是对梦的讽刺,还有黄粱梦、南柯梦,都是说世事如梦,喻其虚幻罢了。阿Q就曾在土谷祠做过这样的梦:未庄的鸟男女们都跪在他面前求饶,赵家的财宝任他取用,女人随他挑选,特别是秀才娘子的床,"土豪劣绅的小姐少奶奶的绣床上,也可以踏上去滚一滚。"

一个糟糕的年代,一群以智力自负的成年知识分子,凑在一起谈论梦,这本身就是一件滑稽的事情,因而也遭到一些理性知识分子的反对。俞平伯说:"我没有梦想。"章乃器先生指出:"政治问题是不容许我们随意梦想的。"陶孟和批评道:"我国人做梦的人很多,对于如何达到梦想,却是很少的计划实现,实在是最重要的。"罗叔和讥讽道:"近年来的中国确实使人哭笑不得,没有法子说话,也不敢说话,于是只有做梦了。"

鲁迅曾就此事写了一篇文章——《听说梦》,发表在4月15日的《上海文学》上。"做梦,是自由的,说梦,就不自由。做梦,是做真梦的,说梦,就难免说谎。……想必以为言论不自由,不如来说梦,而且与其说所谓真话之假,不如来谈谈梦话之真。"① 早在1923年,鲁迅就忠告中国的年轻人说——

---

① 鲁迅《听说梦》,《鲁迅全集》第四册,人民文学出版社,1991,第467页。

> 人生最苦痛的是梦醒了无路可以走。做梦的人是幸福的；倘没有看出可走的路，最要紧的是不要去惊醒他。……假使寻不出路，我们所要的倒是梦。但是，万不可做将来的梦。①

鲁迅在《听说梦》中又指出：

> 虽然梦"大家有饭吃"者有人，梦"无产阶级社会"者有人，梦"大同世界"者有人，而很少有人梦见建设这样社会以前的阶级斗争、白色恐怖、轰炸、虐杀、鼻子里灌辣椒水、电刑，……倘不梦见这些，好社会是不会来的，无论怎么写得光明，终究是一个梦。

鲁迅的这段话，既像是对这个活动的总结，又像是预言。

半年后，那个梦想着大同世界的杨杏佛即遭当局暗杀，邹韬奋逃亡海外避祸，而这场活动的策划者胡愈之被迫离开《东方杂志》之后，秘密加入共产党。对残酷的中国现实来说，梦想不仅是奢侈品，更是危险品。美国思想家霍弗这样说："凡是从早到晚都要为最起码生活操劳的人，不会有时间、心情去悲愤或造梦。中国民众不易造反的原因之一，就在于他们得花很大力气，才能赚得到一点点维生之资。"②

---

① 鲁迅《娜拉走后怎样》、《鲁迅全集》第一册，人民文学出版社，1991，第159—160页。

② 埃里克·霍弗著，梁永安译《狂热分子：群众运动圣经》，广西师范大学出版社，2011。

卡廷森林的纪念

一次合谋

在群雄逐鹿的欧洲近代史上,波兰是一个不幸的国家。1772年,波兰第一次被俄、普、奥三国瓜分。自1795年第三次被瓜分,历经123年无望的斗争与等待,直到一战后,波兰才又重新作为独立国家站立起来。

1939年8月23日,斯大林和希特勒这两个大独裁者,共同签订了《苏德互不侵犯条约》,同时还签订了一份瓜分波兰的《附加秘密协议书》。9月1日,德国从西面攻入波兰;9月3日,英、法对德宣战,第二次世界大战全面爆发。9月17日,苏联从东面攻入波兰。9月18日,苏军与德军在布列斯特—利托夫斯克会师,两军举行联合阅兵式。

华沙的最后抵抗伟大而悲壮,血战到9月28日,波兰沦陷。幸存的波兰军人不是成为德军的俘虏,就是被苏联红军俘获。9月29日,苏德瓜分波兰的《德苏边界友好条约》正式签字,波兰作为一个国家再次被消灭。斯大林发给德国外交部长里宾特洛甫贺电称:"德国人民和苏联人民之间用鲜血凝成的兄弟友谊,有一切理由可以成为长久的和牢固的。"电文随即刊登在《真理报》上。

波兰当局认为苏联不是交战国,因此波军总司令雷兹·西米格威元帅与苏军谈判后,下令东线的30万波军放弃抵抗,向苏军投降。但苏军得手后马上食言,将波军军官编成146个战俘营,分散关押在斯摩棱斯克地区的几个集中营。此后，苏联方面对外宣称波兰战俘已经全部释放。从1940年4月3日开始，各个集中营对波军战俘展开有计划分批次的大屠杀。一名负责屠杀的苏联内务部士兵后来这样描述当时的情景：

> 两个男子抓住（囚犯）的手臂，第三人就朝他后脑勺开枪……①

在骑士传统悠久的欧洲，杀俘是一件极其可耻和罪恶的事情。但斯大林为了消灭日后可能的反苏力量，秘密签署了处决波兰"民族主义者和反革命活动家"的命令，21857名波兰战俘（主要是军官）尽数遭到秘密屠杀，地点就在斯摩棱斯克境内的卡廷森林。根据联共（布）政治局3月通过的处决波兰战俘的决议，将整个处决波兰战俘的行动被称为"减轻负担行动"，这与纳粹屠杀犹太人的"最终解决方案"如出一辙。

> ……所以他们要杀害成千上万的波兰军官，根本就是不足为奇的事情。恰恰相反，如果他们不杀害这些人反倒是一件令人奇怪的事情。他们就是要毁灭部分波兰知识分子，因为俄罗斯知道，波兰的知识分子永远也不会接受共产主义纲领。卡廷其实就是完成了他们为波兰制定的这个纲领的一部分。②

斯大林时代的苏联有一句流行语："这世上总共只有三种人：曾经在监狱里待过的人，现在在监狱里的人，和将要进监狱的人。"在斯大林1937年发动的大清洗运动中，大批在苏联的波兰人便遭到屠杀：白俄罗斯地区有2万名波兰人被捕，其中1.8万被枪杀；乌克兰地区有5.6万波兰人被捕，其中超过4.7万人被枪杀。③ 1941年6月14日，就在德国发动对苏战争之前一周，苏联官方的塔斯社发表公开声明，"痛斥英美挑拨

---

① （英）哈莉克·科汉斯基，何娟、陈燕伟译，《不折之鹰：二战中的波兰和波兰人》，中国青年出版社，2015，第167页。
② （波）乌卡什·贝尔特拉姆，乌兰译《卡廷惨案真相》，新星出版社，2012。
③ （英）哈莉克·科汉斯基，何娟、陈燕伟译，《不折之鹰：二战中的波兰和波兰人》，第163页。

德苏关系"。①谁知数日之后，德军就以风卷残云之势攻入苏联。当纳粹德国从朋友变成敌人，苏联又与流亡的波兰政府恢复外交关系，并在伦敦签订互不侵犯和互助条约。一些刚获释的波兰军官向苏联要人，苏联方面声称已经全部释放。1943年4月13日，德军在占领的卡廷森林意外发现"万人坑"，里面埋葬的全是波兰军官；国际红十字会介入调查，波兰流亡政府总理西科尔斯基宣布与苏联决裂。随后，西科尔斯基神秘地遇难，苏联扶持起另外一个波兰流亡政府。

一个罪恶的世界

卡廷惨案传出之后，当时世界一片哗然。

德国利用卡廷大屠杀在法国到处张贴宣传海报："如果苏联赢得战争，卡廷将无处不在！"苏联对此早有准备，立即反咬一口，指责德国杀人栽赃。当初苏军屠杀战俘时，使用的全部都是1930年以前从德国进口的7.65毫米瓦尔特PPK手枪和子弹。就这样，苏联将屠杀的罪责成功推给纳粹德国。

二战以苏联的胜利而结束，纽伦堡审判没有采纳德国人制造卡廷惨案的指控，也没有指控真正的凶手苏联。波兰虽然获得独立，但仍然处于苏联的阴影之下。在相当长的时间里，卡廷大屠杀属于波兰社会的禁忌，一些知道真相的人神秘遇害。波兰最著名的知识分子米奇尼克上大学时，曾因为质问"卡廷发生的事情"，就被赶出教室。对当时的波兰来说，"卡廷"不只是一场秘密屠杀，更是一种对历史真相的的掩盖和谎言。从某种意义上来说，"卡廷"成为战后的波兰并没有获得真正独立和自由的象征，也是他们被迫屈从强权和谎言的耻辱标志。

苏联为了掩盖罪行，1945年在卡廷森林修建了一座纪念碑，以纪念"被希特勒匪徒枪杀的波兰军官"，屠杀的时间从1940年被改为1941年。从大屠杀的罪行来说，斯大林的苏联和希特勒的纳粹本是一丘之貉。卡廷森

---

① 严秀《被隐蔽的历史：战前一周苏官方关于纳粹不会侵苏的声明》，《随笔》杂志，2002年第1期。

林与奥斯维辛，所谓的布尔什维克和纳粹保持着难分伯仲的卑鄙、残忍和歹毒。布尔什维克说："我们要比纳粹更长久！"战争结束了，欧洲获得了解放，然而波兰例外。很多年后，苏联终于无可挽回地走向覆灭，这座谎言的纪念碑成为一段历史最可耻的见证。

我记得很清楚，1943年德国的消息说那是苏联干的，波兰人和各国记者一起到了卡廷，挖开了万人坑，所有的文件、遗物都支持最初的论点。德国人从卡廷把物证带回波兰，把遗物给了死者的家人，所以他们有了确凿的证据。然后到1945年，苏联人突然回来了，这又变成了"德国人的罪行"。

瓦依达在他的电影中，引用了1943年纳粹德国宣传部长戈培尔拍摄发行的挖开卡廷万人坑的纪录片素材。德国发行这些纪录片或许有其用意，但英、美也有自己的算盘。丘吉尔对当时流亡伦敦的波兰领导人西科尔斯基将军说，"德国人的指控也许是真的，——布尔什维克可是非常残忍的。"但在公开场合，罗斯福和丘吉尔不会流露任何反苏言论，去得罪斯大林这个战争盟友。于是，关于卡廷的一切，大家都装作它没有发生。

在长达70年的苏联时代，卡廷森林一直是苏波两国一个无法弥合又不敢触碰的历史伤痛。在红色帝国的铁幕终于坍塌之后，历史终于回到阳光之下，电影《卡廷森林惨案》就成为一部直面这场民族悲剧的伤痛之作。

电影中有一句刺痛心灵的台词："为什么我们生活在一个罪恶的世界？"那些死去的冤魂已经悲惨地死去，而活着的人在苟且中又情何以堪。或如狗一般匍匐在地，为虎作伥，或在深深的悔恨中怆然自尽，或决绝地将自己送进布尔什维克的监狱，这就是电影展示给人们的绝望人生。

在漫长的战争和集中营中，有的是恐怖、迫害和屠杀，但没有自杀。战争和集中营之后，恐怖、迫害和屠杀仍在继续，而自杀开始在良知的人那里蔓延……世界真的是如此罪恶，以致要让良知的人和良知一起灭绝。

一部电影

《卡廷森林惨案》的导演安杰伊·瓦依达被誉为"波兰电影之王",这位新浪潮导演曾获得第72届奥斯卡终身成就奖。在这部电影中,主人公的父亲在当年卡廷屠杀中遇难,他宁可不上大学,也拒绝修改父亲被苏联人杀害的简历;一个卡廷遇难者的家属甘愿被捕坐牢,也要在亲人的墓碑上写上正确的死亡日期;一些人冒着生命危险,收藏遇难者的遗物……

事实上,电影主人公的原形就是瓦依达,他的父亲就是当年被杀害于卡廷的波兰军官之一。他以自己刻骨铭心的伤痛,将这"邪恶的罪行从匿藏的阴影里揭出来",公之于众;他这样做,不仅是个人内心所驱,更是为了还历史真貌,以警示未来。瓦依达说,就像影片中被俘军官的亲属一样,他母亲天天盼望着亲人的名字,不要出现在死亡名单上,一直期待着某一天父亲会突然归来……

电影中有一个充满隐喻的经典桥段:1939年9月17日,一座钢结构的大桥上迷雾散去,桥的两端同时出现了无数逃难的波兰人,这边的人惊呼着"德国人打过来了",那边人则尖叫"苏联人打过来了……两边的人都试图逃跑,却已经无处可逃。

还有一个看似不经意的镜头:苏联红军入侵,把红白二色的波兰国旗对半撕开:红的一半,当红军旗帜高高挂起;白的一半,当裹脚布缠在脚上。最令人深思的,是那些作为国家机器的军人所表现出来的"工具理性":牢房里每杀一人,苏联士兵便用水桶冲去地上血流,在森林中冷酷而又熟练、如同机器一般进行枪决和掩埋……在电影结尾,是一个长达4分钟的无声镜头,波兰军官被集体屠杀和掩埋,推土机把泥土堆满银幕,然后是一片黑暗,让人感觉到被埋进土里的,简直就是每一个观影者。这个黑屏持续了整整一分钟。这是瓦依达对死难的21857位冤魂发自内心的深深默哀。

中国古语云:"善欲人见,是为小善;恶恐人知,便是大恶。"纳粹德国有奥斯维辛,苏联帝国有卡廷森林。从1940年到1990年,卡廷森林的罪恶真相,被苏联和波兰当局隐瞒了整整半个世纪。直到最后进入戈尔巴乔夫时代，苏联才被迫承认。1990年4月13日，苏联塔斯社发表声明，正式承认卡廷惨案是苏联内务部所为，这是"斯大林主义的严重罪行之一"。1992年10月14日，俄罗斯联邦总统叶利钦派特使，将卡廷事件的秘密档案副本交给波兰，卡廷的真相至此方大白于天下。同时还公开了苏德瓜分波兰的那份《附加秘密议定书》。值得一提的是，关于卡廷事件经过的所有档案在斯大林时代尚能完整保存，但在斯大林死后，赫鲁晓夫接受克格勃头目谢列平的建议，下令销毁了这些档案中的绝大部分。

1995年，在卡廷森林遇害的波兰军官的遗骸，被运回波兰。2007年，波兰将每年4月13日，定为"卡廷"事件遇难者纪念日。

2008年2月，《卡廷森林惨案》参加柏林电影节，德国总理默克尔出席了影片首映。瓦依达强调这不是一部政治影片，"这是一曲挽歌，一部哀悼的电影。它太悲剧，不允许政治立场来摆弄。"俄罗斯一位影评人指出了影片的人道主义意味——

> 瓦依达电影真正的"危险"在于，从人性的维度审视这个政治惨剧，这让现在俄罗斯谨小慎微的政客心惊肉跳。我们曾惯于崇拜虚假的偶像、虚假的理想，最重要的是，习惯于爱红场上领袖的灵柩胜过自己父亲的坟茔。这也是为什么我们怀念以往的崇高，那是夸大了的崇高，因为它建在流血和暴力之上。①

一个迟来的纪念

2010年4月7日，俄波两国举行了隆重的卡廷事件70周年纪念活动。在卡廷森林纪念碑前，俄国总理普京单膝跪地捧上蜡烛，这无疑是一个迟来的忏悔。"迫害给人民带来的是灾害，不分民族以及宗教信仰。遭受迫害的遇难者人数众多，这些罪行不可能有任何理由为自己申辩。"值得一提的是，1970年，德国总理勃兰特在华沙双膝跪地，表达了对二战中无辜被德国纳粹杀害的波兰犹太人的沉痛哀悼和道歉忏悔。

---

① 李宏宇《卡廷惨案：看不见的机器都是有主的》，《南方周末》2010年4月15日。

对波兰来说,"卡廷森林"的国家悲剧并没有结束。2010年4月10日,搭载有波兰总统、三军总司令和中央银行行长等军政要员的总统专机,再次坠毁在卡廷森林;吊诡的是,他们此次俄罗斯之行就是为了参加"卡廷"事件纪念活动。4月11日晚,俄罗斯国家电视台播出波兰电影《卡廷森林惨案》[①]。

世界上可以被称为地狱的地方屈指可数,奥斯维辛即为其一。提起"奥斯维辛",人们便联想到二战期间纳粹德国对犹太人施行的令人发指的种族清洗暴行。但在演变为"屠宰场"之前,奥斯维辛只是羁押波兰政治犯的场所。

作为这一转变过程的经历者,波兰军官维托尔德·皮莱茨基有着不同于其他犯人的"隐情"。他实则是波兰抵抗组织中自愿前往集中营的"卧底"。为获取奥斯维辛的更多信息,1940年9月,皮莱茨基"被捕"。三年间,依靠过人的体能、智慧与意志力,依靠坚定的信仰,皮莱茨基在集中营内成立了秘密组织,援助同胞,并不断向外界传递信息。1943年4月,皮莱茨基死里逃生,开始将自己的经历整理成报告上交位于英国伦敦的波兰流亡政府。

《奥斯维辛集中营的志愿者:一份来自波兰卧底的报告》[②]是其中最完整的一份报告,详细记录了皮莱茨基在集中营的内部生活以及经历的那些世人难以想象的日子。二战结束后,皮莱茨基被波共以"西方间谍"的名义处死。"当家人到狱中探望时,皮莱茨基说,与这里相比,奥斯维辛简直是儿戏,苏联训练出来的波兰人简直心狠手辣。"20世纪90年代,皮莱茨基获得平反,自此成为波兰历史上以及波兰民众心中的英雄,一个为了自由、信仰和祖国从容赴死、志愿献身的英雄。正如《圣经》所言:

  那美好的仗我已经打过了,

[①] 《卡廷惨案》在俄罗斯国家电视台播放后,引起广泛的关注和讨论,短短几天就有2000多篇博文参与其中。

[②] (波)维托尔德·皮莱茨基,黄煜文译《奥斯维辛集中营的志愿者:一份来自波兰卧底的报告》,世界图书出版公司,2015。

当跑的路我已经跑尽了,
所信的道我已经守住。

在卡廷事件中,除过斯大林,另一个能够"名留史册"的人是苏联内务部少将瓦西里·布洛欣。这个农民出身的屠夫加入契卡后因杀人有功而官运亨通,1940年具体组织了卡廷大屠杀;在28天内,他亲手枪杀了7000名波兰军官,这一记录至今也无人企及。布洛欣每天晚上"工作"10小时,平均每3分钟枪杀一人,中间不停顿,也不休息。每晚"工作"结束后,他都要招待部下痛饮一顿伏特加,美美地睡上一个白天,然后在夜幕降临时再次去"上班"。在处决波兰人的行刑室里,布洛欣围着屠夫用的皮围裙,胳膊上套着长及肩膀的长橡胶手套,以免被害人的血液和脑浆喷溅到军装上。因其在卡廷出色的"工作表现",苏联最高苏维埃于1940年4月27日授予他红旗勋章。1953年贝利亚倒台后,布洛欣也随之失势,被强令退休并剥夺军衔,1955年在失意中自杀。值得一提的是,在2010年,不折不扣的杀人魔王被吉尼斯世界纪录评为"现代世界历史上亲手杀人最多的人"。与他相比,在南京大屠杀中进行杀人比赛的两个日本刽子手——向井敏明和野田毅的杀人纪录不过百余人,不及布洛欣的2%,实属小巫见大巫。

索尔仁尼琴说:"总盯着过去,你会瞎掉一只眼,然而忘却历史,你会双目失明。"历史是一种良心的存在。在每一个民族的历史中,都有一片阴森可怕的卡廷森林。对卡廷森林的遗忘、否认和篡改,就是对民族和历史的背叛。不幸的是,有卡廷森林的地方,都不承认卡廷森林,因此也永远走不出卡廷森林。瓦伊达一直对人们这样说,《卡廷森林惨案》这部电影主要是给年轻人看——

随着时间推移,我们能看到的历史记忆越来越少了。对年轻一代尤其如此,他们有完全不同的生活,面对完全不同的问题。但我想了解我们自己的历史是至关重要的,因为那是教训。如果有的问题我们不谈论、藏起来,始终当作秘密或者禁忌,那非常危险。

黑暗中的舞者

二战结束之后,美国拉开一场天翻地覆的城市化运动。在政府的规划中,那些位于中心城区的所谓的"贫民窟",将变成设计蓝图上美丽的现代化大城市。为了汽车交通,一条高速公路即将横穿人口密集的曼哈顿下城。但政府的规划遭到前所未有的杯葛,最著名的反对者就是雅各布斯。

简·雅各布斯,这位连大学也没有上过的业余写作者,面对这场城市化运动,如同堂吉诃德一般,挺身而出。她不仅写请愿书,还四处征集签名,直到作为游行示威组织者而被警察逮捕。数年后,《美国大城市的死与生》[①]的出版,给她带来令人瞩目的荣耀,但她并没有忘记曼哈顿。作为"阻止修建曼哈顿下城高速公路联合委员会"主席,雅各布斯奔走游说,甚至被以"暴乱"罪逮捕,但她最后成功了。直到今天,整个曼哈顿城区没有一条高速公路横贯,从而保持了城市的宁静与繁荣。

毫无疑问,雅各布斯是一位真正做到知行合一的知识分子。如果说她12年不屈不挠的努力影响了曼哈顿,那么她的《美国大城市的死与生》则影响了世界。

雅各布斯对局限于物质性空间的正统城市规划理论提出强烈批判。她强调城市首先是一种社会性和政治性空间,城市规划首先应满足市民生活和公共利益,而不是为了设计师迷恋的视觉和政客追求的政绩。雅各布斯从一个生活于城市社区的市民和主妇的角度,将人们的眼光带回现实,提

[①] (美)简·雅各布斯,金衡山译《美国大城市的死与生》,译林出版社,2006。

醒城市规划回归常识和人性。

作为"这个时代最伟大的思想家之一",雅各布斯的作品除了《美国大城市的死与生》,还有《城市经济学》、《分离主义的问题》、《城市与国家的财富》、《生存系统》和《集体失忆的黑暗年代》[①]。

这本书虽然不如《美国大城市的死与生》那样厚重,但视野更加宽广。年近九旬的雅各布斯基于时光赋予她的历史感和责任感,从社会学、经济学和历史学的角度,对现代文化的种种弊端提出反思。历史作为集体记忆,说到底就是文化传承;当集体失去记忆时,文化就必然出现断裂,从而使社会陷入一种类似黑洞的焦虑和迷失,这就是所谓的黑暗年代。

从某种意义上,这与汉娜·阿伦特的观点不谋而合。阿伦特将"黑暗时代"归因于制度和权力,"历史中有许多黑暗时代,在其中公共领域被遮蔽,而世界变得如此不确定,以至于人们不再过问政治,而只关心对他们的生命利益和私人自由来说必须考虑的问题。"

在《黑暗时代的人们》一书中,阿伦特写了莱辛、罗莎·卢森堡、龙卡利、雅斯贝尔斯、迪内森、布洛赫、本雅明、布莱希特、古里安、贾雷尔等许多知识分子。他们每个人在黑暗时代都有不同的反应与作为,但是有一点是共同的,那就是以一种"行动"的力量,努力去改善现状。雅各布斯无疑也是这样的人。

如果失忆导致黑暗,那么人类历史上经历过无数次的黑暗年代。对现代人来说,互联网出现之前无疑是个黑暗年代;如果真是这样,那么印刷术出现之前呢,甚至没有文字的史前呢。所以说,所谓的黑暗其实都是相对的。雅各布斯所忧虑的,是现代性导致的自然失忆性;换句话说,就是慢慢被遗忘。她甚至将遗忘与"饥荒、战争、瘟疫、死亡"——所谓的"四骑士"相提并论。

事实上,从作为人类发源地的"新月沃地"到"郑和宝船",从迈锡尼文明到玛雅文明,人类历史上因为集体失忆而导致的黑暗年代数不胜数。罗马帝国崩溃之后,欧洲分崩离析,列国为敌,城堡林立;语言文字逐渐

---

① (美)简·雅各布斯,姚大钧译《集体失忆的黑暗年代》,中信出版社,2014年。

分化，拉丁语被英语、法语、西班牙语取代；传统的家庭被领主庄园取代；文字没有了，作家和学校也消失了，文盲和军人成为社会主流；关于曾经辉煌的希腊-罗马文化，也都被人们慢慢遗忘。故此有黑暗的欧洲中世纪之说。

再后来，哥伦布发现新大陆，绝大多数原住民在欧洲人的"枪炮、病菌与钢铁"中死亡。虽然还有少数幸存者，但文化已经断裂，对他们来说，子女教育，宗教仪式，家庭结构，社会组织，衣食住行，乃至关于正义、尊严、荣誉和法律的概念，一切都发生了改变；更不用说，许多语言、手艺、技术和传统都完全灭绝了。

随着持续数千年的传统农业时代走向终结，现代新人类正面临着一个文明崩塌的黑暗时代。雅各布斯指出，作为现代社会的生存与发展的基石，家庭与社区、大学理念、批判性思考能力、高效政府和职业道德，无不陷入衰败、堕落的可悲境地。

与许多思想家的看法类似，雅各布斯对机器和科技持保留态度。

科学不同于宗教，科学本身是中性的。科学满足了人类更多的需求，也放大了人类的欲望。人们可以更轻易地砍伐森林和捕捞鱼虾，许多危险而残酷的技术被用于战争和统治。

雅各布斯着眼于文化的存在与传播形式，她认为技术并不能替代人本身。就文化的本质而言，虽然人类因为文化而走向繁荣，但文化本身是极其脆弱的。文字、印刷和互联网给人们带来一种虚幻不实的安全感，以为文化是永恒的。其实，文化是复杂的，它主要靠言传身教，而不是靠文字和图像来流传，特别是大量的细节。

在这本书中，雅各布斯的思考仍然没有离开她所关心的城市与社区，因为这是每个个人和家庭的基本生存空间。她对汽车的过度发展表示极大的焦虑：汽车导致人与人之间的疏离，使社会沦为一片沙漠，"今天我们在美国郊区开车，见不到一个车子外面的活人"；雅各布斯甚至说，美国社区的头号杀手并非电视或毒品，而是汽车。

记忆是人类的本性，或者说，人是一种怀旧的动物。相对于传统农业社会，现代化是外来的、殖民的、侵略性的、机器的、消费主义的。现代化已经席卷全球。在世界范围内，无远弗届的西式建筑让无数城市实行了广谱的"现代化"；承载着历史基因的个性化老城，不是被铲除，就是成为观光客眼中的遗物。雅各布斯的话语令人感同身受，如果人们成为城市的"他者"，那他即使在自己国家，也不免陷入深深的文化挫败感和身份迷失。

雅各布斯将东方文化代表的日本视为一个成功的范例。从佩里时代到麦克阿瑟时代，日本在走向现代的同时，一直在孜孜以求地保护自己的文化和身份；无论是传统建筑还是古老的和服，甚至如相扑、艺伎这样的非物质文化，在日本都得到很好的保持。她特别提到日本古风犹存的路不拾遗，昼不闭户。

> 我于1972年在日本亲眼看见日不闭户的安全感：商店（往往有贵重货品）在店主离开去吃饭或做别的事时，店门依然敞开，让客人任意浏览而不用店员照顾；主人走开，行李没人看管；以及许多贵重物品，如照相机、收音机、装满新买衣物的购物袋，还有鞋子，放在寺庙神社的大门外，没人看管。

作为文化的主要载体，教育首先承担了保持集体记忆的功能，但现代教育正在背离教育的本质。现实是残酷的，现代分工使大家庭走向解体，劳动被工作取代，人格教育变成职业教育。对一个美国人来说，工作就是他（她）的生活目标；换句话说，生命的目的就是一份有保障的工作，或者一个铁饭碗。在政府眼中，就业就是最大的政治。作为一个没有上过大学的大学教授，雅各布斯对文凭主义提出强烈批判，她担心商业化的文凭正在控制教育的走向。

在传统农业时代，国家依靠战争扩张和资源掠夺，来增加财富；在贸易全球化的现代，国家主要依靠和平的文化交流来创造财富，缺乏文化和创造力的国家面临失败的危险。这种巨变在停滞的传统时代是不可思议的。不仅仅是重农轻商的古代中国，也包括中世纪的欧洲，在所有的前现代社会，教育和文化都阻止个人的好奇和创新，因为创新和变化会破坏社会安定。从工业革命开始，欧洲率先实现了现代化；无论愿意不愿意，亚洲却只能亦步亦趋地走向欧洲化，这是一种别无选择的无奈。雅各布斯担心的是，这种"欧洲化"或者"现代化"，将不可避免地导致更广泛的"集体失忆的黑暗年代"。

永远的乡贤

在传统时代，乡贤一直是中国传统文化中最草根和最乡土的一种文明力量。农耕社会安土重迁，讲究"惟桑与梓，必恭敬之"，精英的存在方式与现代社会有根本的不同。正是精英对乡土的支撑，中国社会才出现了普遍的文明和稳定。晚清时期，苏州著名绅士潘曾沂去世时，"其邻里之父老子弟哭之曰：'今而后生谁为之养？而死谁为之葬？孤而贫者谁为之择师而教督之也？'其疏且远而未尝赖以为生者，亦闻而叹曰：'善人没矣，谁继起而为福于斯人也？'"①

"生于其乡，而众人共称其贤者，是为乡贤。"这种表率作用是儒家教化的典型形式，所谓"见贤思齐"。中国传统社会以礼代刑，以教化取代法治，乡贤的存在，实际上展示了中国传统的自治精神，而自治也是现代民主社会的基础。从这个意义上，重新发掘乡贤精神，不仅仅是一种历史精神。

乡贤与乡约

秦始皇以严刑酷法治国，结果"天下苦秦久矣"。汉朝举孝廉，重视民间教化，汉武帝穷兵黩武，其搜刮的残酷，比秦始皇有过之而无不及，但却几乎没有遭到多少民间反抗。王安石推行保甲法，重在控制，轻于教化，结果王安石变法以失败而告终。吕大钧推行乡约，在很大程度上无疑

---

① 黄纯艳《中国古代社会经济史十八讲》，第271页。

弥补了保甲法的不足。

吕大钧和张载是北宋时期的两位关中大儒，吕大钧与张载本是同年进士，但佩服张载才学，因此执弟子礼。横渠先生张载认为人性本善，以德育人，变化气质，求为圣人，提倡学贵致用，躬行礼教。《吕氏乡约》就是张载学说的一次成功实践。这段历史对后来关中好古重礼民俗的影响具有重要的意义。

历史学博士袁灿兴先生的《中国乡贤》[①]一书中，叙述了许多比较有代表性的历史乡贤。大多数乡贤文化都出于南方，《吕氏乡约》是不多的一个北方乡贤案例之一。这种教化遗留至今依然泽被后人。

吕氏家族好古重礼，日常生活中，吕氏族人严格按照礼法交往。宋熙宁九年（1076年），吕大钧在家乡蓝田制定《吕氏乡约》。

《吕氏乡约》包括德业相劝、过失相规、礼俗相交、患难相恤四项：一、德业相劝。德，谓见善必行，闻过必改。包括能治身治家、事父兄、教子弟、御僮仆、事长上、睦亲故、择交游、守廉介、广施惠、受寄托、救患难、规过失、为人谋事、为众集事、解斗争、决是非、兴利除害、居官举职等。业，指居家事父兄、教子弟、待妻妾，在外事长上、接朋友、教后生、御僮仆。德业两项的内容相互交融，同约的人应各自修行，相互劝勉。有一善为大家所推称，聚会时书于籍。二、过失相规。过失，包括犯义之过、犯约之过和不修之过。犯义之过有六：酗博斗讼、行止逾违、行不恭逊、言不忠信、造言诬毁、营私太甚。犯约之过有四：德业不相劝、过失不相规、礼俗不相成、患难不相恤。不修之过有五：交非其人、游戏怠惰、动作无仪、临事不恪、用度不节。每犯皆书于籍，三犯则行罚。三、礼俗相交。关于婚姻、丧葬、祭祀、节庆等日常事宜的规定。凡与乡人相接，及往还书问，当众议一法共行之。四、患难相恤。患难之事有七：水火、盗贼、疾病、死丧、孤弱、诬枉、贫乏。凡有此患难，同约的与非同约的皆应相互救恤。

吕大均认为，真正的乡贤不应独善其身，而应推己及人，以敦化乡风乡俗，"今庠序则有学规，市井则有行条，村野则有社案，皆其比也，何

[①] 袁灿兴《中国乡贤》，新星出版社，2015。

独至于乡约而疑之乎？"因此，制订了类似学规、行条一样的乡规民约，以利于乡里教化。吕大钧推行乡约与王安石推行保甲法基本在同一时期，但吕大钧的主要目的是对民众教化，改善地方风俗，乡约没有强制性，"来者亦不拒，去者亦不追"，重点在于教化，而不是控制。乡约推行之后，"行于冠婚、膳饮、庆吊之间，节文粲然可观，关中化之"。《宋史》记载："关中言礼学者推吕氏。尝为乡约，曰：凡同约者，德业相劝，过失相规，礼俗相交，患难相恤，有善则书于籍，有过若违约者亦书之，三犯而行罚，不悛者绝之。"

乡约设有专职的"约正"和"值月"，由众人推举"正直不阿者"担任，负责平决赏罚。后来的朱熹和王阳明都对《吕氏乡约》做过增修，但《吕氏乡约》与官方没有任何关系，它完全是一个纯粹民间性的乡党自治组织。清代以后，官方将乡约变成对乡村实行控制的工具，乡约长很少由民间选举，多由官府指定，并发给其委任状，乡约长的身份已经从监督乡党自治变为替衙门催粮办差。所谓"各直省州、县向有保长、乡约等名目，原为稽查保甲、承办差徭而设"。晚清时期，官府控制能力衰落，乡约的自治性有所恢复。乡约对维持乡村文明和秩序有极大的现实意义，在同一个乡里生活的乡党们，依靠对成文乡约的集体认同，很容易结成一个关系紧密、文明祥和的村社共同体。与血统和宗族认同相比，文化认同更具有普遍性和开放性。

100多年前，美国人尼科尔斯到中国游历，他发现陕西人与其他地区北方人有明显的不同——

> 在这个中国最古老的省份里，极度厌恶外国人是民众的一大特点。但是，尽管他们存在偏见和排斥心理，却很少有在其他一些省份见到的狂热与残忍。……从我所见到的陕西人的性格来判断，我确信，在周边省区标志着义和团运动的流血和杀戮，在这里不会出现，阻止其发生的情绪反而成为主流。[①]

---

① （美）尼科尔斯，史红帅译《穿越神秘的陕西》，三秦出版社，2009。

尼科尔斯还说，这种自由文明的风俗与美国很像——

> 整个村庄中唯一拥有权力的是由当地官员任命的头人，头人并没有象征权力的大印，就像其他村民一样，也只是个农民。他得以任职，通常是受邻里拥戴的结果，乡邻们会向官府报告他特别的才智和德行。我曾一度假设，在中国官府的绝对专制之下，百姓很少能得到言论和思想自由，但我发现陕西的情形截然相反。①

中国传统社会以家族文化为本，乡约其实是家训的延伸，乡贤也即先贤，"约正"也体现了传统文化中的民主、自治和契约精神。陈忠实在《白鹿原》中，对传统社会有一段极其完美化的想象——

> 白鹿村的祠堂里每到晚上就传出庄稼汉们粗浑的背读"乡约"的声音。②

这就是传统乡绅所扮演的历史角色，正因为他们的存在——

> 从此偷鸡摸狗摘桃掐瓜之类的事顿然绝迹，摸牌九搓麻将抹花花掷骰子等等赌博营生全踢了摊子，打架斗殴扯街骂巷的争斗事件不再发生，白鹿村人一个个都变得和颜可掬文质彬彬，连说话的声音都柔和纤细了。③

正如《白鹿原》所展现的历史，民国时期或许是中国最后的一段传统年代，后来的土改等一系列革命运动，虽然并没有马上带来现代化，但却将传统文化的根脉彻底斩断。中国著名文字学家周有光先生指出："消灭了地主，就消灭了乡绅文化，消灭了农村有独立思考的知识分子，消灭了

---

① 同上。
② 陈忠实《白鹿原》，人民文学出版社，2012。
③ 同上。

农村的相对独立性，毁灭的不仅是先进的社会生产方式，还有文明。"

最典型的，莫如表现中国乡贤精神的《武训传》，成为新中国第一禁片。武训为山东堂邑县（今属冠县）人，出身贫困，在家中行七，故名武七，清廷嘉奖其行乞兴学，取"垂训于世"之意，赐名"训"。武训行乞三十八年，建起三处义学，教育了无数穷家子弟。咸丰十年（1860年），武训首次购置了四十亩义学田；到他49岁那年，已经总共购置了田产230亩，积资3800余吊。这在当时是一笔很可观的财富。但武训仍然继续过着乞丐生活，乡绅杨树坊劝他应该娶妻生子，被他拒绝了，自谓："街死街埋，路死路埋"。光绪十四年（1888年），武训创建起第一所义学，取名"崇贤义塾"。他亲自跪请有学问的进士、举人任教，跪求贫寒人家送子上学。当年招生50余名，分蒙班和经班，不收学费，经费从武训置办的学田中支出。每逢开学时，武训先拜教师，次拜学生。置宴招待教师，请当地绅士相陪，而自己站立门外，专候磕头进菜，待宴罢吃些残渣剩羹即去。电影《武训传》中有一个桥段：武训在办成第一个"义学"后不久，含泪跪谢考得第一名的小学生赵光远。赵光远高兴地说："书念好了，就可以做官。"白发苍苍的武训犹如霹雳击顶，这简直是对他"兴义学"的莫大讽刺。老武训在悲愤的心情中，拒绝穿"皇上"赐给他的"黄马褂"，拒不跪谢皇恩，甚至以装疯来进行他的"悲剧性的反抗"。他对一群小学生痛哭流涕，恳求他们"将来千万不要忘记咱穷人"。

与武训远离官方相比，刘文彩对政治更加冷淡，它曾言：学好三民主义，不如学好三门手艺。但造化弄人，刘文彩死后却因为"收租院"和"水牢"，而成为中国最著名的"恶霸大地主"。

在凤凰卫视的"凤凰大视野"中，曾经播出了一期长达2个多小时的纪录片《大地主刘文彩》。按照片中介绍，刘文彩出身贫寒，胸无点墨。后来刘氏兄弟（刘湘和刘文辉）成为地方军阀，"五哥"刘文彩亦官亦商，也随之富甲一方。刘文彩回到家乡后，创办"公益协进社"。在大邑花费3.5亿多圆国币（相当于200万美元），兴建了"私立文彩中学"，分为男生部和女生部，可容纳学生400名。整个校园布局井然，环境优美，46幢建筑，有大礼堂和图书馆，还有一个篮球场。在民间语境中，刘文彩有其抹不去的"乡贤"光辉。据说在当地，连夫妻吵架都会找刘文彩评理。

"先天下之忧而忧，后天下之乐而乐。"范仲淹在他人生的晚年，宣布捐出他一生的全部积蓄，在苏州成立一个宗族福利基金，即范氏义庄，为宗族中的贫弱者提供帮助。这个基金，后来运作了800余年，至清嘉庆二十年（1815年），还拥有义田4892亩。范氏义庄到民国时还存在，是中国历史上维持时间最长的NGO[①]。

事实上，乡贤所承担的责任，并不仅仅限于乡约，还有各种义赈、义仓、义学、义庄，以及修桥、补路、挖井、筑堤等等善举。特别是在中国从传统走向现代的大变局中，古老的乡贤再次成为这场变革的重要力量和推手，一大批实业家都不遗余力地兴办教育，著名如张謇、叶澄衷等。

1871年，叶澄衷在上海一次慈善会议上坦言："兴天下之利，莫大于兴学。"四年之后，他在上海创办叶记商务学馆，他在上海、汉口、天津、杭州等地，招收了一批有一定基础的学生，对其进行为期一年的英语培训，所有费用全免。他用这种办法为企业为社会培养了大批人才。

与叶记商务学馆不同，叶澄衷创办的"怀德堂"、"忠孝堂"、"叶氏义庄"等，全部都是社会慈善机构，只为了帮助穷苦孩子读书，并接受英语等现代教育，后来富甲天下的包玉刚和邵逸夫就是在"叶氏义庄"接受的启蒙教育。薪火相传，很多年后，叶澄衷的精神和理想被再次发扬光大，以至于行走在今天的中国，几乎每一个城市的学校里都会有"逸夫楼"。

做人当如叶澄衷

叶澄衷出身贫寒，小时候仅仅念了半年书，稍大就从宁波来到上海，在法租界的一个杂货铺做学徒。17岁时，叶澄衷摇着小船开始独立创业，一下子就中了命运的"头彩"。《清史稿·孝义传》中这样记录叶澄衷的发迹。

[①] NGO为Non-Governmental Organizations的英文缩写，即非政府组织。

> 西人有遗革囊路侧者，成忠（叶澄衷的字）守伺而还之，酬以金不受，乃为之延誉，多购其物，因渐有积蓄。

事情缘由是这样的，一个英国洋行的经理把自己的公文包遗失在船上，叶澄衷拾金不昧，将公文包交还给这个洋人。这位英国人感于叶澄衷的诚实，借给他一笔巨款，资助其创业。有贵人相助，再加上叶澄衷的商业头脑，他的生意做得顺风顺水。短短几年，叶澄衷就成为上海滩大名鼎鼎的"五金大王"；他在全国各地设立的分号有38家，联号达200多家。除了经营五金和火油之外，叶澄衷还经营地产业、航运业和金融业，并开创了全国首家缫丝厂和火柴厂。叶澄衷经营的票号和钱庄一度多达上百家，遍布上海、杭州、汉口、天津、镇海、芜湖、湖州、温州、宁波、烟台等地。至19世纪末，叶澄衷所拥有的资本约合800万银两，这在当时中国堪称巨富了。

虽然富甲天下，但叶澄衷仍然是一个极其传统而简朴的人。叶澄衷永远都是一袭粗布长衫，安步当车。对于童年缺乏教育的叶澄衷来说，他对教育的认识和体会远远超过一般人。面对晚清中国的贫穷与落后，他认为，中国之积弱由于积贫，积贫由于无知，无知由于不学。

正是出于这种深切的愿望，同治十年（1871年），叶澄衷出资三万两白银，在家乡创设叶氏义庄，即中兴小学的前身，并开设英语课。这要比清朝官方正式倡导兴办现代教育早得多。叶氏义庄影响巨大，后来的"世界船王"包玉刚，影视巨商邵逸夫，以及港台实业家赵安中、叶庚年、叶谋升、包从兴、朱之信、楼志章等，都曾在这里接受过启蒙教育。

在这一年的上海慈善会议上，叶澄衷提出"兴天下之利，莫大于兴学"。接下来，他又筹办了顺记商务学堂，面向社会招收小学毕业生，课目包括会计、商务、报关和英语等实用技能，所有学费全免。这不仅为叶氏企业，也为中国未来培养了一大批商业精英。①

光绪二十五年（1899年），叶澄衷在他人生的最后一年，做了他一生最伟大的一件事。中国第一所私立新式学校——澄衷学堂就这样诞生了，

---

① 王俞现《中国商帮600年》，中信出版社，2011，第234页。

这也是中国第一所由富商出资创办的公共学堂。不幸的是，叶澄衷没能亲眼看到校舍落成。叶澄衷临终犹念念不忘，郑重嘱托，"子孙不能去管学校的事情，学校另外有一个董事会，专门管学校的事情"；"学校有董事会，在董事会领导下，还有监管会，监督董事会，还有专门帐房"。

当学堂正式开学时，清政府督学部特别颁发匾额"启蒙种德"以勉，乃光绪皇帝御笔。在学堂门口，有一副根据叶澄衷遗愿撰写的对联：

> 余以幼孤，旅寓申江，自伤老大无成，有类夜行思秉烛；
> 今为童蒙，特开讲舍，所望髫年志学，一般努力惜分阴。①

《左传·襄公二十四年》中说：太上有立德，其次有立功，其次有立言，虽久不废，此之谓三不朽。唐人孔颖达解释道：立德谓创制垂法，博施济众；立功谓拯厄除难，功济于时；立言谓言得其要，理足可传。可以说，叶澄衷先生用他的一生做到了"三不朽"。

从某种意义上，叶澄衷是与武训同样的人，虽然一个是富翁，一个是乞丐。叶澄衷对教育始终坚持开放的态度。他认为，教育的目的不是为了发财，更不是为了做官，而是要把人培养成一个全面的人、丰富的人，既有对本土文化的历史感，又有对外来文化的开放眼光。

在《澄衷学堂章程》中写道：

> 训蒙以开发性灵为第一义。教者了然于口，听者自了然于心；即或秉质不齐，亦宜循循善诱，不必过事束缚，以窒性灵。

叶澄衷特聘刘树屏先生为学堂首任校长，蔡元培先生为总教习，刘树屏先生倾力编撰一部著名的教科书——《澄衷蒙学堂字课图说》。这本极具传统精神和现代思想的蒙学经典，成为叶澄衷先生最不可磨灭的历史丰碑。《澄衷蒙学堂字课图说》初版时间是100多年前，即清光绪二十七年（1901年）。作为中国第一部现代教科书，《澄衷蒙学堂字课图说》在清末

---

① 《叶澄衷办学缘起》。《上海滩野史》，江苏文艺出版社，1995。

民初的几十年间，被多次翻印和盗版，其流布之广、版本之杂、影响之大，可谓空前绝后。它直接影响了后来的《共和国教科书》和《国民字课图说》，堪称近现代中国语文课本的范本[1]。

在此后的半个世纪中，"澄衷学堂"培养了数千学子，其中不乏像李四光、胡适、卢于道、竺可桢、丰子恺、倪征燠、夏衍、袁牧之、李达三、乐嘉陵和钱君陶等这样的著名人物。

1985年，上海市第58中学将校名重新恢复为"上海市澄衷中学"，同时被恢复的，还有一首被传唱了百余年的校歌——

> 巍巍大厦峙
> 叶公手奠江之涘
> 吾蒙受其赐
> 何以报之唯学尔
> 人生为学须及时
> 莫为年幼稚
> 祝我兄兄弟弟努力进行慰公期

---

[1] 2014年，新星出版社重新出版了线装版的《澄衷蒙学堂字课图说》，该书的"出版说明"中写道："对当下的中国人而言，这部晚清用于儿童发蒙的看图识字课本，优美、典雅、沉静，呈现了一幅古典中国的精神图画。精要的内容，精妙的书法，精美的插图，精良的编校，无不呈现着中华传统文化的气度与尊严。"

一上高城万里愁
蒹葭杨柳似汀洲
溪云初起日沉阁
山雨欲来风满楼
鸟下绿芜秦苑夕
蝉鸣黄叶汉宫秋
行人莫问当年事
故国东来渭水流

佚史

大众的反叛

人类的历史很多时候就是错误的历史。

人们一个接着一个地犯错误,然后再纠正这些错误;犯错与纠错构成了历史的起起伏伏,人类就在这些错误中徘徊、进步。所谓错误,在于精英们总是自以为是地漠视"群众"。西班牙哲学家奥尔特加·加塞特在《大众的反叛》中说:"历史犹如农艺,其养料来自河谷而不是高原;来自普通人的社会水准而不是显赫者。"

人民永远是历史的主角,社会才是历史的真正舞台。

在中国历史中,据说"社会"这个词诞生于文昌锦绣的大宋帝国时代。"社"指的是社团,"会"指的是集会,有组织性的社团集会孕育了中国社会的出现,这就是"社会"的中国出处。

事实上,社会的历史要比国家的历史悠久得多;早在国家出现之前,就已经有了社会。从某种意义上,国家是作为社会的补充出现的,直到后来逐渐取代社会,形成专制权力下的国家主义。人类是作为一种社会动物出现的,从这个角度来说,国家本身就是反社会的。国家是一种暴力机器,社会与国家的对抗,常常体现为暴力对非暴力的镇压。作为国家机器重要组成部分,士兵、警察和黑社会以集体性暴力为职业,因此构成"暴力专家"。

美国政治学家查尔斯·蒂利认为,"集体暴力是一种政治形式","在所有的社会互动中,暴力显著性增加的原因,是现存的非暴力程序失去了他们的保证作用"。① 所谓"非暴力程序",是指诉讼、媒体批评、罢工、选举和公开集会等社会性示威活动。从法律层面,现代国家基本都为示威提供了合法的地位。示威显然不能被称为"骚乱"、"暴乱"、"起义"和"恐怖活动"等暴力活动。示威作为公民天然的生气权,具有其不可剥夺的合法化;示威保证了范围广泛的公民自我组织的权利,比如集会、占有公共空间、视自己为集体利益以及表达要求。

美国《独立宣言》中写道:"过去的一切经验也都说明,任何苦难,只要是尚能忍受,人类都宁愿容忍,而无意为了本身的权益,便废除他们久已习惯了的政府。但是,当追逐同一目标的一连串滥用职权和强取豪夺发生,证明政府企图把人民置于专制统治之下时,那么人民就有权利,也有义务推翻这个政府,并为他们未来的安全建立新的保障。"毫无疑问,一切国家权力都来自民众,而不是官吏。从根本上来说,群体性的示威本身并不是暴力,而是一种权利表达。

在美国,20世纪60年代的民权运动,引起了人们对社会普遍存在的制度性种族主义的关注。半个世纪后,奥巴马能够当选总统这件事,证明当年的抗议活动对美国进步产生了很大的推动力。"作为美国历史上第一位黑人总统,奥巴马出生于1961年——那一年,青春无畏的21岁学生领袖刘易斯正投身于史诗般的'自由乘客'行动"。②

加缪在《反抗者》中写道:"在荒谬经验中,痛苦是个性的;一有反抗活动,人就意识到痛苦是集体性的,是大家的共同遭遇。"从荒谬到痛苦,这是人性与自我觉醒的过程,而公民则是人类社会启蒙的产物。

中国传统中,权力对社会的控制不可谓不严密。法家文化不乏对民众的制约和弹压,"内用刀锯,外用甲兵","防民之口,甚于防川"。从某种程度上来说,中国历史正是从"群体性事情"开始。

2800多年前,周王朝的第十位国王姬胡即位,因为他实行极其严厉、甚至恐怖的统治政策,后世称为"周厉王"。周厉王严厉到什么程度?"国人莫敢言,道路以目",所有的镐京人都不敢说话,即使是在路上见到,

---

① (美)查尔斯·蒂利,谢岳译《集体暴力的政治》,上海人民出版社,2006。
② 陈国平《光辉岁月:美国民权英雄心灵史》,东方出版社,2014。

也不敢打招呼，只能互相交换个眼色。看到如此万马齐喑的和谐社会，厉王高兴了，告诉召公说："吾能弭谤矣，乃不敢言。"召公则回答："防民之口，甚于防川；川雍而溃，伤人必多。"三年之后，发生了周史上著名的"国人暴动"，这可能是中国历史上第一起"群体性事件"。镐京的贵族、平民和农民一起把官府"平"了，姬胡跑到了彘，说是流亡了。这一年，中国有了第一个年号，叫做共和——共和元年，即公元前841年。从此中国历史有了确切纪年，从某种意义上来说，中国的历史也从此开始。

清末，津浦铁路督办吕海寰因强占土地引发"群体性事件"，张之洞奏称："朝廷用人，如不顾舆情，恐怕要激起民变。"摄政王载沣傲慢地说："有兵在，还怕什么民变。"张之洞愤然道："国家养兵，岂是用来打老百姓的？"张之洞咳血而出，长叹道："国运尽矣！"不久即溘然而逝。

张之洞生前坚持铁路"必须官商合办"，"铁路为全国利权所关，不甘让利于商，更不肯让权于商"。"铁路国有"计划引发了席卷中国南方的群体性事件，即铁路风潮，又称保路运动。事件进一步升级，最后爆发武昌起义。

双面董其昌

中国传统政治是文人政治，刀笔吏是中国权力的主要掌控者。书法作为中国文人的特长，往往成为权力的敲门砖。早在秦始皇时代，李斯和赵高就以书法而成为秦国的青龙与白虎。后世的蔡京、秦桧、严嵩、和珅之流，也都以书法而登龙有术，精美的书法背后，竟然隐藏着一副无耻下流的酷吏面目。这种审美与罪恶的诡异结合，构成中国权力史诡异的一面。

实际上，在传统名利场，历来善书者不乏鸡鸣狗盗、趋炎附势之徒，有品格有操守的书法家则凤毛麟角，而且往往不得善终。欧阳修在《笔说》中云："古之人皆能书，独其人之贤者传遂远。……使颜公书虽不佳，后世见之必宝也。"董其昌正好与颜真卿相反，其人品虽不佳，但似乎并没有影响其书"必宝"。比如康熙就对董其昌的书法推崇备至，为董其昌祠堂题写了"芝英云气"四字匾额，并亲笔题跋曰：

华亭董其昌书法，天姿迥异，其高秀圆润之致，流行于楮墨间，非诸家所能及也。每于若不经意处，丰神独绝，如微云卷野，清风飘拂，尤得天然之趣。观其结构、字体，皆原于古人，盖其生平多临摹《阁帖》，于《兰亭》、《圣教序》能得其运腕之法，而转笔处古劲、藏锋，似拙实巧，书家所谓古钗脚，殆得耶！颜真卿、苏轼、米芾以雄奇峭拔擅能，而根柢则皆出于晋人，赵孟頫规模二王。其昌渊源合一，故摹诸子辄得其意，而秀润之气独时见本色，草书亦纵横排宕有古法。朕心赏其用墨之妙，浓淡相间，更为复绝，临摹最多，每谓天姿与功力俱优，致此良不易也！

董其昌是明万历年间的进士，少年时因书法低劣而落榜，后临池苦练，终于成为一代书画大师，号称"三百年来一巨眼"。董其昌供职翰林，任学道，当过皇太子的老师，后来辞官衣锦还乡，回到老家上海。董早年在上海时很穷，负担不起徭役，"弃家远遁"。董其昌发迹之后，变得贪得无厌，为了攫取钱财，几乎无所不用其极，"膏腴万顷，输税不过三分"；此外，他还"造娼院以牟利"。没有多久，他就成为拥有良田万顷、游船百艘、华屋数百间的超级大富豪。

钱能壮胆，财大则气粗，金钱和财富本身不仅诱发人的贪欲，也激发人肆无忌惮地为非作歹。特别是法禁松弛的权力社会，作恶本身就是一种权势的体现。所有的权势都离不开暴力，董其昌不惜巨资豢养了一大群流氓，横行乡里，鱼肉百姓，无恶不作，这实际是中国市井自古的常态。顾炎武专门论及地方恶霸收留市井流氓、豢养爪牙打手的事情，"今日江南士大夫多有此风。一登仕籍，此辈来门下，谓之投靠，多者亦至千人"。在苏州府的嘉定县，"大家僮仆，多至万指"。董其昌虽然书法伟岸，但其实人品猥下。他本人骄奢淫逸，老而渔色，多房妻妾，还广招致方士，作为房中术特别教练，练习采阴补阳之术。他曾费尽心机，娶了一位同僚的孙女为妾，并且强奸了这位小妾的妹妹。

权力本来就是欲望的极致，至于变态，只是一种较高境界而已。

万历四十三年（1615年）秋，已过花甲之年的董其昌，一时兽性发狂，强奸了一个叫绿英的丫鬟。这对董其昌来说，几乎不值一提。绿英的爹娘是秀才陆兆芳家的佣人；绿英逃到陆秀才家，向爹娘哭诉。董其昌的管家们闻讯，即刻出动200多全副武装的打手，冲进陆家，掳走绿英不说，见人就打，将陆家砸得狼藉一片，以示恫吓和惩罚。

可怜陆秀才祸从天降，含恨之下，竟然也走上了漫漫上访之路，自然没有任何结果。陆秀才毕竟是有功名的人，类似今天的大学生研究生，多少比起农民来，还是要有点社会地位，因此也得到人们关注。有读书人颇有公心，将董其昌的恶行改编成说唱段子，这就像如今的手机短信，或者微信、微博之类。说书人走街串巷，到处传扬董其昌老当益壮的传奇事迹——"白公子夜打陆家庄，黑秀才大闹龙门里"，云云。

董其昌也知道，这事情毕竟能做不能说，好说不好听。为了防止事态扩大，董其昌的家奴们立即展开行动，终于捕获了一个说书人。一顿严刑拷打，这个说书人竟然被折磨死了；临死前，他胡乱抓了一个范秀才作垫背。范秀才成了下一个"冤鬼"，其实他还是董其昌的亲戚，但董其昌六亲不认，范秀才被抓到董其昌家，写了保证书才放回。

范秀才无故受辱，越想越气，回来没几天，就活活气死了。范秀才一死，范秀才他娘难忍丧子之痛，悲愤之下，带着三个丫鬟，跑到董其昌家讨说法。董其昌家的恶奴们心狠手辣，令人发指，将这四个女人扒光衣服，一顿暴打，而后拖着这四个血肉模糊的女人游街，路人见之无不骇然。

董其昌光天化日之下的暴行，立刻轰动了周边府县。人们闻听，无不义愤填膺。一时之间，董其昌几乎成为地方公害和全民公敌。

伯克说过："邪恶获得成功，所需的是善良的人保持沉默和无动于衷。"那年代还没有报纸、电视、互联网，好在中国人已经发明了印刷术，而且苏州、上海一带恰好是当时中国的印刷中心。人们自费印刷了各式传单，把董其昌的恶行编成故事。常言说，好事不出门，恶事传千里，这事算得上家喻户晓、妇孺皆知。接下来还被编成曲子，"若要柴米强，先杀董其昌；杀了董其昌，平安困到天大亮……"

冰冻三尺，非一日之寒。董其昌并不是从绿英和范秀才这里才作恶的，他及其家人"封钉民房，捉锁男妇，无日无之"的罪行，早已激起了民众特别是士林的愤怒："敛怨军民，已非一日，欲食肉寝皮，亦非一人，至剥裩毒淫一事，上干天怒，恶极于无可加矣。"终于有一天，事情到了真正怨声载道、穷天罄地的地步。一些有良知的人四处张榜发帖，檄文言语犀利、同仇敌忾，令人读来义愤填膺——

> 人心谁无公愤。凡我同类，勿作旁观，当念悲狐，毋嫌投鼠，奉行天讨，以快人心。当问其字非颠米，画非痴黄，文章非司马宗门，翰墨非欧阳班辈，何得侥小人之幸，以滥门名。并数其险如卢杞，富如元载，淫奢如董卓，举动豪横如盗跖流风，又乌得窃君子之声以文巨恶。呜呼！无罪而杀士，已应进诸四夷；戎首而伏诛，尚须枭其三孽。……若再容留，决非世界。公移一到，众鼓齐鸣，期于十日之中，定举四凶之讨。谨檄。①

面对群情汹汹，董其昌为万夫所指、众矢之的。到了十五日行香之日，从青浦、金山等地闻讯赶来的人，拥满街道，不下百万，骂声如沸，日夜围住董其昌家，想一睹其如何青面獠牙。董其昌心中恐慌，又花重金雇请了200多名流氓打手，手持哨棍和粪桶，近则打，远则泼。

松江知府和华亭知县为了平息事端，拘捕了董其昌的打手陈明，但仍无法控制事态的发展。四方围聚的民众越来越多，愤怒之下，董家大门被撞开，有人点燃了董家大宅。

中国传统建筑都是木土结构，最怕烟火。董其昌和他的家奴们被烧得狼奔豕突。占地近百亩的董家豪宅，和董其昌一生敛聚的无数资财，转眼都化为灰烬。董家数百间画栋雕梁、朱栏曲槛的园亭台榭和密室幽房，也都付之一炬。董宅是如此之大，以至于大火数日不息。董其昌为了建筑这些房子，强拆民宅无数，多少人家因此家破人亡，这些建在白骨之上美轮美奂的豪宅，如今被烧了个干干净净。

在这场反董浪潮中，有一些没眼色的阔人，穿绸裹缎，手持绘有董其

---

① 何萱《以董其昌为训》，《书屋》2004年第9期。

昌墨宝的扇子招摇过市，也被"不明真相的群众"怒不可遏地冲上去，将扇子撕碎，乃至把持扇者一顿暴打。

作为大书法家，董其昌题字无数，结果这次城楼失火，祸及池鱼。愤怒的民众将董其昌建在白龙潭的书园楼居一举焚毁，还把董其昌手书"抱珠阁"三字的匾额沉在河里，名曰"董其昌直沉水底矣"。坐化庵正殿上有一块横书"大雄宝殿"的大匾，落款"董其昌书"，人们见了，纷纷用砖砸去；慌得和尚们自己爬上去拆下来，大家齐上前用刀乱砍，大叫："碎杀董其昌也。"接下来，所有挂有董其昌题字的商铺，纷纷取下招牌砸烂，以示义举。

地方官府害怕激发更大的民变，因此没有派兵镇压，但这次群体性事件也没有伤人，董其昌和他家奴们最终侥幸逃脱。董其昌惶惶然如同丧家犬，从此隐姓埋名。就这个轰动一时的"民抄董宦"事件，很多有正义感的士人都对董其昌提出了尖锐的批评："海内但闻其虚名之赫奕，而不知其心术之奸邪！""不意优游林下、以书画鉴赏负盛名之董文敏，家教如此，声名如此！""思白书画，可行双绝，而作恶如此，异特有玷风雅。"

对于这场集体"复仇"，董其昌虽心有不甘，但也无可奈何，只好无耻地辩解说，所有恶行都是手下人所为，导致他无辜遭殃。这次"群体事件"如此可怕，使得"三吴世家大族，人人自危"，从前仗势欺人者也收敛了许多。

清代毛祥麟在《墨余录》中说："文敏（董其昌）居乡，既乖洽比之常，复鲜义方之训，且以莫须有事，种生衅端，人以是为名德累，我直谓其不德矣。"比董其昌稍早的东林党领袖顾宪成说："天下之是非，庙堂必欲反之耳。"按照清代官修《明史》的说法，董其昌一生光明磊落，爱民如子，"不徇请嘱，为势家所怨，嗾生儒数百人鼓噪，毁其公署。"意思是说，"不明真相的群众"受"极少数别有用心的"人的"谣言""蛊惑"，才导致了这场群体事件，使董其昌无辜受害。

历史的记忆

有明一代，一个读书人即使未取得官员身份，只要他具备了生员、监生、举人等身份，他就可以享有礼仪、司法、经济上的特权，"其居乡里，惟于宗族叙尊卑如家人礼，若筵宴则设别席，不许坐于无官者之下。如与同致仕者会，则序爵，爵同序齿。其与异姓无官者相见，不必答礼。庶民则以官礼谒见。敢有凌辱者论如律。"官吏集团以及乡绅势力，因此成为一个奴役民众的巨大食利阶层。清人赵翼在《廿二史札记》中说："前明一代风气，不特地方有司私派横征，民不堪命；而缙绅居乡者，亦多倚势怙强，视细民为弱肉，上下相护，民无所控诉也。"

在董其昌之前，曾长期担任内阁首辅的徐阶退休后，回到故乡松江，其富有不仅远胜董其昌，甚至超过著名贪官严嵩，田产多达24万亩，各种地租和商业收入不可计数。徐阶家族成员数千人，不法子弟和家奴横暴乡里。海瑞在松江时，"投牒诉冤者，日以千计"。海瑞一调查，惊叹其"产业之多，令人骇异"。

明朝三百年，从皇族到士族，一代不如一代，腐败堕落几乎成为一个社会精英阶层的统一归宿，所谓"令出柙中之虎兕以吞噬群黎，逸圈内之豺狼以搏噬百姓，怨愤无处得伸，郁结无时可解"。有"跋扈权奸"之称的翊国公郭勋，在一群手下恶奴的帮助下，横行天下，依靠抢劫商贩和敲诈勒索，成就了庞大的家业。成化年间，"衍圣公孔弘绪坐奸淫乐妇四十余人，勒杀无辜四人，法当斩。诏以宣圣故，削爵为民"，"正一嗣教大真人张元吉坐僭用器物、擅易制书、强夺子女，先后杀平人四十余人，至有一家三人者，法当凌迟处死，下狱禁锢，寻杖三百，戍铁岭，而子玄庆得袭，元吉竟以母老放归"。庄子当年说："圣人生而大盗起。"果然连神圣的孔家衍圣公和张家张天师都作奸犯科而不受法律惩罚，可见社会糜烂到何种程度。

嘉靖时的吏部尚书汪鋐利用权势，纵容子弟僮仆在家乡婺源横行霸道，"夺人资产以万计"。与董其昌同一时期的大学士温体仁"阴鸷险狠，导帝深文苛察，俾天下若焦若焚"。他致仕后，居住家乡乌程，沦为恶霸，武断乡曲。"其子混名'八蛮'，强横奸淫，众积忿不平，以绳絷其足，曳至金鱼漾，奔驰不止，皮肉无一存者。人谓体仁之恶报云"。①

中国历史上，权贵和官吏成为恶霸是一种常见现象，因为皇权法律本质上是惩罚和制裁平民的，对权贵和官吏来说，法律即使不是一种保护，起码算不上一种威胁。

中国人常说"为富不仁"，权势很容易使人自我膨胀，以至于漠视社会公德和践踏他人权益。顾炎武总结说："自万历以后，天下水利、碾硙、场渡、市集无不属之豪绅，相沿以为常事矣。"在帝国体制下，有权就有钱，腐败是一种受到法律保护的特权，而腐败必然导致堕落和罪恶。帝国模范官僚海瑞曾经预言过的"民今后得反之也"，如今果然变成了轰动江南的不幸事实。这场群体性事件不仅仅是董其昌一家的报应和清算，事实上，它是一个时代的历史浮标，帝国已经无可挽回地从腐败走向失败和溃败。

董其昌的遭遇并不是孤例。权力失控的结果，是民众正义的抗争，这就是历史中屡见不鲜的所谓"民变"。万历二十七年闰四月，临清民变；二十八年正月，武昌民变；二十九年九月，景德镇民变，苏州"织佣之变"；三十一年十二月，山西广昌民变；三十四年正月，云南民变……朱明王朝的统治合法性，也就在一场场"民变事件"中被腐蚀殆尽。

明代的矿监和税监都由皇帝委派，以敛财为目的，所到之地无法无天，与抢劫、绑架、勒索的土匪毫无二致。矿使到处，任意指点，说哪里有矿，就在哪里设厂发掘，拆民房，毁坟墓，掘田垄，无恶不作。税使更不遑多让，无论官民，在这些宦官眼里都是待宰的肥羊。每家都要勒索数千百金才肯罢休，若是不能满足其要求，便冲入内室，以妇女身上藏有金银为由，恣意污辱妇女，或干脆把妇女抢入税监府，地方官府对此也无可奈何。

据史载，万历二十八九年，湖广税监使陈奉"剽劫行旅，恣行威虐"。一到荆州，便有数千商民向陈奉"飞砖击石，势莫可御"。这种迎接方式足以说明当时人们对税监痛恨到何种地步。陈奉到襄阳，民众聚集不散，"其势汹汹"。为了平息民愤，襄阳知府壮着胆子，法办了陈奉手下的两个小宦官，这才使事态没有失控。但在武昌，陈奉又恣意作恶，不仅引发士

---

① 郭英德、过常宝《中国古代的恶霸》，商务印书馆国际有限公司，1995。

人阶层的集体控告，还有数万市民蜂拥冲击陈奉府邸，"甘与奉同死"。对当时武昌来说，这几乎是全城动员，陈奉从后门逃跑，藏到楚王府中，虽然他"仅以身免"，但他的16名手下爪牙，却被愤怒的民众扔进长江。武昌民变的消息传到京师后，有两个多月，朝廷不敢派人去武昌侦查。最后万历帝不得不召回陈奉。

同样引发大规模群体性事件，但与董其昌成为众矢之的不同，周顺昌则是因为民众的爱戴。周顺昌为万历年间进士，他在福州推官任上时，反对矿监税使的掠夺，抓治税监高采的爪牙，因此深得民心。天启四年（1624年），周顺昌不满魏忠贤专横，请假回到苏州，但不久便遭到魏忠贤的陷害。"及闻逮者至，众咸愤怒，号冤者塞道"。抓捕周顺昌引发大规模抗议，全城"震骇罢市"，"集者数万人，咸执香为周吏部乞命。"

秀才王节等人请巡抚都御史毛一鹭将民意转告朝廷，毛一鹭和巡按御史徐吉只得好言相劝。不料几个锦衣卫不耐烦，威胁众人说："这是魏大人的命令！"①这一下子捅了马蜂窝，人们骂道："原来是魏忠贤假冒圣旨啊！"秩序瞬时大乱。这些狗仗人势的差役被打得抱头鼠窜，乞求饶命，有的跑进公堂，有的爬上大树，有的躲进茅厕，有的被当场打死。

出了人命，巡抚府里的骑兵急忙赶来弹压。有个兵卒不开眼，拔出刀威胁民众，结果反倒被愤怒的群众把刀抢去。毛一鹭等几个高官也命在旦夕。危急关头，那个兵卒被当众处以鞭答，这才平息众怒。好在知府寇慎和知县陈文瑞平时仁义，他们和周顺昌好言相劝，人群才陆续散去。

事后，毛一鹭怒不可遏，向京师飞章告变，准备对苏州进行暴力镇压。危急关头，颜佩韦、周文元等五人挺身而出，主动向官府投案，声称"杀校尉的是我们，与别人无关。"事实上，除了周文元是周顺昌的轿夫以外，颜佩韦及其余三人根本就没有见过周顺昌。

这就是那篇著名的《五人墓碑记》的传主——

---

① 明代锦衣卫下属的校尉大多都是由一些地痞无赖充任。据谭希思《明大政纂要》记载，市井无赖只要出二三十两银子，就可以买到一个锦衣卫下属北镇抚司的校尉名分。这些流氓就能够以厂卫的官方身份肆虐官民，称霸一方。

……大阉之乱，缙绅而能不易其志者，四海之大，有几人欤？而五人生于编伍之间，素不闻《诗》、《书》之训，激昂大义，蹈死不顾，亦曷故哉？……死生之大，匹夫之有重于社稷也。①

这几句话的大意是说：魏阉作乱时，当官的人能够坚守志节的，在中国之内也没有几个人。但生活在民间的这五个人，从来没受过诗书的教诲，却能大义凛然，视死如归，为什么呢？……死生意义的重大，即使一个普普通通的人，也是要重于所谓的国家社稷的。

作为文昌锦绣之地，苏州在天启年间接连发生了两次大规模的民变，留下两篇著名的碑文：《五人墓碑记》和《吴葛将军碑》。

万历辛丑（1601），内监孙隆私设税官于江南津渡处。凡米盐、果薪、鸡豚之属，无不有税。参随黄建节者，憸夫也。隆昵而任之，乃与市侩汤莘、徐成等谋分垄断焉。吴人罢市，行路皆哭。义士葛成攘臂而起，手执芭蕉叶，一呼而千人响应。时建节方踞莩关税。一卖瓜者，其始入城也，已税数瓜矣。归而易米四升，又税其一升，泣则反挞之。适成等至，遂共击建节，毙之……于是义声大震，从者益广。当事闻之惊，谋御之以兵。独太守朱公燮元曰：不可。兵以御外寇者也，吾不能锄奸，以至招乱。若又击之，是重其毒也。切众怒难犯，若之何抱薪救火哉！

……又率僚属连骑入市，呼百姓而慰之。杖汤莘等而系之于狱。众皆悦服。成因请于太守曰：始事者，成也。杀人之罪，成愿以身当之，幸毋及众也。遂请就狱……既入狱，哭泣送之者万人。其以酒食相饷者，日以千计。辞不获，悉以散于诸囚。四方商贾之慕义者，醵百金遗之，坚不受却，曰：我罪人也，焉用诸？皆再拜而退。归而尸祝之，祠于江淮之间。称为将军而不名，至于今因之。②

---

① 明代张溥《五人墓碑记》。
② 清代陈继儒《吴葛将军碑》。

老子说:"民不畏威,则大威至矣。"当社会正义严重缺失时,民众不得不担当起正义的力量,精英被群众鄙视和抛弃,帝国在瞬间溃散解体。

美国著名思想家艾因·兰德对国家的堕落与崩溃有过这样的描述:"政府不再是人们权利的保护者,而是成为最危险的侵犯者;不再是自由的保护者,而是建立一种奴役的体制;不再使人们免受武力的威胁,而是首先使用武力对付人民;不再是人们之间关系的协调者和基于社会准则的服务者,而是成为用威吓和恐怖手段控制人民的工具;它不倚仗法律,对社会的支配来源于官僚机构的任意决断。"

在历史的长河中,没有人会记得发生在万历四十四年(1616年)那个春天的事情,更没有人会在意一场人们自发的正义行动,但毫无疑问,这就是真正的历史。人们一直以人类的名义捍卫着正义,每当社会礼崩乐坏之时,风起于青萍之末,民众的力量将无可阻挡地显露出来。在许多所谓正史中,这些正义的抗争和生命的呼喊常常被权力轻易地抹去,就如同没有发生过。

鲁迅说:"古人说,不读书便成愚人,那自然也不错的。然而世界却正由愚人造成,聪明人决不能支持世界,尤其是中国的聪明人。"[①]细看历史,不得不承认,人类的历史就是群众的历史,任何精英都不过是匆匆过客。在一个精英沦丧的时代,群众不得不扮演起自我拯救者的角色。任何权力都无法阻挡历史的脚步,就如同石头无法阻挡风的去向。

---

① 鲁迅《写在〈坟〉后面》,《鲁迅全集》,第一册,人民文学出版社,1991,第286页。

同治痛史

> 同治王登了基陕西大乱，
> 长毛贼直反到商州洛南。
> 各县分出告示百姓团练，
> 将传单直传到金斗潼关。
> 孝义镇它本是渭南所管，
> 赵老五也算是有钱富汉。
> ……
> 先烧南刘家房屋村院，
> 西李家只烧得着实可怜！①

在西方炮火和农民战争的双重折磨中，所谓的"苦命"皇帝咸丰在他31岁时死去。中国从此进入一个"垂帘听政"时代。咸丰的一个妃子——慈禧以她从戏台上学来的阴谋和智慧，竟然统治中国长达近半个世纪，甚至创造了一个号称"封建社会的最后一次回光返照"的"同光中兴"。

《剑桥晚清史》指出，作为一个因农民暴动而意外统治中国的异族政权，满清之所以获得成功，"他的王朝能够取得权力，最根本的一条是由于它有能力对中国的国家和社会实行统一的统治。中国的统一在今天民族主义的语言里有它的现代意义，即要使中国能够立足于世界民族之林。但

---

① 《荒乱歌》。

是在现代以前的时代,统一的真正价值是通过镇压内乱、地方上的无政府状态和盗匪的骚乱,给中国人民以安全。在过去,分裂就是灾难,这首先是因为它对上层和老百姓都同样意味着内战和不安全。统一意味着和平,从而带来了丰衣足食。这是一个至迟从战国(公元前403—前221年)时期起就彻底建立起来的中国的价值观念体系。"①

回首晚清这段历史,似乎确实验证了这句话的后见之明。

进入晚清之后,中国社会面临着内外压力,世道板荡,专制统治捉襟见肘。同治之前,席卷整个南方的、长达12年的太平天国战争,导致苏、浙、皖、赣、闽五省死亡达7000万,这些当时中国最富庶地区的经济遭到毁灭性的打击。"计太平天国与清朝抗争先后凡十五年,军队所过十六省,为有清中叶以来最大的变乱。"②在战争中心的苏、浙、皖三省,战后"一望平芜,荆榛塞路,有数里无居民者,有二三十里无居民者";"人民死伤无数","死于兵燹,死于饥饿,死于疾疫,盖几靡有孑遗"。③被曾国藩称为"洪杨之乱"的太平天国,是中华民族历史上一次无比惨重的灾难。"合中原捻军之乱,关陇滇回之大杀,贵州苗人之报复,各省城镇土匪之掠劫,饥饿疾疫之死亡,死者殆有全国人口总数之三分之一,约一万万人以上。其财产损失,更不胜计"。④

到同治初期,南方的浩劫逐渐蔓延到北方,全国几乎都陷入民变的风暴之中。从华东到华西,从西南到西北,暴力事件呈星火燎原之势。这其中,承平日久的陕西成为一场旷世浩劫的发源地。

与其他改变中国历史的事件不同,这场席卷陕西,影响整个中国西北乃至中亚政治格局的"同治大屠杀",使富庶的陕西遭遇到前所未有的人道灾难。陕西人口从同治元年(1862年)的1394万锐减到光绪五年(1879年)的772万。⑤从同治元年乱起,到同治十二年全部平定,短短十余年间,

---

① 《剑桥中国晚清史(1800—1911)》。
② 王伯祥、宋云彬《开明中国历史讲义》,新星出版社,2005。
③ 清代李鸿章《李文忠公奏稿》。
④ 陈恭禄《中国近代史》。
⑤ 同治大屠杀是人祸,光绪大旱灾则是天灾,在战争与灾荒的双重打击之下,短短十余年间,陕西全省人口损失总数高达数百万。

全省人口损失高达 622 万，有一半左右人口死亡。与太平天国之祸不同的是，同治大屠杀的死难者中绝大多数直接死于战争。①

事实上，这场战乱依然与太平天国有关，或者是后者的延续。从这个角度来说，太平天国运动影响的并不只是南方中国，而是造成了全国范围内的社会动荡和失序。如果再加上东北的"马傻子起义"（1863）和稍晚的日本攻台湾（1874），当时中国几乎没有一块和平之地。

战乱

入清以来，陕西除过局部区域发生过短暂的战乱（主要是嘉庆时期的白莲教战争），关中腹地不睹兵革者二百余年，及至道（光）、咸（丰）年间，社会稳定，生齿日繁，陕西人口达到极盛。

同治初年，随着太平军杨德才部进入陕西，一场不期而遇的战争爆发了。渭南民谣说：

四月二十三，
长毛到渭南；
先破城，后杀官，
乡勇死了一大摊。

谁也没有想到，从 1862 年初到 1869 年底，这场战争整整持续了 7 年之久，整个陕西省，尤其是人口稠密、富甲一方的关中地区，成为厮杀的战场。"叛乱者最初发展三个中心：一是渭河流域东端同州附近的一些繁华市镇；一在西安的北部；一在西面与甘肃接境的凤翔附近"。②一时间，整个八百里秦川淹没在腥风血雨之中，"日日烟起，夜夜火明，民不死于

---

① 路伟东先生对同光年间陕西人口损失的个案研究认为，同治至光绪初的十余年间，陕西人口损失超过四成五，这其中战争导致的人口损失更是超过八成，战争对人口造成的损失远胜于天灾。

② 《剑桥晚清史》下卷，第 213 页。

贼者或死于疫，难民釜无米，灶无薪，颠连困苦，不可言状"。

凤翔府地方南达汉中，西连甘肃，为全陕冲要之区。同治前，凤翔府共包括凤翔、岐山、宝鸡、扶风、郿县、麟游、汧阳、陇州等8个州县。凤翔府位列余澍畴所说三府二州沃壤之地。凤翔被围了长达16个月，城中弹尽粮绝——

> 凤翔府城外集结了十数万起义军，东自横水，西至陈村，凤翔城内，常社诸仓粮食告罄，油薪等日用物品短缺，人多以糠粃菜食充饥。城闭日久，秽积满街，自夏徂秋，疫疠流行，死亡的人很多。①

凤翔知府张兆栋在《守岐纪事》中说，整个凤翔府周边，"远近村堡，烧毁殆尽"。②

从同治元年十月起，西安被围困整整15个月，"粮米穷蹙"。慈禧急调胜保，从京师出3万精锐，驰援陕西。胜保绰号"败保"，不久即被赐死。无奈之下，只好从湘军调来悍将多隆阿接替；依靠大量先进的西洋火器，关中危局才有所扭转。

多隆阿身先士卒，苦战一年，终于解围西安。同治三年春，多隆阿进攻蓝大顺③占踞的盩厔（今周至）县城，清军利用地道以地雷轰城，同时发起强攻，皆未成功。多隆阿被鸟枪击中，城虽破，多隆阿亦逾月而亡。此后，战乱已经从陕西扩大到整个大西北。

同治六年，西安再次遭到6万多捻军围攻，清政府不得不派出重臣左宗棠，率久经战阵的湘军和楚军西进平叛。左宗棠由浙闽总督调任陕甘总

---

① 秦晖等《陕西通史》（明清卷），第308—309页。
② 同上，第405页。
③ 蓝大顺（1826—1864），云南昭通人，又名蓝朝鼎。1859年在家乡造反称帝，攻入四川后，占领自贡盐场，声势浩大，人数一度达30余万之众。1862年进入陕南，占洋县，次年加入太平军，被封为文王，克汉中、城固，取盩厔，窥西安。甘肃提督马德昭、陕西提督孔广顺率兵7000余人困守西安，不敢出战。1864年，多隆阿攻盩厔，多隆阿阵亡后城破，蓝大顺不久亦死于汉阴。

督,"自宗棠入陕而西陲气象一变"。①

左宗棠认为从地缘战略上,陕西和西北举足轻重,"中国盛世,无不奋有西北,及其衰也,先捐西北以保东南,国势浸弱,以底灭亡。"从左宗棠被任命为陕甘总督,到他进西安,中间有两年时间;在这期间,由他举荐的陕西巡抚刘典稳定了关中局势。同治七年(1868年)底,左宗棠抵达西安,他只有约6万人的兵力。"按照左宗棠的作战计划,他将派出大部队以增强宝鸡、凤翔、陇州和乾州的驻军兵力,命他们守住渭河,……此时他就率主力部队肃清陕北"。②

同治十年(1871年),左宗棠基本肃清陕西境内的变乱,招降悍匪董福祥③后,又收复董志原,遂进军甘肃。在金积堡大战后,杀马化潋(即马化龙)。河州之战虽然失利,但马占鳌仍然选择了投降,被左宗棠编入清军。④至此,关中战乱全部结束。

屠杀

据孔易昭的《平定关陇纪略》记载,从同治元年年初太平军入陕,至同治六年年底捻军自壶口渡河,这场战争前后共持续了将近6年,可谓是"以发匪始,以发匪终"。陕西全境,无一处不受到战争的摧残,"攻城陷邑,延数年,烧杀之惨,秦川八百几无完邑",而"著名殷实户族罹祸尤为惨酷",真是"惨目村村遭贼火,伤心处处绝人烟"。

当时,担任陕西巡抚的刘蓉在给朝廷的奏疏中写道:

---

① 孟森《清史讲义》。
② (美)贝尔斯,赵欣译,《左宗棠传》,哈尔滨出版社,2014。
③ 董福祥(1840—1908),宁夏固原人。原为地方团练头目。同治三年(1864年),率众起事,自封为陕西自卫总团大元帅,并与马化龙、白彦虎等结盟;同治八年(1869年)在陕北归降清军后,依靠本土优势,"董字三营"跟随左宗棠,成为一支劲旅。因收复乌鲁木齐和平定甘肃有功,先后任乌鲁木齐提督和甘肃提督。光绪三十四年(1908年),病死于金积堡,遗嘱将平时储银40万两上交国库。
④ 马占鳌降清,后来形成所谓的"西北五马"。马占鳌的后代有马步青、马步芳、马鸿逵、马安国等。

西安、同州、凤翔三府,地最饶沃,古称陆海,今土地之开垦者十不二三,而人民之死亡者十居六七……向日绣壤相错之地,树木丛生,丫杈成拱,或行数十百里,不见一椽一屋一瓦之覆。炊烟昼绝,豺獾夜嗥,气象殆非人境。①

羌白镇被多隆阿的湘军攻破时,"堡中老弱妇女哭声震天,尽屠杀无遗";破王阁村,同样"积尸成阜,流血盈川"。"长安县属之六村堡,著名富足,居民万余,避难之民附之,又添数千余口,墙厚壕深,可资守御。……被贼攻破,堡中尽被屠戮殆尽"。

渭南孝义镇自古"瓦屋鳞次,士商千家",在这场浩劫中,"戕焚伤掠不堪","藏镪遗资悉为贼有"。兵过之后,"尸横遍野,骨积如山",惨绝人寰,"戕焚伤掠不堪矣"。长安县六里堡是"著名富足,居民万余",被围攻时"堡民力守数日,火药已尽,仅以沸汤米粥向外浇洒",又"以元宝下掷","堡破,屠战死尽"。户县经杀戮后,"十室九空,村堡几虚无人","村舍寺庙,焚毁一空,至今四十余年,萧条犹昔"。遭此一劫,即使侥幸得活,家道中落者也极多,所谓"服贾者穷于兵燹,力农者窭于岁荒"。

损失最惨的或许是临潼县,所有人基本被杀完。《临潼县志》载:"1862至1869七年,临潼县死亡人口30余万。渭河南北烧杀之灾,无一村一人而幸免。"《临潼县续志》载:"新丰东北姚家堡,地势迂曲,民多被难其中,贼围七昼夜不克。会城陷,男妇闻变堕岸投井者千余人,无一生降者。"

陕商素来多出自三原,在战乱中,全县500余村,俱遭破坏,共死难26308口。赖商贾富户出巨资提供饷银和武器,并修筑城防,县城被围18个月,终未被攻破,此外还有东里和菜王二村得以瓦全。

当时一些乡村农民以为县城安全,就跑到县城避难,结果在城破后也难逃灭顶之灾。泾阳县的谷口镇发生多次战事,当地有士人记录,"平复后,检封谷口骸骨,除房屋焚烧,狼犬食失外,计头颅一万九千有奇,掘瘗四冢。三月二十五日,远近男妇老弱,焚化纸钱,哀声震野,孝衣如林"。②

---

① 《刘中丞(霞仙)奏疏》。
② 何鸣皋《述冶峪焚杀之惨》。

高陵县战前（1861年）人口为6.9万人。《高陵县志》记载，"同治三年（1864年），县内人口锐减至32192人"。3年战乱使人口损失过半。

同治元年十二月初四，泾阳县城陷落，"枕尸藉骸，垒叠如山"，"满镇生灵，一朝骈死，血流城渠，尸堆如邸"，这里是富商云集，所积茶叶商货，"尽被焚掠"。宣统年间编写的《泾阳县志》记载：

> 同治元年十二月初四日城陷，死者七万余人。按我泾，当咸丰之季，民物殷阜，商贾辐辏，久为彼族所垂涎。然君子则席丰履厚，毫无戒备。小人则狗马声色，流荡忘返，金帛山积，仓庾空虚。至于煮革析骸，死守二百余日，大军相去仅数十里而坐视沦亡，惨遭屠毒不已，悲哉。迄今五十年来凋敝，土著之民三分之一，士辍弦诵，民困征徭，客日集而主日弱。其势岌岌不能自存，善后之术，其将安出，而说者犹以繁盛目之，过矣。

明清以来曾经活跃于中国南北的陕商遭到致命打击。在这场浩劫中，临渭泾原韩朝各县"膏脂殷富者早已毁家"，关中富室巨户，莫不因外资耗折，内藏旋罄而一蹶不振。"著名如泾阳三原等县，向号商薮……从前各处财富之户，多贸易于东南。自东南用兵，陕西物力既已潜消默耗，又加本籍被灾，资产悉付兵燹"。乱后陕西"地既残破，富者挈资远去，贫者无力经营，内鲜聚积之人，外少往来之贩"，而陷入"既不能招徕外商，更无人贩运"的困顿境地。①民国时期编撰的《大荔县旧志稿》记载羌白镇的没落：

> 羌白镇是同州境内很繁华的一个手工业市镇，"皮货作坊荟萃于斯，富亚于县城……劫后，连遭荒旱，不过小作集会，无大起色者"。

妇女往往是所有历史冲突的最大受害者，她们将忍受着多重的灾难和屈辱。清朝末期，西府一代曾流传着一首民歌，叙述了妇女在这场浩劫中

---

① 彭泽毅《中国近代手工业资料选辑》。

的悲惨命运：

> 同治爷发了迹世事大乱，
> 闪出了长毛儿要争江山。
> ……
> 一霎时来到了岐山之间。
> 凤翔府麻家凹人马扎遍，
> 人踏人马踏马实在可怜。
> 富汉家有车马来搬家眷；
> 穷汉家无车马男女步骗。
> 太平年缠小脚为的好看，
> 荒乱年闪上了大脚片片。
> 奴有心只想望跳沟跳涧，
> 又恐怕奴丈夫尚在人间。①

浩劫

同治元年西北战争爆发，陕甘人口遭受重创，尤其是作为战争中心区的关中平原、宁夏平原以及河西走廊一带，人口损失尤惨，短短十余年间，人口减少多至千万计。

陕西号称三秦，全省习惯上分为关中、陕南和陕北三个不同的地理板块。以泾、渭为中心的关中盆地，传统文化积淀最为深厚，经济最为发达，人口分布也最为稠密。正如著名的"二八原理"，自古以来，面积仅占全省30%的关中（西安、同州、乾州、邠州、凤翔等三府两州），人口就占全省的56%；而占全省面积44%的陕北和陕南（延安、榆林、商州、鄜州、绥德三府两州），人口只有全省的21%。毫无疑问，这种极度不均衡的人口分布加重了战争和灾荒期间的人口损失程度。

复旦大学人口史博士路伟东师从葛剑雄先生，他在《清代陕甘人口专

---

① 《马长寿民族史研究著作选》，第450页。

题研究》①一书中,对清代陕甘地区的人口变化和迁移有大量细致的分析。据路伟东先生统计,作为民变的中心区,西安和同州两府共造成52.2%的人口损失,死亡人口达到272.9万人;岐山、千阳、凤翔、定远等过渡区的死亡率也达到32.6%。

> 清代陕西人口峰值出现在咸丰十一年(1861年),即民变爆发的前一年,其峰值人口数大约在1400万左右。从同治元年(1862年)到光绪五年(1879年)的17年间,陕西全省战乱未定,灾荒继起,期间生灵涂炭,人民流离失所,社会经济遭受到了极大的破坏,而人口损失尤为惨重……短短的17年内,全省人口从1400万口锐减至800万口左右,人口损失总数高达600多万,大约占战前人口总数的四成到五成。战争期间损失的人口数量远高于灾荒期间的人口数量。②

战争严重破坏了社会经济,兵燹之后,田园荒废,人烟稀少。"西、同、凤、邠、乾五府州属,膏腴之地,悉被焚烧,一片焦土。小民荡析离居,商贾又复裹足,举凡地丁税、课捐、输厘金,尽归乌有"。"渭北蓬蒿遍野","荒地惟泾阳、三原、高陵为多"。③

西安附近狼鼠成灾,"长安、咸宁、华阴等县多狼,三五成群,路人多有戒心,且鼠害尤甚,一猫贵至千钱"。渭河两岸从宝鸡到潼关,旷地约数千顷,有大片无主荒地。这些荒地后来都被官府作为"叛产"和"绝产"无偿征收。同治八年,陕西巡抚刘典在三原县设立招垦局,招抚难民开垦荒地。三原知县余庚阳在一首有关战后查收叛绝各产的记事诗中写道:

> 贼遁群惊鹤唳风,全抛土断劫灰中。
> 一千余载省居久,田四双田露积空。
> 柅匿难淆租上下,空标直判亩西东。

---

① 路伟东《清代陕甘人口专题研究》,上海书店,2011。
② 同上。
③ 《续修陕西通志稿》卷二八。

惟余三五花门籍，良善仍编五保同。

战后陕西"民间元气未复，各属地丁钱粮，征解仍未敷额，每年收储银两，又因筹拨边防各军口粮及旗、绿各营官兵俸饷，文职廉费，并杂支、制造、赈抚，各款搜刮一空，现在库储万分短绌，即本省应发之款，亦已左支右绌。"①光绪三年（1877年），还没有从"同治大屠杀"的伤痛中完全恢复过来的关中，又遭遇到了"丁戊奇荒"②的沉重打击。饥民引发逃难潮，甚至出现了袭击官府、戕杀官吏、人相食的事件。

从同治元年（1862）到光绪五年（1879）的17年间，陕西全省战乱未定，灾荒继起，期间生灵涂炭，人民流离失所，社会经济遭受了极大的破坏，而人口的损失尤为惨重。综观陕西战乱灾荒的17年，其人口损失有以下几个特点：其一、人口损失数量惊人。短短的17年内，全省人口从1394万口锐减至772余万口，人口损失总数高达622万，大约占战前人口总数的44.6%。其二、战争期间损失的人口数量远高于灾荒期间损失的人口数量。天灾令人恐怖，人祸更为可怕，17年中，因战争原因造成的人口损失约有520.8万，在全部损失人口中所占的比例高达83.7%，而灾荒期间损失的人口不过101.2余万，占全部损失人口的比例仅有16.3%。③

遭此灾难后，关中地区社会经济受到严重破坏，直到民国时期仍未恢复过来，关中各州县仍然到处可见战乱留下的残垣断壁，荒废的村堡比比皆是。

就整个西北而言，同治年间的这场浩劫，短短的7年内，2000多万人死于战乱和屠杀。陕西全省人口死亡高达622万。事实上，甘肃的死难人数远远大于陕西。据曹树基《中国人口史》统计，咸丰十一年（1861年），

---

① 清代谭钟麟《陕省旧欠东三省俸饷请暂展缓片》，《谭文勤公奏稿》卷二。
② 郝平《丁戊奇荒：光绪初年山西灾荒与救济研究》，北京大学出版社，2012。
③ 路伟东《同治光绪年间陕西人口的损失》，《历史地理》总第19期，2003。

甘肃（包括今宁夏和青海部分地区）人口为 1945.9 万人，战后的光绪六年（1880 年）人口仅存 495.5 万人，人口损失达 1455.5 万人，比例高达 74.5%。特别是平凉府（包括华亭、隆德、平远、海城、固原），人口损失 249.1 万，占战前人口的 88.6%。"同治初元，兵事纷纭，甘肃一带，半成焦土"。① 左宗棠入甘肃时，形容"远近城邑寨堡，惨遭杀掠，民靡孑遗。平、庆、泾、固间，千里荒芜，弥望白骨黄茅，炊烟断绝，被祸之惨，实为天下所无"。董志原自古"水土肥美，是产粮之区；四达通衢，也是贸易之区，……蒿莱满目，鸡犬无声"。② "甘、凉与肃，向称腴郡，乱后人少地荒，物产消耗，关外安、玉、敦尤甚焉"；"宁夏在同治兵燹以前，人烟辐辏，商旅往来，塞北江南，为甘肃第一繁盛也。自经兵劫，化为丘墟，周余黎民，靡有孑遗。"③ 西宁府也是"千里萧条，中外道梗"，"郡无完土，遂使二百余年生齿之繁，如草木之零落"。

凡是战乱发生之地，社会秩序崩溃，政治处于无人管理的真空状态，饥荒和瘟疫随之大规模发生。从光绪五年（1879 年）到宣统二年（1910 年）的 31 年间，陕西人口仅仅增长了不足 30 万，人口发展几近停滞。经过这次浩劫，黄河上游区域人口直到 1953 年，即经过将近一个世纪，都没有恢复到 1862 年的水平。

战乱和灾荒不仅削减了大量人口，也彻底改变了人口结构和人口分布。土地还是那块土地，甚至地名还是那个地名，但生活在这块土地上的人已经完全改变了。新来的移民和流民填补了土地的真空，他们往往对这块土地上发生过的事情一无所知，甚至也不感兴趣，而历史就这样被遗忘了。

面对战后的满目疮痍，左宗棠在给朝廷的奏章中说："陕甘频年兵灾，孑遗仅存，往往百数十里人烟断绝。新复之地，非供给牛种帐粮，则垂毙之民，势将尽填沟壑。"《陕西通史》中说："左宗棠心狠手辣，以屠杀太

---

① 徐家瑞《新纂高台县志》。
② 秦翰才《左文襄公在西北》。
③ 慕寿祺《甘宁青史略》。

平天国革命人民取得了清廷的信任。"① 按照《中国历代战争史》的评价，在这段历史中，左宗棠不仅体现出军事家的才干，也充分显示了政治家的胸怀。他对战后难民安置和灾民救济采取了一系列善后举措。

左宗棠将大量无家可归、有家难回的陕西难民集中安置在甘肃，主要安置点分布在宁、灵和河湟地区，如平凉、会宁、静宁、安定、秦安和清水等。与天府关中相比，这些安置地多属苦寒偏僻之地，生活条件极其艰苦。左宗棠给难民配给口粮、住所、田地、种子和农具，从村庄选址到沿途护送，无不亲自过问，并专门指示地方官吏予以监督保护。

左宗棠不仅广修道路，还大量植树，从潼关直到万里之遥的哈密。路的宽度由三丈到十丈不等，植树以杨树、柳树和沙枣树为主，以利其耐活和速长。这些道树被人称为"左公柳"。西北干旱，种树很难存活，但据左宗棠记载，光是从陕甘交界的长武到会宁，种活的树就达 26 万多株。特别是在河西一带，竟然形成道柳连绵数千里，绿如帷幄的塞外奇观。因此留下"新栽杨柳三千里，引得春风度玉关"的美谈。②

痛史

在《通往奴役之路》这本书中，哈耶克认为，坏事不一定是坏人干的，而往往是一些"高尚的"理想主义者干的。在相当长的一个时期内，人们对战争总是过度美化，将战争的始作俑者赞美为英雄。这种"英雄"历史观往往忽略平民的灾难，对战争带来的大规模死亡和不幸视而不见，仿佛战争是世界上最美好的事情——无论成功或者失败，战争总是英雄的史诗。在战争中，即使对杀俘可以容忍，但将屠杀大量无辜平民的战争狂人称为"英雄"，无论是古代还是现代，这都实在有违于人类文明伦理。

每个发动战争的野心家都自称战争是正义的或"革命的"；但实际上，"春秋无义战"，战争也没有真正的胜利者，战争带给人们的只有痛苦和耻

---

① 秦晖等《陕西通史》（明清卷），第 332 页。
② 1998 年 8 月出版的《甘肃森林》记载，甘肃全省境内的"左公柳"只剩下 202 棵，其中大部分存于柳湖公园，有 187 棵。

辱。对于这场近代史的疯狂浩劫,已经无法简单地用战争或起义来定义。从历史记录来看,所谓"起义"者的行为已经远远超出"自卫"和"反抗"的限度,但又缺乏明确的政治性和战略性的目标。就连美国学者贝尔斯也承认:"这次起义的一个显著特征是缺乏领袖。只是民众一拥而上,领头的人作用仅限于当地。起义没有任何纲领、计划、组织和政策。"①他们一不为谋财,二不为占地,唯一的行动似乎就是攻陷城镇,屠戮村寨,毁灭一切,不分良莠,不论男女老幼,鸡犬不留,只为杀人而杀人。"平凉数万户仅存百四十七户";固原"城内官民男妇共死者二十余万人";宁夏府城"汉民十余万被屠殆尽"。这不禁让人想起明末清初的张献忠屠川。②

如果从战争角度来说,"起义"的目的是以暴力推翻体制,针对的敌人只有一个,就是官府(朝廷、政府、官吏和官军),普通农民和平民不仅不是敌人,反而应当是团结、拉拢和保护的对象。研究过中国农民起义的顾伯冲先生指出:

> 要说"革命",一场起义下来,的确革了不少人的命,革地主、土豪的命,革贪官污吏的命,当然也革了不少体制之外平头百姓的命。要说"烽火",起义军的确有放火的嗜好,队伍所过之处,常常是火光冲天,不仅烧宫殿,还要烧茅庐,以此来宣泄内心的怒火。③

"中国乡村,只有当地的乡绅地主阶层才有可能,以及才有真正的意愿保护乡村,外来势力,不论是外来逃难的饥民,还是叛乱军队,还是官军,只会给当地带来祸害。"④历史的意义在于防止遗忘。对于战争与痛苦,

---

① (美)贝尔斯,王纪卿译《左宗棠传》,江苏文艺出版社,2011。

② 张献忠(1606—1647),明末民变首领之一。张献忠有《七杀碑》称:"天生万物养于人,人无一物回于天。杀!杀!杀!杀!杀!杀!"据《明会要》卷五十记载:明万历六年(1578年)四川有"户二十六万二千六百九十四,口三百一十万二千七十三",到清康熙二十四年(1685年)就陡减至"一万八千零九十丁"。四川被屠杀一空,才有康乾时期的"湖广填四川"的移民运动。

③ 顾伯冲《倾覆与重构:中国古代农民起义大起底》,中国财政经济出版社,2013,第33页。

④ 姜异新《以中国的方式阐释中国:罗威廉教授访谈录》,《书屋》,2009年第12期。

忘记和回避并不是最好的办法，防止其重演才是；正因为如此，历史才显得重要且必要。死者已逝，生者得到痛苦，这场残酷的杀戮所引发的社会危机，成为一道永远也无法抹平的伤痕，深深地刻在关中人的内心。

> 同治王登基是元年，
> 逆贼反乱在秦川。
> 杀掉黎民有千万，
> 血水成河骨堆山。
> 可惜把房屋齐烧燃，
> 烧得庙堂无一间。
> 本乡本地难立站，
> 乞茶讨饭到外边。
> 众百姓举手把佛念，
> 救命的菩萨在哪边？①

按照王学泰先生的游民理论，无论太平天国还是义和团，其实都是游民运动。晚清怀来县令吴永在《庚子西狩丛谈》中称："拳匪多属市井无赖，及被胁诱之乡里农民。"②在最能代表游民文学的《水浒传》中，那些所谓的"梁山好汉"都杀人如麻，"诸如那个疯了似的武松在鸳鸯楼一口气杀了良贱十多口；众好汉攻陷大名府时，百姓被杀了五千"——

古代游民处于社会最底层，残暴野蛮对他们来说早已是司空见惯，毫不以为非的。他们长期挣扎在死亡线上，生活的苦难早已磨钝了他们的感觉。他们没有社会角色位置的规定约束，也缺少文化教养来提升他们的智能（爱，不单纯是个心理问题，它也是一种能力。对他人的同情也是需要一定的智能为基础的，智能有缺欠者，对他人的痛苦也缺少理解能力）。因此，游民处理人际斗争所采取的残酷和

---

① 《马长寿民族史研究著作选》，第276页。
② 冯学荣《中国历史的侧面：近代史疑案的另类观察》，第77页。

野蛮的手段正是社会造成的。①

在传统知识精英编撰的晚清历史中，只有那些清政府的支持者才是"民"，而反抗者则被称为"群"或"众"。这与新中国的历史话语截然相反。这使其对历史中的农民暴动极其同情，从而将所有的群众暴力运动几乎都称之为"起义"——从陈胜、吴广、赤眉、黄巾、黄巢、李自成、张献忠，直到洪秀全和义和团。与比较中性的"民变"、"事变"或"运动"相比，"起义"和"革命"赋予这些大规模的群体性暴力以不容置疑的正当性和正义性。当年太平军刚刚起事之时，马克思也为这场"中国革命"兴奋不已，但随着战争的持续，马克思对待农民军的态度出现戏剧性的逆转。就在关中民变爆发的1862年（同治元年），远在欧洲的马克思写了这篇《中国纪事》，他对太平军评论道：

> ……他们没有给自己提出任何任务。他们没有任何口号。他们给予民众的惊惶，比给予老统治者们的惊惶还要厉害。他们的全部使命，好像仅仅是用丑恶万状的破坏，来与停滞腐朽对立，这种破坏没有一点建设工作的苗头。……破坏是唯一的结果。此外他们就没有别的目的了。在他们看来，使自己拥有无限的胡作非为的权力，确实同杀人一样重要。……在太平军看来，一个人头并不比一个菜头贵。……显然，太平军就是中国人的幻想所描绘的那个魔鬼的化身。但是，只有在中国才能有这类魔鬼。这类魔鬼是停滞的社会生活的产物。②

美国学者罗威廉的《红雨》③一书，从暴力的角度，叙述了中国社会史最独特、最隐秘，又最沉重的一面，他认为："在谴责暴力行为问题上，中国比其他许多文化传统更具力量，而且建立了一个人民和平和谐相处的

---

① 王学泰《游民文化与中国社会》，第315页。
② 《中国记事》，《马克思恩格斯全集》第15卷。
③ （美）罗威廉著，李里峰等译，《红雨：一个中国县七百年的暴力史》，中国人民大学出版社，2014。

道德规范。"①

反思

　　以色列小说家阿默斯·奥兹曾说：悲剧往往以两种方式终结：莎士比亚式或者契诃夫式。莎士比亚悲剧结束时，尽管天空上也许盘旋着某种正义，但舞台上却已经横七竖八躺满了尸体；契诃夫悲剧结束时，每个人都感到幻灭、苦涩、心碎、失望、精疲力尽，但还都活着。②发生在同治年间的这场灾难，无疑是一场双重悲剧。

　　100多年来，关于这场巨大的悲剧，人们一直都在反思其原因。归纳一下，不外乎有以下几点：

　　从表面来看，首先是吏治腐败。从元朝起，西北地区，特别是陕西，社会矛盾丛生，而清廷派往西北的官吏，多是不学无术的八旗子弟，③只图山高皇帝远好弄钱，政治无比腐朽黑暗。其次，清廷为了镇压太平天国、捻军、云南民变和支援天津北京战役，从陕西征调了大量军队。咸丰年间，多次征调陕军赴河南、湖北、安徽、江苏、江南、四川、直隶等省征剿，估计人数约一万数千人。咸丰八年（1858年）十二年，袁甲三在徐州、宿州一带围剿捻军时，河南巡抚恒福奏请陕西拨兵助剿，这时陕西清军绝大部分已应调出征，不能凑足1000数目，出现了无兵可调的局面，西北几乎无人防守。

　　此外，陕西赋税沉重，底层农民困顿不堪。"明清时代，苏松重赋为天下之最，而关中重赋则堪称北方之最"。④在事变前的咸丰十一年（1861年），清廷先后向陕西发布了50多次征调协饷令，所协范围广泛，几乎负担了全国除西藏、两广、浙江、福建、山西、四川及东北以外的所有战事

---

① 姜异新《以中国的方式阐释中国：罗威廉教授访谈录》。
② （美）斯蒂芬·平克著，安雯译，《人性中的善良天使：暴力为什么会减少》，中信出版社，2015。第631页。
③ 同治之前，陕甘总督总共42任，其中满人占34人；甘肃巡抚共40任，满人占30人。
④ 《田园诗与狂想曲：关中模式与前近代社会的再认识》，第96页。

省份的协饷，多达13个省。在《北京条约》(1860年)的800万两白银赔款中，各省之中惟以山西和陕西最重，各为30万两。后来的湖北巡抚严树森就说："陕西为财赋之邦，西、同、凤三府为精华荟萃，近年用兵各省，皆借陕西协饷聊以支持，即京饷巨款，亦多取盈于此。"①

"实际上，在那个朝代，还有很多的人冒着生命的危险，挣扎在生存底线上。"②从当时的大形势来说，整个清帝国都走向社会控制力崩溃的末日时代，因为南方的战事和外交赔款，关中民生之江河日下也是可以想见的。正是在这个绝望和焦虑四处弥漫的不幸时刻，捻军和太平军的到来成为这场灾难的引信。另外不可忽视的一点，以马如龙和杜文秀为首的云南民变也起到推波助澜的作用；整个云南军民死难者，同样以数十万计。

就社会背景而言，以宗族为核心的传统乡村向来多械斗，民间对暴力和英雄有普遍的崇拜文化。西安府俗尚气概先勇力，同州府县更是民多性刚好斗，华阴"南峙华山，路通商洛，北临渭水，地尽沙滩，地卑民瘠。虽性情直率，崇尚俭朴，……而俗悍风刁，民间每以微细之故，相斗轻生"。③道光十年前后，时任监察御史和刑科给事中的徐法绩上奏朝廷，对西安同州一带治安深表忧虑，"因事械斗，无岁无之"。④

更具体一点来说，缺乏严格军事制度约束的"团练制度"也是这次暴力事件失控的重要原因。按照阶级斗争的正统说法，"团练主要依靠地主豪绅筹资兴办，是地主阶级的反动武装，镇压人民起义的急先锋"。团练意为团集训练，其实就是地方民兵组织，始见于唐。清中晚期，民变四起，清兵腐败无能，社会治安紊乱，各地方遂招募乡兵（乡勇和团勇）自卫，经费多不出于官。团练成员以本地农民和游民为主。曾国藩的湘军其实也是团练；再晚一些的义和团也属于团练性质。由此可见，团练是晚清时期改变历史进程的一股重要力量。咸丰三年（1853年），随着太平天国事起，清廷命令山、陕、川等战乱尚未波及的"完善地区"举办团练，"无事以

---

① 《续修陕西通志稿》卷201。转引自：《民国关中社会生活研究》，第37页。
② 姜异新《以中国的方式阐释中国：罗威廉教授访谈录》。
③ 《秦疆治略》，清道光年间刊本。转引自：《民国关中社会生活研究》，第60页。
④ 《续修陕西通志稿》。

壮声威,有事借资助剿"。自此以后,陕西各州县团练兴起。咸丰十一年(1861年),清廷又命在籍前任都察院御史张芾为陕西督协团练大臣。结果张芾被杀成为这次大规模民变的导火索。战争之所以爆发,往往是因为战争发动者自以为可以轻易获得胜利。

从更深层来说,人地矛盾也是一个无法回避的历史问题。当时陕西和甘肃的人地矛盾是极为突出的。陕西关中地区"丰年恰足自给",而甘肃临夏地区"山林砍伐净尽,以栽禾谷"。虽然小农经济勉强可以维持温饱,但想要进一步富裕却根本不可能,用关中话说就是"吃不饱也活不旺"地"耐活着";若遇灾年,甚至会卖儿卖女,苦不堪言。正如明朝万历年间编撰的《富平县志》所说:

> 民习,地狭人众,赋厚役繁。县则膏沃,鲜十亩之家,乡则盖藏,无数钟之粟,资身之计甚艰。比观里俗,田一井,衣不掩膝;家数口者,肉不知味;又贫而分亩者,桔槔辘轳胼胝,至同于妇子以求数秉之粟。租逼则石粟不易钱金,称贷则岁入不盈偿数。故水旱少逢,即饥饿号寒立见也。①

这其实就是人们常说的马尔萨斯陷阱:在生活资料产出有限的前提下,只能通过贫穷和罪恶来抑制人口增长。战争、灾荒、瘟疫等原因都会导致人口减少,但战争最为可怕。从中国历史来说,一场持续数年的战争,就可以让之前上百年乃至数百年积累起来的人口损失殆尽。发生在关中历史上的这场同治大屠杀就是典型的例证。战争导致的人口损失,除了直接杀伤之外,还包括因战争破坏、缺少粮食而饿死的人口,以及因死尸无法及时掩埋而引发瘟疫流行死亡者。

在将近一个世纪前,乾隆四十四年(1779年)修撰的《岐山县志》记载,当时岐山户口达到18503户,比顺治十四年(1667年)增加了15252户,人口达到113154人;100年猛增了5倍。同治时陕西人口达到1400万(2013年为3764万),在没有化肥、农药,和现代灌溉技术、种籽技术的情况下,

---

① 田培栋《陕西社会经济史》,三秦出版社,2007。

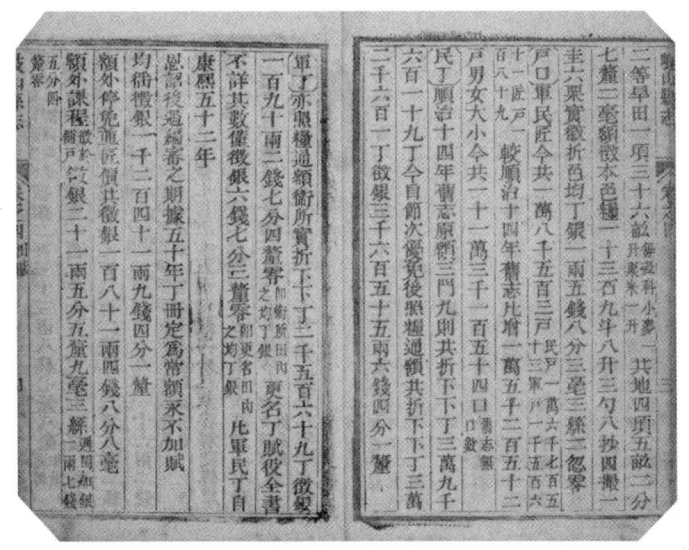

乾隆四十四年《岐山县志》中关于户口的记载。

这样的人口负载其实已经达到接近崩溃的极限。普遍的贫穷和贫穷所产生的恐惧也足以使社会矛盾积累。战争作为一种罪恶和对罪恶的审判，爆发有某种必然性，大屠杀之后，人口锐减，人地矛盾得到纾解。①

中国历史上人口增减的大波动，表面上均为王朝鼎革、兴衰隆替所致。尤其是人口锐减，无一不在农民战争、民族战争的"大兵"，水旱灾荒的"大灾"、"大饥"之后。然究其深层原因，则是人口与资源、人口总量与社会经济承载力的严重失衡。失衡的直接后果是出现了大量无以为生、无力与灾害抗衡，最终往往被逼上梁山、铤而走险的"过剩人口"。"大兵"、"大灾"、王朝鼎革发生前后，史籍记载的人间惨剧触目惊心，比比皆是。如西汉末年，"百姓财竭力尽……饿死于道，以百万数"。东汉末年，"冀州人相食，豫州饥饿而死者十有四五"，"百姓饥穷，流冗道路，至有数十万户"，"田野空，朝廷空，仓库空"。隋朝末年，"黄河之北，则千里无烟，江淮之间，则掬为茂草"，百姓诸物食尽，"乃自相食"。明朝末年，宋应星疾呼：天下何尝少白金哉！所少者田之五谷、山林之木、墙下之桑、池中之鱼耳。冯梦龙慨叹：不若人生一男一女，永无增减，可以长久。若二男二女，每生加

---

① 张研《17—19世纪中国的人口与生存环境》，黄山书社，2008，第109—110、120页。

一倍，日增不减，何以养之？徐光启忧心忡忡地指出："生人之率，大抵三十年而加一倍。自非有大兵戈而不得减。"清代中后期，人口过剩的问题，一次又一次，以诸如绵延数十载的川楚陕白莲教和太平天国捻军期间大军、大灾的人间惨剧形式表现出来，膨胀的人口，也被强行从3亿、4亿调节到2亿。

事实上，太平天国的爆发同样出于人地矛盾，乃至将均田地、均贫富作为口号。专门研究太平天国史的历史学家罗尔纲就指出："造成太平天国革命的原因，在当时中国社会经济状况看起来，最使我们注意的便是人口压迫问题。"①

清初，中国人口总数不足1亿。康熙以降，国泰民安，人口猛增。乾隆六年（1741年），全国在册人口总数突破有史以来的1亿大关；乾隆二十七年（1762年）、五十五年（1790年）又相继突破2亿和3亿。至道光十四年（1834年），人口总数突破4亿大关。到咸丰元年（1851年），人口达4.3亿，这是清代人口的最高点。

此外，从动物行为学和人类学角度来说，"拥挤会加强攻击行为的倾向，这是早就被人知道，而且也被社会学研究者实验证明过的现象"。②

暴力史

1947年6月，在经过长期的纷扰和斗争之后，印度终于迎来了独立，以及因独立而发生的分裂。谁也没有想到，这一历史变局从屠杀开始。③正如历史社会学家迈克尔·曼所说："真正的谋杀性清洗是不期而至的，也是原本并无打算的，它是从像战争一样的危机状态中产生的。"④

---

① 罗尔纲《太平天国革命前的人口压迫问题》，《中国社会经济史集刊》，第8卷第1期。
② （奥）康罗·洛伦兹，王守珍、吴月娇译，《攻击与人性》，作家出版社，1987，第264页。
③ （印）布塔利亚·乌瓦什，马爱农译，《沉默的一面》，人民文学出版社，2001。
④ （英）迈克尔·曼，严春松译，《民主的阴暗面：解释种族清洗》，中央编译出版社，2015。

1998年诺贝尔经济学奖得主、哈佛大学教授阿马蒂亚·森在他童年时代,不幸遭遇了1940年代的屠杀。阿马蒂亚·森在《身份与暴力》①一书中指出,世界也许充斥着越来越多的暴力,驱使着这些暴行的,不仅仅是那些不可解脱的仇恨,还有人们的思想混乱;与过去一样,一直延续到今天的冲突与暴力,都受这种单一身份的幻象影响。犹如斯威夫特在《格列佛游记》中写的小人国那样,人们为吃水煮蛋时,究竟应该从大头端剥起还是从小头端剥起而争吵并彼此仇恨着。傲慢与偏见、仇恨和暴力,常常会压倒人们正常的人道同情与恻隐之心;换言之,非理性是产生这种罪恶的重要源头。

二战期间,有研究者在美国军人中做了一项调查——"你希望看见战后日本人是什么样的下场?"结果在太平洋战区与日军作战的军人中,有42%选择了"把日本民族全体消灭";而在欧洲战场从未与日军作战的军人中,选择"全体消灭"的高达67%。②事实上,美军用原子弹对广岛和长崎进行的大规模"屠城",就是这种屠杀心态的现实体现。在1966年晚春,就在美国开始轰炸北越的河内和海防港前,支持和反对轰炸这些目标的美国人各占一半;但轰炸开始后,85%的人支持那场轰炸,只有15%的人反对。这一突然的转变是政府做出轰炸决策的后果,而不是原因。③

从社会学角度来说,暴力是一种普遍存在的社会现象。事实上,国家本身便是暴力的产物。历史学家拉塞尔·雅各比对人类暴力曾有深度揭示,他指出,暴力主要是手足相残,大多数暴力都发生在彼此认识的人们之间。④这在一定程度上,往往表现为内战的残酷程度远远大于国与国之间的战争。

在《圣经》中,"该隐就和他兄弟亚伯谈话。事情就这样发生的:当

---

① (印)阿马蒂亚·森,李风华译,《身份与暴力:命运的幻象》,中国人民大学出版社,2009。

② (美)丹尼尔·希罗,薛绚译,《为什么不杀光:种族大屠杀的反思》,三联书店,2012。第202页。

③ (美)詹姆斯·洛温,马万利、刘北成译《老师的谎言:美国历史教科书中的错误》,中央编译出版社,2009,第386页。

④ (美)拉塞尔·雅各比,姚建彬译,《杀戮欲》,商务印书馆,2013。

他们在田里的时候,该隐起来反抗他的兄弟亚伯,并且杀了他。"亚伯被该隐杀害,有人称之为人类的一半杀害了另一半。"每一个人都有一个他憎恨了十五年的人,要么是邻居,要么是朋友,要么是兄弟,没有任何理由,经常毫无意识"。① 雅各比尖锐地指出——

> 德国犹太人的人口从 1933 年之前的 50 万,下降到了战后的不足 5 万;而波兰犹太人的人口从 1933 年之前的 300 万,也下降到了战后的不足 5 万。当我们寻找这场犹太灭绝的"诸种原因"时,我们往往会歪曲历史。②

犹太人大屠杀研究专家布朗宁提出一种看法,他说:大屠杀最根本的原因,是身为个体的人类在很长的一段时间里,曾经大规模杀害其他人。③ 嫉妒与仇恨是人性中的普遍之恶,人类大多数战争都起源于相互差异的群体认同。从 1945 年到 1967 年,因族群、宗教、信仰等造成的冲突,已经导致 750 万人死亡,而且迄今未止。④ 一部文明史,也就是人类同自己的暴力倾向作斗争的历史。美国政治学家蒂利在《集体暴力的政治》序言中说:"人类生活就是一个错误接着一个错误,我们犯下错误,审视这些错误,纠正它们,然后继续犯更多错误。犯错和纠错充满了我们的生活。如果我们幸运、聪慧或者身边不乏有益的批评者,纠错胜过出错,这样,人类的能力与知识能够不断进步——至少保持一段时间的进步"。⑤

回顾那些关于屠杀的悲剧历史,在超越狭隘的身份界定的前提下,现代人应当理性地承认人类社会关系的多样性,并且作为这个世界的共同居民来进行理性地思维;而不是硬把人们塞入一个个狭窄的"盒子"中。也

---

① 同上,第 77 页。

② 同上,第 117 页。

③ (美)克里斯托弗·布朗宁,张孝铎译,《平民如何变成屠夫》,中国青年出版社,2015。

④ (美)哈罗德·伊罗生,邓伯宸译,《群氓之族:群体认同与政治变迁》,广西师范大学出版社,2015。

⑤ (美)查尔斯·蒂利,谢岳译,《集体暴力的政治》,上海人民出版社,2006。

许只有这样,才有可能救赎最容易被仇恨教唆的人类。或者说,不管是在一国之内,还是在世界范围内,人们不仅有自由把握自己生活的权利,而且还应当有理性地发表意见的权利。

就历史和未来而言,针对思想的暴力屠杀,远比针对肉体的暴力屠杀危险且可怕,"因为思想界始终知道,为了抵御任何一种奴役,思想界要始终拒绝用规定的模式思维,拒绝让自己变得浅薄、停滞、厌倦、鼠目寸光和唯唯诺诺"。因此,我们"应该反对那些声称为维护自己的'唯一真理'而使用暴力的偏执狂人们"。①

有人问一个美国学生:"为什么印第安人要被赶往大西部?"美国的历史教科书给出的标准答案是:"他们被赶走,以便(白人)定居者能够在土地上种庄稼。"如果有人再问一句:"印第安人在土地上做什么?"答案是:"他们在种庄稼!"②对于伤痛的历史,隐藏和禁忌是人们最常见的态度,而往往造成对历史有选择的遗忘,使悲剧再次重演。不幸的历史尽管痛苦,但最不应被遗忘,只有勇敢地面对,才能从痛苦中走出来。

美国当代著名导演肯·伯恩斯如同一位"情感考古学家",他用5年时间收集了16000多幅关于美国内战的私人照片,以真实的个体故事来反思这段痛苦的历史;这部长达11小时的纪录片不仅获得艾美奖,也打破了美国公共电视的收视率纪录。伯恩斯谈到这部刻骨铭心的《美国内战史》时这样说:

> 黑人与白人之间的裂缝处于美国历史的核心。我们必须用对自由的最大热情,去迎接这一巨大的挑战。如果我们忘记——我们忘记了奴隶制的最大污点就在我们这个国家的心脏里,忘记了我们的历史、我们的教训,忘记了我们是谁,那么,我们就会使那一裂缝更深、更宽。③

---

① (美)斯蒂芬·茨威格,舒昌善译,《良知对抗暴力:卡斯特里奥对抗加尔文》,三联书店,2012,第8—9页。
② (美)詹姆斯·洛温,马万利、刘北成译《老师的谎言:美国历史教科书中的错误》,中央编译出版社,2009,第,127页。
③ 同上,第144页。

沦陷的身体

> 人是生而自由的，但却无往不在枷锁之中。
>
> ——卢梭

帕斯卡尔说过："人只不过是一根芦苇，是自然界最脆弱的东西，但他是一根会思想的芦苇。"这"芦苇"就是人的身体。

人因为思想而强大，也因为身体而脆弱。"人之生也柔弱，其死也坚强。草木之生也柔脆，其死也枯槁"。[①]对于人类而言，身体是精神的容器。人类的历史也是身体的历史。作为一种政治动物，人的身体无法摆脱政治化的命运。所谓历史，其实就是一个个血肉鲜活的身体与政治的斗争。穿越历史的尘埃，我们可以感觉到的常常只有身体本身。

社会学家黄金麟先生在《历史·身体·国家》一书中写道：

> 以身体的生成来观看历史的演变，可以让我们对许多已经发生的史事或史实有一个不同的考察切入点，让原来以王朝、政治、经济或社会阶级等作为聚焦的分析，改为以身体作为考究的出发点。这个观察除了可以让我们对过往的史实有更多的认识外，也可以让我们对许多过去视为零散、索然甚至不相关的史事，有一份新的体察和警惕，

---

① 老子《道德经》。

警醒到其间可能存在的连续发展。①

自从启蒙运动之后,身体与政治纠缠在了一起。每个人都被赋予一个政治身份,这个身份驾驭人的身体。启蒙把身体从道德的压抑中解放出来,但很快又掉进机械工业时代的贫乏深渊中去。每个人的身体冲动不是由他最本能的渴望引起的,而是由自己在一个高度科层化了的社会中的位置做出的相应要求支配。所以,现代性在一定程度上就是身体的被政治化,这就是哲学家刘小枫所说的"沉重的肉身"。②

洛克发现私有财产是最为私人所有的东西,就在于"(人的)财产在他的人身中",即在他自己的身体内。"我们身体的劳动和我们双手的工作"合二为一,因为两者都是"占有"的"手段",是"上帝……共同给人的"。这些手段、身体、双手和嘴,都是自然的占有者,因为它们不是"属于人类共有的东西",而是赋予每个人供他私人所有的。③

马克思曾经说,身体的需要激发了革命。从身体去理解政治、国家和权力是非常贴切的,因为身体始终是社会力量的心脏,而政治是由人的身体组成的。作为社会繁衍和文化表达的主要载体,所谓启蒙,其实就是身体权利的觉醒;所谓现代,就是身体主权的神圣不可侵犯。从这个意义上来讲,历史也就是身体政治史。

身体的权利

1649 年,英国国王查理一世被送上了断头台,英国废除君主制建立

---

① 黄金麟《历史·身体·国家:近代中国的身体形成(1895-1937)》,新星出版社,2006。
② 刘小枫《沉重的肉身:现代性伦理的叙事纬语》,华夏出版社,2004。
③ (美)汉娜·阿伦特,王寅丽译,《人的境况》,上海人民出版社,2009,第 80 页。

共和国。这一年，思想家霍布斯发表了《利维坦》，他将国家比喻为一个吞噬一切的巨兽"利维坦"。《利维坦》的诞生宣告国家主义时代的来临。一个世纪之后，思想家卢梭发表了《社会契约论》，他指出，政府的一切权力均来自公民的授权。《社会契约论》宣告了一个人权时代的到来。不久之后，人类历史上第一个现代国家美国诞生了，在一场大革命中，法国国王路易十六被送上断头台……

从18世纪开始，人类历史翻开了新的一页，这就是现代。

在风云激荡的18世纪下半叶，《独立宣言》和《人权宣言》等政治文本的诞生，标志着人作为一种尊严动物的政治觉醒。从身体政治来说，现代就是解放，身体是政治保护的对象，权利正是对身体的自然保护。正如《独立宣言》所说："下面这些真理是不言而喻的：人人生而平等，造物主赋予他们若干不可剥夺的权利，其中包括生命权、自由权和追求幸福的权利。"

回顾历史，作为启蒙运动的重要遗产，身体的出生构成人权的基础，身体因此进入国家的政治叙事结构，"成为国家合法性和主权的世俗基础"。从这种意义上，正是将身体作为权利的基石，现代民主国家才同古代国家区分开来。身体成为民主政治的基础。也正因为如此，资产阶级民主国家才发展出这样一套观念：私人优先于国家，个人优先于集体。

在古代皇权帝国，"自由的身体"是不存在的，所谓"普天之下，莫非王土；率土之滨，莫非王臣"。中国古代政制中甚至有"乞骸骨"①的说法。在古代政制中，一个人的身体和主权常常是分离的，"身不由己"。一个人的身体是否作为个人主权的载体，这是古代与现代最大的区别。可以说，现代社会的公民权利观念正是来源于身体的"天赋性"。

值得一提的是，权利—公民往往是一体的。如果公民身份缺失，那么权利也就荡然无存，这样的身体只有自然人和物体的意义，它本身不具备任何正当性的主权诉求。事实上，现代社会的人权悲剧和人道灾难大多是因为公民身份的褫夺——在国家暴力面前，个人只是一个个脆弱的肉体。

---

① 乞骸骨，古代官员因年老向皇帝提出退休。

现代史上，发生了一场接一场反人类、反文明的的浩劫，个人财产被彻底剥夺，甚至身体也不例外。这些惨烈的身体专制运动中，身体作为人类最后的私人财产，遭遇到前所未有的侮辱和摧残，不仅生者没有穿什么衣服的自由，甚至连死者也无法保全遗体。

法国哲学家福柯指出，从18世纪起，权力和政治大规模地宰制和包围着身体，身体进入了"知识控制与权力干预的领域"。国家权力以解剖政治学的方式介入身体，其方式有两种：一种是权力对单个身体的强化训练；另一种是权力对人口总体数量的控制与管理。人被去身体化后，变成了国家语境中的"人民"。伯克对"那些被叫做人民的人"感到疑惑不解，而罗伯斯庇尔则说得清清楚楚："在国会里给我鼓掌的人就是人民，不鼓掌的人就是反革命分子，是人民的敌人。"

进入国家时代之后，无论是作为"劳动力资源"还是"生命财产"，人的身体完全被国家话语实现了"物化"和"资产化"。人的身体成为国家资源或财富的一部分，而与个人主权发生强行切割；如同"身体发肤受之父母"，个人的身体承载的是国家的使命，而不是个人的权利与自由。在国家语境中，每个人的身体只是一个个可以互换的、微不足道的标准产品。身体作为个体体验不仅是毫无意义的，甚至是不存在的。在佛教传统中，沉重的肉身被视为"臭皮囊"，"无我"才是一个修行者的最高追求。从某种程度上，国家主义在取消财产私有性的同时，也彻底抹杀了身体的天赋私有属性。

从20世纪开始，利维坦超越一切地成为全人类共同的"上帝"。在这个机器统治人类的群氓时代，社会主义、民族主义和国家主义成为卑微人类的救命稻草。福特的生产线最早实现了人类的"群众化"，即消除了人与人之间的个性差别；人如同零件一样被标准化和同质化，从而可以互换。这种"工业人"完成了身体与思想的分离，无用和有害的思想被剔除，只剩下身体的价值被充分利用起来。

希特勒比福特走得更远。希特勒说："和国家的存在相比，个人是无足轻重的。"生活在纳粹体制下的人们被灌输"国家利益至上"，每一个社会成员都渺小到失去个人意志和权利，而只能从强大的国家机器中获得安全感和存在感。每个人首先不是作为一个有血有肉、有良知、有尊严的独立的人，而是作为国家这个利维坦的一个分子和细胞而存在。人作为国家机器上的一个齿轮与螺丝钉，只能"身不由己"地随着整个机器的转动而运转。这种国家机器对个人和社会严密控制，被福柯描述为"圆形的监狱"；在这个监狱中，每个人既是囚犯，也是狱卒。

在《美丽新世界》中，赫胥黎为人们设计了一个身体的乌托邦：身体一方面是生产的机器，另一方面是享乐的机器。前者是一个失去人性的机器世界，后者则是一个失去自我的感官世界。所有的人类都变成了工业化的批量生产，这些人类像蚂蚁一样被分为不同的社会等级和功能：少数的高等人负责管理和技术，多数的低等人成为没有任何区别的流水线工人。因为所有的人类都来自工业化大批量生产，家庭失去存在的理由，父亲、母亲成为猥亵的名词。人们除去吃饭就是工作。在这个国家主义的美丽新世界，人类只具有身体上的意义，身体之外的思想、感情、意志、认知都被彻底铲除。毫无疑问，这是一个完美的公司化的国家，却是人类的地狱。

哈耶克曾说，人类的历史就是一部驯化身体和欲望的历史；人类文明的进步，其实就是身体欲望被压制的越来越多。在理论意义上，现代克隆技术完全实现了对身体的工业化创造，而去除了人的思想和情感，从而实现了权力对人的最大理想。

在电影《云图》中，"美丽新世界"在2144年的韩国已经变成现实。在这个未来世界中，国家采用克隆技术对人类实现大批量生产，这些后现代人类除去工作、进食就是睡觉，一切都有严密的监控和设置，就连死亡后的尸体也被充分利用——制成各种食物。每天凌晨4点，这些新人类就被自动释放的激素唤醒，用一分钟穿过卫生间，穿上制服，列队进入餐厅开始工作：操作收款机、迎接顾客、端盘送饭、擦拭桌椅、清理垃圾。19个小时后，她们吸食一盒用废弃人体制成的食物，然后回到睡眠箱。如此周而复始，为国家创造源源不断的财富。

希特勒婴儿

如果说 18 世纪是启蒙时代，那么 20 世纪可以称之为反启蒙时代，或者说是乌托邦时代。极权主义成为一些政治狂人心目中最完美的国家形式。

在《极权主义的起源》一书中，汉娜·阿伦特对苏联和纳粹第三帝国进行了入木三分的剖析。她在《耶路撒冷的艾希曼》里指出："极权主义统治的本质，而且恐怕所有的官僚制度的性质是把人变成官吏，变成行政体制中间的一只单纯齿轮，这种变化叫做非人类化。"

孔子说："己所不欲，勿施于人。"权力从根本上说来源于暴力，就是将自己的意志强加于人。对一个专制国家来说，"强奸民意"不仅仅是一种政治模式，而且是一种社会现实。在国家的名义下，征服首先从身体开始。据说成吉思汗有句名言："人生最大的快乐莫过于杀死敌人，抢夺他们的土地和财富，奸淫他们的妻女。"如果说战争要征服的是土地（领土），那么身体也常常被视为土地的延伸，针对妇女的强暴与对平民的杀戮，就这样成为征服战争的主要特征。这样的历史悲剧罄竹难书，如"扬州十日"、"嘉定三屠"和南京大屠杀。

为了落实消灭犹太人的"最终解决方案"，纳粹德国共计修建了 1000 多座这种"生产死亡的工厂"，其中最大的就是奥斯维辛集中营。"在集中营，所做的一切都是为了使身体失去人性。人性的载体受到压制、拷打，持续变弱"，"集中营本质上就是一个专门用来对囚犯进行动物化和物化的地方"，"作为身份标识的名字被登记的号码数字取代"——

> 在集中营里，一切都是集体的，没有单独的可能。无论是睡觉、劳动，还是吃点满足身体最低需求的食物，囚犯们总是一起处于他人的目光之下，拥挤在一处，一起承受凌辱折磨，一起笼罩在那些气味和尖叫喧杂声中，一起被拷打。……用强加于身的标志使这些男男女女失掉人的性质：要么是删减，剃去头发和阴毛；要么是增加，在前臂上纹上数字。集中营的囚犯们以颇具个性的黑色幽默称之为天

国的电话号码。就这样,集中营被铭刻在身体上。①

奥斯维辛总共建有4个毒气浴室和焚尸炉,一次可以消灭12000人。身体在这里得到充分"利用":一些人被用作活体试验;一些死者的皮肤被制成灯罩,头发被织成地毯,脂肪被做成香皂……数年时间,数百万人在这里被完成身体消灭。为了更加"人道"和高效,纳粹普遍采用了毒气技术——对于化学工业发达的德国来说,氰化氢比子弹的生产成本要低得多。"1941年,针对犹太人的屠杀中心的创立建立在另一种逻辑之上,不同于在犹太人区或集中营里设置隔离:不是用死来惩罚集中营的囚犯,而是尽可能快地进行大量的消灭根除,最大限度地制造尸体并回收、利用可再循环的一切。纳粹战败之后,一名德国上尉在纽伦堡法庭上这样陈述自己的杀人感受:"在做这些事情的时候,我毫无感觉,因为我是奉命用我已经告诉过你的办法杀死这80个人的。而且,我正是按照这种方式训练出来的。"

> 从特别行动对男人、女人及孩子实施的大量"手工"暗杀,到流动毒气车、毒气室,从步行或用卡车实现的犹太人区的圈集,到用火车从几千里之外运人关押的集中营,一个真正有计划、有组织的工业集中区建立起来——在适合屠杀的机构里集中。被称为zyklon B的化学物质——焚尸炉为反人类的罪行服务。在一个精心制作的技术平台上的流水作业使受害者经历了从被选择,到挑拣分类,再到被处决的一整套工业化"消毒"程序。②

阿尔多诺说:"奥斯维辛以后,诗已经不复存在。"在为犹太人建造地狱的同时,纳粹也为日耳曼人营造了一个"天堂"。

基于一种狂热的种族优越感,希特勒建立了纳粹这种新宗教。希特勒和他的纳粹党徒坚信,雅利安人是神族的后代,他们来到这个世界唯一的

---

① (法)让-雅克·库尔第纳,孙圣英等译,《身体的历史》卷三《目光的转变:20世纪》,华东师范大学出版社,2013。第249、253页。
② 同上,第259页。

目的，就是去统治其他劣等民族，并宣称要建立一个称霸世界的纯粹日耳曼民族的德意志帝国。1935年9月15日，希特勒在纽伦堡主持召开的纳粹党代表大会通过一项决议：只有日耳曼民族和与日耳曼同血缘的人才是帝国公民，而犹太人和吉普赛人都是"不可接触"的"贱民"，严禁他们同日耳曼民族通婚。早在1934年，纳粹就开始给40多万人实施绝育手术，这些人包括精神病人、妓女、罪犯、一些穷人和其他种族的德国人。

早在1933年，刚刚上台的纳粹以立法的形式，严厉禁止雅利安女人堕胎。为了提高"种族储备"，"纯种"雅利安女人不用工作，或者说她们唯一的工作就是生育——不管她们结婚与否。为推动生育大业，纳粹政府对那些有四个或者更多孩子的"英雄母亲"给予重奖，甚至颁发劳模勋章；相反，而那些没有生育的夫妇则受尽歧视。戈培尔的妻子玛格达响应号召，怀孕10次，生育了7个孩子，被希特勒封为"帝国第一夫人"[①]。

有个笑话说，完美的雅利安人应该有希特勒的金发、戈林的身材和戈培尔的身高。为了发展所谓的"纯种雅利安人"，纳粹炮制了"生命之源"计划，由党卫军头目希姆莱负责。作为计划的一部分，纳粹在欧洲建立了秘密的生育农场——"勒本斯波恩中心"，批量制造"优等"雅利安人——"希特勒婴儿"。这里的孕妇个个都是金发碧眼，合乎纳粹的雅利安人理想标准。他们精心挑选德国军官负责"配种"，生产出来的孩子被统一安排在条件优渥的纳粹党徒家中抚养。

在法西斯宣传机器蛊惑下，许多金发碧眼的德国未婚女子和已婚妇女都疯狂地响应纳粹的号召，争相与德国军人发生性关系。历史学家马克·希尔这样写道："当年许多德国女子都将她们的行为当作是爱国心的表现，为的是生产出金发碧眼的新一代纳粹分子。"[②]

随着纳粹的势力扩张，希特勒的"勒本斯波恩中心"发展到整个欧洲，数量达到9所。纳粹为了实行希特勒的计划可谓不遗余力。不论国内的战备资源如何吃紧，"勒本斯波恩中心"的后勤保障从未中断，甚至到了极

---

① 1945年，纳粹陷入穷途末路，柏林也即将被攻破。玛格达自杀之前，用毒药杀死了自己的六个孩子，另外一个孩子在前线战争中被俘，关在苏联监狱。

② 贺骞《希特勒的孩子》，中国文史出版社，2006。

其匮乏的战争后期也是如此。"勒本斯波恩中心"貌似为了日耳曼民族的未来，实际只是希特勒进行血统净化的工厂，每个婴孩都是流水线生产出来的"产品"。如果发现生出的婴儿不够"纯种"和"完美"，这些婴孩会被残酷无情地毒死或饿死。在"勒本斯波恩中心"里的孩子，如果成长到3岁依然没有被"淘汰"，那么就被定性为是优良的雅利安后裔，并交由德国国内的纳粹家庭予以抚养，直到他们成长到顺利进入少年队、希特勒青年团以及党卫军。根据德国国家档案馆的档案显示，当时纳粹的"勒本斯波恩"的计划一直设计到1980年，到那时，纳粹德国将通过"勒本斯波恩中心"制造出1.2亿名优良纯种的"雅利安后代"。

在加强生产的同时，纳粹还在各占领国四处搜寻纯种雅利安婴儿。这些"希特勒婴儿"被强行从他们父母手中夺走，送到德国养育。二战期间，至少有25万被占领国的儿童被纳粹分子绑架，送给德国家庭收养。战争后期，很多孩子都因为战争和饥饿而死亡。战争结束后，一些人费尽周折返回自己的出生地，却发现亲生父母早就被纳粹杀害了。更残酷的是，大多数孩子早已被纳粹洗脑，正像希特勒对青年团的演讲："你们所有的一切透过我的存在而存在；我所有的一切也透过你们的存在而存在。"

因为一些档案在战争中销毁，这批"希特勒婴儿"到底有多少，至今仍是未知数。因为这些"希特勒婴儿"在纳粹党徒家中长大，或父亲就是党卫军成员，这种与生俱来的"原罪"和"纳粹私生子"的耻辱，使他们都不愿公开自己的身份。直到近年来，已经来日无多的"希特勒婴儿"们才开始聚会，并成立了一个叫做"生命痕迹"的公益组织。

作为一名"希特勒婴儿"，弗尔克·海尼克只有两岁时，就被纳粹从乌克兰送到德国莱比锡，由一对富人夫妇养大。"我心中总有遗憾。那是一种没有父母，没有根的感觉。"作为家庭和国家双重失落的孤儿，他们终生都生活在痛苦之中。

作为二战时期的另一个法西斯帝国，日本为了弥补因战争而消耗的大量人力资源，政府专门制定了"结婚报国"的人口政策。1940年出台了《人口政策大纲》，对女子20岁前后结婚的予以奖励。为实现政府的旨意，各种官方妇女团体积极充当起媒婆的角色，在伤残士兵和未婚女性之间牵线搭桥。1940年,厚生省向10336户拥有10个孩子的家庭授予"优良多子女家庭"。太平洋战争期间,政府每年都要表彰有两名以上阵亡者的"皇国之家",以教育妇女为天皇和国家生育、养育孩子。

战争期间,在"生育吧!繁殖吧!"的口号下,未婚女性被要求"结婚报国",已婚女性被要求为"皇国"多生孩子。那些由于生理原因而不能生育的妇女则承受着异常沉重的压力。国防妇人会曾收到一笔匿名捐款,信上这样写道:"我多么希望能为国家生育一个男孩,可我连个女孩也没生,像我这样的石女,于君、于国都感到极端不忠,感慨唏嘘,每天恨不得将自己粉身碎骨。我含泪并深感羞耻地写了这封信。"①

月经警察

从希特勒的第三帝国开始,国家这个"利维坦"被发展到登峰造极的完美程度。在这个乌托邦中,身体成为国家主义政治的核心主题。从侵略战争、种族屠杀,到国有体制下的工业化过程,身体作为国家资源被发展到无远弗届的境地。在无数身体因为"无用"而被消灭的同时,又有无数身体被驱赶到战场,成为有用的"炮灰",这就是国家的意志。

在某种意义上,齐奥塞斯库似乎比希特勒更加"完美"。在25年间,齐奥塞斯库将罗马尼亚打造成一个前所未有的"美丽新世界"。对齐奥塞斯库来说,罗马尼亚最大的国家资源,或许就是数千万罗马尼亚人的身体;拥有这些身体,他就是罗马尼亚的上帝。他可以一夜之间建起一座大坝,也可以一夜之间将它夷为平地。

齐奥塞斯库一方面致力于剔除人们的思想与精神,另一方面则将身体这种国家资源开发到极致。对前者,他以国家的名义垄断了所有的打字机,更不用说新闻、出版、印刷、通信;对后者,他制定了严厉的生育政策,将每一个罗马尼亚人的身体都彻底实现了"国有化"。罗马尼亚作家诺曼·马内阿指出:"没有任何一个欧洲社会主义国家像罗马尼亚这样,受到如此

---

① 胡澎《背叛与胁从:1931年至1945年期间的日本女性史笔记》,《读书》杂志,2005年第10期。

彻底的监管和残酷的压迫。"①

尽管齐奥塞斯库时代的暴政罄竹难书，但最为臭名昭彰的莫过于禁止堕胎制度。

齐奥塞斯库出生在一个贫穷的农民家庭，兄弟姐妹总共 10 人，他排行老三。或许是因为出生在孩子众多的大家庭，齐奥塞斯库对大家庭有着特殊的感情。在整个欧洲乃至世界政治版图中，罗马尼亚不过是一个蕞尔小国。与希特勒、斯大林这样的强人相比，这或许是齐奥塞斯库最大的先天缺陷。在夜郎自大的权力镜像中，权力自卑常常会导致掩耳盗铃、拔苗助长。对齐奥塞斯库来说，作为最基本的国家资源和财产，罗马尼亚仅有的区区 2300 万人口是远远不够的；为了在 2000 年实现 3000 万的人口目标，一项强制生育的国家制度隆重出台。

按照身体制度，每个人的身体都是国家财富，身体数量的增加就是财富增值，拒绝生育孩子就损害了国家利益。任何损害身体的行为都被视为破坏国家财产。夫妻生育孩子，即使不是为了传宗接代，也是国家赋予他们必须要完成的工作使命；或者说，这是一种责无旁贷的义务。因此，罗马尼亚当局坚决禁止民众离婚，离婚即是犯罪。根据法律规定，每一对罗马尼亚夫妻至少要生 4 个孩子，这是国家交给他们的政治任务。同时还规定，不能受孕的女性——无论是先天的还是后天的——都要交纳惩罚性税金；因为一个不能给国家生育孩子的女人不仅是无用的，而且是有罪的。

在这一系列严刑苛法中，最令人发指的是禁止一切堕胎，违法堕胎者将受到严厉的刑罚和囚禁。

齐奥塞斯库一举废除了关于个人可以自由流产的法律，全面禁止堕胎和节育。为了保证让每个适龄妇女都能及时妊娠，所有罗马尼亚妇女的月经周期都被列为重要的国家机密。作为"国家财富"制造者，任何 45 岁以下的育龄妇女，每个月都要接受政府执法人员的讯问和检查，看是否有怀孕的迹象。如果怀孕的妇女在预产期到来时还没有生出孩子，就要被警察带去进行盘问。

---

① （罗）诺曼·马内阿，章艳译，《论小丑：独裁者和艺术家》，吉林出版集团，2008。

在罗马尼亚的很长一段时间里，所谓国家发展，就是让女人怀孕；套用一句流行语说，"怀孕就是硬道理"。在怀孕就是一切，一切为了怀孕的国家背景下，各种避孕工具都是比毒品更加可怕的禁品；相比毒品，避孕套从根本上就是反叛国家的罪证。但即使如此，走私避孕药和避孕套仍比走私毒品更加普遍。

齐奥塞斯库精心打造的这个美丽新世界，完全依靠一个机械化的官僚体制；无远弗届，所有的机关、工厂、农村和学校等单位，都密布各种严厉的执法者。那些闯入民众卧室的执法者被人们鄙夷地称作"月经警察"。马内阿一针见血地指出："在极权主义状态下，封锁的社会和一盘散沙的民众共同维护着一个由私人和国有牢房组成的大监狱，看守牢房的不仅有狱卒，还有自己的同伴：一个仁慈而有效地解决社会冲突的残忍办法。"①

由于对避孕工具和避孕措施的禁止和打击，很多罗马尼亚妇女都遭遇到意外怀孕的巨大"灾难"。正常合法的渠道被堵塞之后，各种非法的地下流产与堕胎服务便应运而生；因卫生条件和医疗技术的无法保证，地下流产导致怀孕妇女死亡率不断上升。

在国家和权力编织的天罗地网中，那些"非法"避孕的妇女和"非法"堕胎的医生一旦被人揭发，或者"罪行败露"，等待他们的就是一场牢狱之灾。因为传统的社会习俗禁忌，很多意外怀孕的少女害怕成为"未婚妈妈"，不是选择危险的堕胎方式，就是只有自杀的绝路。这种恐怖的政治高压使许多绝望的妇女铤而走险，她们试图偷渡多瑙河，到邻国匈牙利去寻求庇护。相当长一个时期，罗马尼亚和匈牙利的边境线成为无数"叛国者"的坟场；这些可怜的女人遭到罗马尼亚军人无情的机枪屠杀。没有人在乎她是一名孕妇；在国家眼里，她们都是"叛徒"。

《四个月三星期两天》

从1966年到1989年，这项臭名昭著的国家生育制度在罗马尼亚制造了一场旷日持久的人道灾难，罗马尼亚妇女承受着奇耻大辱，被迫沦为国

---

① 同上。

家的生殖机器。在此期间，大约有 50 万的罗马尼亚女性因为极其不安全的秘密堕胎而屈辱地死去。很多年后，罗马尼亚导演克里斯蒂安·蒙久用这个题材拍成一部极其压抑的影片《四个月三星期两天》，在 2007 年戛纳电影节上一举获得金棕榈奖。

这部影片以 1987 年的寒冬为背景。此时距离柏林墙倒塌、齐奥塞斯库的独裁政权垮台，还有整整两年。整个故事发生在短短一日之内——

女大学生嘉碧塔意外怀孕了。对嘉碧塔来说，无论是怀孕还是堕胎，都是不可告人的灾难，前者意味着身败名裂，后者则将使她在监狱中度过青春。因此她不得不铤而走险，好在她的室友奥蒂莉亚侠肝义胆，愿意帮她。奥蒂莉亚向自己的男友借钱，购买走私进口香烟、食品、香皂，预订饭店，秘密准备着行李。她们必须赶在期末考试之前结束这一切。她们终于找到一个叫毕比的男医生。毕比认为仅仅一点微薄的金钱不足以让自己去冒着坐牢的危险——"任何错误都要付出代价"。无奈的奥蒂莉亚为了嘉碧塔，只好忍辱负垢，答应跟毕比做爱。在一个廉价小旅馆，毕比为嘉碧塔做了人流，胆战心惊的奥蒂莉亚把死去的胎儿尸体扔进垃圾箱里。在所有的恐惧与不安结束之后，嘉碧塔心安理得地享受着晚餐，身心疲惫的奥蒂莉亚从室友的不幸遭遇中，重新审视自己跟男友的关系。她对男友的一句责问，结束了这个长达四个月三星期两天的噩梦，也结束了这部阴郁的电影——"你甚至都不知道我月经是什么时候？"

在齐奥塞斯库的罗马尼亚，国家就是一个人、一个家族、一个组织统治无数人的罪恶工具。对国家来说，任何个体都不存在"人"的意义，而只是一件可以工作的工具；因此只有身体才是有价值的，除此之外，其他都是无用甚至危险的。在国家利益体系中，作为身体的人，最大的和唯一的"权利"就是"活着"，而"活着"是为了工作——为国家所用；如果他不能工作，那么他连身体本身都失去存在的价值。人有爱与被爱的天性，在国家面前，爱就是犯罪，而性只有作为生殖的步骤，才具有暂时的合法性。国家以身体的名义剥夺了人本身，从而实现了人的身体化生存；准确地说，将人还原为动物——"活着"就是国家对一个身体最大的恩赐；除此之外，爱情与思想一样，都是不可饶恕的犯罪。

在齐奥塞斯库构建的国家秩序中，任何对身体私有化的企图和行为，都是非法的罪行。"为了增加国家劳动力，政府将堕胎行为视为自由主义和反对社会主义政权的犯罪行为。"电影导演克里斯蒂安·蒙吉试图用一种纪录片的视觉体验，再现那个邪恶的极权社会。他选择身体作为言说方式，无论是血肉模糊被扔进垃圾箱的胎儿，还是不得不进行的身体交易，普遍的"身不由己"构成了一个行尸走肉的身体帝国。作为一种对错误和未来的终止，堕胎具有"自由主义"的政治象征，"堕胎失去了它的道德意义，而更多的是一种反抗和对当时政治制度的抵制"。

在齐奥塞斯库和他的"月经警察"们的共同努力下，罗马尼亚女人果然生出了超过一倍的新生儿。与此同时，非法的地下流产与堕胎屡禁不止，孕妇死亡率也达到一个很高的数字。齐奥塞斯库明显没有"先见之明"，面对迅猛的婴儿潮，罗马尼亚当局措手不及。因为妇产医院的设备、妇产专家、产科医师、儿科医师以及妇幼保健工作者严重缺乏，仅仅一年时间，罗马尼亚的婴儿死亡率就增长了145.6%。这场悲剧令全世界为之哗然，罗马尼亚被人们谴责为"现代社会的滥杀无辜"，齐奥塞斯库被指为"刽子手"。

在所有嗜好权力的政客眼里，所谓政治不过是阴谋和伎俩的代名词，结果会证明手段的正确。面对国际批评，齐奥塞斯库随即命令，只有满月的婴儿才可计入统计数字，然后再核发出生证。如此一来，大量初生即夭折或残疾的婴儿就"不存在"了，婴儿死亡率迅速"下降"，逐渐恢复正常。

这种掩耳盗铃、自欺欺人的手段造成灾难性的社会恶果。在罗马尼亚孤儿院和收容所里，大量被遗弃的孩子"从来没有合法存在过"，这些身体和精神上承受双重伤害的孤儿成为罗马尼亚社会一个永远的伤痛。更为匪夷所思的是，齐奥塞斯库为了增强新生儿的体质而进行输血，由此导致艾滋病通过血液大量蔓延，这些"艾滋孤儿"成为齐奥塞斯库时代最黑暗的记忆。

对人来说，自由一旦失去，他就只剩下身体的意义，甚至说他连动物都不如，更像一个等待收割的植物。身体的专制是所有极权统治者的终极梦想，其最终目的是对人的身体化和去思想化。对身体政治来说，国家往往只需要制造一个漂亮的皇帝新装。国家可以借口"人口太少"而禁止堕胎，国家同样可以借口"人口太多"而强制堕胎。在国家主义（"祖国"）感召下，人们会不知不觉将自己和他人的身体献祭。最终只有国家而没有人——仅有身体是算不上一个完整的人的，何况这个身体也属于国家。

从《意志的胜利》开始，天才的里芬施塔尔开创了视觉化的法西斯主义美学。她为1936年柏林奥运会拍摄的《奥林匹亚》中，身体和旗帜完全沦为国家的道具。欢呼的人群，整齐的队伍，这些群氓化的身体狂欢，所传递的是不可抗拒的国家意志。这种几何化的集体图像将人标准化，成为国家语境下的点、线、面，以整齐划一的僵硬和"缩小"，实现了对人身体的专制。不幸的是，这种对权力和暴力的美化只是历史的序幕……

历史的尾声

在20世纪上半叶的女性解放运动中，有一句响亮的口号——"我的肚子属于我"。①本文最后，再讲两个女孩的故事——她们都是14岁的花季——作为这篇沉闷文章的结束。

第一个故事发生在1976年。在蒙特利尔奥运会上，来自罗马尼亚的14岁少女科马内奇，以完美无缺的动作，征服了所有在场的观众和评委，奇迹般地获得了世界体操史上第一个满分——10分，而且这样的满分，她一下子得了7个，获个人全能、高低杠和平衡木等3项冠军。天才美女科马内奇一时之间轰动了世界体育界，被称为"蒙特利尔仙女"和"奥林匹克公主"。这一切奇迹，都发生在举国体制下的齐奥塞斯库时代。当时罗马尼亚的体育部长和奥委会主席不是别人，正是齐奥塞斯库的小儿子尼库，他掌握着科马内奇的生杀大权。科马内奇一回国，就被尼库强奸，之后沦为尼库的性奴。据说尼库常常虐待科马内奇，甚至生生掰断她的指甲……1989年11月29日，科马内奇再一次奇迹般地成功逃出罗马尼亚；

---

① （德）罗伯特·优特，关自翔译，《避孕：性自由和孕自主的千年挣扎》，南方日报出版社，2012。

之后，西方新闻媒体将她的"恐怖经历"公之于世，全世界为之震惊。虽然罗马尼亚当局严密封锁了消息，但无疑成为一场风暴的不祥前兆。一个月后，齐奥塞斯库夫妇被愤怒的罗马尼亚军民处死。"社会主义制度消失后，政府首先采取的措施就是使堕胎合法化"。

第二个故事发生在1991年。一位14岁的爱尔兰女孩子不幸被她朋友的父亲强奸，罪犯很快就受到了法律的严惩。但不幸并没有结束，之后发现这个女孩已经怀孕。在一场义正辞严的审判中，国家以法律的名义宰制了公民的身体，这个不幸的女孩需要面对的，是一个比强奸犯更可怕和更加无法抗拒的力量。在庭审中，法官援引宪法中"国家承认尚未出生的婴儿生命权"的条文，禁止这个女孩进行人工流产。①于是，这个看似平常的小事件，使整个爱尔兰陷入了一场巨大的舆论分裂。在政治上和宗教上，这场关于身体权利的审判几乎酿成一场社会危机。国家权力的边界与公民自由的权利，这二者之间的如何自处，这无疑考验着国家的善意和公民的智慧。在这场胶着的国家与社会博弈中，由每个公民投下的选票成为最大的权力——公民才是国家的主人，而不是相反。大多数公民——包括宪法支持者——都对这个女孩的不幸遭遇表示同情。最终结果是由政府支付了所有诉讼费用，这个女孩获准可以到爱尔兰以外地区"自由旅行"。这场关于国家与身体之间的战争就这样结束了。

---

① 西方法律中对于胎儿的保护是基于人类尊严，"在其母体内正在发育的胎儿，作为独立的法律主体受到宪法的保护。国家负有的保护性责任不仅禁止国家直接干预这些正在发展的生命，而且应该和国家一起保护和促进他们。国家的义务也在于，在和他们母亲的关系中，保护这些发展中的生命。"但法律与公众意见存在严重的分歧，2005年一个调查显示，64%的德国公众同意"如果一位妇女不想要孩子，她应该能去流产"。相比较，在英国有66%的人同意，而其他10个欧洲国家中有62%的公众同意。（迈克尔·罗森，石可译《尊严：历史和意义》，法律出版社，2015。第83～84页。）

麻雀战争

对人类来说，麻雀是如此普通，以至于常常被人们视而不见地忽略掉。但就是这种最普通不过的小鸟，却在一段特殊的历史时期，被推到风头浪尖，成为众矢之的，沦为全民公敌。

在大跃进狂飚中，一场"围剿麻雀"的全民运动席卷整个中国。这场浩劫，使无辜而卑微的麻雀沦为政治牺牲品，在短短的一年当中，遭到灭绝的麻雀数量超过20亿。在某种意义上，作为大跃进的序曲，"围剿麻雀"为后来的一系列灾难埋下伏笔。

人与麻雀

在动物中，鸟类数量是极其庞大的，而在鸟类中，麻雀则是种群数量最大的。与人类相比，鸟类的历史要悠久得多，但人类出现以后，鸟类开始大量灭绝。除过被人类驯化和利用，其它鸟类之所以得以幸存，是因为它们演化出了对人类的警惕能力。在这些现代鸟类中，进化最成功的莫过于麻雀。

有人类的地方就有麻雀。与其他鸟类相比，麻雀显得极其聪明，它与人类的关系非敌非友。虽然麻雀与人类相邻而居，却始终不能被人类所驯化和利用。鹰隼何等勇猛，也常常被人类驯养，而麻雀却始终对人类敬而远之，人类对它始终无可奈何。从某种意义上，这种"宁死不屈"的独立意志决定了麻雀具有极强的生存能力。麻雀虽小，五脏俱全，面对自诩为万物之灵的人类，小小的麻雀显示出不可思议的生命力。

自从人类成为地球的霸主以来，所有动物几乎都沦为人类的奴隶或猎物，或者被驯服，或者被杀戮，还有许多被囚禁在动物园，乃至被制成标本，成为人的观赏品。唯有麻雀基本上逃避了这一切灾难。麻雀其貌不扬，毫无艳丽之处；叫声噪聒，毫不悦耳；既没有力气可用，也没有多少肉可食。此外，其数量又多，随处可见，也满足不了人的猎奇心理。法国生物学家布封就很不喜欢麻雀——

> 麻雀很狡猾，胆大不怕人，难以引诱它们上当；它们能轻而易举地逃避设下的陷阱，让捕捉者白费心机，磨掉耐心。麻雀的习性多种多样，性情比其他鸟类更复杂完善，也许正是因为它们经常与人为伍，近似驯化却从未屈从或依赖人类。……麻雀同鼠类一样，眷恋人类的住宅。……它们又多又贪，它们尽干蠢事；它们的聒噪令人心烦，它们的欢跃给人添乱；它们一文不值，它们的羽毛一无所用，它们的肉不好吃。因此，它们到处被驱赶，人们甚至不惜花很高昂的代价将它们轰走。①

与布封相反，冯骥才先生则对麻雀无限赞美：

> 大多数鸟儿都习惯了被人圈养的一方天地的笼中生活，用一身招徕人喜欢的羽翼，耍着花腔，换得温饱。唯有麻雀甘心在风风雨雨中，过着自由自在的日子。它们可以飞来飞去，可以直上云端，可以掠过镜子一样的水面，还可以站在钻满绿芽的春树枝头抖一抖疲乏的翅膀。它们从来不肯在金丝笼里美餐一顿精米细食，也不肯在镀银的鸟架上稍息片刻。

麻雀最神奇的，或许是对人类强权的反抗乃至否定，在这方面，它对

---

① （法）布封《动物素描》，江苏人民出版社，2005。

人类不留一点机会。当有人试图抓一只麻雀来取乐时,它瞬间就气绝而亡,让人倍感扫兴。

牟丕志先生在《麻雀的骨气》中讲了一个动人的故事,"老黑是一位驯养动物的高手,他捉住了一只麻雀,决定把它驯成聪明听话、善解人意。经过一番苦心驯导,麻雀宁死不屈,它用顽强的绝食来对抗老黑。最后,老黑终于明白了:麻雀看起来平凡无奇,它却是世界上最坚强不屈的动物。在这个世界上,你可以杀死麻雀,却不能战胜麻雀。猛然间,老黑心中升腾起一种对麻雀的深深敬意。于是,他决定放了这只英勇的麻雀,当老黑打开笼子的时候,发现麻雀已经死了。老黑十分悲痛,后悔不迭。他小心翼翼地把麻雀给埋了,还破例为麻雀立了一个石碑,上面写着:不可战胜的动物。"

对于麻雀这种"不自由毋宁死"的精神,生物学家解释说,麻雀有很强的应激反应机制,遇到紧急情况时,肾上腺素急剧增加,呼吸和心跳加快,血压升高,血液流动加剧。这种应激反应机制让它们具有很高的灵敏度和活动能力,可以及时躲避危险。麻雀被捕捉后,这种应激反应使它持续紧张而得不到缓解,强烈的内分泌引发身体器官崩溃和衰竭,要不了半天时间,就导致其死亡。

人们常说,人为财死,鸟为食亡。在人类看来,麻雀这种倔强而脆弱的"自杀"行为多少有些不可思议。对单个麻雀来说,它因为失去自由而绝食死去,确实显得代价很大,但对整个麻雀种群来说,这种牺牲却非常伟大,麻雀因此摆脱了被人类玩弄和侮辱的命运,获得了在人类面前不卑不亢的独立和自由。人类也不再有征服麻雀的企图和野心。从这一点来理解,会发现自然造化竟是如此神奇而伟大。

麻雀虽然身体弱小,但它的勇敢仍令人惊叹。俄国作家屠格涅夫曾在他的短篇小说《麻雀》中,描写了一个感人场境——

……老麻雀用自己的身躯掩护着小麻雀,想拯救自己的幼儿。可是因为紧张,它浑身发抖了,发出嘶哑的声音。它呆立着不动,准备着一场搏斗。在它看来,猎狗是个多么庞大的怪物啊!可是它不能安然地站在高高的没有危险的树枝上，一种强大的力量使它飞了下来。猎狗愣住了，它可能没料到老麻雀会有这么大的勇气，慢慢地，慢慢地向后退。

按理说，以麻雀这种桀骜不驯的个性，与人类是井水不犯河水。但在一些历史时期，麻雀不免遭到人类的误解和仇视。因为麻雀偶尔也会偷食谷物，这种瓜田李下的过错，在农业条件极其脆弱敏感的政治背景下，便使其沦为"国家公敌"。

国家公敌

在20世纪50年代，中国还是一个传统的农业国家，面临着工业化和现代化的艰难转型。工业发展需要资本，在缺乏国际资本的情况下，农业成为获取原始积累的重要来源。在某种程度上，人民公社体制也是为了提高农业产出，从而得到更多积累。

1955年底，《农业十七条》出台，其中要求全国在7年内完成"除四害"的任务。所谓"四害"，主要是指苍蝇、蚊子、老鼠和麻雀，实际上还包括其他野兽和野鸟。不久后颁布的《全国农业发展纲要（草案）》中，再次强调"除四害"，并设定了时间期限——"从1956年开始，分别在5年、7年或者12年内，在一切可能的地方，基本上消灭老鼠、麻雀、苍蝇、蚊子。"当时有人编了一句流传很广的顺口溜："老鼠奸，麻雀坏，苍蝇蚊子像右派。吸人血，招病害，偷人粮食搞破坏。"

农业发展是一个庞大的系统工程，从操作性和业绩上来说，"除四害"运动具有某种典型性，这其中又以麻雀最具普遍性和代表性。在这"四害"中，麻雀最易发现，且比老鼠、苍蝇和蚊子要好对付。可能因为这种原因，"除四害运动"受到格外重视，并很快就演变成轰轰烈烈的"打麻雀运动"。

对一个刚刚成立数年的新政府来说，往往具有令人不可思议的办事效率，以及社会动员能力。文件下发后，很快就得到地方各级政府的积极推动，许多县、乡一级都组织了专业的捕雀队伍。1956年初，青年团陕西省委号召全省五百万青少年开展一个"消灭麻雀运动月"活动,"要求在1956年内把全省的麻雀全部消灭"。随即,"陕西省富平县有9万个青年和少年在最近两天内消灭了77000多只麻雀"。① 1956年底,在共青团甘肃省委的号召下,高台、永宁、银川等十多个县市出动8万多青少年,组织了2400多个消灭麻雀的突击队和突击小组,在1955年最后一周内,共消灭了23万多只麻雀。武山县郭槐乡组织全乡1500多名青少年,利用门板压、弹弓打、枷笼夹、砖头砸、马尾网套、铁猫捉等办法,在两天时间内消灭麻雀8368只。②

1956年1月2日,《人民日报》一篇题为《一个消灭了麻雀的乡》的文章写道:

> 北京市郊最近出现了一个看不到麻雀的乡,这就是紧靠着颐和园的火器营乡。12月20日,我访问了这个乡。乡的文教委员刘书田(也是消灭麻雀工作负责人之一),向我介绍了他们消灭麻雀的经过。他说:"我们听到毛主席号召消灭四害以后,便根据乡里的具体情况,决定首先消灭麻雀、老鼠和乌鸦三种害鸟害兽。在乡的中共支部统一领导下,我们按村组织了5个捕捉队,分头进行捕捉工作。"他掏出笔记本看了看说:"从11月29日到12月6日这八天中,我们共捕捉麻雀2119只,6日以后还是继续捕打,但是因为麻雀已经基本上被消灭掉了,十几天中全乡才捕了200多只,有两个村连一只也没捕到。"他指着乡人民委员会办公室外的松树说:"没有打麻雀以前,每天早晚都有成群结队的麻雀在这里叽叽喳喳地叫个不停,一发现哪儿有吃的东西,便一阵风似的呼啦飞去,一会儿又呼啦飞来,现在,你看!一只也没有了。"

1956年1月8日,《人民日报》发表新闻报道——"北京市最近一周

---

① 熊卫民《麻雀的悲歌》,《南方周末》,2013-11-15。
② 《小小麻雀在20世纪50年代中后期的历史命运》,罗平汉《当代历史问题札记二集》,广西师范大学出版社,2006,第192页。

内将基本消灭麻雀"。"青年团北京市委员会在1月7日召开了打麻雀突击运动动员大会,号召北京市青年从1月7日起开展一个打麻雀突击运动周,在一周内把城区和郊区的麻雀基本消灭。"当然,北京并没有在一周内变成"一个消灭了麻雀的城市"。

1月8日的《人民日报》还发表了一篇题为《麻雀的害处和消灭它的方法》的长文,作者是中国科学院的鸟类专家郑作新。[①]文章以权威专家的身份,提出了打麻雀的必要性和方法:

> 据我们饲养试验,一只体重约六钱多的麻雀,每天所吃的谷子约二钱,为它体重的四分之一强。根据这个数字推算,每只麻雀一年中消耗谷物约四斤。在野外活动的麻雀,因为终日飞翔跳跃,食量当更大,被它们吃掉和糟蹋掉的粮食一定更多。湖南农学院陈常铭来信说:1954年,长沙近郊农田改种双季稻,因为早稻成熟较早,麻雀集中稻田啄食,经他调查统计,受害的稻穗竟达35%。也就是说,假设一亩田可收400斤,麻雀损害的粮食就有149斤。麻雀在育雏期中,也兼吃虫类。……但是,从全年的情况来看,麻雀的危害远远超过它对农林的一些益处。……每一对麻雀一年可以产生八个,多至三四十个小麻雀。一只麻雀在一年内连吃加糟蹋掉的粮食,若仅以三升计算,那么一家"雀口"一年消耗的粮食至少二斗多。多的要达到一担以上。因此,大家决不要以为麻雀形小,无足轻重,其实它的危害是相当严重的。消灭麻雀的方法很多。常见的有用铁丝夹、铁丝笼捉,用张网或拉网捕,用筛子、竹篦或木板扣,用弹弓或鸟枪打,用胶粘或用毒饵诱杀等等的方法。

---

① 薛攀皋先生在《为麻雀翻案的艰难历程》(发表于《炎黄春秋》1998第12期)一文中说:"郑作新作为鸟类学家是反对灭雀者中唯一亲自研究过麻雀的生物学家。从灭雀运动还处于酝酿阶段时起,他就明确提出:对麻雀益害问题,不能一概而论,要依不同季节、不同地区和环境区别对待。在反右派斗争运动席卷全国时,他又在学报和《人民日报》,发表麻雀全年食性分析的研究报告。这个报告是他及其同事们对从产果区和农作区采集到的近千只麻雀,进行逐个解剖和研究的结果。报告充分印证了他的论断。"

文章最后总结道：

> 消灭麻雀是一个群众性的工作，必须发动和组织群众去做，并且要坚持下去，才能大量地歼灭麻雀，达到消除雀害的目的。

当时有人是这样算麻雀的账的：一对麻雀一年能孵出10到40只小麻雀，而一只麻雀一年吃4斤粮食，100万只麻雀一年就是400万斤。如果一个人一年的口粮是400斤，那这400万斤粮食就相当于抢了一万人的口粮。这样算来，麻雀确实罪大恶极，可杀不可饶。接下来，全国各省市文宣部门积极配合，纷纷推出各种宣传活动，开始为这场针对一种动物的战争预热。不仅出现了许多丑化麻雀、仇视麻雀和消灭麻雀方法的宣传画和小册子，一些地方还精心编排了类似的儿童剧。

值得一提的是，这年夏天，在青岛开了一场有全国许多动物学专家参加的学术会议，曾就麻雀问题进行了专门讨论。有人对消灭麻雀持反对意见。胚胎学家朱洗先生指出，对农业来说，麻雀吃谷物虽然有些害处，但它同时吃大量害虫，总的来说，应算是益鸟。他说，在国外，如德、法等国是保护麻雀的，日本是春天保护，秋天打，苏联也保护麻雀，除了麻雀成群危害作物外，一般不打麻雀。中国历史上没有有组织地打过麻雀。他专门讲述了一个因消灭麻雀而造成恶果的历史案例——

> 有一次，弗里德里希大帝①下令悬赏除灭麻雀。谁杀死一头麻雀，就能得到六个芬林的奖金。于是大家争相捕雀。几年来，为了这个缘故，政府一次次地付出几千、几千的法郎。不久以后，麻雀果然被捉光了。可是，让我们来看看结果却是如何呢？从前，有人说，果园里的果子都给麻雀偷去了；而现在呢？果树上到处都满住着昆虫的幼虫和成虫，果子既找不着，连树叶也没有了。大皇帝不得不急忙收回成命，并且被迫去外地运来雀种，加以保护和繁殖。

---

① 弗里德里希大帝（Frederick the Great）(1712-1786)，普鲁士国王，著名统帅。一般也译作腓特烈。

朱洗还讲述了美国和澳大利亚等国发生的类似事件，他最后慎重地提出："我们如果公平地衡量利弊得失，似乎应该承认麻雀在漫长的岁月中，除了某些季节是有害的，其他时候都是有益的。因此是否应该消灭麻雀，尚应考虑。"生物学家薛德焴与朱洗持相同的看法，认为麻雀在控制害虫和杂草危害方面有"伟大的功劳"。他在上海《文汇报》发表了两篇专题文章①，介绍了麻雀和其他鸟类的食性，并对如何判断其益害做了分析，薛认为，郑作新等人关于麻雀益少害多的断言在科学上的证据不够充分——"麻雀虽小，问题却不简单，我们动物学者事前既不大胆地提意见，事后又不详加检查和讨论，这种态度对今后科学进军会不会成为一种绊脚石呢？"②

当时的技术条件下，农药在中国乡村尚不普及，麻雀对病虫害的控制几乎是不可替代的。即使在谷物成熟的有限时间内，麻雀会啄食一些粮食，但如果考虑到病虫害的长期危害，麻雀对粮食的侵食几乎可以忽略不计。事实上，麻雀偷食的谷物主要是谷子、糜子和高粱等少数粗粮种类，对作为主粮的小麦、稻子和玉米等大颗粒庄稼影响较小。薛德焴这样说，如果麻雀的食物中谷物的分量 100 的话，杂草的种子就有 137。在雏雀的食物中，昆虫类占 50%，谷物类占 30%，杂草种子占 20%。很明显，麻雀对害虫和杂草的驱除有很大作用。

从后来的事情发展来看，专家学者们的观点并未影响权力者的决策，麻雀注定了在劫难逃的命运。1957 年 10 月 26 日，《人民日报》公布了修订后的《1956 年到 1967 年全国农业发展纲要（修正草案）》，在"除四害"的条文中加了一句补充说明："……打麻雀是为了保护庄稼，在城市和林区的麻雀，可以不要消灭。"但这句话仅仅停留在纸上。相比后来的狂风暴雨，1956 年的"打麻雀运动"只是一次小规模的预演。

1957 年 1 月 18 日《北京日报》发表了题为《麻雀显然是害鸟》的文章，

---

① 《文汇报》在 1956 年 12 月 3 日和 1957 年 1 月 3 日，先后发表了薛德焴的《谈谈麻雀问题》和《怎样断定一种鸟是害鸟或益鸟》。

② 罗平汉《小小麻雀在 20 世纪 50 年代中后期的历史命运》。

作者是生物学家周建人（鲁迅的弟弟），他的另外一个身份是教育部副部长。这篇文章宣称，"麻雀为害鸟是无须怀疑的"，"害鸟应当扑灭，不必犹豫"。针对一些"不打三春鸟"的民间传统，文章讥讽道："社会已经改变了，但旧社会的某些思想方法或观点仍然会残留着。过去时代不少人把自己看作是自然界的顺民，不敢有改造自然的想头，当然也不敢把自己看作是自然界的主人。"

在1957年的八届三中全会上，毛主席提出"除四害"运动要在"明年"展开，"今年"先进行准备和动员，"中国要变成四无国：一无老鼠，二无麻雀，三无苍蝇，四无蚊子。"1958年伊始，中共中央和国务院就专门颁发了"除四害"的"指示"文件。"指示"认为，"除四害是我们征服疾病和消灭危害人类的害虫、害兽、害鸟的一个重要步骤，争取十年内实现，而且还完全可能提前完成"。同时还公布了全国不同省市实现"四无"的时间表：北京定为两年，河南定为三年，上海定为三至五年，江苏定为四年，山东、山西、浙江、福建、广东、云南、甘肃、辽宁和黑龙江定为五年，安徽定为五至八年……

在大跃进的背景下，每个地方政府都决心提前实现"四无"，对任务指标层层加码，争相"打擂台"。

接下来，毛主席亲自督促除四害运动的进展，特别是对消灭麻雀，他在各种会议上反复强调。他说："办法是，下定决心，统一行动，分片包干，封闭粮食，撒下天罗地网，连续打歼灭战。"于是，"除四害"运动特别是打麻雀运动立刻就变成了一场全国性的"人民战争"，雷厉风行地开展起来。从3月份起，全国所有的省市都成立了由地方高官担任"总指挥"的"围剿麻雀总指挥部"，各级"爱国卫生运动委员会"随即成为"除四害"办公室。

向麻雀宣战

1957年11月13日，《人民日报》发表社论，号召批判右倾保守思想，"在生产战线上来一个大的跃进"。一场人类历史上前所未有的"大跃进"运动由此正式拉开帷幕。虽然当时的群众运动名目繁多，有大运动，有小运动，还有不大不小的中运动，但相对来说，"打麻雀运动"在各方面都达到一种极致，从某种意义上，正是它首当其冲，吹响了大跃进的冲锋号。

在各省当中，四川先拔头筹。"春天正是麻雀产卵繁殖的季节。四川全省正在展开一场声势浩大的突击围剿麻雀的战斗。这次战斗所采取的方法是最近从群众中总结出来的，就是利用麻雀不能作远距离和持久飞行的弱点，人人动手，分片负责，穷追猛打，不让麻雀在任何地方停歇、栖息，不让麻雀得到一粒粮食、一滴饮水，使麻雀饥饿疲乏，不能飞翔；同时配合捕杀、毒杀，达到歼灭麻雀的目的。"① 成都附近郊县连续作战，男女老少齐上阵，出动40多万人，采取掏、毒、套、打、烟熏、疲劳轰炸等不同战术围攻麻雀，满山遍野都是人，还有数不清的草人和火堆，同时用溜子榨板等构筑起天罗地网。战斗打响之时，喊声震天，鼓炮齐鸣，麻雀惶惶然难逃生天，纷纷坠地。4天时间，消灭麻雀7万多只。温江专区17个县，组成了258万人的灭雀大军，3天时间，打死生擒麻雀100多万只，获麻雀蛋5600多个。

据《郫县志》记载，郫县发动10万民众，3天共消灭上百万只麻雀。花园乡乡党委书记魏锡云在全乡组织了近40支鸟枪，成立"火枪队"，分成3个组在全乡巡视，追打麻雀。全乡以大社为单位，分为31个小组，分片包干。有干部严厉督促，农民上街赶场，都得带上竹笋壳，边走边吆喝，每天都是喊杀声震天，日夜不宁。据粗略统计，全乡7天共消灭麻雀20多万只。②

四川特意将"大兵团作战"的"先进经验"拍成电影。与报纸相比，电影这种新媒体更加形象和生动，在全国放映后立刻引起轰动。在"峨眉电影制片厂"之后，中央新闻纪录电影制片厂以更专业的阵容拍摄了"围剿麻雀"的纪录片——

"围剿麻雀"这部短纪录片，非常新鲜、有趣。它介绍了四川省新繁县禾登乡的群众捕麻雀运动。四川省捕麻雀用的是"围剿"的

---

① 《四川人民突击围剿麻雀》，《人民日报》，1958年3月25日。
② 郑光路《1958年围剿麻雀的"人民战争"》，《党史文苑》，2003年05期。

办法。从影片中我们看到了声势浩大的捕雀情景：不论是男女老幼，不论是白天黑夜，人们都拿着鸟枪、竹竿，在田间、竹林、田野去捕雀；吆喝声、锣鼓声、枪弹声和击打竹筒声，此起彼伏；所有的树木、竹林似乎都在动摇了。这样连续几昼夜，弄得麻雀只得在空中不停地飞转，没有一点喘息的机会和落脚的地方，也吃不到东西，最后在极度疲劳之下从空中掉下来。这时，我们会看到喜悦的人们，特别是孩子们满地拣麻雀的生动场面。这影片已制作完成，4月中旬即可在全国各地影院上映。①

强大的国家机器开动之后，除四害打麻雀的声势与日俱增，不久，全国26个省、市、自治区和38个医学院的代表齐聚北京，举行了一场"除四害大跃进协议大会"，大会发出号召——"要全民动员、人人动手，让麻雀上天无路，老鼠入地无门，蚊蝇断子绝孙……"

作为中国的"心脏"，北京隆重召开了"除四害誓师大会"，拉开了这场灭绝麻雀的战争序幕。新成立的"首都围剿麻雀总指挥部"以副市长王昆仑为"剿雀总指挥"，对整个战争进行统一指挥。作为战前动员，全市居民都被组织观看了《围剿麻雀》的电影，更能激发人们战斗精神的，是用广播宣传车穿街过巷，向群众展示满车的麻雀尸体。

  指挥全市战斗的围剿麻雀总指挥部在14日成立，全市划分了大大小小的战区。总指挥部通过北京人民广播电台指挥作战。北京人民广播电台破例从清晨四时半开始播音，还及时报告战果，介绍战斗经验。各区、乡也成立了指挥部，街道办事处和镇成立了指挥组。居民委员会成立了突击队，农业社也按生产组织成立了突击队。有些地区还根据人力情况，分别组织了机动队、轰赶队、弹弓队、音响队、搜捕队。各级指挥组织都及时掌握本地区的全面情况，拟定作战计划，组织人力、物资，指挥作战。有关部门准备了大批毒饵、爆竹、竹竿等"武器"。家家户户收集了各种能敲打出声的响器，人们还

---

① 《围剿麻雀》，《人民日报》，1958年4月12日。

精心制作了许多假人。在战斗开始的前一天，这些假人就预先"走"上了战斗岗位。18日，城郊各区都进行了轰、毒、打、掏的演习。这是一桩豪迈伟大的行动。它再一次证明：在党的领导下，群众的力量无比强大，因此在短时期内，就创造出了这样动人的奇迹。①

群众运动离不开宣传，从某种意义上，所有群众运动完全是宣传的结果。为了这次运动，各种宣传机器一起开动，现代的如报纸、广播，传统的如民谣、快板，再加上各种漫画、标语、黑板报等等"广大群众喜闻乐见的文艺形式"，可谓无孔不入，无远不届，这些宣传历数麻雀之罪状，极尽丑化麻雀之能事，让人们对麻雀恨之入骨，义愤填膺。"打麻雀"与其他"群众运动"不同之处，在于它更像是一场真刀真枪真敌人的战争，不仅运动组织机构冠以"总指挥部"的名号，而且在所有的动员宣传和连篇累牍的报道中，都采用了军事化的话语方式，比如"调兵遣将、准备武器、摩拳擦掌：灭雀大军待命总攻"，"全市金鼓齐鸣杀声震天迫使麻雀纷纷落地"、"灭雀大军战果辉煌"、"准备武器、出动侦骑：三军誓灭小东西大敌人"、"阵地密如网、岗哨密如林、小麻雀命在旦夕"等等。对安徽阜阳县苏集区"在除四害战斗中运用新的战术"这样报道：

> 随着除四害运动深入展开，麻雀越来越狡猾，白天见人就远走高飞，夜间不敢归窝，苏集区除四害指挥所研究了敌情以后，决定采用新的战术来对付敌人。他们把全区6万多战斗员，以庄为单位，分别组成追击队、侦察队、守营队等组织，向麻雀展开了声势浩大的五次大围剿，一次总攻击。②

此外，整个打麻雀运动具有大规模、全覆盖、高密度、高强度等特点，在宣传上也有如狂轰滥炸，以达到歼敌于一役的理想效果。作为运动的风

---

① 《一场轰轰烈烈的歼灭战——首都人民全面围剿麻雀记》，《人民日报》，1958年4月24日。

② 《阜阳蚌埠展开全线总攻》，《人民日报》，1958年3月25日。

向标,《人民日报》仅1958年4月20日一天,就刊发了包括报道、诗歌、图片等形式在内的一系列宣传,标题为《人民首都不容麻雀生存,三百万人总动员第一天歼灭八万三》《发动群众,势如破竹》《打麻雀》《麻雀的娇气》《天罗地网捉麻雀》《捉麻雀》等。

4月19日,《人民日报》刊发《全民动员、统一行动——北京市开始总攻麻雀》——

> 首都围剿麻雀总指挥部发布总攻令,从今天起,近300万人苦战3天,全面围剿麻雀。
>
> 围剿麻雀的作战方针,是根据麻雀的习性和弱点决定的。主要是采用轰、毒、打、掏兼施并用的综合战术,在3天的作战中,每天早五时至八时半、下午四时至七时半,组织人力轰赶,上午八时至下午四时进行搜捕,晚八时至十时进行掏窝。
>
> 连日来,首都人民进行了紧张的组织、准备工作。成立了市、区、街、乡各级指挥部,一般都是以党委书记挂帅亲自指挥战役。据不完全统计,全市划分了大小500个战区,设置了近1000处施放毒饵的诱捕区和近500百处火枪歼灭区。全市集中了约8000支火枪,供应70万颗爆竹和近2000斤毒饵。
>
> 首都各工厂、机关、学校、部队,除保证正常的生产、工作、学习以外,都积极参加战斗。首都人民对全歼麻雀的信心很大,近几天来,到处出现练兵、演习的队伍。市民们克服了种种困难,积极进行准备,给麻雀布下了天罗地网。解放军的神枪手、青少年、妇女等,都决心要在围剿麻雀的战役里立下功劳。

4月20日,《人民日报》头版文章是《人民首都不容麻雀生存,三百万人总动员第一天歼灭八万三》——

> 在首都北京,全市300万人民总动员,1958年4月19日那天,锣鼓喧天,彩旗飘扬,鞭炮齐鸣,像是在庆祝什么重大节日。5时整,

打麻雀运动时期的宣传画

北京市围剿麻雀总指挥王昆仑副市长一声号令,全市军民——"不论白发老人或几岁小孩,不论是工人、农民、干部、学生、战士",人人手持"武器",立即奔赴各自的战斗岗位,大街小巷的每个角落都有"重兵把守","千千万万双眼睛监视着天空"。在全市范围内,有830多个投药区撒上了毒饵,200多个射击区埋伏了大批神枪手,解放军的神枪手驰赴八宝山等处支援歼灭麻雀,小脚老太太们登高爬梯的屡见不鲜,假人、草人随风摇摆,也来"站脚助威",一派"大战来临"的气氛。

为了摸清"敌情","围剿麻雀总指挥部"派出30辆摩托车四处"侦察"。市、区指挥、副指挥等乘车分别指挥作战。在天坛"战区",30多个神射手埋伏在歼灭区里,一天之中歼灭麻雀966只,其中累死的占40%。在南苑东铁匠营乡承寿寺生产站的毒饵诱扑区,在两个小时内就毒死麻雀400只。宣武区陶然亭一带共出动了2000居民围剿麻雀，他们把麻雀哄赶到陶然亭公园的歼灭区和陶然亭游泳池的毒饵区里，消灭麻雀512只。在海淀区玉渊潭四周5公里的范围内，3000多人从水、旱两路夹攻，把麻雀赶到湖心树上，神枪手驾着小船瞄准射击，被打死和疲惫不堪的麻雀纷纷坠落水中。整个北京城，成了一个令"老家贼"们胆战心惊的天罗地网，别说麻雀，就是一只臭虫，也别想活着"跳"出去。一群被追赶得狼狈不堪的小麻雀惊魂未定地刚找到一座古城楼落脚，就被消防战士发现，只见云梯高架，年轻的战士奋不顾身，冲上去与小麻雀展开"贴身肉搏"，战绩不俗。

当晚，首都举行了展示"战斗"成果的"胜利大游行"，一队队汽车满载着已"灭杀"的麻雀和一批"麻雀俘虏"在长安街上浩浩荡荡地经过，全市人民无不拍手称快，场面蔚为壮观。经过一天的"战斗"，战果"极为辉煌"，据不完全统计，全市共累死、毒死、打死麻雀83249只。据报道，忙活了一天感到疲惫不堪的首都军民"正在养精蓄锐，好迎接新的一天的战斗"。

《人民日报》还刊发了一首《大战麻雀》的诗——

> 四月十九，鸡叫起床。
> 英雄人民，摩拳擦掌。
> 城乡内外，战旗飘扬。
> 惊天动地，锣鼓敲响。
> 数百万人，大战一场。
> 成群麻雀，累断翅膀。
> 漫天遍野，天罗地网。
> 树桠屋角，不准躲藏。
> 昼夜不休，张弓放枪。
> 麻雀绝种，万石归仓。

家住北大的杨炳章当时还是个中学生，他后来在回忆录中写道：

有天下午我放学回来，正在后湖附近玩耍。北大学生则在打麻雀，所有的高处，山顶上，亭子顶上，都站着人。五彩缤纷的旗帜，锣鼓声和呐喊声，搞得非常热闹。据说北大占地辽阔，外面许多麻雀都跑北大后湖来了，于是得在后湖"追穷寇"，其战略思想就是说麻雀总是要飞的，不要让它有任何落足之地，就会给它活活累死。①

4月21日，《人民日报》发表文章说，首都人民围剿麻雀的战斗又取得"辉煌的胜利"，19、20两日共毒死、累死、打死麻雀248524只——

……故宫博物院的高大建筑物多、古树多、院落多、地面广，19日只有1000多人打捕，空白点很多，昨天有1300多个居民和学生前往支援。海淀区剿雀指挥部从钓鱼台和驻军某部抽调了一批剿雀勇士，支援麻雀较多的马神庙乡和小南庄等地方。商业部工作人员580多人组成的战斗队按时开到战场，12个局的局长们也来了，他们在西直门到阜成门的城墙上、护城河边担任轰赶麻雀的任务。……东郊各工厂把星期二的休息日挪到昨天，工人们放下机器，拿起彩旗、轰竿、响器、草人，参加了战斗。北京电子管厂的工人还到东坝乡支援农民围剿麻雀……

22日的《人民日报》说："北京市围剿麻雀总指挥王昆仑今晚十时在广播中向全市人民宣布：首都全民动员，一致行动围剿麻雀的战役胜利结束。据北京市围剿麻雀总指挥部截至今晚十二时为止的不完全统计：从19日至21日三天，共消灭麻雀四十万零一千一百六十只。很多地区已经看不到麻雀。

这三天，北京全城都忙成一锅粥，300多万人的"剿雀大军"遍布每一个角落，对麻雀穷追猛打。就连六七十岁的老太太和五六岁的孩子，也

---

① 杨炳章《从北大到哈佛》，作家出版社。1998，第46页。

手里拿着各种响器，又敲又打，吓得麻雀魂飞魄散。在这场全民战争中，机关学校也没有置身事外，中国科学院的知识分子打起麻雀来同样神勇无比。用记者的话说，"科学工作者们也不示弱，甚至走在战斗的前列，使对麻雀斗争节节胜利。"特别是鸟类专家郑作新，一面指挥，一面轰赶。数学家华罗庚和核物理学家钱学森起得特别早，不到五点就带着"武器"进入了"战区"。数学家苏步青敲打脸盆驱赶麻雀的新闻照片成为这场运动中很著名的剪影。

中央新闻纪录电影制片厂派出了14个摄影队，把首都人民大战麻雀的生动情景拍摄下来了。影片里我们可以看到北京市王昆仑副市长发布战斗命令、刘少奇同志亲临前线督战、苏联大使馆的朋友们也全部投入了战斗的实况；可以看到市内和郊区男女老少在空中、水面、地上轰打麻雀的壮大场面；可以看到载满了大卡车的死雀在各处展览的情形。①

大动员有大收获，北京这次全城总动员进行的麻雀围剿占大获全胜，用当时的说法是"麻雀大遭殃，粮食省满仓"。3天打死40万只麻雀，按每只麻雀一年吃5斤粮食计算，这一下子就等于打出了200多万斤。如果再加上麻雀的繁殖（一对麻雀每年繁殖15只），就变成了1500万斤粮食。这些粮食平摊到300万北京人身上，就相当于每人收获了5斤粮食。

北京师范大学的《师大教学》在1958年4月23日头条发表《政治挂帅力量大，群策群力能胜天——我校围剿麻雀战役胜利完成》，副标题为"广大群众斗志高昂、英勇奋战，3天灭雀405只"。根据"首都围剿麻雀总指挥部"的部署，北京师大的主要战区为北海公园。北海公园的万佛楼为金代建筑，年代久远，楼残木朽，为了圆满完成任务，学生们搭起木梯，勇敢地攀爬上万佛楼顶，冒着跌落下来粉身碎骨的危险，总算占领制高点，让麻雀无以落身屋顶鸟巢。

1958年4月24日《人民日报》发表题为"一场轰轰烈烈的歼灭战——

---

① 《歼雀战影片今天同观众见面》，《人民日报》，1958年4月22日。

首都人民全面围剿麻雀记"的长篇通讯,对这场"围剿麻雀"的"战争"进行详细的描述。在规定的日期和时间内,全城工农兵学商和男女老少都放下手中的工作或学习,敲锣、打鼓、放鞭炮,弹弓、火枪、竹竿齐上阵,追赶、捕打、掏窝、投毒,让麻雀无处落脚,无处藏身,不得喘息,最后不是被打死、毒死、淹死,就是吓死或累死。这样一场规模宏大的战争场面——针对一种最弱小的小动物——在整个人类历史上几乎都是空前绝后的。

当时,著名作家韩素音正好到北京料理父亲的丧事,她亲眼目击了这场麻雀战争。她为此写了一篇报道《麻雀即将灭亡》,发表在美国的《纽约客》杂志上。她在文章最后写道:在三天的灭雀大战之后,一望无际的天空已见不到一只麻雀。她哀叹:灭雀战破坏了自然界的平衡,是愚蠢的,这是科学的死亡。当她在印度加尔各答看到许多鸟自由飞翔时,情不自禁地发誓:我永远不愿再看到这样的麻雀战[1]!

当时在中国的苏联专家对这场运动倍感惊讶,一个苏联科学家在他后来的回忆录中这样描述:

> 一大早,我就被一位妇女的令人毛骨悚然的尖叫声吵醒了。我冲向窗户,看到一个年轻妇女正在临近的房顶上来回跑,她手里拿着一根竹竿,竹竿上拴着一根布条,一边跑一边拼命地挥舞竹竿。突然,那妇女停止了喊叫,显然是为了喘息一下。下面的街上响起了鼓声,她重新又开始那可怕的尖叫,疯狂地挥动起那特别的旗帜……我注意到,在这个旅馆的高层楼上,穿着白衣服的妇女们正挥舞着床单和毛巾,这是要使麻雀不落在这栋房子屋顶上。[2]

一位住在北京西郊友谊宾馆的苏联专家写道:"整个运动首先是由党内某些头面人物发动的,他们认为麻雀糟蹋了太多粮食",他们不懂

---

[1] 薛攀皋《为麻雀翻案的艰难历程》,《炎黄春秋》1998 第 12 期。
[2] (美)麦克法夸尔,戴汉笠译,《文化大革命的起源》第二卷《大跃进 1958-1960》,河北人民出版社,1989,第 30 页。

得"麻雀虽然吃粮食,但它们也消灭了许多害虫,而这些害虫要比鸟糟蹋更多的庄稼",并说"我们俄国人怀着厌恶的心情注视着这场对麻雀的屠杀"。①

事实上,这样的场景发生在全国各地。这场战争不仅仅是北京的,整个国家几乎都投身于其中,麻雀在全国范围内都遭到无情的围剿,同样的场景、同样的激情、同样的方式、同样的战果。4月19日的《人民日报》提前披露了发生在第二天的战争部署——

> 本报讯 4月20日天津市将在全市范围内开展第二次大规模的捕雀战役。
>
> 全市所有参加这次捕雀战役的指战员一律在20日拂晓六时以前进入阵地。六时全市同时开火;七时至九时猛攻;九时至十一时打扫战场(搜捕现场的麻雀,堵尽雀窝);当晚组织侦察搜捕部队跟踪捕、杀、掏、堵。
>
> 该市根据第一次捕雀战役的经验和当前的"敌情",确定市边缘区、郊区、郊区靠近市区的地带以及其他麻雀多的地区,是这次捕雀战役的重点战场。为了大量杀伤麻雀,该市准备组织包围圈。在每个包围圈内,留下一个空隙地带,预先埋伏下大量的杀伤力量,如火枪队、丝网队和毒饵等,集中捕杀麻雀。为了不使麻雀漏网,在包围圈以外,还安排快速追击部队,以便把突围逃窜的麻雀赶入包围圈内,聚而歼之。这次除了猛轰猛吓猛追猛赶以外,还要组织雄厚的兵力,大力进行捕杀。
>
> 为了减少和防止指战人员不必要的疲劳,该市采取预先分配阵地,按时各自进入岗位的办法。
>
> 各个战场都设有战地指挥部。全市各级机关、解放军部队、各工厂、学校及其他事业单位,都在各该区、街的统一指挥下,投入这一战斗。

---

① 薛攀皋《为麻雀翻案的艰难历程》,《炎黄春秋》1998年12期。

与北京天津的战术相比，上海比较有特点，直接掏麻雀窝，抓麻雀蛋。4月29日《人民日报》报道的标题是《上海人民大战一天，灭麻雀掏雀蛋共二十五万只》——

> 新华社上海28日电 上海市人民27日展开了一场全面围剿麻雀大战。这一天共歼灭麻雀和掏获麻雀蛋二十五万一千六百二十四只，捣毁雀窝十一万零六百二十一个。
>
> 大战前夜，全市便已布置了一个天罗地网。在每个建筑物上都安有草人、假人，平均每十平方公尺就设有一个驱赶麻雀的岗哨。早晨五时，全市灭雀总指挥、上海市副市长金仲华向全市人民发布总攻击命令以后，设在大楼屋顶上、树上、路旁、田野间无数的岗哨立刻金鼓齐鸣，红旗飞舞，对麻雀展开了轰、赶、捕、打。由于上海人口密集，保证安全，没有采用枪打，施用毒饵也只有极个别地区。早晨，麻雀还没有找到食物的时候，便受到轰赶；黄昏时分，麻雀归窝找不到家，疲倦不堪，有很多自行坠落或被捕。
>
> 掏获麻雀蛋是这次战果中的一大部分。上海市先进生产者、上海钢铁二厂鲁佛祥父子四人，跟着雀粪的痕迹找到六百多个雀窝，因此掏到了七百五十只雀蛋和三只麻雀。徐汇区的居民一边轰赶，一边把鸽笼开放，许多麻雀避进鸽笼，活捉到许多。
>
> 全市灭雀总指挥金仲华晚上七时向全市人民祝贺获得的辉煌战果。他说，这场大战是胜利的，但是上海的麻雀绝不止这一些，必须反复突击。他要求市民们总结经验，准备到麦熟收割以后再举行一次全面围剿大战。

春季掏窝，秋冬打鸟。后来上海在这年冬天又专门发动了一场打麻雀战争，而且以火枪为主——

> 12月13日凌晨，"战役"开始，全市10万面彩旗迎风飘扬，楼房顶、弄堂内、马路中、空地上，还有郊县的田野上，到处是人民

群众"警惕的眼睛",呐喊声此起彼伏(没想到温文尔雅的上海人打麻雀还是把好手)。市区的公园、墓地、苗圃等处,设有150处"火枪区"。一些市民还接受了使用火枪的专门训练,数百名"火枪手"严阵以待。市郊各县为打麻雀抽调了一半的劳动力,组织起"灭雀"大军,披挂上阵。经过一天的"人雀大战",到晚8时,全市共消灭麻雀194432只。①

新华社专门报道了上海驻军的英雄事迹——

驻在上海的某部官兵发现麻雀晚上藏在树林里,因此很难捕获。于是他们想出一个新办法。他们摇动树枝,麻雀被从窝里惊动出来,用手电筒迷惑麻雀的视线,然后用竹竿去打它们。这个办法被认为很有效。副排长王树华一竹竿就打死了4个麻雀。②

沙叶新先生回忆说,当时他和他华东师大中文系的同学都在农村进行"教育革命",也参加了这场战斗,他们"分别爬在公路两边的一些大树上,不停地敲着锣鼓、脸盆和一切能发出响声的东西,使疲于奔命、惊魂未定的麻雀绕树三匝,无枝可依,然后纷纷坠地身亡……"③

上海作家赵丽宏在一篇名叫的《麻雀》的散文中写了他童年的记忆——

幼年时看过人类围剿麻雀的景象。那时,中国人把麻雀列为害鸟,全民共诛之,成千上万人对着天空呐喊,敲锣打鼓,可怜的麻雀在人们的讨伐声中惊惶乱飞,无处歇脚,最后精疲力竭,如中弹般从天空纷纷坠落,有些麻雀就撞死在墙头。我也曾敲打着面盆参与过围剿麻雀的战争,开始觉得好玩,但目睹麻雀们的死亡过程,幼小的心里充

---

① 1958年12月14日《解放日报》。
② 薛攀皋《为麻雀翻案的艰难历程》。
③ 沙叶新《1958年的中国麻雀》,《文汇报》,1997年9月30日。

满了同情。

在南方的广州，也动用正规的军队广州驻军英勇参战，全市共消灭麻雀 31 万只（包括雀蛋 25800 个），捣毁雀巢 39000 个。大城市有大战争，小乡镇有小战役。在农村，大多数农民都不识字，报纸的作用不大，往往以开动员大会的形式拉开战幕。有这样一段当年公社社员大会上的动员令——

> 社员同志们，消灭麻雀是毛主席、党中央交给咱的政治任务，咱大队要家家户户齐动员，男女老少都上阵，做到人人手里有弹弓，不会使弹弓的就敲铜锣，没有铜锣的就敲脸盆，没有脸盆的你就扯脖子喊，喊，人人都会，是不？干啥啊？你说干啥？就为了吓唬麻雀那狗东西！大家要记住一条，不让麻雀落地，落树枝上、房檐上也不行，累死那些个糟蹋粮食的小兔崽子！

当时（1958 年）担任浙江象山县粮管干部的葛渭康先生回忆道：

> 春耕插秧刚结束，中央统一部署发动全民剿雀运动，总指挥县长于华杰，县公安局局长倪岐任副总指挥。5 月 12 日凌晨，全县学校停课，商店关门，工厂停产，家家户户屋上插彩旗，人人手持竹竿、火药枪、洗脸盆、火油箱、铜锣等物，响器、鞭炮齐鸣，男女老小发出"滴滴！"呐喊，赶打麻雀，吓得屋檐下、地板上、荷塘边的麻雀四散飞窜，广播宣传战果辉煌，捉住几千几万只，其实兴师动众没有捉住几只，大多数麻雀被赶进了深山，《象山报》5 月 13 日有一篇现在看来很滑稽的报道："丹城小学师生 1000 多人在丹城西边摆开阵地，总攻开始，一只飞得筋疲力竭的麻雀躲到河边草丛，被小学生虞才官生擒……师生一共捣毁雀巢 6 个，捉麻雀 14 只，另有神枪手

吴生仁共发9枪,枪枪命中"。①

城门失火,殃及池鱼。说是围剿麻雀,实际上,其他鸟类也受到牵连,特别是与人生活较近的乌鸦、喜鹊、鸽子、燕子、布谷鸟、啄木鸟等,也难免遭到打杀。战争讲的是战绩,而战绩就是数量,没人去分辨麻雀蛋与燕子蛋有什么不同。至于打死这么多麻雀怎么处理?一般是就地掩埋,但也不乏被人当作野味吃掉的,毕竟那是一个粮食紧缺的年代。事实上,鸟蛋一定会被吃掉的。当时的报纸副刊如"生活小知识"专栏里,专门介绍了干炸、红烧等烹制麻雀菜肴的方法,还说清炖时加上天麻,还有独特疗效。在河南省,有人发明了一种新方法,用打死的麻雀制作酱油。"林县商业局用麻雀、野鸽子、乌鸦等鸟肉加工酱油。加工的酱油质量很好,……用这种酱油很经济,烧出来的菜味美可口"。②还有人仿照鸭绒制作雀毛被子。北京85岁的常德老汉和他的兄弟都是捕雀能手,一个冬天就捕杀了3万多只麻雀,他的侄女出嫁时,就用雀毛絮的被子做嫁妆。③

经过这次全民大灭雀,在整个中国范围内,劫后余生的麻雀已是所剩无几。一位到中国参观的加拿大科学家回忆说,"我在中国近一个月期间,没有看见一只麻雀"。④"仅甘肃省就出动百万青少年,7天消灭麻雀23.4万只;北京仅在1958年4月19日到21日的3天里就捕杀麻雀40.1万只;上海市不甘落后,3天之内竟然灭雀50.5万只。据不完全统计,仅1958年11月上旬,全国就有19.6亿只麻雀遭到杀害。"⑤据官方的统计,1958年一年(从元月至12月),全国共消灭麻雀21.1亿只。

"眼熬烂,腿跑断,连轴转,活着干,死了算!"1958年下半年,全民炼钢运动再起风云,"钢铁元帅升帐",全民老少齐上阵,家家户户炼钢铁,一时之间就顾不上小小的麻雀了。但这场麻雀战争并没有结束,到1959

---

① 葛渭康《从"大跃进"到"大饥荒":一个农村粮管干部的亲历和回忆》,《"大跃进"亲历记》,人民出版社,2008,第118页。
② 《麻雀乌鸦做酱油》,《人民日报》,1958年4月21日。
③ 李兴濂《麻雀劫难五十年祭》,《先锋国家历史》,2008年10月下。
④ (美)麦克法夸尔《文化大革命的起源》第二卷《大跃进1958—1960》,第31页。
⑤ 李漠《麻雀的悲歌》,《记者观察月刊》,2006年第9期。

年庐山会议时，打麻雀再次被强调。只是由于麻雀数量已经非常稀少，再采用大兵团作战收获甚微，因此各地成立了专职的火枪队，专门负责打麻雀。

没有麻雀的世界

1895年，俄国西伯利亚的叶卡捷琳堡遭遇空前的大饥荒。发生饥馑的原因，是由于当时这个地区大量向欧洲输出小鸟的羽毛，作为妇女帽子上的装饰品，从而导致滥捕小鸟，自然界失去了平衡，致使害虫猖獗而不可收拾。①一场围剿麻雀的人民战争虽然胜利了，但不仅没有带来粮食的丰收，反而导致全国各地病虫害集中爆发。所谓"三年自然灾害"，在一定程度上与此有关。

1956年春季，上海、南京、山东等地打麻雀最多，结果当年夏秋均爆发虫灾，许多公园和道路两侧种植的白杨和法国梧桐只见树枝不见树叶，上面布满皮虫。到了冬天，一些地方的树木因此而枯死。1958年的运动规模更大。因为没有麻雀来控制昆虫的数量，从春天起，虫害开始在全国大爆发。不少城市的行道树的叶子几乎全被虫子吃光。农村的虫害更加严重，许多地方还出现了蝗灾。这使1958年的农业生产受到很大影响，最重要的水稻产量跌入了1949年以来的新低。再加上当时的人民公社化、吃食堂、大炼钢铁等运动，在一些地方引发了危险的歉收和饥荒。

福建仙游县山多林密，麻雀也多，所谓"七山一水二田"。在"打麻雀"运动之后，不仅麻雀，连带其他鸟雀也都被赶尽杀绝。到了1959年春，全县的龙眼树上都密密麻麻爬满了桩象（俗称"枇杷龟"），树叶被咬得精光。龙眼是本地重要的经济收入来源，所以造成极大的损失。

1959年到1960年，全国各地无论城乡都陷于严重的缺粮状态，有些地方甚至出现了饿死人的现象。一些有良知的学者对打麻雀运动提出不同意见。但在反右的政治高压下，知识分子基本没有多少话语权。生物物理

---

① 罗平汉《小小麻雀在20世纪50年代中后期的历史命运》。

学家徐京华对比当时为曹操翻案的讨论，①感叹说："替麻雀翻个案，比替曹操翻案意义大。"

直到1960年，在官方关于"四害"的正式文件中，"麻雀"二字悄然被"臭虫"取代。曾经热火朝天的打麻雀运动就这样偃旗息鼓，很快被人们淡忘。数年之后，"文革"爆发，已经归于道山的朱洗突然被人想起。一支名为"追穷寇战斗队"的造反派找到朱洗的坟地，对其砸碑掘坟、曝其尸骨。在"文革"中，郑作新也被关入"牛棚"，遭到批斗。

像那一时期的许多运动一样，这场打麻雀运动如暴风骤雨，来得快，去得也快。时过境迁，现在回首这段历史，只能从旧报纸中找到一些蛛丝马迹。这大概就是历史的记录吧。与许多新闻记者的报道相比，一些名人的创作更具有代表意义。郭沫若当时任中国科学院院长和中国文联主席，他为此留下一首《咒麻雀》，发表在1958年4月21日《北京晚报》上。诗曰：

> 麻雀麻雀气太官，天塌下来你不管。
> 麻雀麻雀气太阔，吃起米来如风刮。
> 麻雀麻雀气太暮，光是偷懒没事做。
> 麻雀麻雀气太傲，既怕红来又怕闹。
> 麻雀麻雀气太娇，虽有翅膀飞不高。
> 你真是个混蛋鸟，五气俱全到处跳。
> 犯下罪恶几千年，今天和你总清算。
> 毒打轰掏齐进攻，最后方使烈火烘。
> 连同武器齐烧空，四害俱无天下同。

著名漫画家张乐平创作了一幅漫画，名为《天罗地网》；漫画家李滨声创作了一幅漫画，名为《除四害消灭麻雀》。漫画家华君武创作了一幅

---

① 1959年2月初，郭沫若完成历史剧《蔡文姬》，3月23日的《人民日报》发表了他的《替曹操翻案》的文章。在此剧此文中，他热情讴歌了曹操的文治武功，引发了对曹操翻案的热烈争论。

漫画,诗人袁水拍给这幅漫画配了一首诗,发在《人民日报》上,名为《一定要让它灭亡》——

满城旗帜迎风扬,
人民对天辟战场。
家家户户齐出动,
院院房房布哨岗。
敲锣打鼓放火枪,
失魂麻雀无处藏!
人民齐心除四害,
不许鼠雀抢我粮!
人民齐心除四害,
不许疫病损健康!
管它是人是鬼是虫是鸟,
谋害社会主义的
一定要它灭亡!

多年以后,华君武专门写了一篇回忆文章,即《袁水拍除四害》,华君武还特意画了一比较写实的漫画,记录下当时的情景——

……某日北京全城突击,那天好像专门对付麻雀的,大家准备了脸盆、铁桶、铁簸箕等,长竿上缚了破布,到时齐击响器、摇旗呐喊,可怜的小小麻雀晕头转向,无处落脚,大都壮烈牺牲了。当时袁水拍就爬到邓拓北房偏屋顶上,挥舞着竹竿。水拍平时爱戴一顶法兰西小帽,衣冠楚楚,戴一副深度近视眼睛,这副形象居然爬上屋顶,十分认真在吓唬麻雀,就显得特别滑稽。

谢觉哉在文章中,将麻雀称为"地主阶级的帮凶"。他写道:"我们对麻雀的战果是很大的,麻雀已处于很不利的境地,但离消灭还远。因为我们的战术还是一般突击，而不是布置了天罗地网。麻雀这家伙，见到那个角落围剿不严，有空子可钻，就去那里'躲风'；或者就潜伏在你身边等待机会。因此必须像成都那样的作战、像北京市那样的作战，人人动员、处处吆喝，使麻雀无处立足休息、喝不到水、吃不到粮，麻雀飞翔的本事又差，这样，才能制它的命。我们还要'掏窝'、'捣蛋'，使'无俾遗种'。这办法现已在全国推行，麻雀这家伙，很快将只能在博物馆里的标本上看到。"

他在看了成都的麻雀战役后，专门写了一首名叫《打麻雀》的诗——

到处竹鞭挥，
许飞不许落。
原野虽然宽，
没你立足处。
又累又饥渴，
不死也易捕。
除非你有劲，
飞到美国去。

事实上，在美国的波士顿，确实有一座麻雀纪念碑。

19世纪60年代，波士顿地区连年发生大面积虫害，庄稼几乎被毛毛虫蚕食殆尽，农场主对此束手无策。有人偶然看到弗里德里希大帝与麻雀的历史故事，波士顿人因此受到启发，便想方设法从欧洲大量引进麻雀，随着麻雀的到来，虫害终于得到控制。在此过程中，有不少科学家对麻雀进行了跟踪考察，他们在研究报告中指出，麻雀每年要吃掉大量害虫，同时也补食一部分草籽和谷物，总体而言，麻雀虽然"荤素兼食"，但它绝对不是害鸟，而是益鸟。据说波士顿人为了表彰麻雀的功劳，还在市中心树立了一座"麻雀纪念碑"，纪念碑顶部特意设计了一个美丽动人的麻雀塑像。

现在看来，麻雀在大跃进的遭遇并不是一场意外。对人类来说，政治运动一旦被激发，便会无远弗届地使整个社会陷入狂热，无论人还是动物，都不可能置身事外，独善其身。大跃进运动中，推广"三割催肥法"，许多生猪被割除甲状腺、耳朵和尾巴。据说这样，猪可以更快更多地长肉。①河南省登封县在"四无"运动中，发动民众在厕所里刨蛆，给驴刷牙，给羊戴口罩，这些新闻都上了报纸。对猪、驴和羊来说，它们自然是无法理解人类这样做的意义。在某些时候，人类确实是一种无法理喻的动物。

18世纪30年代末，巴黎一些印刷工人极其狂热的发起一场屠猫运动，他们用各种手段捕捉和杀死他们能看见的所有猫，包括自己家里最心爱的宠物，在集体狂欢的气氛中，他们将猫的尸体吊在公众场所。屠杀一种弱小的动物，被追杀的猫咪凄厉哀号，这在人群中引发的狂欢使那些穷苦的工人们如醉如痴，一切的残忍和暴戾，最后都变成充满内心的胜利喜悦。在心理学家看来，屠猫绝不仅仅是简单的残忍流露，也不只是以折磨动物来取乐，它代表了内心深处某种隐秘欲望的发泄和表达，传递出对一种可望而不可及的魔力的向往。②

除过麻雀，乌鸦也有类似的命运。中国人一般都喜欢喜鹊，而讨厌乌鸦，但实际上它们都属于鸦科。因为乌鸦喜食腐肉，在很多文化中，乌鸦都成为死亡的象征。其实乌鸦智商极高，跟麻雀一样，乌鸦既没有变成人类的宠物，又始终与人类保持密切联系。③在英国历史上，有许多关于渡鸦（乌鸦的一种）的传说，特别是伦敦塔中，一直有不少渡鸦在栖居。有一次，英国国王查尔斯二世（1660-1685年在位）使用天文望远镜，被一群渡鸦干扰了视野，他很生气，下令消灭渡鸦。有人告诉他，杀死渡鸦是不祥之举，如果渡鸦灭绝了，不仅伦敦塔会倒塌，连大英帝国也将不复存在。查尔斯只好将天文台从伦敦迁到格林尼治。几个世纪以来，渡鸦一

---

① 《割去尾巴耳朵甲状腺，生猪一天长肉十四斤》，《人民日报》，1958年8月25日。

② （法）罗伯特·达恩顿，吕健忠译，《屠猫狂欢：法国文化史钩沉》，商务印书馆，2014。

③ 按照一些研究者的观点，乌鸦的神奇来自于其智力非常之高，乌鸦与生俱来的智慧已经大大超过他们在生物圈中的生存所需。结果是，他们总是感到无聊，只好编出各种游戏来自娱自乐。可参阅：博里亚·萨克斯，魏思静译《乌鸦》，三联书店，2009。

直被英国人视为伦敦塔的守护者,几乎享受着"贵族般的待遇"。查尔斯二世为了"留住"渡鸦,甚至想出了将渡鸦双翼剪短的馊主意。"将渡鸦的羽翼削减掉的行为,代表了一种'文明开化'的势力,一种由法律所施加于无序的冲动之上的控制手段。当不断增长的中产阶级获得了史无前例的安逸感,这种象征意义在维多利亚时代便产生了巨大的共鸣。英国人为自己所达到的文明高度倍感自豪,同时也会不断地认识到自己不安的过去。"①

历史往往充满讽刺。谢觉哉当年预言麻雀"很快将只能在博物馆里的标本上看到",这在某种程度上正逐渐变成现实。虽然麻雀种群数量巨大,但随着中国工业化和城市化的发展,其物种数量一直在减少。除过农药和污染,中国人追求猎奇野味的口腔文化成为麻雀灭绝的最大威胁。有调查者发现,在四川省,麻雀已经大面积绝迹。如今,麻雀已列入国家(中国)二级保护动物的物种。②一些地方有关保护动物的条文规定:凡是捕获、杀死和出售麻雀的人将受到惩处。对麻雀来说,人类从来算不上真正的保护者,即使在其五谷丰登的年代。

明代方孝孺写过一首著名的《百雀诗》:

> 曲巷高檐避网罗,
> 朝来饱啄陇头禾。
> 但令四海常丰稔,
> 不嫌人间鼠雀多。

朱元璋生前对皇太子说:"方孝孺是一个品行端庄的人才,你应当一

---

① (英)博里亚·萨克斯,翁家若译,《乌鸦之城:伦敦,伦敦塔与乌鸦的故事》,中信出版社,2016。
② 国家林业局2000年8月1日发布的《国家保护的有益的或者有重要经济、科学研究价值的陆生野生动物名录》。

直用他到老。"①朱元璋死后,朱棣发动夺取皇权的"靖难之役"。有人提醒朱棣说:"城下之日,彼必不降,幸勿杀之。杀孝孺,天下读书种子绝矣。"朱棣攻下南京,请方孝孺为其撰写即位诏书,方孝孺投笔于地:"死即死耳,诏不可草。"遂被杀,并牵连其亲友学生870余人全部遇害,成为中国历史上唯一一个被"诛十族"的人。

---

① 《明史·方孝孺传》原文:洪武十五年,以吴沉、揭枢荐,召见(方孝孺)。太祖喜其举止端整,谓皇太子曰:"此庄士,当老其才。"礼遣还。二十五年,又以荐召至。太祖曰:"今非用孝孺时。"蜀献王闻其贤,聘为世子师。

山河表里潼关路

司马迁在《史记》中，专门为黄河的历史撰写了一部《河渠书》，第一次赋予"水利"以明确的概念，现代汉语中的"水利"即来源于此。司马迁指出，关中乃至秦国的兴盛，就在于郑国渠带来的"水利"——

> 郑国曰："始臣为间，然渠成亦秦之利也。"秦以为然，卒使就渠。渠就，用注填阏之水，溉泽卤之地四万余顷，收皆亩一钟。于是关中为沃野，无凶年，秦以富强，卒并诸侯，因命曰郑国渠。[①]

有资料显示，郑国渠灌溉区域内的粮食亩产量，是当时黄河中游地区平均亩产量的6倍多。

在中国历史的一半时间里，关中是中国最富裕的地方。即使现在，关中依然是陕西最富裕的区域。而在关中地区，渭南却是最为贫穷的。谢朝平先生历时三年潜心写作的《大迁徙》，以深厚的笔墨记录了20世纪50年代三门峡水库大移民的悲惨历史，而这段历史与许多并不遥远的中国故事一样，一直极少为人所知。

---

① 《历代治黄文选》，河南人民出版社，1988。

千人诺诺

在远古时期，中国和地球其他地方一样，森林茂盛，草长莺飞。中国北方有一条大河，人们依水而居。伐木作舟，折木为屋，钻木取火，烧山开荒，终于森林越来越少，泥沙俱下，河水变黄了，大河改名为黄河。

如果按水系来划分中国文明的不同阶段，那么黄河应当是中国传统文明的源头；五胡乱华之后，中国文明重心转入长江，而近代文明肇始于珠江。经过鸦片战争和战争鸦片的双重洗礼之后，现代文明滥觞于中国沿海。

黄河是中华民族的母亲河，它既是上天的恩赐，也是上帝的惩罚。黄河进入华北平原后，如入无人之境，汪洋恣肆，不可一世，一次次暴虐的洪水，成为中华文明无法摆脱的悲情。根据可考的历史记载，自周定王五年（公元前602年）到民国二十七年（1938年）民国政府炸开花园口，共计2500多年间，有关黄河下游大的决口泛滥的记载多达543年，决堤1590次，经历过5次大改道，洪灾波及纵横25万平方公里。黄仁宇说：

> 中国文化大部肇始于黄河流域，因为河水经过疏松的黄土地带，夹带着大量泥沙，容易阻塞河床，冲破河堤，常有酿成巨灾的趋向，局部治理无济于事。这情形在春秋时代已然。……《孟子》一书中提到治水十一次之多。他对白圭说："禹以四海为壑，今吾子以邻国为壑。……洪水者，仁人所恶也，吾子过矣！"[1]

可以说，治黄成败已经成为中国史家评判诸朝政绩的重要指标。以至于西方历史学家独特地认为，中国之所以形成"中国特色"的皇权专制体制，

---

[1] （美）黄仁宇《放宽历史的视界》，三联书店，2003。

正是因为要对付黄河，所以中国政治被称为"水利政治"。[①]秦始皇统一全国，碣石颂功，自称"决通川防"，更称秦为"水德之始"，见于《史记》。因为只有在铁腕的专制统治下，才会万众一心、众志成城，阻止洪水泛滥。甚至说，黄河决定了历代王朝的兴衰命运。"明室之亡，由于叛军，叛军之起，由于黄河之泛滥"。清初至清中叶，黄河之安定，为历史所稀有，康雍乾盛世与此有很大关系。太平天国和捻军导致清帝国疲于奔命，黄河于咸丰三年在河南决堤，夺大清河，改道山东入渤海湾。此后56年间，决口成灾的年份达52年，大小决口263次，平均每年决口4.7次，决口成灾966县次，年均17.3县次。[②]受灾之区多在河南、山东，黄河给下游诸省带来极大的困扰。

20多年前，魏特夫的《东方专制主义》曾遭到一些中国主流学者的严厉批判，因为这部书强调东方专制主义起源主要因为治水，即古代东方社会专制主义的特殊性。其实黄仁宇先生也有类似的看法："中国在公元前，即因防洪、救灾及防御北方游牧民族之侵犯，构成一个统一的局面，以文官治国，实行中央集权，可谓政治上的初期早熟。这种发展构成中国文化的灿烂光辉，可是也因为如此，日后中国人须要付出至高之代价。"[③]

从河南大学黄河历史研究学者王瑞芳撰写的《当代中国水利史（1949—2011）》[④]来说，必须承认，肆虐几千年的水患能在新中国建立后若干年便得到一定程度控制，主要得益于"集中力量办大事"，从这种意义上来说，1949年之后的那段时期，无疑是中国有史以来一个治水的最好年代。

大跃进时期，推行以粮为纲，全国掀起水利建设的高潮。以江苏省为例，当时要求实现"三年全省水利化"，"在严寒刺骨的风雪中，数百万群众穿梭般地忙碌来往"，在全省各水利工地奋战。民工往往每天劳动长达

---

① （美）魏特夫，徐式谷等译，《东方专制主义：对于极权力量的比较研究》，中国社会科学出版社，1989。
② 岑仲勉《黄河变迁史》，人民出版社，1957。
③ （美）黄仁宇《我相信中国的前途》，第233页。
④ 王瑞芳《当代中国水利史（1949—2011）》，中国社会科学出版社，2014。

12—15个小时以上。①在干旱缺水的北方，水利工程的建设规模和数量更加惊人，黄河成为重中之重。

早在1949年8月，当时的华北人民政府主席董必武就收到了《治理黄河初步意见》，主张在三门峡建设蓄水水位350米的大坝，"以发电、灌溉、防洪为开发目的"。起草者王化云不久即成为在郑州新成立的水利部直属的"黄河水利委员会"（简称"黄委会"）领导人。

1952年，黄委会、燃料工业部水电建设总局和苏联专家，在勘查三门峡水库坝址后，认定此处地质条件良好，可筑高坝实行蓄水拦沙，并产生大水电效益。但这个方案终究因为要淹没八百里秦川，"损失太大"而舍弃。

1954年，苏联对新中国的156项重点援建项目新鲜出台，黄河流域规划列在其中。经过数月考察，重工程而轻水文的苏联专家组组长科洛略夫，又一次提出三门峡方案："想找一个既不迁移人口而又能保证调节洪水的水库，这是不可能的幻想空想，没有必要去研究。为了调节洪水，需要足够的水库库容。但为了获得足够的库容，就免不了淹没和迁移。"

"老大哥"这一句"免不了"的金口玉言，很快就改变了关中无数芸芸众生的命运。

当时国内的官员和水利专家，除了黄万里，没有一个人敢于对此表示异议。随即，由苏联专家参与设计的三门峡枢纽大坝和水电站的规划报告出炉：三门峡水库将蓄水至350米高程，总库容360亿立方米，设计允许泄量8000立方米每秒，黄河下游洪水威胁将全部解除。由于巨大库容可以大量拦蓄上游来沙，从此经水坝泄出的黄河水将是清水，清水冲刷下游河床，最终将黄河这条"地上河"变成"地下河"——千年未解的治黄难题将毕其功于一役。此外，还有巨大的灌溉、发电和下游航运等综合效益……写在纸上的一切都显得尽善尽美。

中国古语说：圣人出，黄河清。据说宋大观元年（1107年）曾经出现过"黄河清"的"祥瑞"，因为中国出了一位圣人——宋徽宗赵佶。

---

① 《当代中国的江苏》上册，中国社会科学出版社，1989，第96页。

1955年7月,全国人大全票一致通过了《关于根治黄河水害和开发黄河水利的综合规划的报告》。副总理邓子恢在怀仁堂宣布:在三门峡水库完成以后,我们在座的各位代表和全国人民,就可以在黄河下游看到几千年来人民说梦想的这一天——看到"黄河清"。周恩来兴奋地说:"做了那么一个世界性的报告,全世界都知道了。"

翌年,苏联专家将水库的正常水位修改为360米,比原设计的350米高出10米。这意味着必须淹没农田333万亩,移民90万[①]。在一片狂热的浪漫主义和爱国热情背景下,国家建委会迅速通过方案,三门峡工程随即动工。

两年之后,郭沫若来到三门峡。当场挥毫赋诗:

炸将神鬼化为烟,从此安澜亿万年。
人道河清圣者出,圣人已出自裁天。

大禹巍巍浪得名,擅逃水土误中原。
千秋功罪今勘定,不在龙门在鬼门。

鬼斧神工作天险,人工民斧险为夷。
三门峡上英雄汉,动地惊天大史诗。

一士谔谔

据有关资料记载,在20世纪30年代,为了治理黄河水害,荷兰、英国、挪威的水利专家都明确指出,黄河建坝仅能限于"削减洪水";美国人提交给当时中国政府的《治理黄河规划初步报告》中,根本否定在三门峡筑坝,建议将建坝地点改移到三门峡以下100公里的八里胡同。事实证

[①] 最后大坝的标准按360米设计,按350米施工,但1967年最高运用水位不超过340米,同时降低泄流孔底,以增加泥沙排放。这个妥协方案使原本90万要背井离乡的人中,至少有一大半得以留在故土。

明，虽然在后来的小浪底水库没有建成之前，三门峡大坝的存在或许是可行的，但不可否认，这座坝址没有选在小浪底或者八里胡同，绝对是一个致命的决策错误。

可以这样说，中国历史基本始于大禹治水。如果从著名的都江堰水利工程开始，中国人成功修建水坝，已经有超过2000年历史。如今，世界上已经建有成千上万座大中小型水坝，人们对水坝建设的认识也已经达到了相当完善的程度。但在三门峡时代，它所遭遇的已经不是水坝本身的问题，而是一个狂热的时代背景。

很多年以后，我们不应当忘记那些一片喧嚣之中的清醒理性的反对者。政务院副总理兼中央农工部部长邓子恢早先曾对三门峡方案表现出极其谨慎小心的态度；在所有官员之中，或许他是唯一一个。他在1953年5月31日写信说："关于当前防洪临时措施，我意亦可大体定夺，第一个五年，先修芝川、邙山两个水库……度过五年十年，我们国家即将有办法来解决更大工程与更多的移民问题。"

黄万里是坚决的反对派。中国著名水利专家、清华大学教授黄万里先生提出自己对在三门峡黄河干流上建坝的忧虑：由于黄河的多泥沙性质，大坝建成后，潼关以上流域会被淤积，并不断向上游发展，届时不但不能发电，而且还要淹掉大片土地，"今日下游的洪水，他年必将在上游出现"。

电力部水电总局的温善章先生也认为，关中平原乃中华文明最精华的所在，它的淹没不能单纯地用经济数据衡量。为了减少淹没迁移，温善章提出低坝（水位335米）水库（90亿立方米）、滞洪排沙的方案，迁移可降到15万人以下。

周恩来随后批示水利部进行讨论，70名专家中，绝大多数主张高坝大库、蓄水拦沙，支持温善章排沙降低设计水位者，只有叶永毅、黄万里、吴康宁三人。黄万里与温善章，一个忧心泥沙淤积之祸，一个焦虑淹土移民之失；恰恰是这两点，后来正成为三门峡一直血流不止的伤口。

国务院将讨论会的情况批转给陕西、山西、河南、河北、山东、甘肃等沿黄各省。陕西省在回文中提出要求降低水位、缩小规模的建议。除去陕西，其他各省都没意见。实际上，数百万亩即将被淹的良田，近百万的移民，主要都在陕西省。对陕西省来说，这几乎是一个无法接受的"自我牺牲"。陕西省不屈不挠，甚至在三门峡工程开工一年之后，依然要求"翻案"。

1957年，黄万里先生在清华大学校刊上发表了一篇名为《花丛小语》的散文："文人多无骨，原不足为奇，主要还是因为我国学者的政治性特别强。你看章某原有他自己的一套治理黄河的意见，等到三门峡的计划一出来，他立刻敏捷地放弃己见，大大歌德一番，并且附和着说，'圣人出而黄河清'，下游治河，他竟放弃了水流必然趋向挟带一定泥沙的原理，而腆颜地说黄水真会清的，下游真会一下子就治好，以讨好领导他的党和政府。试想，这样做，对于人民和政府究竟是有利还是有害？他的动机是爱护政府还是爱护他自己的饭碗？"因为这篇文章，再加上他极力反对三门峡，黄万里被打成右派。这个中国绅士说："伽利略被投进监狱，地球还是绕着太阳转。"后来的运动中，"死不悔改"的黄万里被发配到三门峡挖厕所，以示惩罚，这也使他耳闻目睹了很多移民的苦难——

听罢毕家遭害苦，不禁簌簌泪交颐。
暴洪施虐知拦阻，恶碱侵农待溉漓。
凡此事先皆可见，一般律定莫相违。
平生积学曾何用，愧对苍生老益悲。

千人诺诺，不如一士谔谔。犹太人的塔木德经上说：一个出身卑贱的学者比一个不学无术的祭司更加伟大。出身名门的黄万里与梁思成、马寅初等一代满怀报国情怀的正直学者遭遇相似，在那个年代不仅怀才不遇，而且屡遭打击迫害。

2001年8月20日，黄万里的学生们将他的文章汇编整理成《黄万里文集》，作为他90华诞的纪念。① 7天之后，黄万里逝世。两年之后，一场5年一遇的小洪水，竟然酿成了渭南地区50年一遇的大灾，225万亩良田绝收，500万人受灾。而此时的黄万里已经不能再面对他情牵一生的

---

① 曾昭奋《江河万里》，《读书》杂志，2002年第8期。

万里黄河了。

初尝苦果

三门峡水库建成后，于1960年9月开始蓄水，1961年2月9日，回水超过潼关。库内淤积，河床抬高，渭河河口出现"拦门沙"，渭河下游过洪能力严重降低，沿河两岸地下水位抬高，河水淹没农田，盐碱化扩大。

1961年，黄万里教授力争要求保留的导流底孔被全部堵死。就在这一堵孔工程紧张施工之际，水库内的淤积已经开始迅速发展，15亿吨泥沙全部铺在了从三门峡到潼关的河道中，潼关河床在一年半的时间内暴长4.5米，黄河上游及支流水面也连涨连高，以西安为中心的工业基地受到严重威胁。陕西的担忧变成残酷的现实：随着潼关的河道抬高，渭河成为悬河；关中平原的地下水无法排泄，田地出现盐碱化甚至沼泽化，粮食因此年年减产。同时，三门峡大坝泄出的清水一路冲刷沙质河床，卷起千堆沙，行至郑州，河水又浑浊不堪了。

在三门峡水库建成不到两年的时间内，潼关、渭南、西安接连告急，由前苏联专家设计的高坝大库"蓄水拦沙"理论遭到现实无情的嘲讽。90%以上的泥沙进入水库后无法排泄，形成淤积。原设计水库水位在330米时的库容为60亿立方米，到1962年就只剩下43亿立方米了；不到两年时间，库容就减少了近三分之一。到了1964年，库容量仅剩下22亿立方米了，4年时间减少了三分之二。照此速度，整个水库只需7年，就将被夷为平地,那时所谓的"万里黄河第一坝"将成为亚洲最大的人造瀑布。

在1962年4月召开的全国人大二届三次会议上,陕西省代表提交提案，拟请国务院从速制定黄河三门峡水库近期运用原则和管理的具体方案，以减少库区淤积。在年底的国务院会议上，周恩来也承认当初"打了无准备的仗"——

我曾经说过，可以设想万一没有办法，只好把三门峡大坝炸掉，因为水库淤满泥沙后遇上大水，就要淹没关中平原，使工业区受到危害。……不能只顾下游不看中游；更不能说为了救下游，宁肯淹关中。……当时决定三门峡工程就急了点。头脑热的时候，总容易看到一面，忽略或不太重视另一面，不能辩证地看问题。原因就是认识不够。认识不够，自然就重视不够，放的位置不恰当，关系摆不好。1959年水电部修建了300多座大型水库，这几年下马了一些，现在还有将近200座，很大一部分工程没有完成，遗留问题很大。修水库不是一件容易的事，这几年的教训是应该深刻吸取的。①

如果没有后来的两次改建，三门峡水利工程将以一个彻底的"水害"工程被废弃而告终。潼关河床升高，上游泥沙不断淤积，西安面临危险。对此难题，提出解决方案"拯救陕西"，已经迫在眉睫。在第三次视察三门峡之后，周恩来直言"三门峡改建不能再等"。对于改建，河南省科委的杜省吾认为："黄河本无事，庸人自扰之。"主张将三门峡大坝一炸了事；而担任过三门峡水电枢纽第一任总工程师的汪胡桢却认为淤积是必然的，下游的利益是全局利益，因此不必改建。

1966年，库内淤积泥沙已达34亿立方米，占库容44.4%，三门峡水库已成死库。两年后，第一次改建工程完成，在大坝左岸增建两条泄洪排沙隧洞，改建四根原本用来发电的引水钢管，以促库内淤沙泄出。但效果一如周恩来所言，只是"临时性的"，"不能解决全部问题"。水库淤沙虽有减轻，但潼关以上淤积却仍然在继续，显然水库的排沙能力还不够。第二次改建接踵而来，没有任何争论，只能将当年黄万里主张保留、却在施工时被堵死的施工导流底孔打开，共耗资8000万。最后一次改建是在1980年代，使27个孔洞全部可以过水。这一系列工程改建的目的只有一个：加大三门峡水库的泄洪能力，降低潼关高程。

与改建方案具有同等意义的，是陕西、山西、河南和山东这四个与三门峡水库运行方式发生直接利益关系的省份，在1969年达成的一项"协议"：三门峡水库汛期控制水位为305米，必要时降到300米，非汛期为

---

① 《在治理黄河会议上的讲话》（1964年12月18日）。《周恩来选集》下卷，人民出版社，1984。

310米。此时的三门峡水利枢纽，距离当初激情规划的巨大综合效益，已经大打折扣。由于水位的一再调低，发电效益已由最初设计的90万千瓦机组，年发电46亿度，下降到二期改建后的25万千瓦机组，年发电不足10亿度，灌溉能力也随之减弱。为下游拦蓄泥沙，实现"黄河清"，以及地下河的设想，也随着大坝上的孔洞接连开通而作废；至于发展下游航运，更是因为黄河遭遇长年枯水而成为痴人说梦。

三门峡工程建设期的水利部副部长张含英，这个1925年从美国学成归来即开始接触治黄工作的土木工程专家在1982年说："我对三门峡工程，是应负一定责任的。"除了张含英之外，几乎没有相关官员和专家就三门峡工程有过反思和检讨。抛开政治方面，这其实主要是一场"利益博弈"。三门峡水电企业每年发电收入是黄委会和本企业员工的主要经费来源和生存支撑。①

背井离乡

水库建设往往被视为一种技术问题，而移民问题常常遭到轻视甚至忽视。为了三门峡水库下游的安全，渭河两岸水库淹没区的近50万农民，陆续被强行迁出富饶的渭河平原。

1956年8月10日，迁往宁夏中卫的潼关移民告别故土，登上列车。一个叫王益民的移民老人回忆说："当时我家住在老城南街村，由于地处淹没区，全村12000人全部迁移。迁往宁夏中卫的有5000多人，其余落户白水县。母亲和小妹是一步一回头，哭着离开家园的，幸好当时我在西安一建筑公司上班，才免了这一难。两年后再回到村里，房子拆了，地也没了。"

离开富庶的关中，远迁宁夏的农民，实在受不了条件恶劣、不毛之地的"新家园"。1956年8月，到达安置区不久，就有400多移民返回陕西。1957年，在宁夏的移民形成了6500人的返陕浪潮。3年之后，移民返陕愈演愈烈。从1959年下半年到1960年，正值全国性的大饥荒爆发，移民

---

① 见《北京青年报》，2003年11月24日。

外迁被禁止带粮,移民只能将随身携带的一些家具和衣物,换成洋芋(土豆)果腹。最艰难的3个月,他们人均口粮只有每月8斤半,移民称"8斤关"。一个人每天正常消耗2000卡路里,8斤粮只能提供每人每天约400卡路里,这会使人连翻身都会变成奢望,只能苟延残喘等死了。

三年饥荒过后的1964年,三门峡水库改变运行方式,移民们看到他们的土地并未淹没,仍然可以耕种,纷纷返回家园。宁夏的移民全部返回陕西,被安置在合阳、富平和临潼等县。原来的澄城、白水、蒲城、合阳、富平等县移民,也闻讯返回库区。1984年11月,国务院、中央军委派出联合调查组,调查组后来的报告①称,许多移民的经济状况远不及在库区的时候,"其中15万人的生产和生活很困难,需要返库安置"。②据说,这些实地查看的官员不少都为之落泪。作为国家安置计划的一部分,库区地方国营农场、部队农场陆续划出30万亩耕地给返库移民;而事实上,这些耕地本来就是这些农民祖祖辈辈耕种的。

建成后的三门峡,并没有让人看到想象中的美好,洪水泛滥不断,淤积泥沙使河床抬高。陕西省为此放弃了2座县城、21个乡镇、248个村庄和100万亩耕地,28.7万移民先迁宁夏,后又返回陕西,再返库区,几经磨难,付出了沉重代价。从后来的影响来看,三门峡水库遗留下了复杂和繁重的库区防汛、抗洪及移民的生活保障问题。③

在贫瘠的西海固,每一个陕西移民都对遥远而富饶的故土望眼欲穿,归心似箭。由于不断搬迁,每个家庭越搬家产越少,越迁越穷。很多人甚至连起码的温饱和生存都成问题。随着移民陆续返乡,从1986年到1990年代初期,一个又一个村落又重新在渭河边形成。当时按千人一村、一万五千人一乡规划,总共在大荔和华阴设置了10个乡和100个村。

---

① 即《关于陕西省三门峡库区移民安置问题的会议纪要》。
② 《黄河三门峡水利枢纽志》,中国大百科全书出版社,1993。
③ 2006年7月1日,国家出台《关于完善大中型水库移民后期扶持工作的政策意见》。两个月后,新修订的《大中型水利水电工程建设征地补偿和移民安置条例》正式实施。这两个文件被媒体称为水库移民权益保障"新的里程碑":不管新移民还是老移民,只要你还活在世上,都可以得到每年600元的补助扶持,20年共计1.2万元。

一个叫李天一的潼关渔民，从 14 岁起就靠在黄河里打鱼为生，每天打了鱼就挑进潼关古城里卖。修三门峡水库时，潼关古城被拆毁，他带着 3 岁的儿子和妻子也被移民到了宁夏。饥荒中，儿子和妻子都饿死在宁夏，他孤单一人跑回了潼关。此后他在潼关与宁夏安置地之间，又来来回回跑了三次，一直到老了，才最终留在了潼关。有一个叫王满池的老人，他是 20 世纪 50 年代三门峡库区移民先遣队队员，他在历史上移民回潮的过程中，来来回回迁移 6 次。他的儿子始终没有原谅他——"他除了移民，什么也没有做过。"

当年的陕西移民中，有的人拿到一点微薄的补偿，有的人什么都没得到。他们从富庶的关中迁到土地贫瘠的甘肃、宁夏、新疆，过不下去就回来，回来之后，得不到安排又迁回去；来来回回地折腾，常常两边生活上都没着落。这些水库移民和逃难的灾民不一样，他们本身祖祖辈辈就生活在关中平原，而且生活还过得去。

除去陕西，河南和山西的库区移民各有万人左右，涉及灵宝、陕县、平陆、芮城和永济等县，这些移民后来也大多从甘肃敦煌等地返回库区。

天灾与人祸

三门峡项目从一开始，就是为了"集体利益"和"国家利益"，因而较少去考虑原住民的利益和同情他们的处境。虽然后来，宁夏苦寒地区的移民被容许返回库区安置，但即使回到家乡，家乡已经不是那个风调雨顺的家乡了，命运并没有多大改变。此后的年代里，关中平原、渭河两岸，十年九灾，回迁移民大多居住在水库原计划的淹没区，地势低洼，洪水一次次地洗劫他们的家园。

"确保黄河下游的防洪安全是三门峡水利枢纽的首要任务。……自 1964 年以来，三门峡以上地区曾出现 6 次流量大于 10000 立方米每秒的洪水，由于三门峡水利枢纽的控制作用，削减了洪峰流量，减轻了下游堤防负担和漫滩淹没损失。自从三门峡水利枢纽建成运用 30 年来，黄河下游岁岁安澜,千里大堤安然无恙。"①然而不幸的是,自从三门峡建库之后,渭河河床越来越高,自我冲淤能力很强的渭河,越来越变成"悬河",最终酿成2003年的特大洪灾。

2003年8月31日开始,渭河下游流域发生了一次历史上规模最大的撤离,净身逃出的农民近20万人。这场罕见的特大洪灾,使华县和华阴地区250平方公里的土地,一夜之间变成水乡泽国,102万亩的农田和55个村庄被大水淹没,受灾人口达56万,13万人无家可归。由于河水倒灌关中,渭河支流纷纷决堤,4亿立方米的水在渭河的大堤外肆虐,如同汪洋大海一般。受灾直接损失据说达20多亿元。"这是渭河流域50多年来最为严重的洪水灾害。"②一个华阴农民悲叹道:"我们的生活倒退了10年,要恢复元气,至少需要5年。"华阴市华西镇罗西村暂时安居点,333户中有73户居民回不了家,209间房子倒塌,所有的东西都被洪水冲毁。罗西村平均每户有5只鸡、一头猪,5家平均有一头羊;这些可以带来收入的财产也都已经随水而去。

事实上,这只是关中渭河下游5年一遇的小洪水,却导致50年不遇的大洪灾;用陕西省社科院研究员胡义成先生的话说,"2003年关中渭河洪灾,不是纯天灾,而是'人祸与天灾混合体'。"③中国科学院和中国工程院双院士张光斗与水利部前部长、全国政协前副主席钱正英对此发言:祸起三门峡!三门峡水电站是个错误,理当废弃。具有讽刺意味的是,他们恰是当年三门峡水电站设计方案讨论的重要参与者。

20世纪的最后20年,三门峡大坝上终于打通了剩余的几个底孔,泄流量得到保证,西安之危已经解除,但矛盾并未真正解决,2003年的陕西渭河洪灾,便再次暴露了这一矛盾。

中国历史有关洪水的记录,大多都是有关河南的,2003年这一次竟然破天荒地出现在向来太平的关中。历史上,关中平原的洪水记录确实很

---

① 《黄河三门峡水利枢纽志》,中国大百科全书出版社,1993。
② 见《华商报》,2004年3月3日。
③ 胡义成《感怀今古话关中:2003年陕西渭河水灾的一种依法善后方案》,《书屋》杂志,2004年第5期。

少。战国中后期以后，因郑国渠等古代水利工程的修筑，关中平原沃野千里，富甲天下，从秦、汉到隋、唐的一千多年中，这里长期是中国的政治经济文化中心。三门峡水库的修筑，不仅无益于关中水利，反而使关中平原自大禹治水以来形成的相对发达的水利系统，也受到了不同程度的破坏。潼关是出秦的第一关，也正是黄河、渭河、洛河三河汇流后的第一个出水口。"潼关高程"①的形成，无疑使大禹治水之功毁于一旦。

治理黄河，对于河南人和陕西人，虽然说是同一个命题，但却是完全不同的解法。传说中的大禹治水，劈开山峦，疏通河道，使万里黄河水奔涌而出秦川；在今天，这可能仍然是陕西人的治水方式。但对于一马平川的河南来说，黄河之水天上来，不受控制地奔涌而出却意味着灾难。从历史来说，河南人对于黄河泛滥的记忆，比起世界上任何一个地方的人对于洪水的记忆可能都要深刻；无数次黄河夺淮入海而形成的千里黄泛区，曾使无数人一次又一次，一代又一代地遭到灭顶之灾。堵截黄河，驯服黄河，理所当然成了河南的治水方式。

同在一个黄河流域，唯有陕西是历史因素的无辜受害者，而别的省份都是纯粹的受益者。用黄委会在早些时候的总结来说：三门峡水库"综合效益"的发挥，是与库区的损失分不开的——

> 这个损失，除了建库时的淹地、移民等以外，还有水库运用后库区泥沙淤积带来的防洪排涝、整治河道、盐碱地治理，以及水库塌岸带来的沿岸村庄、抽水站、高岸耕地防护等问题。……渭河下游河道淤积，排洪能力迅速降低，沿岸盐碱化面积扩大，南山支流入渭不畅。……②

三门峡无疑是在特定环境下中国工程建设的政治牺牲品。值得关注的是，关于三门峡问题的历次专家会议邀请的基本都是水利专家，而法学家、经济学家和社会学家等人文科学家都缺席。说到底，这是关于人的幸福的

---

① 潼关高程是指黄河潼关水文站断面流量在每秒1000立方米的相应水位。
② 杨庆安、罗启民《黄河三门峡水库区的治理及其经验》，《人民黄河》1986年第5期。

问题，而不仅仅是关于水的技术。事实上，在小浪底水库建成之后，三门峡防洪功能已经被取代。三门峡大坝的"水灾搬家"的作用也已经变成了历史，随之而来的是社会各界对三门峡大坝未来命运的各种推测。

潼关怀古

战国末期，在秦、齐、楚、燕、赵、魏、韩七国中，惟秦国虎视天下。作为秦国的邻居，韩国如坐针毡，唯恐被秦灭国。韩桓王走投无路，想出了一个"疲秦"之策。他把精通水利的郑国送去秦国，以助秦修渠为名，试图消耗秦国国力。当时秦王嬴政血气方刚，以郑国为首，大举兴修水利，工程即将完工时，真相败露，秦王欲杀郑国。郑国辩解道："始臣为间，然渠成亦秦之利也。臣为韩延数岁之命，而为秦建万世之功。"①嬴政以为然，不仅对郑国仍委以重任，还将水渠命名为"郑国渠"。郑国渠极大地改变了关中的农业生产面貌，"自中山西邸瓠口为渠，并北山，东注洛，三百余里"；"用注填阏之水，溉泽卤之地四万余顷，收皆亩一钟"。郑国渠使关中平原成为秦国的巨大粮仓，秦国变得富甲天下。韩国弄巧成拙，偷鸡不成蚀把米，不久便为秦国所灭。

历史充满讽喻。当年的秦国位于今天的陕西,韩国恰好是今天的河南。如果说当年秦国因韩国赠送的"郑国渠"而兴盛，那么如今则恰好相反，位于河南的三门峡水利工程成为陕西的灾难。

从新中国诞生的那天起，历史便被一刀两断，一切都被割裂为新事物与旧传统。当革命成为一种政治正确的最高境界时，革命的对象不仅仅包括人和思想，还包括数不清的文化、建筑、器物和习俗。

当许多历史城市正在疯狂地拆除城楼和城墙的时候，因为三门峡水库，大名鼎鼎的潼关古城，当年也毫不例外地被从地球上抹去。

按照苏联专家的360米水位，附近的陕州古城、潼关古城、蒲州以及方圆百里的村庄均要沉没。所以在水库蓄水前，潼关等几个古城被迫不及待地拆掉了。造化弄人，1969年，三门峡开始第二次改建工程，当时确

---

① 《汉书·沟洫志》。

定的非汛期水位为310米，比原设计低了50米。正是这几十米决定了潼关等几座古城的存亡。三门峡水电站建成后，水位从未到达过离大坝只有几公里的陕州古城，也从未到达过潼关老城，更未到达上游20公里处的蒲州、朝邑和蒲津渡——然而这些古城都已不复存在了。

在远古地理时期，关中盆地是个关中湖，后来潼关一开，湖水被放掉，关中才成为八百里沃土，孕育了中华文明。潼关地处陕西东端，南障秦岭，北阻黄河，东连函谷，西拱华山，这个由山川自然组成的军事要塞，历来被誉为"三秦锁钥"、"四镇咽喉"的天险重关。古人曾慨叹：人间路止潼关险。《山海关志》有"畿内之险，唯潼关与山海为首"。

潼关不仅有险要的自然形势，且因地连秦、晋、豫三省，而有独特的地理位置；自中古以来，这里一直是兵家必争之地，据有史可考的兵事即达30余次。例如东汉末曹操、马超之战；中唐安禄山、哥舒翰之战；唐末黄巢农民军和明末李自成农民军，都在潼关进行过殊死决战。潼关城墙同西安和北京的城墙一样厚。二战时期，日本人的大炮都没有轰垮，但遇到三门峡，立马就人间蒸发了。

"黄河远上白云间，一片孤城万仞山。羌笛何须怨杨柳，春风不度玉门关。"玉门关也遭遇到了与潼关相同的命运。在文学、思想和军事史上都有重要地位的玉门关，在那场全国兴修水利的热潮中，为了在疏勒河中游修一个面积很大的平原双塔水库，玉门关永沉水底。类似的还有新安江水库，使古老的淳安、遂安县城淹没于千岛湖。①

新华社高级记者杨继绳先生将中国的近现代史与黄河做了一个有趣的类比。他说，黄河本来是向东流，流向大海，融入世界潮流（以欧为师），但是流到陕甘地区以后被拉向了北边，向苏俄的方向流动（以俄为师），后来又拐回来，转向大海的方向，形成了一个河套。这就是中国近现代史的河套，历史的河套。黄河在"几"字形的最后一笔中，从潼关转向东流，穿行于中条山与崤山之间，构成黄河又一个较长峡谷，北岸为山西省，南岸为河南省，故称晋豫峡谷。上古时期，河水经常泛滥成灾，倒灌关中盆

---

① 王振忠《淹没的古镇》，《读书》，2010年第6期。

地，一方面因为洪水带来肥沃的黄土沉积，而使关中成为中国农耕文化的发源地；另一方面也因为洪水肆虐使人们流离失所。传说为了治理咆哮的洪水，大禹用神斧把高山劈出三道峡谷，分别叫做人门、神门和鬼门，于是这里便得名三门峡。

据说，三门峡顺流而下，河中有巨石屹立，其中一处名曰砥柱。河水至此，激起巨浪，这就是"中流砥柱"的出处。传说并非信史，然而不难发现，大禹开三门而通黄河，这个传说与三门峡大坝的修筑，正好是一个轮回。大坝成，三门锁，黄河之水再次被锁在潼关以内，千里秦川，复又处在咆哮的黄河威胁之下。《孟子·告子下》中记载：

> 曾师白：丹之治水也愈于禹。吴跅子曰：子过矣。禹之治水，水之道也，是故禹以四海为壑。今吾子以邻国为壑。

大意是这样的——曾老师说："我治理水比大禹还强。"吴跅子说："你错了。大禹治理水患，是顺着水的本性而疏导，使水流到四海中去。如今你却使洪水流到邻近的国家去。"这就是成语"以邻为壑"的出处。

地球公民

1998年，一个笔名叫冷梦的陕西女作家，发表了一篇叫做《黄河大移民》的中篇报告文学。这部貌似平庸的主旋律作品，不仅使作者一朝成名，获得了首届鲁迅文学奖，同时也使三门峡库区移民问题获得了更大程度的现实关注——移民因此得到了5亿元安置资金。时过境迁，2010年，同样是记述三门峡库区移民历史，作家谢朝平却因为他的长篇报告文学《大迁徙》，而遭到渭南警察的"跨省抓捕"。[①]

在如今的全球化竞争格局下，狂奔的经济列车对能源需求已经饥不择食，经济正在毁灭自然，也在毁灭人本身。从人的角度来说，将一群人活生生连根拔起，逐出家园，这无论如何都不是一件令人心安理得的善事。

---

① 《谁救了谢朝平》，《南方周末》，2010年9月23日。

在贾樟柯的《三峡好人》中,那破破烂烂,满目疮痍,怎一个凄惨悲情了得。

在很多时候,人是一种短视而愚蠢的动物。好大喜功、见利忘义、见风使舵,使一切危险都被人们视而不见,或选择性的遗忘。在好莱坞的电影《2012》中,中国人造了世界上最大的诺亚方舟;现实中,中国人造出来的是人类历史上最大的水库。1992年4月,三峡工程即将上马,全国人大2633名代表,以1767票赞成,177票反对,664票弃权,25人未按表决机器,"通过"了政府的提案,距"热烈"、"一致"已经相去甚远。当年反对三门峡工程的,只有黄万里一人,如今反对三峡工程的,已经是一大群人。当年反对三门峡工程是一种反动,是一种罪行,如今反对三峡工程,已经成了科学和民主的象征。曾有记者问著名的水利专家潘家铮①,"谁对三峡工程的贡献最大?"潘的回答是:"那些反对三峡工程和提出了许多不同意见的人贡献最大。"②

1975年8月8日,一场大暴雨导致板桥水库崩溃,随即如多米诺骨牌一般,引发了豫南地区石漫滩水库、宿鸭湖水库等60座水库接连溃坝,酿成了人类历史上最为惨重的溃坝灾难。③"在当时反常的政治气候下,新闻媒介保持着难堪的沉默,出现在报纸电台上的,充其量是对英雄模范人物事迹的张扬,仿佛数万人的伤亡和流离失所不值一谈。但生活出现断层,历史决不应该留下空白。"④2005年8月,凤凰卫视的社会能见度栏目中播出《追问"七五·八"》节目。节目中披露,根据中国水利部在2003年的统计,20世纪50年代初,中国只有大型水库6座,中型水库17座;然而仅仅是在半个世纪以后,中国的水库数目就已经达到了84000多座,增长了3650倍。

对现代社会,水坝问题在全世界范围内都引发诸多关注。从20世纪30到70年代,建造大型水坝成了开发和经济起飞的代名词。这个趋势

---

① 潘家铮曾担任三峡工程可行性论证领导小组负责人、三峡工程验收专家组组长、中国长江三峡工程开发总公司技术委员会主任。
② 韩磊《关于三峡的一场"御前辩论"》,《炎黄春秋》2008年第10期。
③ 于为民、叶树鑫《75·8浩劫内幕纪实》,黄河文艺出版社,1990。
④ 管志光《20世纪河南重大灾害纪实》,地震出版社,2002。

于 70 年代达到最高峰，但后来建造水坝对社会造成的负面影响明显增多，无法忽视。"公平"这个词取代了"共同福祉"的想法之后，民意随之转向，究竟是谁受惠？又是谁的利益受损？水坝建造私有化之后，民主国家的抗议行动获得初步成果，同时在获利考量之下，建造工程开始缩减。1994 年，44 个国家的 326 个环保组织签署《马尼贝里宣言》，要求中止世界银行的水坝建造工程。在许多发达国家，拆除水坝之风正蔚然兴起。①

客观地说，建造水坝是为了因应四方面的需求，分别是农业、能源、供水和洪水治理。不过，水坝对生态系统、生物多样性和民众生计往往会带来不利影响。尽管就连国际水坝委员会本身，也对大型水坝持负面看法，但同时又拿不出别的替代方案。应当承认，水坝对现代中国的经济发展有很大贡献，但另一方面，在 1950 年至 1990 年，为了建造水坝，就有 1000 万人被迫迁离。在移居数十年后，这些人有将近一半仍在世，但是陷入"极度贫穷"。②

工业化早期，西方自由主义先驱穆勒就警告说："对人类未来远景最大的威胁，莫过于商业精神的过度弥漫。" 200 年后，这一切都开始变成不幸的现实。如同美国记录片《地球公民》所批判的人类罪恶，在金钱和贪婪的驱使下，在权力和虚荣的蛊惑下，人本身的意义和价值已经变得无足轻重、分外可疑。

"西北望长安，可怜无数山。"③在三门峡到潼关之间，还有一座函谷关。2500 年前，老子过函谷关，留下一部《道德经》，"天地不仁，以万物为刍狗；圣人不仁，以百姓为刍狗。" 1300 年前，杜甫路过崤函古道，留下《石

---

① 截至 2015 年，全美境内拆除了超过 1300 座大坝。艾尔华河上的艾尔华大坝和格莱因斯卡因坝在 2011-2014 年间拆除。2011-2012 年间，白鲑鱼河上的康迪特大坝也被拆除。类似的大坝拆除项目使其辖区内的河流和渔场获得了重生。这些项目也折射出美国人对待河流态度的巨大转变，河流的作用不再只是水力发电、农业和经济增长的工具。一方面水坝的经济价值不断下降，另一方面人们的环保意识在增强，同时，各种新的环境法案也构成巨大的压力，拆除水坝使河流获得了自由，这不仅恢复了自然生态，也为逐渐减少的鲑鱼和其他物种免于灭绝提供了庇护。

② （瑞士）许靖华著，甘锡安译，《气候创造历史》，三联书店，2014。

③ 辛弃疾《菩萨蛮·书江西造口壁》。全词为：郁孤台下清江水，中间多少行人泪。西北望长安，可怜无数山。青山遮不住，毕竟东流去。江晚正愁予，山深闻鹧鸪。

壕吏》:"暮投石壕村,有吏夜捉人,老翁逾墙走,老妇出门看,吏呼一何怒,妇啼一何苦。夜久语声绝,如闻泣幽咽。"700年前,张养浩过潼关,留下一首《山坡羊·潼关怀古》——

峰峦如聚,
波涛如怒,
山河表里潼关路。
望西都,
意踌躇。
伤心秦汉经行处,
宫阙万间都做了土。
兴,百姓苦;
亡,百姓苦。

曾经的大学

在过去的大学里，有过丰富的校园生活，有过教授治校的漫长岁月；演讲是自由的，讲课是自由的；没有统一教材，不必讲自己不愿讲的东西；学生可以批评教授，教授也不怕得罪学生；教授是自由流动的，不用看校长的脸色，合则留，不合则去；职称是真正的学衔，由校长说了算，真有水平，没有学历也可以，在这所大学是教授，在另一所大学可能你连一个助教也当不上，没有终身制，没有铁饭碗。那时的教授和学生也不满意他们的生活，他们依然在为更高的理想而奋斗。这一切后来都消失了，好象没有发生过一样……①

当现实困惑越来越多时，人们往往会从历史中寻找智慧。近年来，随着晚清史和民国史的升温，中国现代知识分子的命运也得到越来越多的关注。在《从蔡元培到胡适》和《陈寅恪与傅斯年》之后，岳南耗时8年写作的170万字巨著《南渡北归》再次掀起一股热潮。往事并不如烟，从这些回首百年的历史沧桑中，当下的人们更容易看清现代文明在中国的坎坷之路。

作为一本典型的民间历史文本，陈远《燕京大学 1919—1952》②是对尘封已久的燕京大学的一次成功打捞；虽然很多历史档案仍被封禁，但来

---

① 谢泳《逝去的年代：中国自由知识分子的命运》，福建教育出版社，2013。
② 陈远《燕京大学 1919—1952》，浙江人民出版社，2013。

自亲历者的口述史却增添了另一种真实与鲜活。

作为知识分子的发源地,大学在西方有超过 1000 年的历史。如果再向上追溯,那么古希腊才是西方大学的真正源头,从苏格拉底的思辩到亚里斯多德的推理,柏拉图的乌托邦理想就是以他的学院来支配城邦政治。一般人们将建于 1158 年的意大利波伦亚大学视为世界最早的大学——

> 最早期的大学与今日大学含义不太一样。它实际上是教师和学生所组成的行会,属当时诸行业协会中的一种。这些行会自主管理,课程自行设置。与教会学校比起来,更代表着一种自由和开放的近代精神。世界上第一所大学是 1158 年创立的波伦亚大学。它起初就是一个讲授罗马法而著名的讲学中心,后来由学生和教师组织成一个大学(行会)。①

在中世纪,大学如雨后春笋一般,先后传播到法国、英国,之后再到德国和俄罗斯,后来又到了美国。早期的大学多是自治团体,它既不隶属于教会,又不受制于政府,有相对的独立性,其目的就是为了自由的研究学术。博洛尼亚大学甚至有独立的审判权。②

在英语中,"大学"(University)一词来源于"宇宙"(Universe),这意味着博大与包容。大学实际上是一种理想的传统。因为大学,知识分子成为一种职业。"中世纪的大学是现代精神的摇篮。"中世纪大学值得荣耀之处在于"学问的神圣化",并且这种荣耀和理想至今也没有消失。③

从西方历史来说,无论是私立、国立还是教会大学,他们一般都保持着独立管理和学术自由,即使在接受外来资助的情况下。巴黎大学由原巴黎圣母院大教堂学校发展而来,教授由教会发给薪俸;学校的管理人员由取得博士和硕士学位的人选举产生。英国的大学没有一个是国立的,他们

---

① 吴国盛《科学的历程》,北京大学出版社,2002。
② 12-13 世纪,国王和教皇都承认大学生以及仆人享有免受世俗司法审判的权利。这使大学生在司法审判中有一种特殊的地位,虽然现代法律已经不承认这种特权,但在司法实践中,或多或少地还是有所遗留。
③ (美)哈斯金斯,张堂会、朱涛译《大学的兴起》,北京出版社,2010,第 30 页。

都是私人组织的团体；它们从中央政府和地方政府获得大量补助，但是政府发给补助并不附带严厉的条件，也不以约束为交换。直到今天，美国排在前十名的大学仍然都是私立大学。曾经拒绝给里根总统"授衔"的哈佛大学有一个著名的"3A"原则，①所谓大学精神即是独立和自由。可以说，正因为有了这种自治的传统，思想才前所未有地成为一种社会力量，从而引发了一场接一场的思想革命。换句话说，没有这些大学，就不可能有后来的文艺复兴和启蒙运动。

从历史的角度来说，基督教与现代大学有着密不可分的关系。作为一个清教徒创立的国家，美国的大学大多为教会所建，著名的如哈佛、耶鲁和康奈尔等大学，这些大学的历史甚至远远超过美国的历史。

中国具有相当悠久的历史，但却缺乏独立的学术研究机构。所谓的稷下学宫、太学、国子监等高等书院，以儒学教育为主，其唯一目的就是培养依附于皇权的统治官僚。同时，古代中国也没有固定的学术机构，"在传统时代，到处都可以是儒家'讲学'之地，不必限于书院、私塾、明伦堂之类地方，连朝廷之上都可以有经筵讲座"。②

应当承认，中国现代大学制度并不是"太学"等传统学校制度的延续，如蔡元培所说，"吾国今日之大学，乃直取欧洲大学之制而模仿之，并不自古之太学演化而成也"。③1901年，清政府将全国省、府、州、县的书院变为有高等、中等和初等学校构成的现代学校系统，这是中国现代教育取代古代教育的转折点。④1905年，正式废除科举制度。但传统的读经和儒学教育并没有因为现代教育而被取消，从袁世凯到蒋介石，都极力维护

---

① "3A"即学术自治（Academic Autonomy）、学术自由（Academic Freedom）和学术中立（Academic Neutrality）。

② 余英时《现代儒学的困境》，《现代儒学论》，上海人民出版社，1998。

③ 蔡元培《大学教育》，《蔡元培全集》第6册，浙江教育出版社，1997。

④ 朝廷规定，省级书院改为"大学堂"，府、厅和直隶州的书院改为"中学堂"，州县的书院改为"小学堂"。所有学堂的教学都要以《四书》、《五经》和儒家伦理为主，以历史、中外政治和科学技术为辅。1902年颁布的《钦定学堂章程》规定："欧美日本所以立国，国有不同，中国政教风俗亦自有所以立国之本。所有学堂人等，自教习、总办、提调、学生诸人，有明倡异说，干犯国宪，及与名教纲常显相违背者，查有实据，轻则斥退，重则纠办。"很明显，清廷担心西方的科学和自由思想不利于专制统治。

儒学的正统地位。清廷于1904年颁布的《奏定学堂章程》规定，大学教育包括三个阶段：一是通儒院，相当于研究生；二是分科大学堂，相当于本科；三是大学豫备科和高等学堂，相当于大学预科。大学学科以儒学理学为首。①

值得一提的是，中国的"通儒"并不是西方的"博雅"。博雅教育②是美英大学的最大特点，比较注重培养学生的综合素质，强调自由、独立发展。这种体制下的大学，并不是为了造就技术专家，只是为社会培养受到较全面基本训练的优秀公民。大学就是启蒙，赋予他们完整的自学能力和独立精神，专业能力在大学毕业以后才开始培养。牛津运动的创始人纽曼甚至说"大学应该是培养'英国绅士'的地方"。

现代大学从清末在中国起步，仅仅一代人的时间，这种具有思想精英和贵族精神导向的大学传统在中国很快结出了丰硕成果，至今亦令人无限怀念。

从相当程度上，燕京大学几乎是中国大学历史命运的一个缩影，甚至更为典型和悲壮。作为一个由美国人创建的教会大学，燕京大学充分体现了大学这种精英教育方式的西方性和世界性，这也使中国大学从一开始就与世界保持同步。比如1928年成立的哈佛燕京学社就是这种同步与合作的最好体现。

1919年，汇文大学与协和大学合并成立了燕京大学。燕京大学的建设经费大多来自美国的个人捐赠。燕大虽是外国人所建，但几乎所有的院系主管都由中国人来担任，大多数教师也都是中国人。在崇尚自由民主的燕大，中外不同国籍的教职员待遇均等，教授月薪360元，校长亦如此，这几乎是一般工人月薪的20倍。到30年代，燕大共建成1个研究院，3个研究所，4个学院和19个科系，一时之间群贤毕至，如洪业、冯友兰、吴文藻、雷洁琼、周作人、陈垣、顾颉刚、钱穆、钱玄同、朱自清、谢冰心、许地山、齐思和等。

---

① 袁征《孔子·蔡元培·西南联大：中国教育的发展和转折》，人民日报出版社，2007。

② Liberal Education，也称通识教育。

国文系讲师钱穆连高中都没读完，来燕大之前在乡下教书。在司徒雷登招待新教师的宴会上，钱穆言道："初闻燕大乃中国教会大学中之最中国化者，心窃慕之。及来，乃感大不然。入校门即见 M 楼、S 楼，未悉何义？此谓中国化者又何在？此宜与以中国名称始是。"事后校方根据钱穆的建议，改 M 楼为穆楼，S 楼为适楼，贝公楼为办公楼，其他建筑也一律赋以中国名称。园中有一湖，景色绝胜，然所有提名皆感不适，最后只好叫"未名湖"。

"何世无奇才？遗之在草泽。"① 1923 年，20 岁的沈从文来到北京，满怀希望地报考燕大国文系，结果未被录取。16 年之后，这个仅有小学文化的湘西人被聘为西南联大国文系教授，月薪 360 元。

燕京大学治学严谨，根据当时制定的教职员资格标准，1922 年只有 4 人被认定为教授。作为中国最好的文科院校之一，燕京大学的新闻、法学和社会学等科系人才辈出，费孝通、瞿同祖、吴文藻等一代社会学大家俱出自燕京。② 在二三十年代梁漱溟、晏阳初、陶行知等发起的乡村建设运动中，燕大社会学系成为最活跃的一支力量。

事实上，燕京大学并不是中国最早的大学，北洋大学、上海交大和北京大学比它要早 20 多年，而且完全是中国人自己创办的。

在青年心目中，北京是中国公认的教育和知识中心，有许多著名的高等学府：国立北京大学、国立师范大学、清华、燕京、北京协和医院，以及其他许多小学校。1909-1922 年，北京高校从 10 个增加到 40 个，学生人数从 2115 增加到 15440；北京高校占全国高校总数的 30%，而学生人数是全国的 40% 多。在所有这些高校中，北京大学无可争议是最著名的，它的教师集中了一群著名的激进知识领袖，不止一次成为学生运动的风暴中心，这种运动在新文化时期的政

---

① 晋·左思《咏史》。

② 中国第一个社会学系是由沪江大学创建的，但中国社会学家的摇篮却在燕京大学社会学系。中国现代社会学和人类学的奠基者，几乎都与燕大有联系，比如张鸿钧、许仕廉、李安宅、吴文藻、杨开道、严景耀、雷洁琼、瞿同祖、费孝通等，都曾在燕大学习或任职。

治知识历史中起着越来越重要的作用。①

从五四运动到中国共产党

1898年，作为那场短命的百日维新的硕果仅存，京师大学堂打开了中国大学的大门。一群传统时代的改革者试图以这种带有近代西方教育特征的新式学堂，来取代科举时代的书院。担任总监督的孙家鼐虽是旧派学者，但他非常开明，经他推荐，美国传教士丁韪良担任西学总教司。教学计划包括英语、法语、俄语、德语和日语，还有天文学和数学。"中学为体，西学为用，中西并用，观其会通。"这与传统的儒学教育已经不可同日而语。丁韪良对学校非常乐观——

> 所有的改革都离不开教育，中国的命运系于教育振兴。铁路、报纸、电报将给学校校长消弭偏僻之地的呆钝萧瑟之气助一臂之力。学校将给中国人开辟一个远比他们的村庄更广阔的天地，比他们的家庭更高级的观念。科学与真正的宗教，将激励中国的活力，不消几代人的努力，中国就会屹立于世界大国之林。②

京师大学堂位于紫禁城东侧的马神庙，毗邻总理衙门，建立学堂的初衷就是为了维护该衙门。它完全是仿照同文馆建立的，丁韪良之前就是同文馆的总教习。在科举体制下，这种新式学堂的学生仍来自传统的秀才和举人，他们等待将来在科举考试中得到功名，然后去做官。因此这些所谓的"大学生"，完全是一副候补官员的作派；学生被称作"老爷"，监督和教员则被称为"中堂"或"大人"。比起"无用的"西学来，"老爷"们更喜欢吃喝嫖赌。1905年，延续千年的科举被废除，彻底斩断了大学与官

---

① （美）格里德尔，单正平译《知识分子与现代中国：他们与国家关系的历史叙述》，广西师范大学出版社，2010。
② （美）乔纳森·斯潘塞（史景迁），曹德骏译，《改变中国》，三联书店，1990，第159页。

场之间的脐带。

1912年清朝逊位，中国成为亚洲第一个民主共和国。作为中国近代西学的开创者，大思想家严复被袁世凯总统任命为京师大学堂总监督。严复对西方近代文明有着深刻的体验和理解，他用了仅仅半年时间，就把这一前清遗物改造成一个真正的近代教育机构。在严复的力主下，外语和近代科学方面的能力被视为合格大学毕业生的标志。他不仅聘请了更多的外籍教师，还鼓励师生用英语上课。

对严复来说，他最大的贡献或许是将京师大学堂改名为北京大学，名正言顺的表示这是一所近代大学，而不是传统的进仕之路。遗憾的是，作为北京大学第一任校长，严复在一片围攻中黯然离开北大。从这种意义上，中国的大学其实是从一批传统士子手中发展起来的。北大校长蔡元培、南开的创始人严修、南洋大学堂校长唐文治、交通大学校长叶恭绰和光华大学校长张善镛等，这些开路者也全部都是进士或举人出身，但他们却都非常开明，对世界潮流和现代教育有着清醒的认识，这使中国大学在短短的时间内就与世界接轨。可以这样说，正是蔡元培成就了日后的北大。如杜威所赞，"除了蔡元培之外，再没有第二个人能够通过办一所大学来引导一个国家和时代的变迁。"

1916年，蔡元培结束了长达7年的留学生涯，从德国归来，将北大带入一个全新的时代。蔡元培甫一上任，就立下宏愿，要让20年后的北大达到柏林大学的水准。1917年，胡适刚刚从美国留学归来，年仅26岁就被聘为北大教授。胡适后来多次说，如果没有蔡先生的着意提掖，他的一生也可能就在二三流报刊编辑的生涯中度过。

> 中国的现代大学，不是经太学、国子监延续下来的，而是从欧洲（特别是德国）横向地移植过来的。19世纪的德国把欧洲中古以来以神学为核心的大学彻底地改变。它把科学研究与创新知识作为现代大学的首要任务，也因此把中古大学以神学（圣经）为核心的教育改变，它把神学边缘化，大学的精神特质不再是"信仰"，而是"理性"了。蔡元培说，这个的第一间国立大学——北京大学——之取消经学，

正如德国大学之取消神学一样。①

与严复一代相比,蔡元培是彻底跳出了中国传统教育的思想束缚;在后来的历史中,蔡元培几乎成为中国大学和学术自由的象征。"大学者,囊括大典,网罗众家之学府也";"大学者,研究高深学问者也";"大学学生,当以研究学术为天职,不当以大学为升官发财之阶梯"。1919年蔡元培废文、理、法三科之名,改门为系,建立了包括史学系在内的14个系。他不仅网罗了陈独秀和胡适这样的新文化领袖,也请来了辜鸿铭和梁漱溟这样的奇人,而梁只有中学学历。蔡元培认为,大学并不是贩卖毕业证的机关,也不是灌输固定知识的机关,而是研究学理的机关。

蔡元培时代的北大以"兼容并包"的宽容精神,"学术自由,学校自治",积极维护学术的尊严和知识的自由,这在中国教育史上不仅是空前的,也可以说是绝后的。②陈独秀主持的《新青年》不仅得到蔡元培的庇护,还得到了他的资助。这份非学术性的私人杂志影响巨大,为一场新文化运动推波助澜,从北大迅猛地扩展到校外,最终导致了五四运动的爆发。蔡元培为此不得不引咎辞职。

贺卫方在给《北大教授与〈新青年〉》③一书写的评语中说:"教授是大学精神的载体。那个时代,北京大学风云际会,学人各具风采,一份杂志引领新潮,不仅影响了中国近代的思想与社会,而且流风余绪至今仍萦绕于世人心间。"因为五四运动,北大不仅仅只是一所大学,它改变了一个社会和国家。这些以天下为己任的大学生不仅是旧传统的破坏者,更

---

① 金耀基《中国文明的现代转型》,第13页。

② 袁征《孔子·蔡元培·西南联大:中国教育的发展和转折》,第302页。(北伐以后,蔡元培思想发生了改变,不再强调教育独立和学术自由,他对金陵大学的师生说:"大学院以科学化、艺术化、劳动化相提倡,大学必须具备此三种精神。"完全不同于1919年他在《不愿再任北京大学校长的宣言》中所说:"思想自由,是世界大学的通例。"北伐后的蔡元培将政府控制和干预教育视为理所当然,他明确说过:"今中国本部已尽在青天白日旗帜之下,国民政府对于不服从党义之官吏及学校职员,皆有干涉与更易之权。"这一时期,他经常讲"党国"、"党化"。他主张国民党应当实行一党专政,"党外无党,囊括长材。")

③ 张耀杰《北大教授与〈新青年〉》,新星出版社,2014。

是现代思想的启蒙者，他们通过对社会和政治的积极介入，将新思想和新希望带给更广泛的中国民众。1909年，全国已有123所官办的高等院校，学生总数达到22000人。史学家许倬云说，这个数字已超过全国举人以上有功名的人数了。①

北洋时期虽然武夫当道，但大学仍然受到极大的尊重，始终保持独立与自由。"北大时期塑造了他们性格的启蒙运动，乃'非暴力'阶段的历史产物。"②从历史来看，"五四运动"是非常幸运的，这些爱国青年之所以敢于走上街头，是因为他们确信其精英的社会地位能使他们免于暴力袭击，事实也是如此，1919年5月4日的天安门游行中没有一个人被杀，警察受命保持和平中立并维持秩序。但之后，他们失去了暴力豁免权。1926年3月18日，举行抗议游行的大学生受到段祺瑞卫队的袭击，鲁迅为此写了《记念刘和珍君》。在以后的岁月里，有更多的学生和学者被杀害。1927年以后，大学生的抗议被视为非法活动，五四精神就这样被暴力和恐怖窒息了。"'五四'知识分子中包含这样一个群体，他们认为非暴力是进行理性反省的当然前提。因此，他们对屠杀和恐怖的反应，证实了暴力是如何在思想体系内激起创造性的变革，同时也封住了思想家的嘴口。"③

有研究者将北大看作是中国古代太学与德日现代大学的融合体。在近代中国的新旧辩证互动过程中，知识分子仍然在一定程度上固守自己的精英主义传统，以北大为阵地教化天下。由此，无论是风起云涌的学生运动，还是不由自主的教授参政，均在其现代的外壳之下，显现出古代士人的精神风貌。④从"进德会"或许可以发现这种传统"士人"观念的影响。1918年，蔡元培在北大成立进德会，对知识分子提出"八不"：不嫖不赌不纳妾，不做官不做议员，不吸烟不饮酒不吃肉。当时担任文科学长的陈独秀依旧是八大胡同的常客，这让蔡元培极其尴尬。迫于压力，蔡元培于

---

① 许倬云《万古江河》，第416页。
② （美）舒衡哲著，刘京建译《中国启蒙运动：知识分子与五四遗产》，新星出版社，2007。
③ 同上。
④ （美）魏定熙《权力源自地位：北京大学、知识分子与中国政治文化，1898-1929》，张蒙译，江苏人民出版社，2015。

1919年3月26日夜开会，决定取消学长制，同时还给陈放了一年长假，这等于将陈独秀暂时革职放逐。

此后月余，五四运动爆发，不再担任教职的陈独秀全身心地投入其中，甚至亲自站在大街上发传单。直到6月11日，在城南新世界游艺场散发《北京市民宣言》时，陈独秀被当局逮捕。虽然3个月后陈独秀被保释出狱，但北大已经回不去了，他只好南下上海。

在法租界，陈独秀邂逅共产国际的代表，双方一拍即合。经过一年多的筹划，改变中国现代史的中国共产党就这样在陈独秀和李大钊手中诞生了。作为北大图书馆主任，李大钊将张申府和毛泽东发展为第一批党员，他们都曾在北大图书馆工作过。张申府又发展了北大学生领袖张国焘（张也是周恩来和朱德的入党介绍人）。毫无疑问，这群北大人成为中国共产党的创始者。

当年毛泽东因为"职位低下"，在北大几乎不被"当人看待"。[①]时过境迁，代理北大校长的傅斯年再次与毛邂逅，是在延安的窑洞中。傅对毛说，"我们不过是陈胜吴广，你们才是刘邦项羽。"毛泽东回以唐代诗人章碣的《焚书坑》："竹帛烟销帝业虚，关河空锁祖龙居。坑灰未冷山东乱，刘项原来不读书。"

傅斯年离开延安后，发表了《中国需要政府》一文。数年之后，毛泽东在新年社论中写道："帝国主义为了统治我们，给我们培养了成千上万的区别于旧式文人的新的大小知识分子，帝国主义及其走狗国民党反动政府始终驾驭着他们中的少数精英，如胡适、傅斯年、钱穆。"

从清华大学到西南联大

1919年5月4日，下午1时30分，来自13个大学的3000多名学生聚集在天安门广场，最后到达的是北大学生，《北京全体学生宣言》成为这次运动最著名的纲领性文本，他的起草者是北大三年级学生罗家伦。

---

① （美）埃德加·斯诺著，胡为雄译《漫长的革命：紫禁城上话中国》，新疆大学出版社，1994。

五四运动之后，罗家伦出国留学，在美国普林斯顿和哥伦比亚大学研究历史和哲学。9年之后，31岁罗家伦回国，成为清华大学第一任校长。

不可一世的义和团运动以八国联军占领北京而结束。7年之后，在华的美国传教士明恩溥和美国伊利诺大学校长詹姆士说服美国总统罗斯福，提议将美国分到的"庚子赔款"2444万美元（按每两关银折合0.742美元计）中，超过实际消耗部分减退的1078万美元，用于中国办高等教育和招寻中国学生留美。①此后，英、日、法等国都纷纷效法美国，退回部分庚款，用于兴办中国高等教育。从这段历史来说，所谓中国现代大学，差不多来自于西方列强的"良心"发现，或者说是一场民族与国家的双重灾难的产物。

从1909年起，美国将庚子赔款分39年退还给中国，定向于现代化教育，要求中国每年选派100名学生到美国大学学习；为此专门成立了作为留美预备学校的游美学务处，这就是清华大学的前身。由庚子赔款建立的"清华受外交部管辖，其行政主要由中国人管理，课程和大部分教员都是美国的"。庚子赔款留学计划的用意在于"用从知识上和精神上支配中国的领袖方式，比用军旗更可靠"。在1921-1925年间，500名公费留学生中，四分之三多是庚款享受者；在1909-1928年间，1268名赴美留学生中，清华毕业生占了一大半。②以1928年国立清华大学成立为标志，仅用了10年时间，清华已成为世界知名的大学。

"大学里知识的发源地，就在图书馆和实验室里。"罗家伦完全继承了蔡元培的自由精神，他为清华大学奠定了教授治校的民主管理体制。在20世纪30年代，清华大学远比北大要自由得多。五四一代在清华大学延续了另一种传奇，特别是学术批判精神。用陈寅恪的话说，清华精神就是"独立之精神，自由之思想"。

以清华大学为平台，美国为中国的现代化建设培养了大批知识精英。

---

① 事实上，早在1872年（同治十一年），清政府就派出第一批留学生赴美，只不过这些学生都是来自社会底层家庭的幼童。虽然这次尝试因为文化冲突而中途夭折，但在后来的历史中，这些为数不多的幼苗成为中国转型期可圈可点的栋梁之才，如铁路工程师詹天佑、开滦煤矿矿冶工程师吴仰曾、北洋大学校长蔡绍基、清华大学校长唐国安、民初国务总理唐绍仪、清末交通总长梁敦彦等等。

② 王伟《中国近代留洋法学博士考（1905-1950）》，上海人民出版社，2012。

这些来自传统私塾的留学生背井离乡，在大洋彼岸发奋苦读，完成学业后再回国服务，很少有滞留不归者。竺可桢和胡适都是第二期的庚款留美生；当时胡适贫困潦倒，若不是官费留美，他或许一生只能在赌场里跑堂。胡适在1910年的家信中说："现在时势，科举既停，上进之阶，惟有出洋留学一途。"胡适于1910年去美，1917年回国发起新文化运动。一般留学时间为10年，1920年以后，清华留美学生陆续进入归国高潮期。这些掌握各种世界前沿科技和思想的学者专家，对推动中国社会的变革发挥了不可估量的作用。著名历史学家雷海宗于1922年从清华留美，在芝加哥大学攻读历史和哲学，获哲学博士学位后，于1932年回清华任教，此后辗转西南联大，又将更多的人领上学问之路。何炳棣就是他的学生之一，在西南联大毕业后留美。到1953年，至少有36000名中国人在美国留过学。西南联大有200名受过国外教育的教师，其中一半以上是在美国获得博士学位的教授。① 近世数百年，北方一直是中国的统治中心，但就文明程度而言，南方远胜于北方。据研究者统计，近代留美法学博士116人中，江苏37，浙江25，广东19，安徽福建各9，河北5，江西湖南各3，湖北、河南、广西、四川、吉林、山西各1。留法法学博士籍贯以人数多少排序：江苏44，广东42，浙江26，安徽12，四川、湖北、湖南各11。

竺可桢获得哈佛大学博士学位后回国，1936年，被蒋介石任命为浙江大学校长。竺可桢认为，大学的目的在于培养社会常识，"大学教育之目的，在于养成一国之领导人才，一方提倡人格教育，一方研讨专门智识，而尤重于锻炼人之思想，使之正大精确，独立不阿，遇事不为习俗所囿，不崇拜偶像，不盲从潮流，惟其能运用一己之思想，此所以曾受真正大学教育之富于常识也。"他还引用一句美国人的话说："大学的目的，不在于使大学生能赚得面包，而在于使他吃起面包来滋味能够特别好。"②

当时一般国立大学（包括北大清华等）有国家专款支持，一个学生每年学费约20到40元不等，有的收住宿费，有的不收，师范类的院校一律不收学费和住宿费。南开、复旦等私立大学学费每年在45到120元之间，

---

① 费正清《美国与中国》，第313页。
② 智效民《大学校长竺可桢》。《随笔》杂志，2005年第2期。

而燕京、协和、岭南等有"贵族学校"之称的教会大学,每年学费在160元左右。当时一个普通工人的月工资约为22元。一般中等人家供一个大学生并不是很难。①

七七事变后,华北沦陷于日军之手。国民政府并没有因为战争而放弃教育,清华大学与北京大学、南开大学一起南迁至昆明,重组后成立"国立西南联合大学"。因为战时物资紧张,在联大组建之初,缺乏校舍、图书资料和仪器设备,教育经费"系北大、清华原定经费之四成,及南开应领教育部补助之四成补充,合计每月不足8万元"。即使在这样艰苦的抗战背景下,这所战时大学不仅是中国最好的大学,而且达到了中国大学的巅峰。"师生们住古庙破祠,吃红薯干,点桐油灯,百结鹑衣。但为爱国而教,为救国而学,弦歌不绝,其精神、其气节,远远超过'贤者回也'!"

读齐邦媛的传记《巨流河》,②最让人感动的,是作者在那个战火纷飞的年代,竟然获得了中国最好的教育——这个蓝衫白裙的女生,先后就读于南开中学和武汉大学,尽管校园由北而南、由东而西,迁徙数千里,从校舍到图书,无不因陋就简,但那时的学生遇到了一群学贯中西、忘我教学的老师——张伯苓、朱光潜、吴宓、钱穆……

作为西南联大的主力阵营,清华大学赋予其强烈的西方色彩,教授治校,思想自由,学术自由,兼容并包,这些现代大学精神在西南联大变成现实。"八年之久,合作无间;同无妨异,异不害同;五色交辉,相得益彰;八音合奏,终和且平……"。③

这个群星灿烂的西南联大知识分子群体,既具有坚实的传统教育根基,又不乏现代学术能力,这种中西贯通、博大精深的学术功底可谓空前绝后。早在清华大学设国学研究院(1925年)之时,就要求被聘任的导师"通晓中国文化之全体",并对外国文化有相当的了解。当时的名师多以通识为本,专识为末,像王国维、朱光潜、冯至等人,既讲授西方哲学、美学、

---

① 傅国涌《偶像的黄昏》,长江文艺出版社,2006。
② 齐邦媛《巨流河》,三联书店,2011。
③ 《联大纪念碑碑文》。

也讲中国古典文学。

更为可贵的是，西南联大这座民主堡垒孕育了整整一代中国自由主义知识分子；自由和民主不仅是一种追求，更是一种传统。虽然闻一多和李公朴被暗杀，①但大多数知识分子并没有放弃自己的言论自由。政治学系主任张奚若在演讲时说："现在中国政权为一些毫无知识的、非常愚蠢的、极端贪污的、极端反动的和非常专制的政治集团所垄断。……假如我有机会看到蒋先生，我一定对他说，请他下野。这是客气话。说得不客气点，便是请他滚蛋。"

1941年，哲学教授贺麟在《学术与政治》一文中写道："我们必须先要承认，学术在本质上必然是独立的，自由的，不能独立自由的学术，根本上不算是学术。学术是一个自主的王国，……一个学者争取学术自由独立的尊严，同时也就是争取他自己人格的自由独立和尊严。假如一种学术，只是政治的工具，文明的粉饰，或者为经济所左右，完全为被动的产物，那么这一种学术，就不是真正的学术。"冯友兰代表西南联大校方致教育部陈立夫部长的信，颇能说明当时大学的独立地位——

> ……夫大学为最高学府，包罗万象，要当同归而殊途，一致而百虑，岂可刻板文章，勒令从同。世界各著名大学之课程表，未有千篇一律者；即同一课程，各大学所授之内容亦未有一成不变者。唯其如此，所以能推陈出新，而学术乃可日臻进步也。如牛津、剑桥即在同一大学之中，其各学院之内容亦大不相同，彼岂不能令其整齐划一，知其不可亦不必也。今教部对于各大学束缚驰骤，有见于齐无见于畸，此同人所未喻者一也。教部为最高教育行政机关，大学为最高教育学术机关，教部可视大学研究教学之成绩，以为赏罚殿最。但如何研究教学，则宜予大学以回旋之自由。律以孙中山先生权、能分立之说，则教育部为有权者，大学为有能者，权、能分职，事乃以治。今教育

---

① 1946年7月11日，"救国会七君子"之一的李公朴遇刺身亡，4天之后，西南联大教授闻一多在参加李公朴追悼会后也遇刺身亡。事发后舆论大哗，蒋介石下令彻查，最终查明此案系云南警备司令霍揆彰部下所为，霍被免职，凶手被判处死刑。

部之设施，将使权能不分，责任不明，此同人所未喻者二也。教部为政府机关，当局时有进退；大学百年树人，政策设施宜常不宜变。若大学内部甚至一课程之兴废亦须听命教部，则必将受部中当局进退之影响，朝令夕改，其何以策研究之进行，肃学生之视听，而坚其心志，此同人所未喻者三也。师严而后道尊，亦可谓道尊而后师严。今教授所授之课程，必经教部之指定，其课程之内容亦须经教部之核准，使教授在学生心目中为教部之一科员不若。在教授固已不能自展其才，在学生尤启轻视教授之念，于部中提倡导师制之意适为相反。此同人所未喻者四也。教部今日之员司多为昨日之教授，在学校则一筹不准其自展，在部中则忽然周智于万物，人非至圣，何能如此。此同人所未喻者五也。

对一所大学来说，它最大的价值在于教授。西南联大无疑集中了当时中国最优秀的知识分子，他们不仅专业精进，而且品德高洁，既有传统的"士"气，又有现代知识分子精神。他们并没有局限于学术的象牙之塔，而是充满家国情怀。储安平的《观察》周刊之所以影响巨大，正因为拥有一群为其撰稿的大学教授。这些知识精英以其真见卓识和大仁大义，顽强地支撑起一个民族的思想与精神。

对知识分子来说，人格独立是其存在的前提，正如学术自由是大学存在的基础。虽然时局动荡、武夫当道，但在一种尽管有些残缺的民主政体下，当时的大学竟然不可思议地成为一个世外桃源般的理想国。这些身处其中的知识分子不仅拥有极高的社会地位和经济地位，而且可以自由流动，大学教授成为最典型的自由职业和中产阶级。有钱，有自由，人也就特别有志气，有尊严感。当时教育部要求，西南联大担任大学行政职务的所有教授必须加入国民党，法商学院院长陈序经坚决拒绝。教育部又决定给每位担任行政工作的教授发一笔"特别办公费"，再次被拒绝，他们认为这对没有担任行政职务的教授是不公平的。

值得一提的是，虽然西南联大也有训导处，但对学生的管理，主要还是通过学生自治会、学生社团和学生的各种自主活动进行的。正如何兆武先生在《上学记》里所记述的，西南联大里既无阅读或政治的禁忌，也无意识形态的干预，这种自由的风气形成了学生心智成长的沃土，加上师友间的启发、交会，使得当时的西南联大群星灿烂。对一个国家和民族来说，教育象征着未来。胡适先生说："无用之用，知之者稀，若吾辈不图，国家将来必蒙其祸。"对捉襟见肘的民国政府来说，教育支出是仅次于军费的第二大财政开支，甚至超过政府行政费用。

如今回首那段峥嵘岁月，即使在最危急和最艰苦的年代，人们也没有失去对未来的希望和信心，将教育丝毫没有放松，甚至没有多少实用价值的人文学科也得到同样的重视。竺可桢在1941年的一篇文章中说："大学培养的是领袖型人才，要使大学生能担当得起日后建国的重任，单教他们具有专门技术是不够的。"

成立于1928年的中央研究院作为当时中国最高学术研究机构，在"黄金十年"（1928-1937）达到全盛，"生物组接近世界最高水平，数理组与世界顶尖水平不相上下，人文组几乎达到世界一流水平"。[1]作为第一位获得诺贝尔物理学奖的中国人，杨振宁于1942年毕业于西南联大。他后来说，"在1900年，我想没有一个中国人懂微积分，到了1938年，西南联大的教学水准已经达到了世界级。"

司徒雷登的悲剧

近代以来，所有西方国家都无一例外地将教育视为走向现代的必由之路，其中尤其以德国和日本最为典型。普鲁士国王威廉三世（1770-1840）曾说："正是由于贫穷，所以要办教育，我还从未听说一个国家因为办教育而办穷了，办亡国的。教育不仅不会使国家贫穷，恰恰相反，教育是摆脱贫穷的最好手段。"[2]他对大学提出这样的理念："大学是科学工作者无所不包的广阔天地，科学无禁区，科学无权威，科学自由。"

从启蒙运动到工业革命，洪堡创建的柏林大学将研究和教学结合起来

---

[1] 岱峻《民国衣冠：风雨中研院》，北京联合出版公司，2012。

[2] 朱崇开《现代大学的建立与德国崛起》。《文化学刊》，2010年第2期。

等，被认为是现代大学的开端。德国现代大学颠覆了人们对传统大学作为知识储备与传播机构的印象，开启了大学作为社会中心研究机构的时代。英国批评家阿诺德说：法国大学缺乏自由，英国大学缺乏科学，德国大学既有自由又有科学。

大学为近代德国的崛起提供了不可思议的助推力。从19世纪50年代到1913年，德国经济增长中，来自大学的"技术进步"贡献了42%。德国大学有充分的财政经费，教授有良好的生活待遇，大学自我管理，学术自由，这使当时德国拥有世界最好的大学和科技水平，诺贝尔获奖者也最多。进入纳粹第三帝国时代后，受迫害的犹太知识精英大批流亡到美国；这些原子弹之父、氢弹之父、电子计算机之父，最终将美国推上世界大学领袖席位。可以说，德国是国兴科教，美国则是科教兴国。

出自柏林大学的蔡元培无疑深受德国现代大学理念影响，后来的北大在一定程度上正是对这种理念的践行和尝试，从而使中国大学迅速步入世界主流。进入20世纪之后，美国崛起，大学开始从教育机构和研究中心转向服务社会，现代大学进入一个新的阶段。

如果说没有蔡元培就没有北京大学，那么没有司徒雷登也就没有燕京大学。相对于蔡元培的北大，司徒雷登的燕大正体现了这种服务社会的新理念。"我们的目的，是以养成一种合作、建设、服务人群的精神以服务社会国家。"

> 我知道，国家之家的互相了解是确保世界和平，并最终形成某种形式的世界共同体的重要保障，而大学则是我认为的形成这种共同意识的中心。燕京大学所创造的环境，能作为一种永久的财富，来发展国家之间的关系。①

从一开始，燕大就来自于社会，它完全是司徒雷登和他的同事用自己的诚意募捐建立起来的。他们前后10多次赴美募集资金。"我每次见到乞丐就感到我属于他们一类。"司徒雷登的这句话不免让人想起中国的武训。

---

① （美）司徒雷登，李晶译《在华五十年》，译林出版社，2015，第58页。

北洋政府最后一个领导人张作霖虽然是个"大老粗",但对司徒雷登的义举大为赞赏:"你办的教育事业本来应该是我们中国人自己做的,现在你做了,我十分感谢!"

司徒雷登刚接到校长聘任书时,"汇文大学"只有20几个教授和94个学生,甚至连校舍都没有。①在接下来的十年里,从选址、设计、建设、筹资、组织到管理,司徒雷登奔波于中国和美国之间,共募集资金2000万美元。1929年,一座美丽绝伦的现代大学就这样筚路蓝缕地诞生了。它既有亭台楼阁的中式风格,又不乏最现代的管理水准;这里的一切都是新的,无论硬件还是软件,燕京大学都达到一流水平。

司徒雷登常常认为自己"是一个中国人更甚于是一个美国人",他坚持的理念是普世的人性。他当燕京大学校长时,能记住燕园里每一个教职员,包括一名普通的园丁。他常说:"我的任务是让老师尽可能自由地去从事他们的工作。"②

司徒雷登提倡学术自由和思想包容,超越宗教信仰和政治倾向,不惜重金延请名师,彻底摆脱了传统教会大学的局限,"我的任务是让老师尽可能自由地去从事他们的工作"。在燕大,无论是中国老师还是外国老师,不论是男生还是女生,都能互相尊重,平等共处,"燕大一家"体现的是一种世界精神。司徒雷登认为,"在校园里建立一种国际化的氛围,学生们会很自然地从更大的角度来思考问题;在同一个领域的杰出人物会因此聚集在一起;校园生活也会变得丰富多彩,充满广阔的趣味性"。③司徒雷登要求燕大的学生既中国化,又国际化,对政治既能宽容对待,又能直面现实。即使在白色恐怖最严厉的时期,马克思和共产主义仍是燕大师生们的一项重要课题。"燕京脚踏美国财务支持和中国政治这两条船,培养

---

① 1916年,美英两国的基督教会合办了"汇文大学",英文名称为"Peking University"(北京大学),这所大学由三所教会大学合并而成。1919年1月,校方聘请司徒雷登出任校长,校名被改为"燕京大学"(Yenching University)。
② 傅国涌《从龚自珍到司徒雷登》,厦门大学出版社,2015。
③ 司徒雷登,李晶译《在华五十年》,译林出版社,2015,第58页。

教育了新的中产阶级,但也有许多人成了共产主义运动的领导者"。①从五四运动直到反内战反饥饿运动,北平的街头总少不了燕大学生的身影。

在"三一八惨案"中,燕大学生魏士毅被杀害,司徒雷登亲自主持了追悼会,并在燕大校园为她立碑纪念。"九一八事变"后,司徒雷登亲自带领数百名燕京大学师生走上街头,高呼"打倒日本帝国主义!"1934年,为反对政府对日不抵抗政策,燕大学生一边宣布罢课,一边组织请愿团奔赴南京。闻听此事,正在美国的司徒雷登急急赶回,有人以为他会劝阻学生,不料他说:"我在上海下船时,首先问来接我的人,燕大的学生是否也去南京请愿了。我听到答复'是',这才放心。如果此次燕大学生没有参加请愿,那说明这些年来我的教育就完全失败了。"

七七事变后,北平的大学都被日军占领,燕京大学成为一座自由的孤岛,华北地下抗日活动在这里得到秘密的保护,为抗日后方输送了大量的人才和急需物资。日本宪兵每次欲进校搜查,都被司徒雷登挡在门外,一些燕大学生在校外被捕,也总是他从日本人那里把人救出来。

从1934年4月起,美国记者埃德加·斯诺在燕京大学做了两年新闻系教授,他在这里结识了史沫特莱和中国共产党地下党。1936年6月,斯诺向司徒雷登告别,前往陕北采访。《燕大周刊》率先连续发表了来自斯诺的《毛泽东访问记》,这是国内中文报刊对中国共产党的第一次公开报道。作为第一个采访中国共产党的西方记者,在以后的岁月里,斯诺一直是中国共产党的座上客。

1941年日美开战,燕大终究被封,司徒雷登也身陷囹圄。②1945年二战结束,司徒雷登重获自由了,国共两党的重庆谈判却以失败而告终。1946年,在马歇尔的推举下,司徒雷登成为美国驻华大使。当时胡适刚刚卸任中国驻美大使,回到北大做校长,司徒雷登却走上了一条相反的道路。

---

① 费正清《美国与中国》,第313页。在后期,燕京大学的学生运动基本都是由中共地下党领导的。

② 司徒雷登后来在回忆录中写道:"偷袭珍珠港的事情的当天上午,我们就被逮捕了,很明显,他们早就计划好了。"

司徒雷登是一个虔诚而宽容的基督徒，也是一个成功的教育家，但他却是一个失败的政治家。"我之参与若存一线希望，促使国民党人与共产党人组成联合政府及统一的军队以结束此场耗竭民力、自相残杀之内战，我即不惜代价，全力以赴。"可惜他的一切努力都归于失败，内战全面爆发。司徒雷登为此深感自责："我辜负了中国人民对我的信任。我未能说服任何一方为达成协议而作出让步。"

1949年4月，解放军占领南京，包括苏联在内的各国大使都跟随国民政府南下广州，只有司徒雷登还留在这里，直到8月2日被迫离开。这次离别不仅是离开了南京，而是永远地离开了中国。6天之后，新华社播发了著名的《别了，司徒雷登》，作为美国大使的司徒雷登被讽刺为"美国侵略政策彻底失败的象征"。这后来的日子里，这篇文章被列入教科书，成为每个中国人必读的名篇，"司徒雷登"这个名字以这种不幸的方式在中国流传……①

对司徒雷登来说，5年大使的失败，遮蔽了长达27年的燕大荣光，这不仅是他一个人的悲剧。在中国整整一代人的时间里，不仅司徒雷登成为禁忌，连燕京大学也被悄无痕迹地从历史中抹去。直到半个世纪后的1998年，美国总统克林顿来到北大，"这个校园过去是美国传教士创建的燕京大学的所在地，……1919年6月，燕京大学第一任校长司徒雷登准备在此地发表第一次毕业典礼演说。在指定时刻，他出席了，但是却没有学生露面——为了振兴中国的政治与文化，学生全都上街参加'五四运动'去了……"

燕京大学和司徒雷登就这样再次回到中国。

司徒雷登临终留下遗言，希望自己的骨灰能安葬燕园。虽然作为"燕大之父"的司徒雷登没能实现这个遗愿，但作为燕大教授的斯诺却得到了

---

① 中学语文教科书曾有闻一多先生的《最后一次讲演》一文，他的讲演原文有一段关于司徒雷登，这段的文字在收入教科书时遭到删节。这段原文为："现在司徒雷登出任美驻华大使。司徒雷登是中国人民的朋友，是教育家，他生长在中国，受的美国教育。他住在中国的时间比住在美国的时间长，他就如一个中国的留学生一样，从前在北平时，也常见面。他是一位和蔼可亲的学者，是真正知道中国人民的要求的，这不是说司徒雷登有三头六臂，能替中国人民解决一切，而是说美国人民的舆论抬头，美国才有这转变。"

如此"殊荣"。1972年,斯诺去世,他的一部分骨灰运抵中国,安葬于燕园。2008年,司徒雷登的骨灰被安葬于杭州,这里也是他的出生之地。墓碑上用中英文写着:

司徒雷登,1876—1962,燕京大学首任校长。

大学精神的没落

虽然北大清华等名校大大推进了中国社会的现代化,但掌控现代中国的命运却是两所不起眼的"大学",它们是国民党的黄埔军校和共产党的延安抗大。在一个后帝国时代,决定中国命运的是一群军人而不是知识分子。颇为讽刺的是,在后来的战争中,总统兼军校校长的蒋介石和他的学生们一败涂地。1943年2月,蒋介石召见教育部长陈立夫,提出:"我现在兼任全国所有军校的校长。我还想同时兼任所有大学的校长,你看如何?"陈立夫曾留学美国,觉得这样做太离谱,因而加以劝阻,说不能用控制军校的办法控制大学,蒋介石才作罢。①

1946年,国民党、共产党和知识分子组成的其他民主党派就战后中国的政治前途,在重庆举行中国政治协商会议,最后达成《和平建国纲领》;其中明确写道:"废除党化教育,保障教学自由。大学采取教授治校制度,不受校外不合理之干涉。"但不幸的是,政治很快就被战争取代。三年之后,作为战争的胜利者,中国共产党召集各民主党派民主党举行新的"中国人民政治协商会议";根据会议通过的《共同纲领》,中共与其他各民主党派建立了一个新的联合政府。在新成立的中央人民政府中,超过半数的委员由民主人士担任,这些民主人士以来自大学的知识分子为主。经张奚若提议,新国名定为"中华人民共和国"。

1948年12月,正逢北大50年校庆,在校庆前三天,胡适不得不离开北平南下。在南京举行的纪念会上,胡适潸然泪下:"我是一个弃职的逃兵,实在没有面子再在这里说话……"1949年,中国和中国人的命运

---
① 袁征《孔子·蔡元培·西南联大:中国教育的发展和转折》,第312页。

在这一年发生改变。龙应台在《大江大海1949》中记录了一代人的困惑：走，还是不走？许多知识分子的悲剧就在那一刻注定了，"一滴水怎么会知道洪流的方向呢？"

胡适走了，傅斯年走了，罗家伦走了；冯友兰没走，钱钟书没走，马寅初没走；季羡林从香港回来了，陈寅恪从英国回来了，老舍从美国回来了……而燕大校长陆志韦却迫不及待地请求新政府接管燕大。

从世界范围来看，知识分子与革命的冲突无疑是现代文化史的一大主题。法国社会心理学家勒庞在谈到法国大革命时说："如果革命是通过纯粹的暴力斗争而取得胜利的——法国大革命就属于这种情况，那么胜利者将全盘否定旧的法律体系，已经倒台的旧制度的支持者将受到迫害、流放或消灭。"① 1949年6月30日发表的《论人民民主专政》一文中写道："'你们独裁'。可爱的先生们，你们讲对了，我们正是这样。中国人民在几十年中积累起来的一切经验，都叫我们实行人民民主专政，或曰人民民主独裁"，对于反动阶级和反动派，"只许他们规规矩矩，不许他们乱说乱动。如要乱说乱动，立即取缔，予以制裁"；"'你们不仁'。正是这样。我们对于反动派和反动阶级的反动行为，决不施仁政"。从1949年到1950年将近两年的时间，所有的大中小学教师都在接受一场政治学习运动，公民课被取消，博雅教育在中国被彻底终结。在学校稳定之后，针对知识分子的思想改造开始了。学校停止上课，学生们被动员起来揭发他们的老师和校长。紧接着，高校教师和数十万知识分子作为土改工作队队员下乡参加土改。

1951年底，燕大被改为国立，毛泽东亲自给陆志韦签发了校长任命书，并题写了"燕京大学"的新牌匾。这张任命书和新牌匾墨迹未干，一场天翻地覆的"院系调整"就让其变成纪念品。包括燕京大学在内的所有教会大学都被彻底拆分并入其他院校，而且连名字都被取消了。"旧中国的高等教育制度是半殖民地半封建社会的产物"，那些不远万里来到中国的外籍教授，大都被当作"帝国主义文化侵略者"驱逐出境。公立、私立、教会三足鼎立的大学格局，也变成公立大学一统天下。

---

① （法）古斯塔夫·勒庞著，佟德志，刘训练译，《革命心理学》，广东人民出版社，2012。

在这场政治洗牌中，北大从沙滩迁入燕园，燕京大学哲学系教授博雅当年捐建的博雅塔成为北大的新地标。全国高等院校从211所缩减为182所，综合性大学从55所锐减到13所，所有的私立大学都被取缔，教育实现了彻底的国有化；哲学、政治学、经济学、社会学、心理学和人类学等被统统取消，财经和法学等仅有少量保留。1949年之前，全国各大学共有20多个社会学系，后来一段时间，社会学却没有了。国立中央大学被拆分为20多所院校：文学院理学院组成南京大学，商学院成了上海财经大学，法学院成了华东政法大学，影音部成了北京电影学院，音乐学院成了中央音乐学院，医学院成了上海医科大学，电子学院成了成都电子科技大学……

当时的院系调整说白了就是大学的苏联化。苏联模式反对人的全面发展，强调专业教育，迅速培养国家需要的各类专业技术人才。按照这种思路，原来那些综合大学被拆分为文理学院、工学院、农学院、医学院、财经学院等各种专门学院学校。清华大学的中文系、历史系、外语系被并入其他院校后，便成了单一的工科大学，被人戏称为"五道口工学院"。新上任的北大党委书记江隆基承认，"北大在院系调整之后差不多等于一个新成立的学校。"调整后的中国大学几乎成为一个"又红又专"的高级技工培训基地，工科占主导地位，基础性的理科和社会人文类被大幅削弱。文法商科大学生以前要占在校生的一半，如今被彻底边缘化，骤减到不可思议的9.6%。

最为不幸的是，"教授治校，学术独立，言论自由"的现代理念本来已经在中国大学已经扎根发芽，一夜之间即被辣手摧花。在大学每个班级都设立了政治辅导员。所谓的"科学院"从属于宣传部；在"宣传"面前，科学也就不存在了。从来视自由为生命的知识分子不仅失去了职业上的自由，民间报刊的禁绝也取消了思想表达的自由平台。正如陈寅恪所说，"著书唯剩颂红妆"。顾颉刚在20世纪50年代的日记中写道："到京八年，历史所如此不能相容，而现在制度下又无法转职，苦闷已极。"

随着一场针对知识分子的社会主义改造运动拉开帷幕，民主党派被彻底改组。北大在反右派斗争以后，共批判教授、副教授49人，在双反运动中批判 23 人，在 1958 年学术批判运动中批判 18 人，1959 年底至 1960 年初的教学检查和编书工作中批判 16 人。①最著名的莫过于北大校长马寅初因为《人口论》而遭到全国性的大批判。随着合作化、反右、大跃进、社教，直至"文革"等一系列运动的持续深化，曾经领导了五四运动的北大又成为"文化大革命"的发源地。"红卫兵"诞生于清华大学，这个曾经培养出许多物理学家的大学将最有才华的物理学教授徐璋本送进监狱，包括饶毓泰、翦伯赞在内的数十个著名教授自杀身亡。

"三百年来仅此一人"的陈寅恪与"人间最稀有的一个天才"的傅斯年，这对当年柏林大学的同学，归国后一个在北大，一个在清华。1949 年，陈寅恪与傅斯年做出相反的选择；二十年之后，一代学贯中西史学大师在批斗中死去。"红卫兵经常用高音喇叭通知开会，点人出来批斗、游行；而出去一次也就是小死一场。历史系一级教师陈寅恪双目失明，他胆子小，一听见喇叭里喊他的名字，就浑身发抖，尿湿裤子。就这样，终于活活给吓死了。"②

这场浩劫虽然没有取消大学，但终止了高考。"读书越多越反动"，知识青年上山下乡"接受贫下中农教育"，工宣队和军宣队的革命小将们将"反动学术权威"押上批斗台，将"牛鬼蛇神"送进牛棚。正如季羡林所说，这些曾经的大师如今"只是一头被赶赴屠宰场的牲畜，任人宰割，任人驱使"③。

回首这段中国知识分子的坎坷史，会发现一个值得玩味的现象，就是那些研究哲学、政治学、社会学、文学等的学者，似乎总不如那些历史学家看得透，看得深。按理说，前者应该对国家、政党等事务更了解，对时局判断更准确，但事实上恰恰相反。这从某种程度上也证明一件事，就是中国依然活在自己的历史里，那些哲学、政治学、社会学和法律等现代文化，在中国仍然有些水土不服，甚至驴唇不对马嘴。

---

① 陈徒手《马寅初在北大的苦涩旧事》，《读书》杂志，2011 年第 12 期。
② 岳南《陈寅恪与傅斯年》，岳麓书社，2014。第 469 页。
③ 季羡林《牛棚日记》。

从黄金时代到镀金时代

随着"文革"的结束,中国大学和知识分子迎来了一场艰难的复苏。1977年恢复高考,有570万人报考,只录取了27万,29人取1。1978年又有610万人报考,原计划招生29.3万人,实际招收40.2万人。当时不分农村城市,上大学不仅不收费,大多数学生还享受助学金,这几乎成为无数"农民的儿子"跳出"农门"的唯一机会。高考制度跟传统的科举制度一样,知识从某种程度上代替了出身,从而是精英阶层的构成发生了一定程度的变化。

多年以后,人们才发现,20世纪80年代竟然是那样一个充满光荣与梦想的年代——"那是怎样一个年代呢?一切从头开始,英雄不问来路。那是思想启蒙的时代,是充满激情畅想的时代,是穿着军大衣、骑自行车、吃食堂、住陋室的时代。"[①]一批颇有民国遗风的老教授给中国的"象牙塔"留下了最后一抹夕阳晚照:南京大学陈白尘用自己的工资给学生发生活费;兰州大学赵俪生招秦晖为研究生,校方认为其视力不合格,赵俪生说:秦晖眼睛不好,陈寅恪眼睛也不好,谁敢说他将来不是陈寅恪?

当时的大学也不乏有理想有追求的校长,如中国政法大学校长江平,如刘道玉在武汉大学实行学分制、主辅修制、双学位制、导师制、学术假制、自由转学制、取消政治辅导员,等等。当年郑世平(土家野夫)曾就学武汉大学,他对"老校长"至今感念不已——

> 自先生主校以来,武大校风学风皆为之遽变。彼时浩劫初度,左风犹炽。先生巨擘独支,打破坚冰,不拘一格,广录人材。后日名震海内之经济学家杨小凯,当时以反革命戴罪十年,初出牢笼即应高考,各校皆不敢取。唯先生知此中委曲,斗胆招录。以后杨君去国游学,有司又百般相阻,校长亲自游说,方允成行。当此犬儒流行之世,非教育家之胆识,焉能于风尘中辨物色,救英雄于末路,为当世留一杰士。先生素倡独立人格自由精神,尊重专家,敬惜学者。四方延揽

---

① 柳红《八十年代:中国经济学人的光荣与梦想》,广西师范大学出版社,2010。

有识之士，不问学派出身，授以教席。海纳百川，兼收并蓄。一时间俊杰云集，蔚为大观。当时以人才学而声名初显之雷祯孝君，即为先生破格高聘。此乃五四时代聘任制之传统，即今日高校犹未敢承继，唯先生二十年前即已开风气矣。①

"教育要面向现代化，面向世界，面向未来。"当时的学生是在"为中华崛起而读书"的号召下成长起来的，追求真理，关注现实，关心国家的命运和人类的前途，勇于批判，社团特别活跃。这是一个中国大学精神中兴的时代。大学和大学生站在了社会进步的前沿。

在恢复高考30多年后，大学的数量和每年的招生数量增加了数倍至数十倍。大学从技术精英教育变成了为"地上面包"的大众职业培训。教育产业化，高校市场化，管理官僚化，扩招，圈地，兼并，改名，从学校改为学院，从学院改为大学。大学从以前的免费教育变成文凭买卖，大学越来越像官场，越来越像公司，贩卖官位和证书。知识分子被称为社会的良心，大学本是社会风气的净化器；民国时期，官场腐败，大学依然孤傲清流，但如今均化为浊流滚滚。美国加州大学教授雅可比在《乌托邦的终结》中说，二战之后，全球教育体系扩张，原本散在民间以先民立命的"知识分子"，即开始被体制所收编。"良心知识分子"开始退位，"政策取向的知识分子"则在专业化的名目下，成为新的主流。他们不再对政治或社会的任何事务提出不同的愿景，而只会从事各种琐碎小事的思考与钻研。其甚者，乃是在学院也日益模拟企业的情况下，大家忙着找题目领补助，忙着旅行演讲和上电视做秀。在中国，教授常被教授被称为"领导"或"老板"；谢泳先生感叹说，"今日的教授已不再是学衔、学问的标志，而是工资的一个级别，一个分配住房的资格，再加上一个享受公费医疗的待遇而已"。

顾炎武曾说："士大夫之无耻，是谓国耻。"马克斯·韦伯也说过类似的话："一个国家之所以落后，往往不是由于其民众落后，而在于其精英落后。"一代人在学术史上的贡献，不仅与其知识结构有关，更离不开所

---

① 野夫《大德无言——记老校长刘道玉》，野夫的共识网，2015年3月26日。

处的政治环境、思想潮流和社会氛围。当年在穷山恶水茅屋瓦舍间,西南联大仍不失为世界一流的大学,正如梅贻琦所言:"大学者,非有大楼之谓也,乃有大师之谓也。"

2002年,美国总统布什在清华大学演讲时说:"大学不仅培养技术人员,更要培养公民。"钱理群教授感叹道:"五四精神在北大早已消失了。"他批评今天的大学,包括北京大学,正在培养一大批"精致的利己主义者",他们高智商、世俗、老到,善于表演,懂得配合,更善于利用体制达到自己的目的。孔子说:"士志于道而耻恶衣恶食者,未足与议也。"①蔡元培刚做校长时就曾担心:"平时则放荡冶游,考试则熟读讲义,不问学问之有无,惟争分数之多寡,试验既终,书籍束之高阁,毫不过问。敷衍三四年,潦草塞责,文凭到手,即可借此活动于社会,岂非与求学初衷大相背驰乎?"②如今的大学,已经难得遇见几个真正的读书人③。

"传统中国的高等教育机构是汉代的'太学',现代中国的高等教育机构是'大学',从太学到大学,就是从经学到科学的转变。太学(后称国子监)以经学为核心,是过去教化的重镇;大学则以科学为核心,更是中国社会中传承旧文明与缔建新文明的学术与教育的中心机构。现代大学无疑对中国的现代化发挥了巨大的动能,它是国家硬实力与软实力的最重要的源泉。"④现代大学精神最重要内容之一就是创新,大学应当是一个民族,以至全人类思想文化更新的中心。当年的北大校长胡适曾说:中国"以数千年之古国,东亚文明之领袖",竟然"一变而北面受学,称弟子国",真是"天下之大耻"。据说中国现有博士5万,硕士40万,本科690万,均大大超过美国,但中国的教育实力却只是美国的12%。不仅清华,如今北大也成了"留美预备学校",北大学生称自己是"寄托(GRE和TOFEL)的一代",就连"新东方"也在美国上市。

---

① 《论语·里仁》。
② 蔡元培《就任北京大学校长之演说》,《蔡元培选集》,中华书局,1959。
③ 2014年北大图书馆的书籍借阅总数为62万本,而2006年这个数字是107万本,创10年来的新低。(《高校图书馆借阅量创十年新低》,《人民日报》,2015年4月16日。)
④ 金耀基《中国文明的现代转型》,第18页。

历史是对现实的讽刺。钱学森生前多次提到这个问题："为什么中国的大学在1949年后没有产生一个世界级的原创性思想家或有创见的科学家？"1000多年前，大思想家韩愈写道："世有伯乐，然后有千里马。千里马常有，而伯乐不常有，……策之不以其道，食之不能尽其材，鸣之而不能通其意。……执策而临之，曰：'天下无马！'呜呼！其真无马邪？其真不知马也！"

王小波在小说《万寿寺》里写道："长安城里的一切都已经结束。一切都在无可挽回地走向庸俗。"回首百年时间，中国大学从无到有，从少到多，从精英到大众，从一席难求到招生难，今天的大学和大学生已经失去了所有的闪亮光环。

百年前，鲁迅在《狂人日记》中疾呼"救救孩子"。鲁迅原名周树人，出自"十年树木，百年树人"。教育意味着代际传承，它造成的后果在三四十年后才能显示出来。今日大学之境况，也预示着将来中国之境况。

原燕京大学的校门

后记

作为一个没有上过大学的人，我对大学其实所知不多，特别是关于大学早期的历史。陈远的《燕京大学1919—1952》和岳南的《那时的先生：1940—1946中国文化的根在李庄》为我提供了一个不经意的窗口。我就像一个闲逛的路人，不经意地走进一所古老的大学，这里的一切对我来说都是陌生而新奇的。

对大多数读书人来说，大学是他们最熟悉的生活场景，这也使得关于大学和知识分子的图书汗牛充栋。从某种程度上来说，其实书才是最好的老师。

曾有学者根据历史将国家与大学关系的演变分为三种模式：一种是像美国那样的科教兴国，由社会自主发展大学教育，导致国家振兴；一种是像普鲁士和日本那样的国兴科教，由国家投入财力，但尊重大学的学生独立和自由；一种是像纳粹德国那样的国衰科教，控制与扼杀大学的活力，摧残知识分子。[1]

孟子曰："饱食暖衣，逸居而无教，则近于禽兽。"[2]当代中国人应当庆幸自己生活在一个图书丰富、资讯发达的互联网时代。网络无疑是比任何巨舰大炮更伟大的创造。如果说后者曾经将中国带出1840的话，那么前者则使中国走出1984。网络以其信息免费开放而营造了一个前所未有的知识民主时代，知识不再被垄断在少数大学人手里，也不再被禁锢在图书馆里；只要愿意学习，只要具备自学能力，你就身处一个世界上最大的大学里。在这个虚拟的现代大学里，只有学习，没有文凭；三人行，必有我师，大学精神在这里终于回归。

如果这种说法成立，那么每个人都是互联网大学的一名学生。如果说这篇文章是一篇作业的话，那么这本书或许算得上是一份答卷，或者一份小小的毕业论文吧。当然，在这个大学里，永远没有毕业生。

---

[1] 丁东《德意志大学的兴衰》，《炎黄春秋》，2015年第4期。

[2] 《孟子·滕文公上》。

代后记

历史的谱系

在世界所有国家中,中国的历史无疑是最为源远流长的。历史学家孟森先生说:"中国有史之系统,严正完美,实超乎万国之上。"历史作为一种话语权,在数千年里经历了从民间到官方的转移和衍变;特别是进入清朝之后,历史基本成为权力的禁脔,连民间野史笔记也近乎消失。因此,一个历史传统悠久的国家,最后竟然陷入历史贫困。以至于鲁迅先生在给朋友的信中说:"中国不但无正确之本国史,亦无世界史,妄人信口开河,青年莫名奇妙,知今知古,知外知内,都谈不到。"近代西学东渐,大学兴起,中国结束帝制,走向民主,历史才开始在中国重新复苏,梁启超提出"新历史"之说。在20世纪三四十年代,中国曾掀起一股"历史热",留下了许多名篇巨作,其中最典型的就是蔡东藩的中国通史演义。

"一代肇兴,必有一代之史,而有信史有野史。好事者蒐取而演之,以通俗谕人,名曰演义,盖自罗贯中《水浒传》《三国传》始也。"①事实上,中国传统小说就起源于历史的"文学化"和"娱乐化",尤以《三国演义》最为典型。"盖小说家言,兴味浓厚,易于引人入胜也。是故等是魏蜀吴事,而陈寿《三国志》读之者寡;如《三国演义》,则自士大夫迄于舆台,盖靡不人手一篇者矣。"②蒙元时期,较少文化素养的异族统治者甚至将其视为"圣经",由此引发了前所未有的"关帝"崇拜。因为一

---

① 雉衡山人《东西晋演义·序》。杨尔曾《东西晋演义》,昆仑出版社,2001。
② 吴趼人《痛史·叙》。《痛史》,福建人民出版社,1981。

部历史演义，一个败军之将，竟然能够与儒家鼻祖孔圣人分庭抗礼，可见历史演义之魅力。

历史小说不同于真正的历史，小说偏重于人物和感情营造，历史偏重于事件和社会，小说讲故事，历史讲道理。中国传统上，以史为经，所谓"六经皆史也"，这种高头讲章的历史往往囿于读书人阶层；在大众层面，小说作为说书人的话本，对社会的影响要大得多。蔡东藩先生就指出，小说作为历史的"支流余裔"，"书籍中得一良小说，功殆不在良史之下"。从北宋末期，"说史"便成为小说的一种重要体裁。鲁迅先生指出，"讲史之体，在历叙史实而杂以虚辞；小说之体，在说一故事而立知结局。"①章炳麟先生在为《洪秀全演义》（1905年）写的序言中，将"演义"分为"演言"与"演事"——

> 演义之萌芽，盖远起于战国，今观晚周诸子说上世故事，多根本经典，而以己意饰增，或言或事，率多数倍。若《六韬》之出于太公，则演其事者也；若《素问》之托于岐伯，则演其言者也。演言者，宋明诸儒因之，如《大学衍义》；演事者，则小说家之能事，根据旧史，观其会通，察其情伪，推己意以明古人之用心，而附之以街谈巷议，亦使田家妇子知有秦汉至今帝王师相之业；不然，则中夏齐民之不知故国，将与印度同列。然则演事者虽多稗传，而存古之功亦大矣。

从"历史热"说起

在传统中国，历史就属于"显学"，甚至有所谓"史外无学"之说。对当代中国人来说，真正的历史热其实只是最近这些年的事情。从《海瑞罢官》开始，历史在中国就进入一个漫长的冰河期。到了20世纪80年代，历史才以文学的面目，重新回到普罗大众的生活中，著名的如姚雪垠的《李自成》、冯骥才的《义和拳》等等。这种对历史的文学化，即将历史视为

---

① 鲁迅《中国小说史略》。《鲁迅全集》第九册，人民文学出版社，1991。

文学的一部分，并不是现代才有。在大多数中国人的心目中，《三国演义》是被当做历史，而不是一部小说来看的。这种历史的文学热潮在高阳之后，被二月河推到惊人的程度，随后涌现出大量历史类的长篇巨著，如孙皓晖的《大秦帝国》等。在某种意义上，后者其实仍是二月河的延续。

从通识教育来说，应该文史哲三位一体，互相融合，但实际上往往被严重割裂。中国传统上认为文史相通，但文史之间仍有很大的差别。文学重想象，历史重真实。历史小说不同于真正的历史，小说偏重于人物和感情营造，历史偏重于事件和社会，小说讲故事，历史讲道理。"夫正史尚直笔，小说尚曲笔，体裁原是不同，而世人之厌阅正史，乐观小说，亦即于此处分之。"因真实性可疑，这种似驴非马的历史演义小说往往为学者所诟病，章学诚指责《三国演义》"创七分事实，三分虚构，以致观者往往为所惑乱"；蔡东藩进一步指出虚构性历史小说的危害性，即"后世以讹传讹，将无作有，劝善不足，导欺有余"，"凭虚捏造，以诬古而欺今"。

文学化的历史小说因其真伪难辨，往往会引发不少争议。进入互联网时代，以"网络写手"出现的一批历史流行作家貌似一种颠覆，其实仍是旧瓶装新酒的路数。他们在传统历史写作的基础上，借鉴网络小说和武侠小说的写法，加入大量时尚和流行的口语化戏说与恶搞，从而使这类历史读物更迎合涉世未深的年轻人；无论从故事、权谋还是励志来说，这类快餐化读物都可以给予充分满足。对许多刚刚走出校的年轻人来说，这类趣味性读物有时候也可以构成一种重要的历史启蒙。值得一提的是，曾风靡一时的电视说史以及一些网络视频的"脱口秀"，则直接走向历史的口语化，对绝大多数没有阅读习惯的人来说，最大程度地免去了读书之"苦"。这在某种程度上，其实是继承了传统评书的说史衣钵。

在民间"历史热"的另一面，是学校历史课的"冷遇"。张宏杰先生批评说，这门本来可以写得和教得非常有意思的学科被编成了一种单纯用来折磨学生的东西，从头到尾罗列着重大事件的概述、意义、年份、地名。这些干巴巴的内容被用来作填鸭的饲料。这种教育方式，就像把一盘热气腾腾香味扑鼻的好菜冷却、风干，分解成各种原料，维生素、糖、盐、味精，让你一样一样地吃下去。这使得一提起历史，许多人都敬而远之。用易中天先生的话说,就是把历史当作一具尸体解剖,而不是看成一个有血有肉、有情有意、活生生的人;换句话说,就是把"谋心的读书"变成"谋生的读书"——谋生的读书是从小学一直读到大学,为的是找个工作,这不是真正的读书,而谋心的读书是为了心灵的慰藉,这才是真正的读书。实际上很多人都是走出学校之后,才对历史产生兴趣。历史已经成为大多数人实现自我启蒙的必由之路。与读书相比,历史更像是儿童与成人智识成熟与否的分界线。与虚构的小说相比,历史要真实得多,更有助于人们对现实的理解。或者说,评书化的历史其实是对童话和小说的模仿。历史真正的精髓其实在于改变人的思维方式,这也就超出了传统历史的范畴。日本史学家冈田英弘这样定义历史——

> 所谓历史,是沿着时间与空间的双轴,以超越一个可以亲身经历的范围尺度,把握、解释、理解、说明、叙述人类居住的世界。①

现在回顾 30 年前的"文学热",就会发现那时的文学写作热潮与阅读的缺失有关,大多数写作者都没有多少阅读经历——无书可读,因此只能写自己的所见所闻,根本无法超越自身的经历。与当年的"文学热"相比,当下的历史写作似乎要容易得多。古人印刷艰难,著书不易,因此对待写作近乎神圣。左思写《三都赋》花费 10 年,这才有后来的"洛阳纸贵"。电脑和互联网带来了一个前所未有的资讯时代,人人都可作"写手",这使得写作几乎失去了曾经的严肃与庄重。但过度口语化的泛滥造成一种表象,似乎只要会说话,就会写作,从而造就了大量粗制滥造的口水书。(与写作的口语化互为镜像的是,很多写作者纷纷登上讲台和屏幕,从而颠覆了传统的"写作—阅读"模式,直接将读者变成听众。)这种现象其实并不是今天才出现的。顾炎武就曾经有过类似的忧虑——

> 宋人书如司马温公《资治通鉴》,马贵与《文献通考》,皆以一生精力成之,遂为后世不可无之书,而其中小有舛漏,尚亦不免,

---

① 冈田英弘《世界史的诞生:蒙古帝国的文明意义》,第 14 页。

若后人之书愈多而愈舛漏，愈速而愈不传，所以然者，其视成书太易，而急于求名故也。①

不平常的《万历十五年》

若以中国传统历史的通识性而言，古代有司马迁的《史记》，近代则当推蔡东藩的《历代通俗演义》。蔡东藩完全以一人之力，完成了这部长达700多万字的中国通史，从秦汉到民国，历史跨度长达2000多年。从1916年到1926年，从40岁到50岁，陋室孤灯，蔡东藩在浙江乡下写了整整10年。从《清史演义》始，先后写作了元史、明史、民国、宋史、唐史、五代史、南北朝、两晋、前汉和后汉等通俗演义。这套"历代通俗演义"自首次出版至今100年来，便一直长销不衰，反复再版，为书商和出版社带来滚滚财源，但蔡氏本人却贫寒一生，仅以行医教书为生。蔡坚持历史的真实根基，"以正史为经，务求确凿，以轶闻为纬，不尚虚诬"。在文字方面，他要求"文不尚虚，语惟以俗"，即使在今天看来，蔡东藩对写作的这种孜孜追求仍不过时，即"理正词纯，明白晓畅，以发探新道德、新政治、新社会之精神"，"不求古奥，不阿时好，期于浅显切近"。

与传统的历史通俗小说不同，蔡著采用的完全是专业历史写作的方法，重史轻文，注重真实和考据，无一事无来历，孤证不立。写作《元史演义》时他参考了大量中西史料，"是足以补中西史乘之缺，不得以小说目之"。这是史家才有的严谨，"语皆有本，不敢虚诬. 笔愧如刀，但凭公理"。

蔡著仍属于传统历史写作，即完全以帝王将相和宫廷权力为历史主题。尼采曾经说过一段话："在所谓历史教育中，有关过去时代伟大人物的知识要比那些五光十色的死的历史事实，更容易造成人们的精神瘫痪症。"这些年来，令许多读者记忆犹新的是，有两个人，或者说两本书改变了中国大众历史阅读的习惯；而且，他们完全在那种传统历史的写作与叙述之外。第一个是黄仁宇的《万历十五年》，第二个是吴思的《潜规则》。他们都摆脱了"讲故事"的大众模式，使读史变成一种阅读和思辨的操练。

---

① 顾炎武《日知录》。

孔子说："知之者不如好之者，好之者不如乐之者。"记者出身的吴思避开传统正史的专业套路，独辟蹊径，利用民间野史笔记，对中国传统社会和官场文化进行了别开生面的解读。他创造的"潜规则"、"血酬定律"和"官家主义"等新词汇，对根深蒂固的中国权谋文化具有解构和反思的意味。从这个意义上，吴思并没有津津乐道于权谋与厚黑，从而摆脱了历史的庸俗化，将历史提升到思想与批判的高度，这无疑更贴近"历史"二字的本来面目。

相比之下，作为历史大家的黄仁宇，为人们奉上的是一道正宗的历史大餐。他的《万历十五年》已经成为"改变中国人阅读方式的经典"。这部英文著作写于1976年，但迟至1979年才获得出版；自从1982年进入中国之后，便成为历久不衰的畅销书和长销书。读过这本书的人无不惊叹，"原来历史可以这样写"。

对习惯了传统历史叙事的中国读者来说，《万历十五年》几乎没有什么宏大主题。万历十五年即公元1587年。正如英文书名"无关紧要的1587年（1587，A Year of No Significance）"，在这平平淡淡的一年里，几乎没有什么大事发生。没有大事总会有小事，风起青萍之末。黄仁宇将这些看似微枝末节的小事，精心地串起来，如同一个显微镜，从细节处看大历史。他熟练地运用政治、经济、文化、社会、军事和心理等方面的专业知识，将中国大历史书写得风生水起。

虽然《万历十五年》只是一本小书，却处处透着大师眼光和深刻洞见。在平淡的叙述背后，是作者对历史的独特解析：

> 当一个人口众多的国家，各人行动全凭儒家简单粗浅而又无法固定的原则所限制，而法律又缺乏创造性，则其社会发展的程度，必然受到限制。即便是宗旨善良，也不能补助技术之不及。

从现在来看，黄仁宇的出现是标志性的。作为一个华裔历史学家，黄仁宇经历过西方历史方法的长期训练；他笔下的历史虽然是中国的，但研究方法却是西方的，甚至这本书完全是用英语写成的。在书中，黄仁宇这样描写海瑞:"他虽然被人仰慕,但没有人按照他的榜样办事,他的一生体现了一个有教养的读书人服务于公众而牺牲自我的精神,但这种精神的实际作用却至为微薄。"这种描述对还停留在"海瑞罢官"时代的中国人来说,无疑是颠覆性的。

有人指出,黄仁宇在《万历十五年》中对人物的刻画带有心理史学的痕迹。在历史文学中,人物心理描写是很常见的;在这部专业历史作品中,黄仁宇虽然也在揣测人物的想法和动机,但他的推测和想像都有充足的史料支撑,这种"以文学手法撰成的历史著作"达到了复原历史场景的效果,冰冷的历史因此变得生动而亲切,人物栩栩如生。

值得注意的是,作为历史作品,《万历十五年》与传统历史的文学演义有根本的区别,后者展示了作者的想象力,前者体现了作者对史料的精妙运用。这也是文学与历史的不同。傅斯年认为历史是科学,而文学属于艺术;清代的章学诚也说:"论史而至于文辞,末也。"[①]从文学角度来说,黄仁宇的文笔并不多么优秀,但对历史来说,推理分析和独到见解是第一位的。

他者的中国

因为地理与统治的封闭性,中国形成一种独特的文化体系;用黑格尔的话说,中国是世界的"例外"。这种封闭性不仅令中国文化自成一统,也使历史在中国形成独特的样式。现代历史与传统历史的最大不同,或许是现代人必须面对全球化的人类大背景。百岁老人周有光先生一生历经清朝、民国和新中国三个完全不同的时代,他这样告诫:"全球化时代的世界观,跟过去不同,主要是:过去从国家看世界,现在从世界看国家。过去的世界观没有看到整个世界,现在的世界观看到了整个世界。在全球化时代,由于看到了整个世界,一切事物都要重新估价。"

从本质上来说,每一种文明都有其差异性。这种差异在分居欧亚大陆两端的中国与欧洲之间最为明显。艾兹赫德在《世界历史中的中国》一书中,

---

① 清·章学诚《文史通义》。

将旧大陆分为亚欧洲和中国两个部分,"中国"与"世界"几乎完全对立。在近代之前的很长时间里,相对于自身文化,对方几乎都是不存在的——中国眼里没有世界,世界眼里没有中国。但近代以来,中国这种"文化的他者"对自我认同始终构成微妙的压力。在历史教科书中,中国近代史就以中西之间的碰撞拉开帷幕。在船坚炮利的西方列强面前,中国显得如此积贫积弱。这种观念在很多当代中国人心中已经根深蒂固。

举一个不太恰当的比喻,如果将一个社会比作一个大院,欧洲的大院里居住着形形色色的小家庭,他们之间发生过长期战争,最后他们达到一种均衡和稳定,通过平等交流和和平竞争,形成了自由平等的社会。相比之下,单一强势民族的中国大院里虽然人口众多,但却只住着一大家人。这么多的人口挤在一个屋檐下,互相之间的争斗与干涉层出不穷;为了保持稳定,不得不压制个人自由和发展,以获得一种秩序。如果说西方文化是经济的,那么中国文化就是政治的,前者是为了活得更好,后者是为了让大家都活下来。

从质地上来说,中国文化与西方文化是完全不同的,西方是商业的和精英的,中国则是反商业的和反精英的。对一个社会来说,商业具有极大的侵略性,金钱和经济并不是解决社会问题的根本出路,并不是富人就一定幸福。从消极的意义上来说,延绵数千年的中国传统文化其实具有深邃的大智慧;遗憾的是,这种对传统的认知在中国,已经被西方化的金钱和欲望彻底淹没,但中国并没有建立西方传统中的商业精神和精英体制。当代中国多少有些像邯郸学步,"曾未得其髣髴,又复失其故步"。

历史在哪里扭曲,就要在哪里突破。当下的"历史热"背后,有着深刻的社会原因。历史是现实的出处和现实的镜像,当人们面临现实的焦虑时,往往会试图从历史中获得启迪和智慧。在中国走向全球化的同时,中国历史也第一次来到世界这面大镜子面前。事实上,我们已经很难从传统中国的角度来看待当下的中国,前者是天下中心,后者只是世界一分子。中国传统历史一般以政治体制为线索,记录帝王将相的言行事迹;相比之下,现代历史学更加平民化一些。正如许倬云在《江河万古》序言中所说:

今日读史的读者不同于旧时，在这平民时代，大率受过高中教育以上者都可能对历史有兴趣。他们关心的事情当为由自身投射于过去，希望了解自己何自来，现在的生活方式何自来。①

事实上，绝大多数中国人，包括高层精英，获得历史常识最基本的、甚至是唯一的来源就是官方制定的教科书。一直以来，人们以为历史就是所谓的"五阶段论"，即人类的历史要经过原始社会、奴隶社会、封建社会、资本主义社会，最终必然走向共产主义社会。关于中国史和世界史，中国一直都是分开教学的，以致现在很多人，包括一些专家学者或高层人士，缺少一种"世界中的中国"的概念。毫无疑问，这种历史的缺陷必然会投射到现实中来。清代袁枚说："蚕食桑而所吐者丝，非桑也；蜂采花而所酿者蜜，非花也。读书如吃饭，善吃着长精神，不善吃着生痰瘤。"

历史不仅是人类的共同财富，历史也是人类的共同语言。一部《百年孤独》在包括中国在内的全世界畅销不衰，这说明人类具有共同的人文情感和历史感受。同样，在中国一直以来最畅销的历史书便是斯塔夫里阿诺斯的《全球通史》，其实这并不意外。对今日中国来说，改革开放的收获之一，不仅是发现了世界，也发现了一个世界语境下的中国。史华慈曾云："有的人爱中国，有的人恨中国，我尊重中国。"

历史遇见汉学

对历史来说，真实是它的生命。为了保持真实，中国传统史制甚至有"当世皇帝不得看，后世皇帝不得改"说法。但现实是不完美的，历史与真相之间，也总是存在着无法消弭的距离。胜利者书写的历史完全被政治正确主导，历史变成权力的幕布。真相的稀缺也构成历史的珍贵。

"历史就在我们眼前，我们身上，我们每个人的周围。"杨奎松先生做客季风书园，谈到"一个普通人如何了解并理解历史"时直言不讳："教

---

① 许倬云《江河万古：中国历史文化的转折与开展》，江苏人民出版社，2006。

科书不会给你带来真历史。要读一些带有细节的书。"①在现实的遮蔽下，为了恢复真相，历史常常不得不从细节写起。从这一点来说，黄仁宇的《万历十五年》其实并不新鲜，它的新奇之处是中国传统历史少有这种细节铺展的写法。在黄仁宇之后，史景迁和孔飞力将这种历史样式发挥到极致。费正清曾对麦克法夸尔说：在中国的黄河上逆水行舟，你往往看到的是弯曲前行的船，而没有注意到那些在岸边拉纤的人们。

历史不是祖宗的家谱，外人碰不得，实际上恰好相反，"外人"往往具有比中国人更自由的历史空间。关于中国历史有个荒谬的现象：越是远古的历史，人们越是了解，越是近现代的，越是模糊；这就像是新闻，越是外国的灾难，越是了解，越是发生在身边的灾难，越是一无所知。《雪白血红》的作者张正隆说：写中国现代史之难，就难在我们是中国人。这种"灯下黑"不免让人想起戴季陶先生所警告的"智识上的义和团"。

顾颉刚先生曾说，中国历史学者最易犯的毛病，是条列史实，缺乏见解。他称赞吕思勉在《中国通史》中，"概述中有议论，纯从社会科学的立场上，批评中国的文化和制度，颇多石破天惊之新理论"。相较于中国学者的乡愿情结，汉学家的"他者"身份，使其能超脱于民族文化的局囿，往往更容易对历史作出大胆独特的判断和批评。"海外中国研究丛书"主编刘东先生说，美国汉学家的特点，在于他们突出的问题意识，所以并不是在就事论事，或就史写史。

明代许次纾在《茶疏》中有一句话："礼失求诸野，今求之夷矣。"现代社会的好处是信息基本上已经全球共享，这为挖掘历史的细节提供了最大可能。为了写《停滞的帝国》②，佩雷菲特先后六次来到中国，走访记录，收集各种资料，查阅了从中国到英法美日乃至南非的历史档案，其中也包括故宫珍藏(这足以令许多中国历史写作者眼红)。葛兆光先生发现，日本、

---

① 《历史学家杨奎松：多读书多比较，才能触及真历史》，澎湃新闻，2016-07-18。

② (法)阿兰·佩雷菲特，王国卿译《停滞的帝国：两个世界的撞击》，三联书店，2007。

朝鲜和越南保存的有关中国的历史资料非常丰富，但却一直没有引起中国学者的注意。比如吴三桂起兵反清时，发布声讨满清"窃我先朝神器，变我中国衣冠"的檄文。吴三桂失败后，这篇檄文被清廷禁止不传，而在朝鲜和日本的历史文献中却得以完整保存。①以名字向司马迁致敬的汉学家史景迁，如同一位历史的福尔摩斯，他精通多种语言，在中外史料的迷宫披沙拣金，左右逢源，寻找蛛丝马迹；他努力复原起来的历史境况，几乎整合了所有对中国的记录与想象。史氏的作品"向来独步西方中国历史研究学界，且能赢得非历史学界读者的青睐"。

不识庐山真面目，只缘身在此山中。有时候，他者的眼光往往更加精准和犀利。许多研究中国文化的外国学者被称之为汉学家，这些"中国通"有时候比中国人还像中国人。"有些中国学人以汉文写成'国学'著作好像是十足的'汉学'成品，而有些外国人以'非汉语'发表的'汉学'成绩反而体现了中国'国学'的风格。"②

刘知几认为，研究历史要有史才、史学和史识，章学诚又加上了史德；所谓史德，就是"著书者之心术也"。章学诚所谓的史德其实是儒家传统，而非客观性。相比受到各种现实和传统影响的中国历史学家，外国学者反倒更具备史德上的优势；他既没有政治的羁绊，也没有族群认同和利益瓜葛，因此形成一个有趣的现象是：近代以来，中国历史越来越成为世界各国历史学家研究的对象，他们所取得的成果甚至在某种程度上超越了中国本土。比如有"文革在中国，文革学在美国"的说法。在社科历史方面，美国学者对中国的研究和了解远远超过中国学者对美国的了解。中国研究美国只是为了中国，但美国研究中国却不完全是为了美国，"这一强烈反差，既反映了中美社会发展阶段的不同，也反映了文化背景与精神境界的差异"。③

现代日本同样也涌现出一大批中国史研究的大师，如内藤湖南、白

---

① 葛兆光《想象异域：读李朝朝鲜汉文燕行文献札记》，第7页。

② 余英时为《图说汉学史》所作序。刘正《图说汉学史》，广西师范大学出版社，2005。

③ 王缉思《〈治理中国：从革命到改革〉序》。

鸟库吉、桑原骘藏、宫崎市定等,被称为"京都学派"。20世纪90年代,宫崎市定全集在日本出版,总共25卷,其中中国史就有18卷之多。如此成就,实令许多中国历史学者汗颜。陈寅恪有诗曰:"群趋东邻受国史,神州士夫羞欲死。"胡适和陈垣感叹:"今日汉学的中心,不在巴黎就在东京。"

英国人李约瑟用一生的时间研究中国科技工艺的历史;美国人费正清则在哈佛大学创立了东亚研究中心。中国永远在中国,但中国历史正走向全世界。从1966年开始,来自12个国家的一100多位历史学者,汇集在"费正清东亚研究中心",开始编撰规模宏大的《剑桥中国史》。这部15卷本的中国通史从1985年到1992年陆续出版,成为一座真正的历史丰碑。这部大历史最引人注意的,并不是挖掘了多少新的史料,而是其独特的史论。

就文明史而言,人的存在可以分为家庭、社会和国家三个层面。在过往的历史中,人们只关注到家庭和国家——"天下之本在国,国之本在家",在中国传统的家国体制下,家庭与国家实际上合二为一了,君权与父权和父权三位一体,家治则国齐,于家为孝,于国为忠——而往往忽略了社会层面的历史。如果说传统农耕模式决定了人们囿于乡土和宗族的小圈子熟人社会,那么现代商品经济则导致乡村和家族的解体,流动的个体化的现代人主要生存于一个陌生人社会(特别是城市)。当历史叙事从大家庭大国家小社会转向小家庭小国家大社会,社会就必然成为历史的主要舞台。

"相对地说,我们对帝国上层的制度有较多的了解,而对人民大众的生活则知之甚少。"读费正清主编的《剑桥中国晚清史》时,这句话令人印象极其深刻。

走出历史之门

历史本身也有历史,回看近代以来的这段历史,无疑正经历了一个从小众走向大众,从书斋走向市井的历史普及过程。在过去,历史一般只是官方机构和专业学者的事情,如今从事历史研究和写作的人来自三教九流,不同社会背景的人,都可以从历史中找到自己的兴趣点,这或许就是历史的乐趣所在。金观涛先生本是化学专家,欧阳莹之女士本是量子物理学家,他们后来都对历史发生兴趣,并且不乏史才和史识。对喜欢历史的中国读者而言,都知道黄仁宇是从机电专业的大学生到职业军人,最后成为历史学家。更近的,张宏杰在最近10几年间,完成了从一个"非专业"的历史写作者到专业历史学家的华丽转身。

从广义上来说,历史本身是个"杂种",任何一门学科都可以与"历史"进行"杂交",从而衍生出各种专业史和专题史。比如文学史、文字史、战争史、武器史、经济史、技术史、货币史、农业史、人口史、社会史、文化史、饥荒史、灾难史等等。中国传统历史其实是一种狭义的历史,在大多时候,历史的概念仅局限于政治史、宫廷史和权谋史。在二十四史中,从本纪到列传,基本上只记国家大事和大人物的事迹,记载平民和社会生活的笔墨甚少。

抗战期间,钱穆在西南联大撰写《国史大纲》。他特地提出,应把"我国家民族、已往文化演进之真相,明白示人,为一般有志认识中国已往政治文化思想种种演变者所必要之智识",作为修撰新通史的必备条件;并昭示国人树立一种信念,任何一国之国民,"对其本国以往历史略有所知者,尤必附随一种对其本国以往历史之温情与敬意"。

钱穆先生感叹说,政治确实是一件麻烦事,就近现代历史看,只有英国和美国的政治支撑了几百年。英国从1688年光荣革命算起,美国从1776年独立战争算起,二三百年来,其政治一直保持着一种稳定的延续性。英美之外,其他帝国国家往往只能维持几年几十年便崩溃了;即使没有崩溃的,也无时无刻不担心覆灭的危险。无论古人还是今人,人们的智力并没有多大提高,但后人借鉴前人的历史,从而使历史呈现出加速度的发展。可以说,历史是一条不可或缺的启蒙之路。乔治·奥威尔的小说之所以不同凡响,在于其直面现实的历史责任感,他坦言:"当我动笔写一本书时,我不会跟自己说我要写一本完美的书。我想写它,是因为我想揭穿某种谎言,是想唤起人们注意某些事实。"

"读史以观世变。"①历史的意义在于烛照当下和未来，对一个现代中国人来说，要了解历史，包括中国的历史，可以去看中国人编撰的二十四史，也可以去看外国人写下的各种著作：从马可·波罗到利玛窦，从费正清、魏特夫、李约瑟、罗威廉、谢和耐、孔飞力、史景迁，到黄仁宇、彭慕兰、宫崎市定和内藤湖南，海内外各种不同的视角相互对照，往往能给人最真切的立体感受。比如本名"孔复礼"的孔飞力，以一个历史案例写成《叫魂》，就创造了一种令人耳目一新的历史写作样式。

更可贵的是，很多国外历史学家非常注意作品的博雅性和可读性，他们不仅具备专家的钻研成果，有严谨的历史考证，还有优美流畅的文笔，这是最值得中国学院专家学习的。孔子说："质胜文则野，文胜质则史。文质彬彬，然后君子。"当下不少中国历史教授的作品，要么沦为毫无史观和史识的历史教科书，要么沦为戏说的通俗历史演义，这极大地败坏了读者的胃口。用张宏杰的话说，"中国式学术研究包含了比西方多得多的目的，政治、意识形态、职称，可是往往唯独缺少了一项：兴趣。"

作为历史的断裂，现代本来就源自西方。余英时先生曾说，近代中国在文明建构中的许多转型，其实都是主动或被动"回应西方"的结果。这种"回应"，也包括"历史"本身在内。从汤因比到费正清，西方学者笔下的"历史"常常带给人们一种奇异的阅读感受。

究天人之际，通古今之变，成一家之言。历史并不总是继承，它也在向前发展。在甲骨文出土之前，人们是不知道汉字最早的模样的；同样，秦兵马俑的发现也是前人无法想象的。在技术层面来说，现代社会已经实现了全球信息共享，不同来源的历史可以互相印证，从而可能颠覆传统的历史格局。

在现代新史学出现之前，历史一般都被看作政治的延续。与古人相比，今天的历史学家可以利用多种技术和学术，来研究历史和解释历史；无论人类学、考古学、经济学，还是生物学、社会学、心理学等等，都可以成为观察历史的新工具。如果说世界各个国家和民族的历史构成了历史这幅

---

① 清·赵翼《二十二史劄记》卷二十。

华锦的经线，那么不同的政治史、军事史、经济史、文化史等则是纬线，它们共同交织成就了当下历史的壮观与繁荣。

君子论道，常人论事，小人论人。归根到底，历史的主题是文明，应从文明的角度去看历史。历史已经过去，但文明始终延续。从文明来说，一切未来都源自历史，人们关注历史的初衷也是为了有一个美好的未来。新加坡国立大学东亚研究所所长郑永年说：要把中国放在世界文明中，从文明的角度看中国的未来，把握住文明的方向，才能把握中国未来的方向。

部分参考书目

《中国人》,林语堂著,郝志东、沈益洪译,学林出版社,1994

《中国古代房内考:中国古代的性与社会》,(荷)高罗佩著,李零、郭晓惠等译,青海人民出版社,1990

《中国官僚政治研究》,王亚南著,中国社会科学出版社 1981

《万历十五年》,黄仁宇著,三联书店,1997

《宦官简史》,(日)寺尾善雄著,王仲涛译,商务印书馆,2011

《叫魂:1768年中国妖术大恐慌》,(美)孔飞力著,陈兼、刘昶译,上海三联书店,2012

《游民文化与中国社会》,王学泰著,同心出版社,2007

《中国乡贤》,袁灿兴著,新星出版社,2015

《美国与中国》,(美)费正清著,张理京译,世界知识出版社 1999

《剑桥中国史》,(美)费正清等编,刘敬坤等译,中国社会科学出版社 1994

《吴晗论明史》,吴晗著,武汉出版社,2013

《晚明民变:底层暴动与明朝的崩溃》,李文治著,中国电影出版社,2014

《洪业:清朝开国史》,(美)魏斐德著,陈苏镇、薄小莹译,新星出版社 2013

《亚财政:制度性腐败与中国历史弈局》,洪振快著,中信出版社,2014

《马长寿民族史研究著作选》,马长寿著,上海人民出版社,2009

《陕西社会经济史》,田培栋著,三秦出版社,2007

《中国近代史》,陈恭禄著,中国工人出版社,2012

图书在版编目（CIP）数据

历史的慰藉．Ⅱ / 杜君立著．－－ 北京：华文出版社，2016.7
ISBN 978-7-5075-4560-9 （2018.8 重印）

Ⅰ．①历… Ⅱ．①杜… Ⅲ．①中国历史－文集 Ⅳ．①K207-53

中国版本图书馆CIP数据核字(2016)第162919号

历史的慰藉Ⅱ

著　　者：	杜君立
责任编辑：	胡慧华
出版发行：	华文出版社
社　　址：	北京市西城区广外大街 305 号 8 区 2 号楼
邮政编码：	100055
网　　址：	http://www.hwcbs.com.cn
电　　话：	总编室 010-58336239　　发行部 010-58336212 58336238
	责任编辑 010-58336197
经　　销：	新华书店
印　　刷：	北京明恒达印务有限公司
开　　本：	710×1000　1/16
印　　张：	27.75
字　　数：	340 千字
版　　次：	2017 年 1 月第 1 版
印　　次：	2018 年 8 月第 2 次印刷
标准书号：	ISBN 978-7-5075-4560-9
定　　价：	52.00 元

版权所有　侵权必究